中国哲学史

吴怡 著

华夏出版社

图书在版编目（CIP）数据

中国哲学史 / 吴怡著．-- 北京：华夏出版社有限公司，2024.7
ISBN 978-7-5222-0568-7

Ⅰ．①中… Ⅱ．①吴… Ⅲ．①哲学史－中国 Ⅳ．①B2

中国国家版本馆CIP数据核字（2023）第188845号

中国哲学史

作　　者	吴　怡
责任编辑	陶　鹏
出版发行	华夏出版社有限公司
经　　销	新华书店
印　　装	三河市少明印务有限公司
版　　次	2024年7月北京第1版 2024年7月北京第1次印刷
开　　本	710mm×1000mm 1/16开
印　　张	32.5
字　　数	512千字
定　　价	98.00元

华夏出版社有限公司　地址：北京市东直门外香河园北里4号　邮编：100028
　　　　　　　　　　网址：www.hxph.com.cn　　电话：（010）64618981
若发现本版图书有印装质量问题，请与我社营销中心联系调换。

自 序

自从我的《中国哲学发展史》于1984年问世以后，至今已四十年之久。在这段时间里，我研究中国哲学，提出了一套整体生命哲学的模式，强调生命哲学的转化方法，并在十几次国际哲学会议上宣读了相关论文，最后辑成《生命的转化》和《生命的哲学》两书（即《哲学与生命》），同时，我又开授了"中国整体生命哲学史"和"中国系统思维"等课程。最近几年，应学生的需求，我将中国整体生命哲学应用于心理学，撰写了《我与心：整体生命心理学》一书，并多次于国际荣格心理学会议及国际领导学、管理学的会议上，宣读整体生命哲学与转化方法的论文。

我之所以要点点滴滴地叙述这些教学经验，就是为了说明在这四十年中，我在美国加州整体学研究院的教学、与教授们的讨论，以及对学生提出的许多现实生活问题的解答，这些都使我对中国哲学和哲学史的研究有了新的切入角度和新的看法——这也是我对自己以前的观点所做的"整体生命哲学论"的补充，希望读过我的旧著的朋友能看到本书的一点新面貌。

于2024年6月1日

目录

导论　中国哲学的整体生命观　001
　　第一节　整体生命观与中国哲学　001
　　第二节　由整体生命哲学到转化的方法和功夫　010
　　第三节　中国哲学的系统思维　016

第一章　中国哲学的源头　020
　　第一节　哲人帝王　020
　　第二节　道统之特色　022
　　第三节　整体生命哲学论　026

第二章　应变与处变之学的《易经》　028
　　第一节　《易经》的结构和发展　028
　　第二节　《易》理的三义和应变的方法　038
　　第三节　整体生命哲学论　049

第三章　诸子百家的争鸣　052
　　第一节　春秋思想勃兴的原因　052
　　第二节　整体生命哲学论　059

第四章　中国文化的至圣先师——孔子　060

　　第一节　哲学史上两种不同的安排　060

　　第二节　孔子一生思想的演变　062

　　第三节　孔子的一贯之道——仁　067

　　第四节　孔子仁道思想的实践　074

　　第五节　孔子思想的检讨　080

　　第六节　整体生命哲学论　083

第五章　无为自然的老子　085

　　第一节　什么是道家　085

　　第二节　老子其人与其书　087

　　第三节　老子思想的精神和运用　091

　　第四节　老子思想的检讨　104

　　第五节　整体生命哲学论　109

第六章　为底层群众代言的墨子　111

　　第一节　和儒家对立的另一派　111

　　第二节　墨子的生平及其时代背景　112

　　第三节　墨子思想的特色　114

　　第四节　墨子思想的衰微　123

　　第五节　整体生命哲学论　126

第七章　舍我其谁的孟子　128

　　第一节　儒学的发扬　128

　　第二节　孟子的生平、著述以及思想的渊源　133

　　第三节　孟子思想的精神　136

　　第四节　孟子对各家的批评　148

　　第五节　孟子思想的检讨　149

　　第六节　整体生命哲学论　152

第八章　科学实证与思辨之学的墨经与别墨　154

　　第一节　从墨子到别墨　154

　　第二节　《墨经》思想的特色　155

　　第三节　名家的产生与没落　159

　　第四节　名家思想的检讨　165

　　第五节　整体生命哲学论　167

第九章　逍遥自在的庄子　168

　　第一节　从老子到庄子　168

　　第二节　庄子的生平及其著作　176

　　第三节　庄子思想的精神　179

　　第四节　庄子思想的检讨　195

　　第五节　整体生命哲学论　199

第十章　博学深思的荀子　200

　　第一节　儒学的新局面　200

　　第二节　荀子的生平和著作　205

　　第三节　荀子思想的新贡献　207

　　第四节　荀子思想的检讨　223

　　第五节　整体生命哲学论　225

第十一章　法、术、势三派合一的韩非　226

　　第一节　法家思想的先驱　226

　　第二节　韩非的生平及其著作　231

　　第三节　韩非的思想精神　233

　　第四节　韩非对各家的批评　244

　　第五节　韩非思想的检讨　246

　　第六节　整体生命哲学论　248

第十二章　战国以来思想的流变　250

- 第一节　百家之学的兴盛　250
- 第二节　儒家的后学者　251
- 第三节　其他百家之学　261
- 第四节　整体生命哲学论　270

第十三章　一波四折的汉代思想　272

- 第一节　由战国到秦的统一　272
- 第二节　汉代思想的一波四折　273
- 第三节　汉代在哲学思想上的成就　282
- 第四节　整体生命哲学论　286

第十四章　天人感应之学的董仲舒　288

- 第一节　汉代思想演变的两条路线　288
- 第二节　董仲舒的使命　294
- 第三节　董仲舒的天人感应之学　298
- 第四节　天人感应之学的检讨　304
- 第五节　整体生命哲学论　311

第十五章　玄学清谈的魏晋名士　312

- 第一节　什么是玄学　312
- 第二节　玄学思想形成的原因　314
- 第三节　玄学的两派　316
- 第四节　玄学清谈的检讨　336
- 第五节　整体生命哲学论　337

第十六章　炼丹吃药的神仙梦想之流　339

- 第一节　神仙之学的源流　339
- 第二节　神仙之学的理论　342
- 第三节　神仙之学的发展　351

第四节　神仙之学的评价　354
　　第五节　整体生命哲学论　355

第十七章　印度佛教的传入与风靡一代的隋唐佛学　357
　　第一节　汉末佛教的传入　357
　　第二节　魏晋佛学的发展　359
　　第三节　印度佛学中国化的两位先锋　363
　　第四节　佛学各宗的传承与中国佛学的建立　371
　　第五节　整体生命哲学论　384

第十八章　建立人性的中国佛学的惠能　386
　　第一节　禅学的渊源　386
　　第二节　惠能与中国禅学的完成　391
　　第三节　中国禅学的发展和得失的检讨　401
　　第四节　整体生命哲学论　406

第十九章　新儒学的三位先锋　408
　　第一节　新儒学的形成　408
　　第二节　宋初的三位新儒学的先锋　414
　　第三节　宋初三哲思想的检讨　428
　　第四节　整体生命哲学论　429

第二十章　理学思想的大师——程朱　430
　　第一节　二程和朱子之间的关系　430
　　第二节　二程之间的异同　431
　　第三节　程颢的思想境界　433
　　第四节　程颐的为学功夫　436
　　第五节　朱熹集理学大成　442
　　第六节　理学家对佛学的批评　453
　　第七节　整体生命哲学论　455

第二十一章 心学思想的大哲——陆王 457

第一节 朱陆之间的对立 457
第二节 陆九渊与心学的开端 459
第三节 自南宋到元明的思想发展 464
第四节 明代心学的先驱 465
第五节 王守仁在心学上的伟大成就 468
第六节 陆王心学与禅学的关系 476
第七节 整体生命哲学论 481

第二十二章 在转向中展望中国哲学 482

第一节 自阳明以后中国哲学的转向 482
第二节 西方新潮影响下中国哲学所遭受的冲击 493
第三节 中国哲学的展望 501
第四节 整体生命哲学论 508

导论　中国哲学的整体生命观

第一节　整体生命观与中国哲学

1980年，我到美国加州整体学研究院任教。该校创始人是印度学者邱德利，他承老师阿罗频多的介绍，到美国来教学。

阿罗频多于1872年生于印度，七岁留学英国，精通英文、拉丁文、法文、德文和意大利文，早期热爱诗歌，二十一岁回国后，习梵文、巴利文。他是近代印度的一位大哲，与当时的泰戈尔、甘地齐名。他也热心政治，与甘地一起投身革命并因此入狱。在狱中，阿罗频多研读《薄伽梵歌》和《奥义书》，更潜心于静坐和瑜伽，这奠定了其思想基础。阿罗频多于印度独立后的第三年（1950）离世，留下了三十卷文集，其中最能代表他思想的有《神圣人生论》和《综合瑜伽论》。

整体学研究院的前身是亚洲研究所，由阿罗频多的学生邱德利和学者爱伦瓦兹等人于1968年在美国一起创立，后于1980年更名为整体学研究院。邱德利的博士论文主题为"整体哲学及整体瑜伽学"，是根据阿罗频多的思想而发挥的。为了适应美国文化和现实的需要，该院又成立了几个心理学系，把整体哲学转入了整体心理学，成为整合印度哲学和西方心理学的超个人心理学的开创者。

我于1980年进入该校，至退休时已有三十六年。初时，我对"整体学"一词很陌生，有的学生读了几年，毕业时也常常对"整体学"一词理解模糊。我曾向这方面的几位专家请教，但都未能得到满意的答案。我也曾试图从阿罗频多的思想中去探究，但他的思想充满了瑜伽的神秘主义，终究与我的中国哲学思想不甚相契，于是我便决心回到中国哲学的园地来探索。我发现中国的传统哲学根本就是一种整体哲学，无论是《周易》《尚书》还是孔孟、老庄，甚至宋明理学、中国禅宗，它们都是一种整体哲学。这一发现，使我从那时开始至今三十余年，都用中国整体生命哲学的思想来研究中国哲学。

一、为什么用"整体生命哲学"一词

1. 整体和整合的不同

"integral"一词，国人都把它翻译成"整合"，而我把它翻译成"整体"，这是我的首创。因为整体和整合是不同的。整体是就体来说它的完整性，整合是就用来说它的并重性。整体必有一个主体来统合，这个主体在中国哲学中就是道，而整合忽略了这个主体，只在两个不同的系统里去求相合。其实整体可以包含整合，真正的体必能起用（《六祖坛经》语）；整合却不能涵盖整体，在用中未必能见体。

2. 整体哲学和整体生命哲学的不同

我这里的"整体哲学"是指阿罗频多和邱德利师徒所传的一套思想，它的特点，一言以蔽之，就是"整体不二法门"，如邱德利的描述："阿罗频多的哲学，最恰当地说，是整体不二法门、整体唯心论，或称整体学。不二法门是印度文化的中心思想，也是东方文化的中心思想。"

不二法门不同于西方哲学的一元论。西方的一元论、二元论和多元论又形成了对立的二元，但这里的不二法门是统合了一元、二元与多元的。然而依邱德利所说，它既然是印度和东方所共有的，它是否就是我们常说的佛学的不二法门？如《维摩经》就有一品专讲不二法门。其实二者又有不同，其不同在"整体"两字上。邱德利说："整体不二法门乃是用不二的哲学观点把意义不同的伦理、宗教、逻辑和形而上学等加以整合，同时又不致贬损它们的价值和重要性。这种整体不二法门乃是以整体的经验、整体的生活和整体的宇宙进化，把思想和存在的二元性加以统一。"（《整体哲学》第一篇）

其实，阿罗频多的思想是借由瑜伽使我们的心提升到最高的超越心

（supermind），超越心再下降到万物。据阿罗频多的描述，超越心是真如意识、真实存在的力量、创造的光辉、神圣存有和自然的永恒实体、思想和直观统一的智慧，就形而上的境界与文字的描述来看，超越心有点像印度哲学的梵天、佛性和中国哲学的真心、常道。事实上，阿罗频多的思想充满了神秘性，它与中国哲学的真心、常道是大不相同的。

由于邱德利受西方文化的影响，着重于科际的整合，所以很多人把"integral"翻译成"整合"。可是如何整合？现实仍然困难重重，不要说不同的科目，就是同一科目中的不同派别也很难整合。而且邱德利回到阿罗频多的本体论上又过于神秘，很难下降到现实生活中去解决问题。

为此，我回到中国哲学中去研究这个问题，并尽量避免如一些传统哲学家那样沉溺于本体论中去空谈心性、理气。我提出的"整体生命哲学"用了一个等边三角形来表达，如下图：

这个图说明我们同时注重"道""理""用"三方面的相辅相成，"道"是道体，"理"是理论，"用"是运用。尤其是"用"，它包括了实际的伦理、政治、教育和人生的处世修养等。这个三角形的关系是穿于中国整个哲学文化，包括了我们所有的生活经验，以及从过去到现在的历史命脉。这和印度整体哲学的奠基于静坐、瑜伽不同，我特别加了"生命"两字来做区别。因为这里的"生命"不是个体意识的生命、真如的生命或者神圣的生命，而是整个文化、历史的生命。

二、整体生命哲学的三角形

1. 中国传统哲学的原理

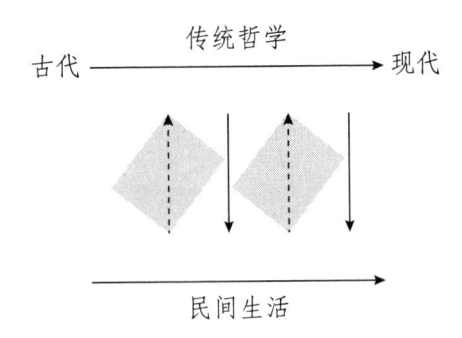

古代 ——————传统哲学——————→ 现代

民间生活 ——————→

上图说明，中国传统哲学的目标就是指导民间生活，即所谓的移风易俗、所谓的教化。图中指出中国哲学的主要精神，从过去到现在都是如此，没有变过。但它们是在上面的，属于上层文化，我们的传统经典、哲学书籍和历史记载都是描述上层文化的，而对民间生活却很少记载。但大多数人的实际生活是真实存在的，他们有痛苦，有快乐，有失望，也有理想，却被历史之流遗忘，留传下来的"四书五经"、佛学典籍、史书及诗词等，都是上层文化的一流作品。虽然大多数人的存在被历史的洪流冲刷掉了，但是这些上层文化留传下来的少部分作品，在当时也影响了大部分人的生活，这张图就是在说明这一事实。

图中实线箭头由上而下，是指这些传统的哲学理论指导民众的实际生活，民众的思想因此受到影响，并逐步改善。

虚线箭头由下而上，是指传统的哲学理论指导人民的生活，比如通过礼制的作用，有时与实际生活会产生一定距离，不免过于严苛。而随着时间的推移，也可能变得不合时宜，因此大多数人可能无法完全按照传统来生活。譬如三年之丧是孝道的礼制，创制者是为了巩固人伦使民德归厚，但墨子对这一制度持反对态度。他认为父丧三年、母丧三年，再加上直系亲属的其他长辈都要守丧，一个人如果足够不幸的话，几乎大半辈子都在守丧，尤其是父母之丧，夫妻不能同房，影响人口的增加。墨子这是以利的观点来批评的，孔子的学生宰予也有相似的质疑。后来这种礼制变成了法律，如果在三年之丧内有了孩子，则表示不守夫妻不同房的礼制，是要受到法律制裁的。

这只是一个明显的事例而已，类似的关涉到一般人生活的还有很多。所以这些虚线箭头表示人民做不到，无法遵守，这就反映了传统理论的不切实际，必须修正。但礼制是圣人制作的，后人如何敢修正？例如在宰予对三年之丧提出质疑时，连孔子也不敢轻言批评。后人想改革怎么办？当然不敢说"这是我的意见"，于是便提出了一个"天道"来做挡箭牌，把一切推给天道，如下图所示。

2. 天道被抬出来了

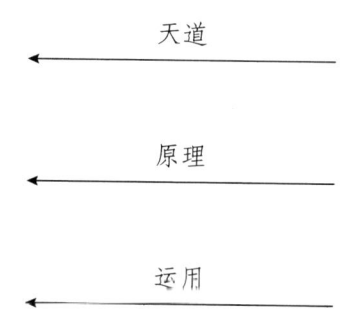

$$\xleftarrow{\text{天道}}$$

$$\xleftarrow{\text{原理}}$$

$$\xleftarrow{\text{运用}}$$

这个图是指，上层哲学的"原理"是圣哲所创作的许多理论，是指导人民在生活中来应用的，即"运用"。他们为了巩固这些理论的正确性或永恒性，便提出"天道"作为源头或根据。而后人为了加以修正，也把他们的看法推之于"天道"。

中国的天道和西方的宇宙论不同，西方的宇宙论是描述外在物质世界的生成变迁的理论，而中国的天道乃是圣哲们根据自己对自然界生生不已的体验所得的理再往上提升为天之道。譬如《易经·系辞传》的作者看到宇宙生物的性能如同圣哲仁爱地生养万物之德，这个德本是人所具有的，他却把它往上提，说是"天地之大德曰生"，变成天地也有了德，这个德是生，也即天道的生生不已。

由上图很自然地发展，就是天、人之间的关系，由天到理而影响人，再由人之用而合乎天。这就发展成了下图的三角形，即我所谓的整体生命哲学的三角形。

```
        道
       /  \
      /    \
     /      \
    理------用
```

3. 整体生命哲学的三角形

下面这个图即上图整体生命哲学的三角形的发展，这是一个等边三角形，"道""理""用"的三点不是静止的，而是变动的。

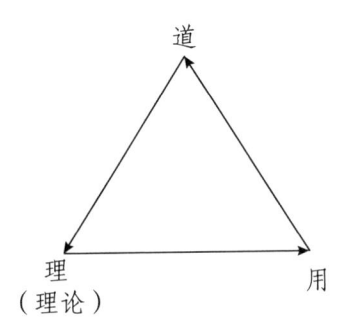

```
        道
       ↗  ↘
      /    ↘
     ↙      ↘
    理------→用
  （理论）
```

在这个图中，由"道"的箭头通向"理"，这是指先由圣哲们根据他们体验的"道"或"天道"而建立了"理"。朱熹在《中庸章句序》中所说的"继天立极"，即继承天道而立人之极。"人极"即人的最高理想准则，如仁义等，也是《易经·说卦传》所谓的"立人之道曰仁与义"。圣哲们建立"理"之后，再由"理"建立一套理论，如孔孟学说、老庄思想，他们的文字著作都在"理"的层次上。接着由"理"的箭头再通向"用"，这是指"理"必须起用，即产生作用，也就是"理"通过各种理论影响人生，运用在人民的生活中。最后"用"的箭头又返回到"道"上，说明"用"必须合乎"道"才是有益的用、健全的用、生生不已的用，因为它能与道同生。这是左上图的第一个循环。

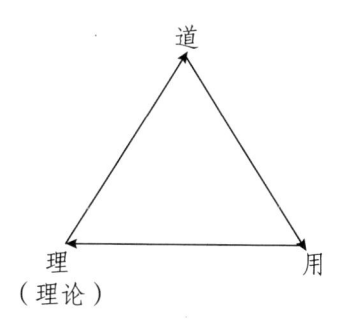

```
        道
       /  \
      /    \
     /      \
    理——————用
  （理论）
```

在上面这个图中，先由"用"的箭头通向"理"，"用"中本有"道"的存在，只是人们"日用而不知"。圣哲们和有知识的人士，从人们的生活经验中提炼出宝贵的理论。比如孟子曾说过这样的故事：远古时，父母亲死了，孩子们常把父母遗体暴露在外。有一次一个年轻人看到父母的遗体被野兽吞食，心中不忍之情油然而生，于是拿了一些草席之类的东西遮盖父母的遗体。这种不忍之心便是孝思的源头，遮盖遗体就逐渐演变成棺椁丧葬的礼制。在这些理论中，有的含有"理"，如中国哲学的孔孟、老庄，还有的只是知识而已，如达尔文的生物进化论。

"理"的箭头通向"道"，这是指有的理论因为具有"理"，而"理"是通于"道"的，所以他们的"理论"可以向上提升，深契于"道"的生生不已。有的"理论"因为没有通乎"道"，所以不能向上提升，只能平面地回归于"用"。但以这样的"用"去指导和影响人们是有偏颇、有缺陷的。

"道"的箭头再通向"用"，表示这种"理论"通向"道"之后，不是停止于"道"中，而是返回到"用"，以"藏于用"去指导人生。这是左上图的第二个循环。

把这两个循环图合起来，就成了下页的双线循环图。

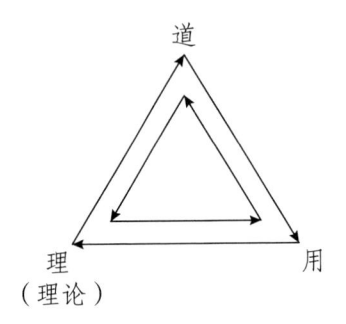

4. 整体生命的进化

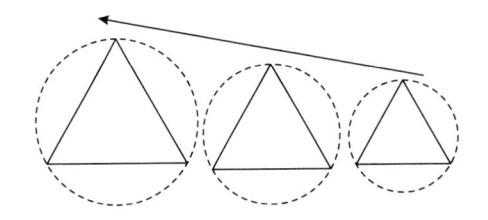

在这个图中，有三个由小到大的三角形，代表从过去到现在，再到未来。因为三角形是等边的，所以可画成圆圈，象征它们可以转动。如箭头所示，三角形是向前、向上的进化。为什么有大小不同的三角形？为什么古代的是小的三角形，时间越往前三角形就变得越大？这是因为，虽然"道"是同样的一个道，并无大小的不同，但是在"用"上有变化，古代人民生活简朴、经验单纯，所以他们所需指导的理论也相对不会太多、太复杂，那么在"用"和"理"上的距离也就被画短了，因此所画出的这三角形，也就显得小了。由此类推，随着人们在"用"上的生活变得复杂，"理论"也就相对增多，因而画出的三角形就变大了。如箭头所示，三角形由小到大，由过去、现在到未来，就形成了我所谓的整体生命的进化。我之所以用"进化"一词，是为了指明整体生命哲学的三角形，一不是静态的观念图，二不是退化的史观，三是活的，是有生命内容的。

5. 东方文化的缺陷

上图是描写过去的东方文化。如图所示，由于在"用"的方面"开物成务"（《易经·系辞传》）不够，所以"理"和"用"的距离较短，亦即物质文明发展得较弱，只重视精神生活，因此形成的不是等边三角形，不能向前转动。由此可见东方文化在精神方面很充实，而在物质方面则相对贫乏。

6. 西方文化的弱点

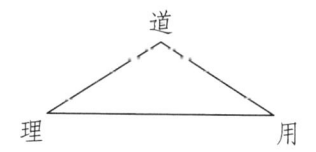

西方文化和东方文化恰恰相反。如图所示，西方文化在"用"上发展得很具体，因此"理"和"用"的距离很长，可是他们的精神体验不足，虽然有宗教，但他们的上帝是最高原则，这挡住了他们向上提升的路，因此他们的三角形是扁的，也不易转动。由此可见西方文化在精神方面较为空洞，而在物质方面则非常充足。

7. 未来的臆测

```
        道
       /\
      /  \
     /    \
    /_____\
   理        用
```

如上图所示，在精神方面，东方文化本来由"理"到"道"、由"用"到"道"都是实线的，可是由于它底部物质方面的不足而把精神改为专注于物质方面，于是精神方面反而也走向虚线的空虚。至于西方，则本就注重物质，精神空虚。所以无论东方还是西方，将来可能都是一致地被物质文明淹没，精神却恐无力回天。

第二节　由整体生命哲学到转化的方法和功夫

一、"转化"两字本为舶来品

"转化"两字不见于传统中国哲学里，它是十足的舶来品，它的英文名是"transformation"，本来是生物学用语，是变形的意思，如毛毛虫蜕变为蝴蝶。西方哲学也几乎没有用到这个名词，西方心理学运用这个名词的还要首推德国的荣格。也可以说，荣格是西方学者中讲转化最具代表性的。但荣格的转化也只是由自我到大我的转化，仍然属于心理学范畴，与我所讲的整体生命哲学转化不同。

二、"转化"一词在中国哲学上是分开的两个字

虽然在传统中国哲学里，我们没有"转化"一词，但却有分开来的"转"与"化"两个字。"转"字用在中国哲学里并不多见，在禅宗公案中却有它的

特殊性，尤其是圆悟克勤禅师的《碧岩录》，垂语中常说"转身处"。他讲的"转身"有三个方向：一是向上转，指向上转入道体的境界，即禅宗常说的高高峰顶立；二是向下转，指向下转入现象界，即禅宗说的深深海底行；三是平躺下来，使对方机锋的箭头射不着，如沩山灵祐因刘铁磨的问话而立即卧倒。这三种"转身"用在转化的"转"字上也非常贴切：一是向上的提升，超脱于两边的执着；二是向下与万物共生共化；三是以退为进，如老子的"反者道之动"，以弱道为用。

至于"化"字却是中国哲学里修养功夫的一个重要术语，也有三个层次：一是向上提升的，即修养到至高的境界，如孟子所谓的"大而化之之谓圣"；二是平面的，即与万物共化，如《庄子·齐物论》中庄子梦蝶时讲的"物化"，以及《庄子·大宗师》中讲的"安排而去化"，即安于自然的安排以与万物同化；三是向下的，即圣王对人民的教化。

三、我首次用"转化"两字

我在国内读中国哲学和教中国哲学，都没有遇到"转化"这一词，直到我提出"整体生命哲学"时，为了替它建立一套方法，才想到用"转化"两字。1996年我写《整体生命的转化系统》一文，首次用了"转化"两字，认为整体生命哲学的方法是转化，并进一步以中国哲学来说明这种转化的方法有五点。

第一，忘我而自化。这是以庄子的"忘我"来说明由忘我而达到自化的境界。以三角形来表示，如下图：

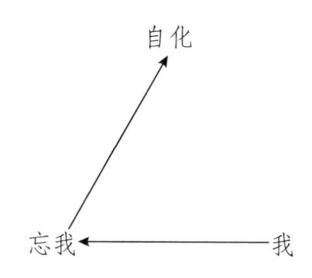

第二，推己以及物。《孟子》一书中，有描述齐宣王不忍牛被杀而以羊易之的故事，孟子便借此从不忍牛之心类推到不忍人之心的仁政。以三角形来表示，如下图：

```
        道
       ↙ ↘
      物   我
```

第三，返本以还源。这是借老庄的思想，万物来自道又返于道，而"道通为一"（《庄子·齐物论》）就是使万物相通而为一体。以三角形来表示，如下图：

```
        道
       ↗ ↖
      物   我
```

第四，精义以致用。这是由《易经·系辞传》的"精义入神以致用"而来，说明研究精义到极高明而提升入神的境界，然后再转入人生而为大用。以三角形来表示，如下图：

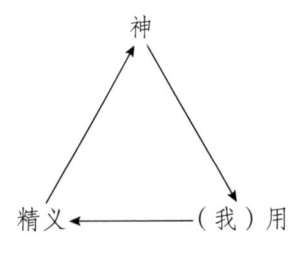

```
        神
       ↗ ↘
    精义 ←── （我）用
```

第五，转知以成德。这是中国哲学的特色，把知识很快地转变为德行，如老子的"知其雄，守其雌""知其白，守其黑"(《老子》第二十八章)。"知"是知识，而"守"是德行的修养。再如《大学》的"格物、致知、诚意、正心"，"致知"是知，"诚意"是德。以三角形来表示，如下图：

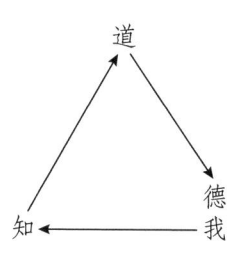

$$\begin{array}{c} 道 \\ \swarrow \quad \searrow \\ 知 \longleftarrow 德 \\ 我 \end{array}$$

四、转化的方法和功夫

以上是我提出的把整体生命哲学和三角形中"道""理""用"的作用用在中国哲学里的一种研究。我觉得，如果一种研究没有提出一套方法来，那么这种研究就可能成为观念的构思，失之于空洞。于是我尝试把它转成方法，并称为转化的方法。在中国哲学里，方法和功夫是不同的，方法是知识上的研究，功夫却是德行上的修齐。西方哲学完全是知识的研究，因此他们只讲方法，只有方法论，我们很少看到西方哲学家讲修养功夫。至于中国哲学，本来只讲修养功夫而没有所谓方法和方法论的名词，由于近代接受了西方文化思想，所以用西方的"哲学"(philosophy)一词也建立了中国哲学和中国哲学史的研究，于是"方法"一词也成了中国哲学术语。

在今天我们研究中国哲学和中国哲学史时，可能有两种态度：一是沿用西方的哲学方法，把归纳法、演绎法、唯心论、唯物论、诠释学、存在主义都一一搬过来；二是模仿西方哲学，将中国哲学里的一些理论方法论化，如执中法、超越论、神秘主义等。但这样一来，中国哲学真正的修养功夫就被忽略了。试看近代中国学者所写的中国哲学概论和中国哲学史，我们只闻到了浓厚的西方哲学气味，很少看到中国哲学独有的修养功夫。

我要强调，中国的整体生命哲学和转化方法不只是一种研究的方法，它更是一种精神和德行的修养功夫，这是最重要的。这种功夫有七个特色，简列如下。

第一，向上的提升。这里的提升和佛学不执两边的中道及神秘主义的超越不同，它是把下面的存在一起向上提升。它不是离人欲，而是转化人欲。

第二，心性的修养。这种修养不是处世的礼制，也不是外在的道德，而是心性的修炼，如老子的"虚其心"、孔子的"耳顺"、庄子的"忘我"和惠能的"明心见性"。

第三，精神的功夫。这种功夫不是知识的方法，也不是形体上的技能，而是处世应变的一种功夫。

第四，无为而无不为之道。"无为而无不为"是老子的话，这里用来说明这种功夫的不用力去硬为，而很自然地把问题转化掉。因为方法自然，所以能很自然地达到转化的目的。

第五，正面的态度。人生虽有生老病死的痛苦，但不逃避，不哀怨，而迎面去转变它们，能役物而不为物所役。

第六，无私地开放。这里的无私不是说不要有私心，而是说不要把自己关在自私的樊笼内，要把心胸打开；开放就是智慧，就是觉悟。

第七，与物共生。这里的物是指外面的一切事物；共生是指不离开它们，与它们共存共生，最后超脱它们，也就是参与万化的发展。

五、道在转化上的特殊作用

一般对"道"的看法，不离以下三点：一是把"道"看作常道，是高高在上的永恒的实体；二是把"道"看作超越的、神妙的、不可知的存在；三是把"道"看作创造万物、支配万物的主体或神明。无论是以上哪一种，都有一个共同的特色，即"道"是一个超越的、支配万物的存在。整体生命三角形中的"道"，我在运用之初也多多少少地含有老子"常道"及孔子"朝闻道，夕死可矣"的意味，可是经过最近几年对转化功夫的运用，我逐渐发现"道"在转化上有特殊的作用，那就是一个"虚"字。这并不是说"道"是无，而是说"道"是虚的，即"道"不是一个实体。

"道"是以虚为体、以虚为用的。就以虚为体来说，"道"在这个层次上并非有一个固定的位置，高高地悬挂在那里，当我们提升到那里，它只是一个虚位，接着就立刻要转到下面为"用"。在这个层次上，另一个和"道"相同的字就是"神"，它也是以虚为体的。道教的神仙炼丹派，以神为实体，要吃丹药以求长生不死，结果当然都走火入魔了。同样也是犯了以道为实体这种错误。至于以虚为用，就是用"虚"来虚掉我们在知识上的执着成见、自以为是。我曾把"心"分成四个层次，即形体心（身体）、意识心（心意）、理智心（心智）和精神心（心神）。以道为实体用三角形来表示，如下图：

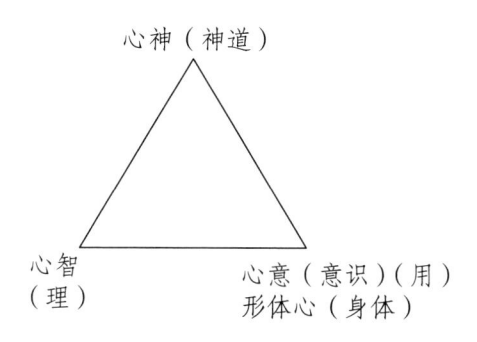

```
            心神（神道）
              /\
             /  \
            /    \
           /      \
          /        \
         /_____\
   心智           心意（意识）（用）
   （理）          形体心（身体）
```

当我们在生活中遭遇到一些问题时，最先有反应的就是身体和意识，这也就是西方心理学所研究的"mind and body"。我们中国哲学重视心智，以"理"或圣哲的教言去指导意识。但教言的"理"有时过于严肃、刻板，不为意识的情感所乐于接受，所以心智的"理"必须向上提升，入神、入道，由神或道去虚掉它们的执着成见、自见自是，而变得柔软、有弹性，再到意识的"用"中去指导。

以上所述，就是说明在三角形的转化过程中，"道"在"用"中是实际的生活，当然是实的。"理"中的理和理论，有的是从"用"而来的实，即知识的理论，有的则是从"道"下降到"理"的虚，如无我等观念。无论虚或实，毕竟都是语言文字，都是静态的，只有在上方的"道"是真正的、十足的虚，是"以虚待物"（庄子语）、"以虚处化"（转化）的虚。所以"道"是整个转化的枢纽，没有"道"就不能转化。

第三节　中国哲学的系统思维

一、什么是系统思维

"系统"两字也是舶来品，在传统中国哲学里从没有用它来衡量过一种学术的深浅。单就这两个字来看，至少有三种含义：一是推理的，这在西方就是有逻辑性；二是条理的，这是指理论清楚；三是完备的，这是指它的完整性，没有缺漏。拿这三条来看中国哲学，似乎没有哪一派的哲学、哪一位哲人的思想适用于这个标准。但这并不重要，因为中国哲学是另一套思维方式，所以不能用西方哲学的标准来衡量。

中国人的思维方式，我们不必在书桌上讨论，不妨跑到最热闹而没有书卷气味的传统菜市场，听听那些卖菜摊贩的对话："凭良心""讲天地良心""要讲理""不讲道理"……他们大都未曾读过老子、王阳明的书，但他们一语中的，直指中国哲学的核心。虽然他们用的只是只言片语，但是背后有一套他们并不清楚的深邃的思维哲理。

西方的系统思维，使他们在哲学上创造了许多体系完备的作品和学派，如柏拉图的"理想国"、康德的"三大批判"等，他们的系统虽然完备，但封闭在自己的知识范畴内，走不到实际的人生中去。他们的优点，也许是中国哲学没有的，而他们的缺点正是中国哲学的优点。

二、西方系统学中的问题

一个系统的建立，它的逻辑很严谨、条理很清晰、内容很充分，也许它的系统非常完整，可是它的系统愈完整就愈容易封闭在自己建立的系统内，就像春蚕的作茧自缚。这些系统都是子系统，子系统互相之间只有自己的系统，很难开放并和另一系统进行沟通，它们必须由更高的母系统为之调和。譬如火箭中的每一部分自成系统，它们只就自己这部分做得完备，最后由火箭设计的母系统将它们合在一起，就成功地组成了整个火箭的工程。同样，火箭和卫星是两个子系统，它们的专家只忙于自己的系统，不必了解另一系统，而卫星发射的母系统必须使这两个系统衔接，才能完成发射的目标。这个道理很简单。可是各种科学的系统各自独立，那么使它们互相协调，为人类造福的母系统又在哪里？是上帝吗？它休了长假，目前并不管事。是佛祖吗？他早预言人类的"生住异灭"，人类注定要毁灭，无法回头。那么我们是否就这样放弃自救呢？

三、中国哲学的母系统

中国哲学的看法不一样。我们的母系统不是上帝，不是佛祖，而是"道"。"道"不在远远的天边而在眼前，在我们的身旁。它在我们的身体中，是心的四个层次中的"心神"，这个心神就是道。心神像道一样也是虚的，即虚灵不昧。它在身心中的作用如以下二图所示：

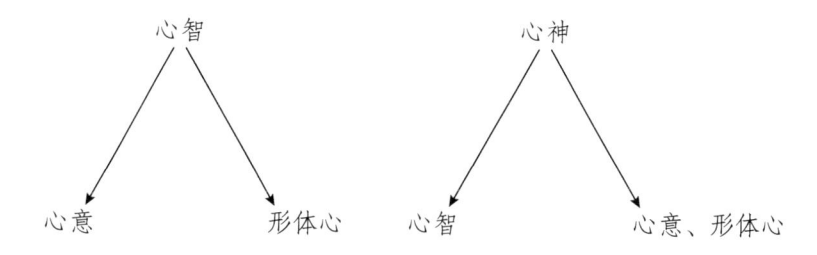

```
      心智                    心神
     ↙    ↘                 ↙    ↘
  心意    形体心           心智   心意、形体心
```

在西方，心智、心意和形体心正像两个子系统，很难突破去开放、沟通而调和。在西方心理学里，心意和形体心也是两个子系统，要调和此两者，他们求之于心意，很少求之于心智，甚至有的心理学家对心智还加以排斥。而中国哲学不同，我们的心智充当母系统（如左图），也就是说，我们圣哲的理论是母系统，它指导着两个子系统，即心意的情绪和肉体的欲求。

但有时心智的母系统失之过严，欠缺慈爱的母性，于是心智、心意及形体心又形成了两个子系统，无法整合而调和，最后心神出来担任母系统一职（如右图）。心神体虚，以虚为用，因此它对于两个子系统的作用在一个"虚"字。心神先从左方下来软化心智，就是"虚其心"（《老子》语），即虚掉心智的执着成见、自以为是，不要"临人以德"（《庄子》语）。心神再从右方下来调和心意及形体心，它的"虚"同时也是给予空间，使我们的心意及形体心能"虚"，即我在老子的哲学中讲的"无"。"无"就是给予万物以空间，有空间才能发展。因为当我们的心意和形体心有足够的空间时，便降低了压力，不受情绪所操纵，所以才易于开放，易于突破，易于与心智调和，向上提升入道而得到转化。

四、中国哲学的系统思维——整体的整合

在整体生命的三角形中，这些子系统就像在"理"的层次上的各种理论，如下图所示：

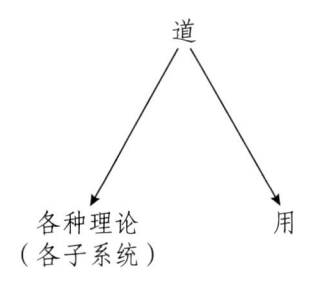

```
           道
          ╱ ╲
         ╱   ╲
      各种理论  用
     （各子系统）
```

这里的各种理论，如哲学、宗教、科学各部门、文学文艺等都是子系统，而"道"是母系统。"道"如何对付这些子系统？只有以一处万，以不变应万变，也就是一个"虚"字，如下图所示：

```
        道
       ╱ ╲
      ╱   ╲
    哲学   宗教
```

这里的哲学包括西方哲学的各派，当然也可涵盖中国哲学的各家，如儒、道、墨、法及佛学各宗等。"道"对应它们不是持着一个标准去判定谁是谁非、谁强谁弱，而是以"虚"去使它们明了自己的不足，谦虚地对应其他各派各宗。"道"的"虚"同样进入各宗教的派别中，使它们由"虚"以开放自己，尊重别的宗教，能共同在"用"上为救世救人而努力。如果哲学和宗教各自都能用

"虚",那么哲学和宗教这两个子系统也自然能和谐相处,共同谋求天下太平了。

调和哲学、宗教、科学、文学的各个子系统,就是"整合"的作用,而用"道"的母系统来以"虚"使它们自然地开放、共存,以达到生生不已的境界,就是"整体的整合"。

第一章　中国哲学的源头

第一节　哲人帝王

"哲人帝王"是柏拉图的理想，然而在西方政治上，这个理想也只能存在于柏拉图的《理想国》中。其实早在柏拉图之前，在中国，我们的尧、舜、禹、汤、文、武，都兼有哲人和帝王两种身份。如《尚书·皋陶谟》中有这样一段描写：

> 皋陶曰："都！在知人，在安民。"禹曰："吁！咸若时，惟帝（指舜也）其难之。知人则哲，能官人；安民则惠，黎民怀之。能哲而惠，何忧乎驩兜？何迁乎有苗？何畏乎巧言令色孔壬？"

这种具有明智之哲和爱人之慧的修养，也正是帝王兼哲人的内圣外王的功夫。

然而，这里有一个极为复杂的问题，就是我们所据以了解尧、舜、禹、汤等哲人帝王之治的《尚书》，在古代有今古文之争。近代不仅推翻了《古文尚书》，甚至对《今文尚书》也有怀疑之词。

孔子设科授徒，主要的教本便是《诗经》《尚书》两部经典，所谓：

> 《诗》《书》执礼，皆雅言也。（《论语·述而》）

同时，在《论语》中，又有两次直接引用《尚书》，如：

> 子曰："《书》云：'孝乎惟孝，友于兄弟。'"（《为政》）（《伪古文尚书·君陈》）

子张曰："《书》云：'高宗谅阴，三年不言。'"(《宪问》)(《尚书·无逸》)

可见《尚书》在当时已成定本，所以《史记·孔子世家》中说：

孔子……序《书传》，上纪唐虞之际，下至秦穆，编次其事。

《汉书·艺文志》也说：

《书》之所起远矣，至孔子纂焉，上断于尧，下讫于秦；凡百篇，而为之序，言其作意。

其实，今天所留下来的《今文尚书》二十九篇，为汉文帝时的一位秦博士伏生所传，是用汉代通行的隶书写的。后来据说在汉武帝末年，鲁恭王刘余在孔壁中得到了以籀文（钟鼎文、石鼓文、大篆文等文字）所写的《古文尚书》，孔安国以今文去读它，又比从前多出了十六篇。但这十六篇文字在汉代没有通行，之后又失传了。直到东晋元帝时，豫章一位名叫梅赜的内史，献上了自称为孔安国所传的《古文尚书》，一共有五十九篇，比伏生的书多出了三十篇。伏生的文字佶屈聱牙，意义不易尽解，这三十篇却文字通顺、意思浅显明白，所以自宋代的学者，如吴棫、朱熹、蔡沈以来都曾怀疑其真实性。到清代，阎若璩的《古文尚书疏证》、惠栋的《古文尚书考》，进一步证明《古文尚书》是伪的。

此后研究《尚书》的学者，大致都公认阎若璩的考证近乎事实。但在1908年，日本学者白鸟库吉发表了一篇《尧舜禹抹杀论》，居然对尧、舜、禹的事迹表示怀疑，进而否定《今文尚书》的可靠性。我国学者顾颉刚也受其影响，认为禹是一条虫，禹的时期中华大地仍然处于蛮荒时代。

在这里，我们不必为这个问题去考证，而仅就思想发展的线索上，至少可以有两点认识。

一是虽然尧、舜、禹的事迹有不可靠处，但并非子虚乌有，应为孔门所改托。因为除孔子提到尧、舜外，墨子、庄子等也明言此事：

> 尚欲祖述尧舜禹汤之道，将不可以不尚贤。（《墨子·尚贤上》）
> 尧治天下之民。（《庄子·逍遥游》）

墨子反儒，庄子笑孔，但两人谈到尧、舜之事与儒家相同，这点也足证尧、舜必为孔门所改托。

二是虽然《古文尚书》为伪托之作，《今文尚书》非尧、舜、禹、汤的亲作，但其中并非没有真实可靠的资料。譬如《尧典》，虽然有些学者说该篇成于战国初年，但是它所依据的仍然为古代的传说，此传说并非神话故事，而是具有极为严肃的主题。因为在孔子时曾以《尚书》为教本，所以其所依据的传说是十分可靠的。尤其是当我们站在思想演变的立场来看问题时，这种传说的形成也正代表了思想的旨趣及发展。

由以上两点认识，我们可以肯定尧、舜、禹实有其人，只是我们选材料证明时尽量取自《今文尚书》，再辅以其他子书如《论语》《孟子》《墨子》《庄子》的旁证。

第二节　道统之特色

尧、舜、禹、汤、文、武的道统究竟讲些什么？我们可以把它们归纳为以下四个方面。

一、天道与政道的相应

在古代的信仰中，人都把天看成作威作福的上帝，人只有慑服于天才能生存。但《尚书》对这个天加以义理化了，并提高了人的地位，使天道和政道能够相应，如《尚书·皋陶谟》说：

> 天工人其代之。天叙有典，敕我五典（父子、君臣、夫妇、兄弟、朋

友五伦）五惇哉！天秩有礼，自我五礼（天子、诸侯、卿、士、庶民）有庸哉！同寅协恭和衷哉！天命有德，五服五章哉！天讨有罪，五刑（墨、劓、剕、宫、大辟）五用哉！政事懋哉懋哉！天聪明，自我民聪明；天明畏，自我民明威。达于上下，敬哉有土！

在这段话里，所谓"天叙有典"是指天订定了常典，"天秩有礼"是指天序列了礼法，"天命有德"是指天任命有德之人，"天讨有罪"是指天处罚有罪之人。可见天不是一个活灵活现的操纵者，而是一个人生大伦、政治法则的安排者，天的这种安排也并非一意孤行，而是透过了人心的。正是所谓："天聪明，自我民聪明；天明畏，自我民明威。"也就是说，天之所以能鉴照一切，并非有无所不知的神通，而是因为以人民的耳目为耳目；天之所以令人敬畏，并非有草菅人命的威权，而是因为以民意为赏罚的标准。

由以上所述，可见《尚书》一方面已把天理则化，另一方面又把人向上提升，使天道和政道能够相应。

二、中正与中和的相通

《论语》中记载尧、舜、禹的相传：

尧曰："咨！尔舜，天之历数在尔躬，允执其中。四海困穷，天禄永终。"舜亦以命禹。（《论语·尧曰》）

这段话在《尚书》中找不到，《伪古文尚书》的《大禹谟》将这段话拆开了来说：

……天之历数在汝躬，汝终陟元后。人心惟危，道心惟微；惟精惟一，允执厥中。无稽之言勿听，弗询之谋勿庸。可爱非君？可畏非民？众非元后何戴？后非众罔与守邦。钦哉！慎乃有位，敬修其可愿。四海困穷，天禄永终。

今天许多学者都公认这篇文字是伪托的，因此在这里暂不把它引作资料。唯"允执厥中"四字见于《论语》（"允执其中"），可见尧、舜、禹的确是以这句话相传的。"中"字又是指什么的呢？后代学者往往根据"人心惟危，道心惟微"，把"中"解释为心。如熊十力在《读经示要》上说："中谓心也，心备万理，其通感流行，皆自然有则而不过，故谓之中。"其实尧的这段话完全是对施政而言的，所以"中"字不如解释为中正，较为浅显明白。

如何才能保持中正之道呢？当然必须从心上下功夫。在心上求"中"，乃是致中和。《尚书·舜典》中说：

> 帝曰："夔，命汝典乐，教胄子。直而温，宽而栗，刚而无虐，简而无傲。诗言志，歌永言，声依永，律和声；八音克谐，无相夺伦，神人以和。"

《尚书·皋陶谟》中说：

> 皋陶曰："都！亦行有九德；亦言其人有德，乃言曰：载采采。"禹曰："何？"皋陶曰："宽而栗，柔而立，愿而恭，乱而敬，扰而毅，直而温，简而廉，刚而塞，强而义。"

这两段话中所举的德行都是把两种相反的心态加以调和，以得其中。唯有心中先保有这种中和的精神，施之于外，才能合乎中正之道。

三、无为与逊让的相成

我们一提到"无为"两字，便立刻会想到老子的无为而治。其实"无为"并不是老子的专利品。孔子在《论语》中曾赞美舜说：

> 无为而治者，其舜也与！夫何为哉？恭己正南面而已矣！（《论语·卫灵公》）

可见早在老子之前的舜已运用过"无为",与老子不同的孔子也赞美"无为"。

不过在这里我们须辨明的是,从高处看老子的"无为",它是一种自然的境界,从低处看,乃是一种处事的方法。而孔子眼中的舜的"无为",乃是着重在"恭己"两字上,也就是由修身立德,自然能使天下归于治。

这种能够"正南面"的"恭己",能够"无为而治"的"恭己",尧、舜最具特色的表现在于逊让之德所形成的禅让之风。后代学者对于尧、舜的禅让有颇多怀疑之词,其实描写尧、舜禅让的不仅有儒家,反儒的墨子、挖苦孔子的庄子也都说过:

古者,尧举舜于服泽之阳,授之政,天下平。(《墨子·尚贤上》)
昔者尧舜让而帝。(《庄子·秋水》)

可见禅让之风并非孔子一人所造、儒门一家所托。

《尚书·尧典》中曾记载得很明白:

帝曰:"咨!四岳。朕在位七十载,汝能庸命,巽朕位?"岳曰:"否德忝帝位。"曰:"明明扬侧陋。"师锡帝曰:"有鳏在下,曰虞舜。"帝曰:"俞?予闻,如何?"岳曰:"瞽子,父顽,母嚚,象傲;克谐以孝,烝烝乂,不格奸。"帝曰:"我其试哉!女于时,观厥刑于二女。"厘降二女于妫汭,嫔于虞。帝曰:"钦哉!"

《尚书·舜典》又有:

帝曰:"格!汝舜。询事考言,乃言砥可绩,三载;汝陟帝位。"舜让于德,弗嗣。

由这些记载可以看出尧、舜逊让的美德。把这种逊让的美德推之于政治,自然就能无为而治了。

四、宗圣与祭祖的相融

《国语》中描写尧、舜、禹、汤的祭祀之礼时说：

> 有虞氏禘黄帝而祖颛顼，郊尧而宗舜。夏后氏禘黄帝而祖颛顼，郊鲧而宗禹。商人禘舜而祖契，郊冥而宗汤。周人禘喾而郊稷，祖文王而宗武王。

有虞氏所宗者都是前代的圣王，并无血统的关系。祖和宗都是祭名，"祖有功而宗有德"，都是纪念有功德的古圣先贤。直到夏后氏时，除了"禘黄帝而祖颛顼"外，又加上"郊鲧而宗禹"。因为鲧没有功德可言，所以"郊鲧"完全是为了祭祖。也就是说，自夏后氏开始，在以功德为主的祭礼中，加入了血统的祭祀。《论语·泰伯》中孔子曾赞美禹说："禹，吾无间然矣！菲饮食而致孝乎鬼神。"孔子用一个"孝"字来写禹的敬鬼神，指明了禹的祭祖重在血统。

自禹以后，功德和血统这两个因素就交织在中国的祭祀之礼中，也相融于中国整个道统文化中。我们中国人之所以对宗教非常淡薄，无论什么宗教都可以在中国兼容并蓄，就是因为这种功德和血统的祭祀可以满足我们的不朽感，人们无须寻求宗教的寄托。

以上，我们把尧、舜、禹、汤的道统归纳为天道与政道、中正与中和、无为与逊让、宗圣与祭祖四个方面，另外还有两个动机。

第一个动机是从这双双对对的相应、相通、相成、相融中，说明我们道统的源头都是把握住一个"中"字，都是在发挥天人合一、内圣外王的思想。

第二个动机是从这四个方面中的每一个方面都立基于德，说明我们道统的源头都是以德行为中心的。

第三节　整体生命哲学论

用整体生命哲学的三角形来看我们的圣王之治，有如下页图：

```
        天和
         △
       △   △
      △     △
   正德      利用
            厚生
```

可以说，这张图已勾画出了《尚书》的中心思想，也表达了我们道统的源头——圣王之治，以及此后中国三千多年来的政道思想。

前文我们已说明《尚书》把上帝转为天，此后在中国哲学和一般思想上不是上帝陪伴我们，而是天始终和我们形影不离。在理的层次上是"正德"，在《尚书》是"天命有德"（《皋陶谟》），不像《中庸》的"天命之谓性"，那是战国时期论"性"思想的特色。因为在《尚书》中是天直接予人以德，所以孔子才说"天生德于予"。"正德"用之于人生，便是开创自然物资以福利民生，如尧帝命各大臣到四方去观察地利，以辅助生产事业。这一从天到德、到厚生的循环，就在"唯和"的"和"字上，即所谓"神人以和"，"神"是天、是自然，而"人"即德和厚生。"和"是中国哲学里最重要的字，从宇宙到人生，是道之理、德之修及人生的实际之用。"和"字也直接影响了《易经》。

第二章　应变与处变之学的《易经》

第一节　《易经》的结构和发展

研究中国哲学的人都非常重视《易经》，它不但是中国哲学的源头，而且与整个中国哲学史的流变，无论是深的或浅的，都有密切的关系。现在我们就从它的结构和发展两方面来看看它的源头。

一、从《易经》的结构看上古思想形成的线索

《易经》这本书可以分为三大部分。

1. 八卦与六十四卦

这里所谓八卦与六十四卦，完全是指赤裸裸的符号，而没有文字。

传说伏羲画八卦。虽然八卦并非《易经》哲学中最重要的部分，因为《易经》哲学的完成必须等到周公、孔子之时，但八卦毕竟是《易经》的第一步。虽是八个简单的符号，小小的一步却吹响了中国哲学、中国文化的号角。

究竟有无伏羲这个人？他是什么时代的人？这在今日的考古学家、史前史学家的眼中仍是一个谜。但伏羲画八卦在《易经·系辞传》中有明确说明：

> 古者包牺氏之王天下也，仰则观象于天，俯则观法于地。观鸟兽之文，与地之宜，近取诸身，远取诸物，于是始作八卦，以通神明之德，以类万物之情。作结绳而为罔罟，以佃以渔，盖取诸离。（《易经·系辞传下》第二章）

至于把八卦重叠为六十四卦，有的说是伏羲自重的（王弼主张），或神农所重（郑玄主张）、夏禹所重（孙盛主张）、文王所重（司马迁主张）。其实，是谁所重并不重要，重要的是由八卦重叠为六十四卦在哲学思想上的意义。

《易经·系辞传下》第一章说：

> 八卦成列，象在其中矣。因而重之，爻在其中矣。刚柔相推，变在其中矣。

这是说八卦只是一种静态的分列，只是取象于外而已。这和西方哲学上讨论宇宙的根本元素是水、是气、是火，以及印度哲学上的地、水、火、风"四大"，并没有多少差别。但六十四卦的构成不只是符号的重叠，每个卦都代表一类事物，以及这一类事物中的某一现象。如蒙卦主教育，师卦主军事，讼卦主司法，家人卦主家庭，谦、无妄、损、益等卦主修身，比、履、革、鼎等卦主政事。虽然这种分类并不够精密，但至少可以看出每一个卦都在说明某一现象和事理。所以六十四卦就卦的符号来说是一种重叠，就事理来说却是一种归纳，并且是由自然到人生，由素朴的存在到复杂的人事。

2. 卦辞和爻辞

卦辞是系于每一卦之下，代表该卦性质的文字；爻辞是系于每一爻之下，说明该爻作用的文字。据说卦辞、爻辞都是文王所作（司马迁主张），或卦辞为文王所作、爻辞为周公所作（马融等主张），甚至也有学者认为，卦辞、爻辞皆为孔子所作（熊十力主张）。

关于卦辞和爻辞究竟是谁所作，似乎也无定论。但其出现在春秋以前，却是无可怀疑的。现在我们要研究的不是卦辞、爻辞的考证问题，而是卦辞、爻辞在哲学思想中所代表的意义。

如果我们把六十四卦的卦辞、爻辞做一个分析，可以发现卦辞中都离不了"亨"字和"利"字。其中言"亨"的有三十八卦，言"利"的有四十二卦。而在三百八十四根爻辞中，更是充满了"吉""凶""悔""吝"等字，这说明《易经》发展到卦爻辞，已经把六十四卦从静的分类完全运用到人生上，以作为避祸求福的准则。如《易经·系辞传》中说：

圣人设卦观象，系辞焉而明吉凶。(《易经·系辞传上》第二章)

辩吉凶者存乎辞。(《易经·系辞传上》第三章)

系辞焉以断其吉凶。(《易经·系辞传上》第八章)

系辞焉所以告也，定之以吉凶，所以断也。(《易经·系辞传上》第十一章)

这些都说明，卦爻下所系的辞只有一个目的，就是断吉凶。也就是说，《易经》发展到卦辞、爻辞时期，已经成为一部占卜之书，而这一时期在殷周之际。

3."十翼"

相传孔子作"十翼"，"十翼"就是十篇辅助《易经》的文字，即《上彖》《下彖》《大象》《小象》《系辞上》《系辞下》《文言传》《说卦传》《序卦传》《杂卦传》。前人对孔子作"十翼"一事颇多怀疑，自欧阳修开始，崔述、顾颉刚、冯友兰等人都认为不是孔子所作。

事实上，"十翼"的内容参差不齐，显然不是成于一人之手，因此也不可能完全是孔子所亲作。因为孔子曾读过《易》，赞过《易》，所以"十翼"中自然也有孔子的思想。关于孔子是否读《易》，这也是一个聚讼纷纭的问题。《史记·孔子世家》明言："孔子晚而喜《易》。""读《易》，韦编三绝。"《论语》中孔子自言："加我数年，五十以学《易》，可以无大过矣。"(《述而》)这与他说的"五十而知天命"正好相符。同时《论语·子路》有云："不恒其德，或承之羞。"这是恒卦九三之爻辞。从这些事实中至少可以确认，孔子和《易经》是有极大关系的。

"十翼"和前面两部分比起来，有两点值得我们重视。

第一，卦辞和爻辞只是纯粹断吉凶的，而其所断的依据只在爻的关系上，到了"十翼"中，却加入了道德的因素。如《大象传》说：

君子以自强不息。（乾卦）

君子以厚德载物。（坤卦）

君子以果行育德。（蒙卦）

君子以懿文德。（小畜卦）

其中有不少话都和《论语》《大学》《中庸》原文相通，如：

君子以思不出其位。（艮卦《大象传》）

君子思不出其位。（《论语·宪问》）

君子以自昭明德。（晋卦《大象传》）

古之欲明明德于天下。（《大学》）

君子以独立不惧，遁世无闷。（大过卦《大象传》）

遁世不见知而不悔。（《中庸》）

由这点可见，"十翼"中的许多部分已把黏着在爻象上的占卜之《易》，逐渐转为着重在心性修养上的道德之《易》。

第二，"十翼"中的《系辞传》《序卦传》《杂卦传》《说卦传》等文字，已将《易经》中的占卜加以理论化。譬如《易经·系辞传上》第九章：

天一地二，天三地四，天五地六……二篇（指上下经）之策，万有一千五百二十，当万物之数也。

这是以数的原理来解《易》。又如《说卦传》第八章：

乾为马、坤为牛、震为龙、巽为鸡、坎为豕、离为雉、艮为狗、兑为羊。

这是将经和物象相比来解《易》。又如《序卦传》：

> 有天地，然后万物生焉。盈天地之间者惟万物，故受之以屯。屯者，盈也，屯者，物之始生也。物生必蒙，故受之以蒙。

这是按照事理的发展把卦的次序连成一贯来说《易》。再如《杂卦传》：

> 乾刚坤柔，比乐师忧。临观之义，或与或求。

这是就一卦之性能来释六十四卦。

总之，"十翼"中这些部分，可能非孔子所作，但它在《易经》的发展上也自成一格。

下面我们再就《易经》这三部分的结构做一结论。

首先，八卦和六十四卦只是符号，它在思想发展上的意义是由自然的元素到人事的归类。

其次，卦辞和爻辞只是属于占卜之用，它在思想上的发展是将卦爻的关系运用于人生，以避祸求福。

最后，"十翼"是后人将原始《易经》做了整理，一方面加入了道德的意义，另一方面发挥了其象数的关系。这是《易经》由占卜而变为《易》理，或是《易经》哲学的开始。

以上是我们看过的《易经》的结构，接着再谈谈《易经》在中国哲学史上的发展。

二、《易经》在中国哲学史上的发展

《四库全书总目提要》说：

> 《易》之为书，推天道以明人事者也。《左传》所记诸占，盖犹太卜之遗法。汉儒言象数，去古未远也。一变而为京、焦，入于机祥，再变而为陈、

邵，务穷造化，《易》遂不切于民用。王弼盖黜象数，说以老庄。一变而为胡瑗、程子，始阐明儒理，再变而为李光、杨万里，又参证史事，《易》遂日启其论端。此两派六宗已互相攻驳。

现在我们根据以上所述，分为六个阶段来看《易经》的发展史。

1. 占卜之《易》

这是《易经》的原始面貌，限于卦辞和爻辞。它本为古代太史所掌，在殷商时都是卜龟甲，到了周朝才以筮为占。这是《易经》由宗教的身份走入政治舞台的开始。

当时太史所掌的《易》有三，正如郑玄在《易赞》中说的："夏曰《连山》，殷曰《归藏》，周曰《周易》。"前人对这三《易》的说法颇多，如果殷商多用龟甲占卜的话，那么《连山》和《归藏》乃是以龟甲占卜之《易》，到了《周易》才改由筮占。这说明了两点。

第一，《连山》《归藏》失传之原因，主要是为《周易》所取代。

第二，《周易》的占法是占卜之学上的一大进步，也是由占卜逐渐走上哲学之途的开始。

2. 象数之《易》

所谓象，依据《易经·系辞传》所说：

> 天垂象，见吉凶，圣人象之。（《易经·系辞传上》第十一章）
> 圣人有以见天下之赜，而拟诸其形容，象其物宜，是故谓之象。（《易经·系辞传上》第八章）

这是说，宇宙万物变化的表现叫作象，所谓："《易》者，象也；象也者，像也。"（《易经·系辞传下》第三章）而圣人或作《易》者，将这种变化之象运用于人生，以定吉凶，也叫作象。

所谓数，依据《系辞传》所说：

>参伍以变，错综其数。通其变，遂成天下之文；极其数，遂定天下之象。（《易经·系辞传上》第十章）

这是说，宇宙万物变化的多端叫作数。打个比方，我们白天看公路上的车子，只知道一辆接着一辆行驶，如果在晚上，则看到的是一束束的灯光。假如再运用摄影技巧的话，照片里表现的就是一束束光线错综复杂地交叉着，非常美观。车子的行驶非常单纯，宇宙万物的变化却非常复杂。这种变化路线的关系就叫作数。

象数之学就是研究这些爻象变化，以及宇宙人生变化的关系之学。正如下图所表示：

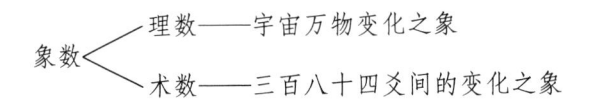

```
       ┌─ 理数──宇宙万物变化之象
象数 ──┤
       └─ 术数──三百八十四爻间的变化之象
```

这种象数之学与前面占卜之《易》相比，向前推进了一大步。因为占卜之《易》被包围在神秘的色彩中，我们不知道为什么这一爻是吉，那一爻是凶。而象数之学提出了解释，尽管这种解释不一定合乎事实的真相，但它也是理智向神秘的挑战。

象数之学的发展大约在战国时期，直到汉代趋于成熟。

前面我们把象数分为理数和术数。理数是自然之数，是天之垂象；术数是圣人或作《易》者及后来的玩《易》者，用以把握天象的。在"十翼"中，有把理数运用于人生的，如《文言传》《象传》及《系辞传》中的极大部分，也有谈术数的，如《序卦传》《说卦传》《杂卦传》及《系辞传》中的一部分。战国时期，这两部分犹相融于占卜之《易》中，而到了汉初则偏重于理数。皮锡瑞在《经学通论》中曾谓："汉初说《易》皆主义理、切人事，不言阴阳术数。"及至两汉之际，治《易》者泥于术数，而有专讲阴阳灾异的机祥之《易》。

3. 机祥之《易》

本来机祥之《易》也属于象数之《易》的范围，但我们在这里把它别立一节，乃是为了说明这种《易》学逐渐脱离了《易经》中言象数的本意，而杂于阴阳灾异。如皮锡瑞在《经学通论》中说：

> 经学有正传、有别传。以《易》而论，别传非独京氏而已，如孟氏之卦气、郑氏之爻辰，皆别传也。又非独《易》而已，如《伏传》五行，《齐诗》五际，《礼·月令》明堂阴阳说，《春秋公羊》多言灾异，皆别传也。

所谓"正传""别传"，是指占卜之《易》到了孔子及其后学手中，强调"不占而已矣"，把重心放在道德义理上，所以《易》才能跻身于经的地位，这是正传。而自孟喜主卦气（以气节流行说《易》，如以坎离震兑为四正卦，以其初爻当二至二分，再以其余二十爻，每爻主一气节）、京房主变通（以其中八卦为八宫卦，再推衍其他五十六卦）、虞翻（始于京房）主纳甲（以八卦配十干支）、郑玄（起于京房）主爻辰（以乾坤十二爻配十二时辰来解《易》，又从辰求星象肖属）、荀爽主升降（阴阳升降配君臣尊卑）之后，一方面治《易》者泥于术数，另一方面术数者更托于《易》理，使得一部《易经》在占卜的原始面貌上平添了几许光怪陆离。

4. 老学之《易》

物极必反，汉代的治《易》者犹如在泥潭中摸鱼，摸来摸去，所摸到的最多只是一些鱼鳞而已。正如朱子在《易象说》里所指出的：

> 汉儒求之《说卦》而不得，则遂相与创为互体、变卦、五行、纳甲、飞伏之法，参互以求，而幸其偶合。其说虽详，然其不可通者，终不可通。其可通者，又皆附会穿凿而非有自然之势，唯其一二之适然而无待于巧说者，为若可信。然上无所关于义理之本源，下无所资于人事之训诫，则又

> 何必苦心极力，以求于此而欲必得之哉！

这段话完全写出了汉代治《易》走入术数的毛病。所以到了魏晋时期，一方面，这种别传正式成为别传，也就是术数之《易》被道士所运用，变成了神仙炼丹之学，如魏伯阳的《周易参同契》（简称《参同契》）便是把虞翻的纳甲作为炼丹的理论根据。另一方面，这种别传引起了魏晋玄学家的不满，于是公开扬弃《易经》的象数系统，而以老学来解《易》，其中最具代表性的是王弼。

王弼注《易》，一方面在扫除汉代的象数，如他所说：

> 义苟在健，何必马乎？类苟在顺，何必牛乎？爻苟合顺，何必坤乃为牛？义苟应健，何必乾乃为马？（《周易略例·明象》）

另一方面，他却是以注解《老子》（即《道德经》）思想的路线来注《易》。如王弼在复卦《彖传》"复其见天地之心"一句的注中说：

> 复者，反本之谓也。天地以本为心者也。凡动息则静，静非对动者也；语息则默，默非对语者也。然则天地虽大，富有万物；雷动风行，运化万变；寂然至无，是其本矣。故动息地中，乃天地之心见也。若其以有为心，则异类未获具存矣。

这段话的思想也正是他注《老子》的思想，如《老子》第三十八章的注说：

> 天地虽广，以无为心；圣王虽大，以虚为主。故曰以复而视，则天地之心见；至日而思之，则先王之至睹也。

可见王弼的《易注》体现的完全是《老子》的思想。

虽然王弼注《易》是否得其真值得我们推敲，但是他挣脱了象数机祥之《易》的努力功不可没。而且以《老子》注《易》，至少尚能把握《易》理的一面，使得整个魏晋的《易》学几乎都走向这条路线，这也是极有助于《易》学的发展的。

5. 儒理之《易》

自魏晋而后，一方面是儒学的衰微，另一方面是佛学的大盛，使得过去曾为群经之首的《易经》反而被冷落了。这段时期，只有那些炼丹的方士躲在一旁像画符咒似的用图案去窥测天机。虽然这种图书之《易》，由《系辞传》"河出图，洛出书，圣人则之"一语引申而出，但都是宋人自创的，而且也只是象数之《易》的另一面貌而已，所以这里略而不谈。值得大书特书的，乃是由宋代程伊川等开展出来的儒理之《易》。

前面我们曾提过，在"十翼"中，如《文言传》《象传》及《系辞传》的极大部分内容都是孔子及其后学者，以儒家的道德修养来转变占卜的吉凶观念。这种思想自战国以后，一直被象数之《易》所掩盖，直到宋代程伊川等人才恢复了它的地位，走上《易经》为儒家思想的正途。诚如朱子的赞叹：

> 自秦汉以来，考象辞者，泥于术数，而不得其弘通简易之法；谈义理者，沦于空寂，而不适乎仁义中正之归。求其因时立教以承三圣，不同于法，同于道者，则惟伊川先生程氏之书而已。（朱子《书伊川先生易传版本后》言）

《伊川易传》的特色，就是把汉代之后的所有象数之《易》、机祥之《易》、老庄之《易》，甚至当时流行的图书之《易》，放在一边不谈，直接从自己所悟的孔孟精神来注《易》，这是儒家思想在《易经》上的复活。整个宋明时期的理学家，除了少数像邵康节（邵雍）等犹注意于象数及杨万里等专心于史事外，可说都是走的《伊川易传》的路子。

6. 史事之《易》

在《伊川易传》之外，另有一部杨万里的《诚斋易传》。这部《诚斋易传》

本来走的是伊川的路子，初名《易外传》，后来改名为《诚斋易传》。它和《伊川易传》一样，把所有象数、图书之《易》放在一边，但它和《伊川易传》的不同之处乃是注重《易经》中的史事，以事理来辅伊川的义理。

本来《易经》的爻辞，常有举当时的史事来说明的。如：

> 高宗伐鬼方，三年克之，小人勿用。（既济九三）
> 箕子之明夷，利贞。（明夷六五）

注意到《易》理中的史事其实并非始于杨万里，像干宝、欧阳修、程伊川都曾提到。只是杨万里说得比较全面，总其成而已。

这种史事之《易》发展到近代非常盛行，很多学者都就《易经》中的许多问题来推敲史实。无论他们的研究正确与否，但都是着重于《易经》中的史事，也是属于史事之《易》。

从以上所述各时代对《易经》的研究中，不仅可以看出各时代对《易经》的态度，还可以了解各时代在形而上学方面的发展。《易经》就是这样一部贯穿了中国哲学史，贯穿了形而上学与人生哲学的最重要的经典。此后中国哲学上的各大学派几乎都和它有着密不可分的关系。

第二节 《易》理的三义和应变的方法

《易经》，无论是原始的占卜之《易》，还是后来的儒理之《易》，以及其他象数、机祥、老学之《易》，都有一个共同的特色，就是应变的精神。我们可以这么说，《易经》哲学就是一门应变的学问。

谈到《易经》的应变，必须从两方面着手，一是宇宙人生是如何变的，二是我们用什么方法去应变。

一、"易"有三义

《易经》的"易"字，按照《说文解字》"易部"上所说：

> 易，蜥易，蝘蜓，守宫也；象形。

这是指"易"字的原意取象于四脚蛇。据李时珍《本草纲目》及《岭南异物志》所说，蜥蜴善变，俗名十二时虫，其首随十二时变色。同时在《说文解字》中又引秘书（指东汉纬书）说：

> 日月为易，象阴阳也。

这是指"易"字从日从月，取象于日月的交替、阴阳的变化。

无论是取象蜥蜴还是日月，都强调变，但究竟是如何变的，没有具体说明。把"易"字的变说得较详细的，是《易纬》的"三义"。如：

> 孔子曰：易者，易也，变易也，不易也。管三成为道德包籥。易者以言其德也，通情无门，藏神无内也。光明四通，效易之节。天地烂明，日月星辰布设。八卦错序，律历调列。五纬顺轨，四时和栗荦结。四渎通情，优游信洁，根著浮流，气更相实。虚无感动，清净照哲，移物致耀，至诚专密。不烦不挠，淡泊不失，此其易也。变易也者，其气也。天地不变，不能通气，五行迭终，四时更废。君臣取象，双节相和。能消者息，必专者败。君臣不变，不能成朝。纣行酷虐，天地反。文王下吕，九尾见。夫妇不变，不能成家。妲己擅宠，殷以之破。大任顺季，享国七百，此其变易也。不易也者，其位也。天在上，地在下，君南面，臣北面，父坐子伏，此其不易也。（《易纬·乾凿度》卷上）

《易纬》虽是汉代谶纬一类的作品，杂于阴阳气化之说，但它的这种分法别有理境，只是在解释上稍嫌虚玄而已。后来，郑玄根据这种分法在《易赞》中说：

> 易一名而含三义：简易一也，变易二也，不易三也。

郑玄的分法比《易纬》所说的要简明清楚很多，现在我们就根据郑玄的分法来谈谈三义。

因为宇宙人生的变动是整个生命的开展与转变，所以是一体不可分的。正如《易经·系辞传》中所说：

> 天下之动，贞夫一者也。(《易经·系辞传下》第一章)

因此这三义是结成一体、相互关联的。有如下图：

$$\text{变易（象）}\begin{cases} \text{生生不已——不易（体）} \\ \text{反复其道——简易（用）} \end{cases}$$

1. 变易

《易》理是周流旁通、变化无常的。正如《易经·系辞传下》第八章所说：

> 《易》之为书也，不可远。为道也，屡迁。变动不居，周流六虚。上下无常，刚柔相易；不可为典要，唯变所适。

这是说《易》理是永远处于变动之中，没有一定的准则，完全依据变迁而定的。而《易》理之所以屡迁，是因为宇宙人生就是变动不居的。如《易经·系辞传上》第一章的描写：

> 在天成象，在地成形，变化见矣！是故刚柔相摩，八卦相荡；鼓之以雷霆，润之以风雨；日月运行，一寒一暑；乾道成男，坤道成女。

这是说有了天地之后，天上的象和地上的形都在动，都在变，而且是不动不能成象，不变不能成形的。

然而是什么使它动？它又是如何变的呢？

2. 不易

"动"的能源，就是一个"生"字。所谓：

> 天地之大德曰生。(《易经·系辞传下》第一章)
>
> 夫乾，其静也专，其动也直，是以大生焉。夫坤，其静也翕，其动也辟，是以广生焉。(《易经·系辞传上》第六章)

所谓"大生"，是生命的上扬，所谓"广生"，是生命的繁衍。因为天地具有这种生的性能，所以万物才生生不已，正是所谓"生生之谓易"。不过《易经》的这种生，不是上帝造物般的创生，不是母亲生子般的养育，也不是工匠制造器具般的雕琢，而是由阴阳感应而生。如《易经》中说：

> 一阴一阳之谓道。继之者，善也；成之者，性也。(《易经·系辞传上》第五章)

"阴阳"是指相感，"继之者"是指相应，"成之者"是指由感应而生。又如：

> 《易》，无思也，无为也，寂然不动，感而遂通天下之故。(《易经·系辞传上》第十章)
>
> 天地感而万物化生，圣人感人心而天下和平，观其所感而天地万物之情可见矣。(咸卦《彖传》)
>
> 《彖》曰："恒，久也。刚上而柔下，雷风相与，巽而动，刚柔皆应，恒。恒，亨，无咎，利贞，久于其道也。天地之道，恒久而不已也。利有攸往，终则有始也。日月得天而能久照，四时变化而能久成。圣人久于其道而天下化成，观其所恒而天地万物之情可见矣！"(恒卦《彖传》)

以上几段话，都说明了万物的生成有感应的作用。这个感应的作用，是生的动力，这个"生"也就是"易"的本体。尽管宇宙万物变动不居，但这个感应的生是永远不变的。

3. 简易

尽管宇宙的变化纷繁复杂，阴阳的相感神秘莫测，但通过《易》理来看这个变化的轨迹，却是简易明白的。正如《易经·系辞传上》第一章说：

> 乾以易知，坤以简能。易则易知，简则易从。易知则有亲，易从则有功。有亲则可久，有功则可大。可久则贤人之德，可大则贤人之业。易简而天下之理得矣！天下之理得而成位乎其中矣。

这是说乾就像天一样，只要我们顺应天道，"四时行焉"，就没有一点奥妙难知；坤就像地一样，只要我们努力耕耘，"百物生焉"，就没有一点神秘难从。

乾坤就卦象来说，它在形而上方面，就是阴阳；在宇宙现象方面，就是动静；在人生运用方面，就是刚柔。因此只要我们能够把握刚柔两种作用，便能够处动静之常，以求阴阳之和。正如复卦《彖传》中说：

> 复，亨，刚反。动而以顺行，是以出入无疾，朋来无咎。反复其道，七日来复，天行也。利有攸往，刚长也。复，其见天地之心乎？

这是说由刚柔相推，以了解天地的阴阳消息。而这刚柔二理正像开关一样，是易知易从的。所以《易》理之伟大处，也就在于原理简易。

二、应变的方法

关于《易》理的应变方法，可以归纳为以下三个方面。

1. 知位

《易经·系辞传上》第一章：

> 天尊地卑，乾坤定矣。卑高以陈，贵贱位矣。动静有常，刚柔断矣。方以类聚，物以群分，吉凶生矣。

从这段话来看，"位"至少有三种含义：

$$位\begin{cases}宇宙——空间、坐标——天尊地卑\\ 人际——地位、职位、身份、立场——贵贱位矣\\ 卦象——爻位——刚柔断矣，吉凶生矣\end{cases}$$

《易经》从卦理上把握，当然所讲的主要在于爻位。不过要认识爻位的关系，必须先了解几个常用的术语。如：

（1）六爻的性能

初爻——潜也　二爻——多誉　三爻——多凶

四爻——多惧　五爻——多功　六爻——危也

这是说每一爻都有其特殊的意义，亦即有其不同的应变态度。

（2）同功异位

《易经·系辞传下》第九章：

> 二与四同功而异位，其善不同，二多誉，四多惧。近也。柔之为道，不利远者，其要无咎，其用柔中也。三与五同功而异位，三多凶，五多功，贵贱之等也。其柔危，其刚胜邪？

二爻与四爻同为阴功，而一内一外，高低不同，所以同功异位。三爻与五爻同为阳功，而一下一上，地位有别，所以也是同功异位。

（3）当位与不当位

二爻与四爻为阴功，三爻与五爻为阳功，因此凡一卦中，二爻与四爻是阴爻的话，为当位，否则为不当位。三爻与五爻正好相反。当位多半为吉，不当位则多半为凶。

（4）二五相应

在爻位关系上，二爻和五爻是一个卦的灵魂。拿内卦来说，初爻代表潜，三爻代表凶，没有作为。只有二爻多誉，前途无量。拿外卦来说，四爻代表惧，六爻代表危，也没有作为，只有五爻多功，作用最大。而这两爻的重要之处在于它们的互相关照，也就是阴阳的相应，君臣的相合。举例来说：

> 《象》曰："女正位乎内，男正位乎外，男女正，天地之大义也。"（家人卦《象传》）

"女"是指六二的阴爻，因为在内卦而当位，所以说"女正位乎内"。"男"是指九五的阳爻，因为在外卦也当位，所以说"男正位乎外"。

《易经》对位的运用，虽然有以上各种爻位的性能，但是并非如此地执着，爻位只是代表我们所处的环境，如何应变完全在于自己。虽然爻辞上有吉有凶，但是遇凶而能接受爻辞的教训，便能化凶为吉。相反，如遇吉爻不能依理而行，则虽吉也会变凶。

2. 识时

"位"虽是一个静态的关系，但宇宙人生的变化是动态的。我们每一时间所处的"位"都不同，所以"位"必须配合"时"才有作用。正如乾卦《象传》所说：

> 大明终始，六位时成。

"时"也有三种含义：

```
        ┌ 宇宙——四时
    时  ┤ 人际——机遇
        └ 卦象——升降
```

就宇宙来说，必须顺应四时而行。如：

> 变通配四时。（《易经·系辞传上》第六章）
> 天地盈虚，与时消息。（丰卦《彖传》）
> 四时变化而能久成。（恒卦《彖传》）
> 天地革而四时成。（革卦《彖传》）

就人际关系来说，必须把握时机。如：

> 君子进德修业，欲及时也。（乾卦《文言传》）
> 君子藏器于身，待时而动，何不利之有。（《易经·系辞传下》第五章）

就卦象来说，是指一卦中阴阳的升降。如：

> 《彖》曰："艮，止也，时止则止，时行则行，动静不失其时，其道光明。"（艮卦《彖传》）
> 《彖》曰："损刚益柔有时，损益盈虚，与时偕行。"（损卦《彖传》）

这是说虽然整个卦象是止或损，但是由于时间的变化，爻位也跟着有升或降，所以应变的态度也不同，止中有行，损中有盈。即使所遇的客观环境是止或损，也千万不可固执，应时而变，便能由止而行，损中求益。

3. 研几

"知位""识时"的位和时，就卦象来说都是指爻的变化，都是黏着于外在的现象。但知和识，必须依据内心的智慧，以窥测天行。

"几"也有三种含义：

$$几\begin{cases}宇宙——天地的阴阳消息\\人际——事理的吉凶预兆\\卦象——六爻的变化关系\end{cases}$$

就宇宙来说，"几"就是天机。所谓：

> 《易》与天地准，故能弥纶天地之道；仰以观于天文，俯以察于地理，是故知幽明之故；原始反终，故知死生之说。（《易经·系辞传上》第四章）

就人际来说，"几"是指动之微。所谓：

> 子曰："知几，其神乎？君子上交不谄，下交不渎，其知几乎。几者，动之微，吉之先见者也，君子见几而作。"（《易经·系辞传下》第五章）

就卦象来说，"几"是指《易》辞之占。所谓：

> 是故君子所居而安者，《易》之序也；所乐而玩者，爻之辞也。是故君子居则观其象而玩其辞，动则观其变而玩其占，是以自天佑之，吉无不利。（《易经·系辞传上》第二章）

这个"几"无论是指天机、吉凶之兆，还是《易》辞之占，都并非神秘的。所谓：

> 极数知来之谓占。（《易经·系辞传上》第五章）
> 神以知来，知以藏往。（《易经·系辞传上》第十一章）

能够"知来"，固然是神，但之所以知来，是因为"极数"——变化之理，

"藏往"——归纳过去的经验。所以"几"是神而不秘,也是非常科学化的。

三、《易》理的特色

从以上《易经》的思想运用上来看,最后我们可以归纳出《易》理的三个特色。

1.《易》理是超越空灵的

《易经》的最基本结构是符号,《易经》的所有文字都是在解释符号之间的关系。任何一种思想,因为它通过了文字的媒介,所以不是被文字所限不能表达它某一部分的真义,便是被文字所偏、所执、所变而失去了它的全面性、活泼性及不变性。

《易》理是超越空灵的,但它和普通形而上学的超越不同。因为形而上学的本体是不可思议的,一有思议便落言筌,便有所执。可是《易》理相反,它是可以思议的,而且是让我们从不同的角度去思议的。不仅卦和爻的符号可以有不同的象征,连卦辞和爻辞也可有不同的解释,就如同数学符号代表一种关系模式,你可以将任何数字代入其中。但数学公式只能代入数字,《易经》的符号却可以代入任何事理。

2.《易》理发挥中正之道

> 知进退存亡而不失其正者,其唯圣人乎。(乾卦《文言传》)

"进退存亡"是外在的变化,"而不失其正"就是把握中正的原则。如:

> 《彖》曰:"同人,柔得位得中而应乎乾,曰同人。同人曰(衍文):'同人于野,亨,利涉大川。'乾行也,文明以健,中正而应,君子正也,唯君子为能通天下之志。"(同人卦《彖传》)

这个卦的"柔"指的是第二爻,"应乎乾"指的是第五爻。由于各得其位,而且阴阳相合,所以是"中正而应"。

在《易经》中,除了中正外,其他如时中、中行、中道等,都是把爻位上的中正之理运用到人生上,以求中正之道。

3.《易》理是以义为利的

《易经》占卜,固然是卜吉凶,但吉凶之理系于行事及心术之义与不义。坤卦卦辞"元亨利贞"的"利"字,按照乾卦《文言传》的解释是:

利者,义之和也。

可见这个"利"并非个人的小利,也并非投机取巧之利,而是将"利"做到最合义的地步。一般人往往指责儒家思想不言功利,过分理想而不切实际,其实儒家的精神正是从"利者,义之和也"去求利的。乾卦《文言传》又说:

乾始能以美利利天下,不言所利,大矣哉!

所谓"美利",就是大利,也就是"义",而"不言所利"的"利",乃是小利。由此可见,《易经》是以义为利的。

以上我们只举出《易》理的三个特色来说明《易》道的精神。《易经》所要应对的是天人间的变化关系,而面对这种变化的关系,我们必须运用一套变化的方法,这就是《易经》之所以空灵。空灵并非空虚,乃是从各个不同的角度以及全面性来看一个问题,使我们不至于执着一偏。但在运用这套方法时,要始终把握住两点不变的原则,一是讲中正,二是讲道义。《易经》的前身是占卜的工具,在《易经》的流变上,虽为一般星相之术所误用,但自孔子等儒家学者发掘出《易》理的特色之后,《易》道的精神也就成为此后中国哲学发展史上的一座灯塔,使得中国哲学始终不脱离中正与道义这两大原则。

第三节　整体生命哲学论

传统学者和一般人都只重《易经》的应变，好像学了《易经》之后就可以控制外在的变化。当然，《易经》能应变，但只重应变是不够的，因为那只是跟着外面走。最近几年，我讲《易经》，用诚代阳，用谦化阴，把《易经》变为修养之学，特别强调转化的功夫，所以《易经》真正是一本处变之书。下面我用整体生命哲学的三角形，从不同的角度来看这部在中国历史文化里被尊为"群经之首"的经典。

首先，《易经》全书，包括六十四卦的卦爻辞，都是理论，都是人写的，即由文王所作。中国哲学的理论中有"理"，而这个"理"是通乎"道"的，但"道"不是神明，不是上帝，所以《易经》不是天书。"道"的作用是"虚"，虚掉人们的迷信误执，使我们真正能应用《易经》的"理"去解决人生的难题。这是大用，否则只问占卜而不知理，不能通乎道，这是平面地把《易经》拿来用，这是小用，甚至会变成误用。用整体生命哲学的三角形来表示，其关系见下图。

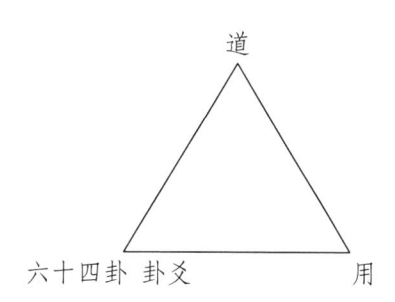

```
              道
             /\
            /  \
           /    \
          /      \
         /_____\
   六十四卦 卦爻      用
```

其次，根据《易》理，六爻的三分法，初爻、二爻是地，三爻、四爻是人，五爻、六爻是天，用整体生命哲学的三角形来表示，如下页第一个图。地在"理"的位上，因为《易经·系辞传》上明言"天文""地理"。地之理在生养万物，在《老子》中则是德的畜物。"天"是道，是虚位以待，也即给予万物以发展的空间，而"人"则参与、助成天地的变化。这正符合了道、理、用的相辅相成的循环。

```
         天
         △
       △   △
     △       △
   △           △
  地             人
```

再次，由这天、地、人的间架，形成了下图的六爻的三角形：

```
       五爻、六爻
         △
       △   △
     △       △
   △           △
 初爻、二爻   三爻、四爻
```

这一间架虽依据了本页第一个图的天、地、人的位置，但有它的特殊意义，也符合我在《易经应该这样用》一书中的主张：初爻、二爻在于修德和求知，三爻、四爻和六爻是应变，五爻在君位，是处变。现在三爻、四爻在人位就是面临人生的一切问题。三爻由内卦到外卦，正面临变动，要应变；四爻上有君主，下有深渊，临深知惧，更要应变。四爻的应变，须求之于"理"层次的德和知。三爻的应变须向上顺天命、合天理。至于在"理"层次上的二爻，则是来自天位上的"道"（二五相应），初爻则与人位相应。也就是说，德必须解决人生的问题，不能只空谈心性。

最后，在右图中，阴阳是理论，是两个子系统。在传统《易》学中，虽说阴阳相应相合，但在汉代象数之《易》中，又说阳消阴、阴消阳，好像又是互相对立的。就阴阳相合来说，阴阳既然是两个子系统，它们自成体系，又如何能开放而互相调和？如果根据前文讲的"中国哲学的系统思维"之说，这个"道"是以虚为用的。如果根据《易经·系辞传》的"太极生两仪"，太极是道的化身，两仪是阴阳的代名，那么就是道生阴阳。但道生阴阳之后，并不是说道和阴阳就截然两体、互不相关，而是道在阴阳中。道是以虚为体，因此阴中有虚，阳中也有虚。坤卦用六的"永贞吉"即永远保持柔顺的谦虚之德，乾卦用九的"见群龙无首"即显现无首的谦虚之道，而用六、用九，即用阴、用阳。所以阴和阳共同有道之虚，它们才能开放自己，与对方调和。

```
         道
        /\
       /  \
      /    \
     /      \
    /        \
   /_____\
阴、阳        用
```

第三章 诸子百家的争鸣

第一节 春秋思想勃兴的原因

我们已从《尚书》和《易经》中透视了周代以前的那段披荆斩棘、规模草创的思想史。《尚书》代表史官的思想，我们可以从该书中看到那些哲人帝王是如何完成内圣外王的理想，把政治和人生融为一体的。《易经》代表筮人的思想，我们可以从该书中看到那些哲人智者是如何谋求天人合一之道，把宇宙和人生打成一片的。

这两种思想在当时便相交相融在一起，正像两条细流，慢慢地交错，到了周代便汇成一泓汪流。试看周代的文化制度，如果说中国有五千年的文化，孔子以后有两千五百年，那么前面的两千五百年，到周代可说是集其大成。孔子曾说：

> 周监于二代，郁郁乎文哉！吾从周。(《论语·八佾》)

这个"文"字极为传神，它写出了周代文物的鼎盛、文采的焕发，就如那初升的旭日，万道光芒，遍照大千。

周朝思想上的代表人物当然是周公，孔子最崇拜的人物也是周公。周公的最大贡献就是制礼作乐。他所制的礼乃是确立封建的大法，他所作的乐，乃是健全精神的教育。关于周公制礼作乐的故事，《尚书大传》中曾说：

> 周公将作礼乐，优游之三年，不能作。君子耻其言而不见从，耻其行而不见随。将大作，恐天下莫我知也。将小作，恐不能扬父祖功业德泽。

然后营洛,以观天下之心,于是四方诸侯,率其群党,各攻位于其庭。周公曰:"示之以力役,且犹至,况导之以礼乐乎?"然后敢作礼乐。

这段故事中有三点值得我们注意。

其一,在周公以前,虽有很好的政治思想,却没有具体的礼乐制度。

其二,周公制礼作乐,并非凭个人一时的想法草率而作,他优游三年,研究于其中,陶醉于其中。

其三,制礼作乐乃是对过去文化的传承,所谓"扬父祖功业德泽",也是统一文化的工具,所以对诸侯来说要"导之以礼乐"。

周公的制礼作乐,不仅巩固了周代国家社会的组织,还奠定了整个中国文化的基础。

不过周代典章文物之盛,只是制度的确立。对周代以前的思想来说,这是一种整合统一的作用。然而思想凝缩成制度后,其好处在趋于具体、稳定,其坏处却在变得保守、板滞。所以按照物极必反的道理,周代典章文物的鼎盛,同时也埋下了以后变化的种子。

这时的思想正像一泓流水,虽然水势非常开阔,但是仕默默流动。突然流到一片断崖,于是变成了万丈瀑布,直泻下去,激起了无数浪花,而有诸子百家之盛。

关于春秋战国思想勃兴的原因,前人虽有提及,但多属片段,只有梁启超先生所归纳的七点较为完备。这七点是:蕴蓄之宏富也、社会之变迁也、思想言论之自由也、交通之频繁也、人才之见重也、文字之趋简也、讲学之风盛也。

现在参考梁氏所说,把春秋战国思想勃兴的原因,分为以下六点。

一、政治社会,制度之变动

周代采用中央集权制,整个封建制度、宗法社会都以周天子为中心,以贵族公卿为骨干,所以学术隶于一尊,掌于王官。

柳诒徵在《中国文化史》中说:

>周之教育，皆官掌之，其教人者曰师曰儒。而稽其学术，大抵出于官守，故清人盛称周代学术本于王官。

并引章学诚的《校雠通义》：

>有法斯有书，故官守其书；有书斯有学，故师传其学；有学斯有业，故弟子习其业。官守、学业皆出于一，而天下以同文为治，故私门无著述文字。

这种学术掌于王官之说最早的根据，乃是班固《汉书·艺文志》（本于刘歆《七略》）中认为诸子出于王官。如：

>儒家者流，盖出于司徒之官。
>道家者流，盖出于史官。
>阴阳家者流，盖出于羲和之官。
>法家者流，盖出于理官。
>名家者流，盖出于礼官。
>墨家者流，盖出于清庙之守。
>纵横家者流，盖出于行人之官。
>杂家者流，盖出于议官。
>农家者流，盖出于农稷之官。
>小说家者流，盖出于稗官。

班固的说法未必正确，但周代学术为王官所掌，却于史有据，并非自班固而始。如《尚书·尧典》中有言：

>乃命羲和，钦若昊天，历象日月星辰，敬授人时。

《尚书·舜典》中也有言：

契，百姓不亲，五品不逊，汝作司徒，敬敷五教，在宽。

夔，命汝典乐，教胄子。

《庄子·天下》篇也有言：

其明而在数度者，旧法世传之史尚多有之。

可见这些王官都与教育有关，自然也就为学术所系了。

直到周王室衰微，王官失守，学术便散入民间。《左传·昭公十七年》有言：

天子失官，学在四夷。

王官中，真正与学术有关的是史官，一方面周王室衰微，史官纷纷离去，如春秋初司马氏去周适晋，而散于卫、赵、秦等国。另一方面，封建宗法社会解体，人才四散，学术自然流于民间，如邹鲁之士是殷的遗民，多散居东土，许多封建诸侯也多降为平民。而替王侯服务的工正、工匠、医卜、祝史及乐官等，也都向外四散了。

二、征战通商，交通之频繁

在春秋以前，虽然也有许多战争，但是规模不大。而自春秋以后，战争日益频繁。战争固然会破坏文化，但也有催生的作用。由于战争造成的联盟，以及战后的和谈，都可促进两国文化的交流，于是彼此观摩富国强兵之道，政教也蒸蒸日上，学术也就更加开放了。

同时，自春秋以后，商人阶级也逐渐抬头，豪商巨贾的地位非常高，他们常与公卿大夫周旋，如郑商弦高、孔子弟子子贡，以及陶朱公等，所到之处可以与国君分庭抗礼。在今天来看，一个商业气氛过浓的社会，往往会阻碍文化的发展，但在闭塞的古代不然，因为通商的频繁促进了交通的方便，所以也就助长了学术的传播。

三、布衣卿相，人才之见重

周王室衰微，封建解体，一方面是贵族下降为民，另一方面却是平民向上挣扎。

在春秋以前，政权都把控在贵族手中，到了春秋以后，不断有"下克上"的现象出现。因为当时贵族逐渐腐化，既不能武，又不能文，而诸侯之兼并愈烈，各国都讲富国强兵之道，所以国君需要大量的人才，于是便只得求之于民间。此时由下层阶级跃上政治舞台的，以管仲最具有代表性，齐国经由他一人治理而变为大国，于是秦、楚各国也转相效法。正如《孟子》所描写的：

> 管夷吾举于士（因于监狱），孙叔敖举于海（楚庄王举之为令尹），百里奚举于市（秦穆公以五张羊皮买之）。（《孟子·告子下》）

在当时政治舞台上左右世局的，可以说都是由平民阶级挣扎出来的英雄豪杰，如范雎、蔡泽、苏秦、张仪、孙膑、白起、乐毅、廉颇、王翦等。

平民阶级抬头，布衣能够成为卿相。这一方面说明了国君需才甚急，另一方面说明了平民竞奔于仕途。然而国君所需要的是才干，平民也必须靠才干才能为国君所赏识，而培养才干，必须通过读书。像苏秦一样，他的口才虽是天生的，但他仍需悬梁刺股地苦读穷研，才能提出一套方法来，并为国君所赏识。虽然研究学问也靠个人的兴趣，但对整个学术风气来说，政治上的需要、上位者的推崇具有决定性的力量。

四、文化蕴积丰富，一触即发

中国的文化在春秋以前，至少也有两千余年的历史，虽然我们对这段历史的记载不详，但文化的发展由来已久，并非一朝一夕之事。周公能制礼作乐、威仪三千、周官三百，也不是他一个人所能为的，而是我们的民族两千多年来（当然真正文化的发展尚不止于此）披荆斩棘、苦心经营的成果。今天我们通过阅读《尚书》各篇，如《尧典》《皋陶谟》《禹贡》及《洪范》等文中那种文明的德治、开放的心灵及健全的制度，便可以知道我国文化在春秋以前就蕴积得很丰富了。

蕴积丰富的文化，就像一朵含苞待放的花，冰冷死寂的王宫终究困不住它，由于内部的向外挣扎，一等到春神的降临，便立刻冲破外壳，向外奔走。

五、思想言论自由，百家争鸣

周代的中央集权对思想言论的管制也非常严格。如《礼记·王制》中规定：

> 执左道以乱政，杀。作淫声、异服、奇技、奇器以疑众，杀。行伪而坚，言伪而辩，学非而博，顺非而泽，以疑众，杀。假于鬼神、时日、卜筮以疑众，杀。

由这一段记载，可见周代对思想言论控制之一斑了。

直到周王室衰微，整个思想统治的制度被打散，游士学者可以凭着他们的能言善辩到处游说，这时，不仅孔子周游列国，干七十余君，孟子也当面讽喻国君，甚至国君邀请他不以礼，他还敢故意推辞不去。可见到了春秋战国时期，思想言论极其自由，这与周代正好形成了鲜明的对比。

思想言论的自由，再加之当时各诸侯国的君主大都有开放的心灵和包容的雅量，更激起了百家争鸣之盛。

六、学以救时之弊，士子兴起

春秋时期礼崩乐坏、井田废弛，经济也随之崩溃，再加上连年征战，百姓家破人亡，颠沛流离，如《诗经·大雅·瞻卬》中所描写的：

> 人有土田，女反有之；人有民人，女覆夺之；此宜无罪，女反收之；彼宜有罪，女覆说之。

由此可见当时的民生疾苦。此时人们再也无法像西方哲学初期那样，去研究抽象的宇宙问题。因为他们所感受到的威胁，不是风雨雷电，而是烽火兵灾，所以他们亟须解决的是如何去防止发生战争，如何去安定社会。他们围绕着这两大问题，各自提出了自己的见解和方法。他们到处呼吁，到处辩论，他们聚徒结党，各标旗帜，终于在一个黑暗的时代里点燃了无数救世的火炬。《淮南子·要略》便详细叙述了他们兴起的原因：

> 文王欲以卑弱制强暴，以为天下去残除贼而成王道，故太公之谋生焉。
>
> ……周公受封于鲁，以此移风易俗，孔子修成康之道，述周公之训，以教七十子，使服其衣冠，修其篇籍，故儒者之学生焉。
>
> 墨子学儒者之业，受孔子之术，以为其礼烦扰而不说，厚葬靡财而贫民，（久）服伤生而害事，故背周道而用夏政……故节财薄葬闲服生焉。……桓公忧中国之患，苦夷狄之乱，欲以存亡继绝，崇天子之位，广文武之业，故管子之书生焉。齐景公内好声色，外好狗马……故晏子之谏生焉。
>
> 晚世之时，六国诸侯……上无天子，力征争权，胜者为右，恃连与国，约重致，剖信符，结远援，以守其国家，持其社稷，故纵横修短生焉。
>
> ……先君之令未收，后君之令又下，新故相反，前后相缪，百官背乱，不知所用，故刑名之书生焉。
>
> 秦国之俗，贪狠强力，寡义而趋利。……孝公欲以虎狼之势而吞诸侯，故商鞅之法生焉。

这一大段话就是说明诸子百家的兴起，完全是由时势所迫、环境变化促成的。

综合以上六点原因，最主要的乃是第一点"政治社会、制度之变动"和第六点"学以救时之弊、士子兴起"，其余四点都只是围绕着这两点助缘罢了。第一点是历史变迁的因素，而第六点乃是思想产生的动力。由这内外的相变相需，再加以天时地利等各种因素，便促成了春秋战国思想的大盛。

第二节　整体生命哲学论

用整体生命哲学的三角形来表达，有如下图：

```
          道
         / \
        /   \
       /     \
      /       \
   诸子百家   解决社会人生问题
```

这里的诸子百家就是指各种学派、各种理论，他们都是为解决社会人生的问题而产生的。他们有的把握住了由"道"而来的"理"，还可通向"道"，如孔孟、老庄，有的却只限于知识的理论，无法提升入道，如杨朱、墨翟、荀子、韩非之流。《庄子·天下》篇中有一段从整体学的观点来看各家思想的文字，极为精要：

> 百家之学，时或称而道之。天下大乱，圣贤不明，道德不一，天下多得一察焉以自好。譬如耳目鼻口，皆有所明，不能相通。犹百家众技也，皆有所长，时有所用。虽然，不该不遍，一曲之士也。判天地之美，析万物之理，察古人之全，寡能备于天地之美，称神明之容。是故内圣外王之道，暗而不明，郁而不发，天下之人各为其所欲焉以自为方。悲夫，百家往而不反，必不合矣。后世之学者，不幸不见天地之纯，古人之大体，道术将为天下裂。

这段话的重点就是上图所示，如果诸子百家的思想只面对社会人生的问题，提出片面的解决方案，也许就是头痛医头、脚痛治脚，能在一时、一部分有小用，而它们必须返于道，由道再转向用，才能有整体性的大用。

第四章　中国文化的至圣先师——孔子

第一节　哲学史上两种不同的安排

胡适在写《中国哲学史大纲》时，把第一位中国哲学家的尊衔放在了老子身上。他的理由是《史记·孔子世家》及《老子列传》都载有孔子向老聃问礼的故事，而在《礼记·曾子问》中也有孔子"昔吾从老聃助葬于巷党，及垣，日有食之"的话，便推定孔子在三十四岁到四十一岁（两年皆有日食）之间，曾去见过老子。老子比孔子大了二十岁左右。

冯友兰在写《中国哲学史》时，却把孔子放在前面。他的理由是：

> 孔子以前无私人著述之事，有无正式哲学，不得而知。孔子本人虽亦未以文字为一人之著述，然一生竟有未做官不做他事而专讲学之时。此在今虽为常见，而在古实为创例。就其门人记录者观之，孔子实有系统的思想。由斯而言，则在中国哲学史中，孔子实占开山之地位，后世尊为惟一师表，虽不对而亦非无由也。以此之故，此哲学史自孔子讲起，盖孔子以前无有系统的思想，可以称为哲学也。

这段话立论并不充足，尤其他那句"虽不对而亦非无由"的话，常被许多学者当作话柄。

在这里我们可以看出，后人对孔子在哲学史上的地位至少有两种安排，一种是把老子放在孔子前面，另一种是把孔子放在老子前面。这一前一后的不同安排，不仅对孔老思想的理解有距离，而且对整个中国哲学史的看法也有很大的差异。

我们先讨论胡适的安排。他以老子为第一人,对于春秋以前文化,只就《诗经》中的许多资料来说明当时贵族暴虐、战争频繁及民生疾苦,刺激了老子思想的产生。他把老子以前的思想只当作老子哲学的一个怀胎时期,这种写法显然是不正确的,因为它拦腰斩断了整个历史文化的源头。胡适以老子为当时思想的反动,可是批评当时思想的人物不少,为什么胡适偏偏要举老子为第一位中国哲学家呢?显然老子本身是有一套思想的。胡适不否认老子是周代的"守藏室之史",可见老子的思想基础与周代及守藏史有关。《老子》里也一再明言"圣王之治""圣人之治",可见老子的思想不只具有革命性,还是有所本的。胡适忽略了这点,只把老子看作时代的产物,而不是长期历史孕育的人物,这是最大的错误。

冯友兰成书于胡适之后,自然注意到胡适的这一错误。所以他在孔子之前介绍了许多人物的片面思想,如范蠡、子产等,以明孔子思想渊源有自。可是他并没有完全抓住中国哲学的血脉,因此在他把孔子放在第一位时,发现半路杀出一个"程咬金"来,就是《道德经》的作者——老聃。如果按照《史记》所载,孔子问礼于老聃,那么老聃要比孔子年长,而且有私人著述,因此按诸史实,自应请老聃居上座。于是他想尽了方法把老聃和《道德经》分了开来,对于孔子问礼的老聃避开不谈,而把《道德经》的作者归于李耳,又把李耳的年代挪到了战国。冯友兰这样做,就是为了一件事——著述。他明知这种做法没有充分的证据,因此自认"不对",可是又感觉把孔子放在前面较为妥当,因此又说"非无由也"。可惜他虽心中感觉到了,却没有说出来。

现在让我们来解释这个"由"。

"由"就是整个中国哲学的道统。中国有五千年的文化,春秋时期只是其中一段,如果我们把老子放在前面,只能像胡适一样,就当时的社会背景写出老子思想革命性的一面,而对于老子以前两千余年的文化与学术根本无从谈起,因为在老子的思想著述中并没有提到前代的文化思想,所以扯不上很大的关系。换成孔子却不然。他自认为"述而不作",既然是述,自然就是继承前代的文化思想。他不但删《诗经》《尚书》,赞《周易》,能够继绝学,还在《论语》中一再提到前代的文化事功,所以我们把孔子放在第一位,也就很自然地能够承接以前两千余年的文化思想。

再从之后的发展来看，如果把老子放在前面，就难以顺理成章了。虽然道家也是中国文化里的重要一派，但毕竟儒家是主流，正面提出了解决人生问题的方案。我们在叙述中国哲学史的演变时，自应把握主流，其他支流便如绿叶相衬，井然有序。这就如同一本小说，作者必须先抓住主角，然后围绕主角再穿插其他角色。因此我们把孔子放在前面，则由春秋战国，到汉代，再到宋元明清，便有一脉相承的线索。

这便是我们站在整个道统的立场上，把孔子放在第一位的最大理由。

当然，我们并不是为了执着于道统，而歪曲了历史的年代。如果老子真的早于孔子一百年，我们自当把他放在第一位。可是按照胡适的考证，老子只比孔子大一二十岁，这时间相差得太有限了。写中国哲学史，并不是写年谱，更不是替他们做生日。如果他们是同一时代的人物，究竟谁先谁后，就要看他们在整个中国哲学史上的意义和地位了。

我们把孔子放在第一位，乃是因为他在中国哲学史上扮演着一个承先启后的角色，是一个关键性的人物。

然而，为什么孔子扮演着承先启后的角色呢？关于这一点，可从孔子一生思想的演变中看出。

第二节　孔子一生思想的演变

孔子（前551—前479），名丘，字仲尼，春秋鲁国昌平乡（今山东曲阜）人。他的祖先本是宋国的遗族，父亲叔梁纥在他三岁时便逝世，他在母亲的抚育下长大，因为家境清苦，所以"多能鄙事"，但对周礼非常有兴趣，曾以知礼闻名。他曾做过三年鲁国的大司寇，颇有政绩，但限于实际环境，终未能把自己的抱负在政治上施展出来，后来带着学生周游列国，都未能得偿所愿，直到六十八岁那年，专心于学术，在中国文化上开创了新的纪元。关于孔子一生，前人介绍过很多，在这里我们不再赘言，只谈他在思想上的演变。

他曾描述自己：

> 吾十有五而志于学，三十而立，四十而不惑，五十而知天命，六十而耳顺，七十而从心所欲不逾矩。（《论语·为政》）

这虽是一段简单的自述，其中却大有文章，值得我们推敲。在这段文字里，可以看出孔子的思想历程有两大阶段：第一阶段是从十有五而志于学，三十而立到四十而不惑，这是求知的路线；第二阶段是从五十而知天命，六十而耳顺到七十而从心所欲不逾矩，这是证道的路线。

现在我们先看第一阶段。孔子十五便志于学，他所"志"的究竟是什么样的学？虽然没有直说，但据《史记》所载："孔子为儿嬉戏，常陈俎豆。"《论语》也载孔子的话说："俎豆之事，则尝闻之矣！"（《卫灵公》）可见孔子自少便对俎豆之礼有兴趣。《论语》中又载："孰谓鄹人之子知礼乎！入太庙，每事问。"（《八佾》）由这些话可以看出，孔子所"志"的是偏于礼制方面的事。至于他向谁求学，《论语》中也有一段记载：

> 卫公孙朝问于子贡曰："仲尼焉学？"子贡曰："文武之道，未坠于地，在人；贤者识其大者，不贤者识其小者，莫不有文武之道焉。夫子焉不学？而亦何常师之有？"（《论语·子张》）

这里说出了孔子没有常师，他所学的都是文武之道。其实，周代以礼称盛，所以孔子所学乃是周代的礼制。这一点我们也可以从其他经书中得到旁证，如：

> 仲尼闻之，见于郯子而学之。既而告人曰："吾闻之，'天子失官，学在四夷'，犹信。"（《左传·昭公十七年》）
>
> 孔子曰："丘之闻诸苌弘。"（《礼记·乐记》）
>
> 孔子学于老聃、孟苏、夔靖叔。（《吕氏春秋·仲春纪·当染》）

孔子向郯子请教的是周代的官制，向苌弘请教的是周代的乐制，向老聃等人请教的是周代的礼制，可见孔子当时向这些前辈请教的都是有关周代的礼乐制度。而孔子问郯子时只有二十七岁，问老聃时也是在三十四岁到四十一岁之间，可见孔子自十有五而志于学，三十而立，直到四十而不惑，走的完全是研究礼制的路线。他在《论语》中屡言：

立于礼。(《论语·泰伯》)
不知礼，无以立也。(《论语·尧曰》)

可证他三十而立，是立于礼，即他对于礼制已能充分地把握。至于四十而不惑，便是立于礼之后的一种境界。而这种境界乃是依礼而行，没有一点困惑。孔子曾说"知者不惑"，可见孔子从十五岁直到四十岁，走的完全是"知"的路线。

孔子一生思想历程的第二个阶段，从五十而知天命开始，他的思想发生了大转变。在这一转变的关键上，有一个事实值得我们注意，就是孔子问礼于老聃。关于这一史实，在《史记》中有两段记载。一是《孔子世家》：

鲁南宫敬叔言鲁君曰："请与孔子适周。"鲁君与之一乘车，两马，一竖子，俱适周问礼，盖见老子云。辞去，而老子送之曰："吾闻富贵者送人以财，仁人者送人以言。吾不能富贵，窃仁人之号，送子以言，曰：'聪明深察而近于死者，好议人者也；博辩广大危其身者，发人之恶者也。为人子者，毋以有己；为人臣者，毋以有己。'"孔子自周反于鲁，弟子稍益进焉。

另一是《老子韩非列传》：

孔子适周，将问礼于老子，老子曰："子所言者，其人与骨皆已朽矣，独其言在耳。且君子得其时则驾，不得其时则蓬累而行。吾闻之，良贾深藏若虚，君子盛德容貌若愚。去子之骄气与多欲，态色与淫志，是皆无益于子之身，吾所以告子，若是而已。"孔子去，谓弟子曰："鸟，吾知其能飞；鱼，吾知其能游；兽，吾知其能走。走者可以为罔，游者可以为纶，飞者可以为赠。至于龙，吾不能知，其乘风云而上天，吾今日见老子，其犹龙邪！"

从这两段故事中我们可以看出，孔子这时犹以"礼"为最主要的研究课题。从他向老聃问礼可知，老聃也是以知礼闻名的。不过老聃在孔子辞别时告诫他的那段话是指出当时孔子所讲的礼，犹执着于外在的表现，是"好议人者""发人之恶者"，是有"骄气与多欲，态色与淫志"的，这和孔子所谓"三十而立""四十而不惑"的自信态度正好相符。孔子自遭遇到老聃的这一批评之后，思想逐渐由外而内。如果按照胡适的考证，他见老子时是三十四岁到四十一岁之间，那么也可说他自"四十而不惑"之后，逐渐由外在规范性的礼及制度性的礼而转向内心的体验，直到五十岁这一时期才认清了天命的重要性。他说：

> 君子有三畏，畏天命，畏大人，畏圣人之言。小人不知天命而不畏也，狎大人，侮圣人之言。(《论语·季氏》)

"天命"并非天帝的作威作福，而是指天道、天理。

孔子自四十岁之后转向内心，于五十岁时知天命。不过在此时期，促使他转向内心的还有一个重要的因素，那就是读《周易》。他说：

> 加我数年，五十以学《易》，可以无大过矣！(《论语·述而》)

孔子说这话时显然是在四十五六岁，因为这时候他由内心的体验而触及形而上的问题，所以对《易》理产生了兴趣。

孔子学《易》，并不在于玩弄占卜、术数，而是通过《易》理直观天道，以作为为人处世的准则。也就是说，他在寻求天人合一的路子。这条路如果打不通，孔子的思想便是无源之水、无本之木。

然而，天不但加孔子以数年，而且还是二十年。在这二十年人生智慧最成熟的阶段，孔子由知天命，而后耳顺，而后从心所欲不逾矩。

什么是耳顺？在知天命之后，对于外界的一切是非之言都能超然而不执着。我们要了解这个时期正是孔子周游列国，困于陈蔡，而为隐士所讥，极不得意的时期。因为孔子深体作《易》者充满了忧患意识，所以外在的环境愈恶劣，孔子的内心却愈平静。这时孔子读《易》也最勤恳，正如《史记》所说：

> 孔子晚而喜《易》，序《彖》《系》《象》《说卦》《文言》。读《易》，韦编三绝，曰："假我数年，若是，我于《易》则彬彬矣！"（《史记·孔子世家》）

可见《易》理对于孔子后期的思想影响很大。

耳顺只是对外在的超脱，直到七十岁"从心所欲不逾矩"的阶段可说完全进入了化境。"不逾矩"的"矩"字，固然也可解作人世的一切规矩，但这样的解释太浅了。因为孔子在四十而不惑时，已很少逾越人世一般的规矩了，所以"不逾矩"的"矩"字，宜解作天理。也就是说，此时孔子的一举一动自然和天理相合。所以孔子由十有五而志于学，直到七十岁才真正证道，而达到了圣人的境界。

然而在这里也许有人会问，孔子的这段思想历程与他在中国哲学史上的地位有何关系？依我的看法，有两点值得注意。

其一，从孔子求知到证道的这一历程来看，孔子在第一阶段都是零碎地到各处、各方面去搜求古代的制度，而在第二阶段知天命之后，受了《易》理的影响，智慧才完全成熟。所以他到了晚年才删《诗经》《尚书》，赞《周易》，这是他在智慧成熟之后所醉心的工作。他的这一整编，即使自称述而不作，其实也等于一位淘金者，从古代混杂的矿石中滤掉了渣滓，得到了纯金。所以在道统思想的传承中，孔子的功劳实是首屈一指的。

其二，从孔子求知到证道这一历程来看，他从知到德，从外在追求到内心修养，从形而下到形而上，就他个人说来，这是思想上自觉的、提升的过程。而孔子的努力也就是通过自己的体验，把自己所传承的古代文化奠基于这种自觉的德行修养上，使得《尚书》的治道一变而为内圣外王的功夫，使得《易经》的天人变化也一变而为至诚中正之道。这是中国哲学精神的发端，孔子在中国哲学史上之所以能坐第一把椅子，这也是一大理由。

第三节　孔子的一贯之道——仁

孔子是把古代的整个文化德行化的第一人。也就是说，他把整套文化建立在自觉的德行上。这个德行，就是他所谓的一贯之道的"仁"。

为什么仁就是孔子所谓的一贯之道呢？我们从《论语》一书中"仁"字出现的次数来看。《论语》共有四百九十二章，一万一千七百零五个字，其中有五十八章是论仁的，有一百零五个"仁"字。从比例来看，论"仁"的篇幅占了八分之一，"仁"字占了一百一十一分之一，可见《论语》中"仁"字出现次数之多。整部《论语》都是学生的笔记，东说一段，西说一句，看似毫无头绪，如果我们把"仁"字当作一个关键，那么这一百零五个字便像一百零五条线索，把孔子在《论语》中的所有思想连接了起来，使其成为一部有系统的著作。所以单就这方面来说，仁是孔子思想的一贯之道。

然而仁究竟是什么？这是我们研究孔子思想最先提出的问题，也是最难下断语的问题。虽然孔子到处运用这个字，但并没有给它下一个确切的定义。令我们感到困扰的是，有时这个"仁"好像高高在上，统括一切，有时却又是实践之德。其实这正是仁的一大特色。

宋儒程伊川曾把孔子的仁分为广狭二义，广义的仁统括一切德行，伊川称之为"专言之仁"，狭义的仁与诸德并列，伊川称之为"偏言之仁"。其实孔子所谓的仁本是一贯之道，所以是统括一切的，只是孔子在运用上，有时不得不偏指。不过，值得我们注意的是，这种偏指的"仁"字在孔子之前便已存在。如：

仁，文之爱也。（《国语·周语》）
爱人能仁。（《国语·周语》）
仁所以保民也。（《国语·周语》）
明慈爱以导之仁。（《国语·楚语》）

可见仁在孔子以前就存在，但只是偏于爱的意义，且自孔子后，仁也都偏于爱的意义。只有在孔子手中，仁才具有特殊的精神，能一以贯之。

现在我们从几个不同的方面来看看这个"仁"字。

一、仁的统贯意义

仁是道体，不能加以定义。但今天我们研究哲学，往往要先下定义。尤其是孔子之后的许多哲人学者，喜欢以偏用处论仁，喜欢替仁下定义，如韩愈所谓的"博爱之谓仁"，梁启超所谓的"同情心"。

一般人提到仁，常喜欢引用汉儒郑玄的"相人偶"。清儒阮元曾说：

> 孔门所谓仁者也，以此一人与彼一人相人偶，而尽其敬礼忠恕等事之谓也。(《论语论仁论》)

像以上这种说法，都是就作用来论的。因为以爱、以同情心释仁只说到仁的偏用处，而以"相人偶"释仁也是把仁落实到了相对的意义上，两种解释都未能把握住仁的统贯意义。

我们之所以用统贯意义而不用定义，是因为定义始终是站在一个角度，把仁固定化。所谓统贯意义，乃是就仁的统括性及一以贯之的意义来说的。在古代典籍中，解释"仁"字最具有统贯意义的要推《中庸》和《孟子》的"仁者，人也"。

这个解释，如果就定义学的眼光来看，也许太笼统、太抽象，根本不能算定义。但仁既然是统贯之道，那么"人"字就具有统贯意义。以统贯意义来释统贯之道，可以说是最恰当不过了。

"仁者，人也"的"人"字，就是指人之所以为人的人道。因为它包括做人的标准、做人的理想，所以用"人"字去释仁，是最简易、最深入，也最具有普遍性的。

二、仁的本质

上文仁的统贯意义，是就仁的外在意义来说的，而此处仁的本质，是就仁的内在意义来论的。

《论语》说仁，常就运用来说，因此汉代以前的学者解释仁，都就相对关系上来论。隋唐以来，由于受到佛学思想的刺激，宋明的学者转而注意到人的形而上境界。宋儒程明道曾说：

> 天地之大德曰生，天地絪缊，万物化醇，生之谓性。万物之生意最可观。此元者善之长也，斯所谓仁也。（《宋元学案·明道学案》）

这段话是就《易经》"十翼"中的思想来释仁的，是把《论语》的仁和《易经》的生连在一起，以托出人的形而上境界。

明道以"生"字释仁的本质，极为精要。中文里的"仁"字，便含有生的意思，譬如我们常指那个生长出桃子、杏子的本质为桃仁、杏仁。再说"仁者，人也"的"人"，在宇宙中，也如桃仁、杏仁一样，具有生的性能。如《中庸》中说：

> 唯天下至诚，为能尽其性；能尽其性，则能尽人之性；能尽人之性，则能尽物之性；能尽物之性，则可以赞天地之化育；可以赞天地之化育，则可以与天地参也。

人之所以能"赞天地之化育"，就是由于其能生。"天地之大德曰生"，而人的至德，也就在于能赞助天地之生。《易经》上说，天之生物在于相感相应，同样，人之生的仁心也在于相感相应，这也就是孔子所说的"仁者，己欲立而立人，己欲达而达人"（《论语·雍也》）。

三、仁的作用

孔子之所以释仁，重在"己欲立而立人，己欲达而达人"。这是就仁的能生之性而加以延伸的。我们再看《论语·里仁》的这段对话：

> 子曰："参乎！吾道一以贯之。"曾子曰："唯。"子出，门人问曰："何谓也？"曾子曰："夫子之道，忠恕而已矣！"

如果拿忠、恕去释仁的本质，或概括仁的全部意义，是不恰当的。但如果拿忠、恕去说明仁的一以贯之的作用，却是最为恰当的了。

为什么忠、恕可以代表仁的作用呢？朱子说："尽己之谓忠，推己之谓恕。"这就是说，忠是充实自己，尽自己的本分，即所谓的诚。恕是立人达人，推爱于人，即所谓的爱。由诚心而爱人，这就是由忠而恕的仁的作用。

"忠""恕"两字，最关键的还是一个"恕"字。《论语·卫灵公》中曾记载：

> 子贡问曰："有一言而可以终身行之者乎？"子曰："其恕乎！己所不欲，勿施于人。"

"己所不欲"，即言忠，所谓"为人谋而不忠乎"（《论语·学而》），就是这种自反之忠的意思，而"勿施于人"，便是恕。正是《大学》所谓的："所恶于上，毋以使下；所恶于下，毋以事上；所恶于前，毋以先后；所恶于后，毋以从前；所恶于右，毋以交于左；所恶于左，毋以交于右：此之谓絜矩之道。"

仁的性能就建立在这种尽己推己的作用上。"亲亲而仁民，仁民而爱物"，是推己，"老吾老以及人之老，幼吾幼以及人之幼"，也是推己。孔子之所以赞美管仲"如其仁，如其仁"，就是因为管仲能推善于民。但管仲在"尽己"方面做得还不够，所以只是"如"其仁而已。至于务光、许由这样的隐士，虽然个人修养都很高，但是不能兼善天下，所以孔子反认为这些隐士与禽兽同群。由此可以看出仁的作用，完全在于由忠而恕的一个"推"字。

四、仁的内涵

由于仁的作用在能推己，于是孔子便推出了各种德行，使仁不限于那点能生的本质，而有更大、更广的内涵。

在《论语》中，孔子回答弟子问仁的话有很多。如：

颜渊问仁，子曰："克己复礼为仁。一日克己复礼，天下归仁焉。"（《论语·颜渊》）

司马牛问仁，子曰："仁者，其言也讱。"（《论语·颜渊》）

樊迟……问仁，曰："仁者，先难而后获，可谓仁矣！"（《论语·雍也》）

樊迟问仁，子曰："爱人。"（《论语·颜渊》）

樊迟问仁，子曰："居处恭，执事敬，与人忠；虽之夷狄，不可弃也。"（《论语·子路》）

子张问仁于孔子，孔子曰："能行五者于天下，为仁矣！""请问之。"曰："恭、宽、信、敏、惠。"（《论语·阳货》）

仲弓问仁，子曰："出门如见大宾，使民如承大祭，己所不欲，勿施于人。在邦无怨，在家无怨。"（《论语·颜渊》）

从孔子回答弟子问仁，可见孔子所谓的仁包含克己、言讱、先难后获、爱人、恭、宽、信、敏、惠、忠、恕等，也可说涵盖了《论语》中所有的德行。"仁者，人也"，仁是整个人格的极致，也是一切道德的总和。

不过在这里，我们要了解仁是一切道德的总和，仁者一定能爱人、能敬事、能忠恕。但反过来，能爱人者，不一定就是仁者。因为爱人只是仁的一种偏用，部分不能等于全部，所以我们不能执着于任何一德以论仁。

在《论语》中，虽然"仁"字出现了很多次，但孔子都是就实践之德告诉学生如何去做，并没有对仁的本身有何论断。所以在《子罕》里，不知是哪一位极有见地的学生记载说：

> 子罕言：利，与命，与仁。

孔子罕言利与命，这在《论语》中是有文可据的，可是孔子罕言仁，令人难以接受。宋儒史绳祖在《学斋占毕》中为了讲通这一点，而把"与"字解作赞许之意，近代许多学者也遵循这种解法。其实在《论语》整部书中"与"字的用法，除了做动词的"给予"、连接词的"与"及感叹词的"欤"字外，只有"吾与点也"一句特殊，而此处的"与"字，仅代表看法相同的意思。所以史绳祖的解释非常勉强。

如果就仁涵盖诸德的意义上说子罕言仁，并不觉为奇。我们要了解在《论语》中，学生向孔子问仁，并不像我们现在研究哲学一样问"仁的定义是什么"，而是问如何做才能成为一位有仁德的人。孔子的回答，都是就学生个性及才能的不同，告诉他们实践之德。虽然在《论语》中孔子多处提到"仁"字，但始终没有就"仁"字本身去下定论，因此说孔子罕言仁，也是很正确的看法。只是这位学生的脑筋不简单（不像子路那样直率），而这种说法又是另有深意的。不然的话，如果说孔子罕言利，而赞许命、赞许仁，这是大家都知道的，又何必提出来大书特书。

五、仁的实践

这个具有超越性的"仁"字，虽然在《论语》中孔子罕谈，但孔子并不是把仁超绝化了。因为"仁者，人也"，仁也是做人的起点，所以他说：

> 仁远乎哉？我欲仁，斯仁至矣！（《论语·述而》）

我们只要一念行善，便可以行仁（走向仁的道路）。一般人之所以不能行仁，就是因为没有"欲仁"的"欲"。"欲"是动机，也是需要。只要我们有这个动机，有这种需要，任何地方都可以行仁。所以孔子又说：

> 能近取譬，可谓仁之方也已。（《论语·雍也》）

"仁者,人也。"这个"人"包括了所有的人。圣人是人,凡人也是人。因为他们都具有仁性,所以在行仁的路上,谁都可以参与,谁都可以完成。可见孔子的仁,不是一种高蹈的虚空理论,而是人人都可以实践的德行。

六、仁的效果

一般的德行,似乎都有规范性,都要使自己做出一定的牺牲和贡献。可是仁不然,它有一种境界之美,即和谐之乐。孔子说:

> 仁者不忧。(《论语·子罕》)

又说:

> 仁者寿。(《论语·雍也》)

何以仁者能不忧、能寿呢?这是因为仁者正如《易经》乾卦的《文言传》中所述:

> 夫大人者,与天地合其德,与日月合其明,与四时合其序,与鬼神合其吉凶。先天而天弗违,后天而奉天时。天且弗违,而况于人乎?况于鬼神乎?

也就是说,仁者的心量博厚广大,与天地相合,因此外在的一切遭遇都无法扰乱他。譬如孔子在困于陈蔡时,仍然一边讲道,一边弦歌。子路怀疑地问:

> 君子亦有穷乎?(《论语·卫灵公》)

孔子回答:

君子固穷，小人穷斯滥矣！（《论语·卫灵公》）

"固穷"就是能安于他所处的恶劣环境，所以他自描说：

饭疏食，饮水，曲肱而枕之，乐亦在其中矣！不义而富且贵，于我如浮云。（《论语·述而》）

这一个"乐"字，正活泼地写出了仁者不忧的境界。这种快乐的境界，才是美好的人生，才是值得向往的理想。

第四节　孔子仁道思想的实践

仁，不是一个孤立的哲学观念。仁的本质是生，而生必须发展，因此它不是永远躲在形而上的境界不能下来，它必须贯通于人的现实生活，且能产生作用。

前面我们已对"仁"有了一个概括的认识，接下来看看"仁"是如何一以贯之地支配孔子其他方面思想的。孔子主要的思想有以下三端，如下图：

仁 ⎧ 以礼教为主的政治思想——仁政
　　⎨ 以孝道为本的伦理思想——人伦
　　⎩ 以德行为重的教育思想——成人

一、以礼教为主的政治思想

儒家的政治是以仁政为理想。而仁能和政联结在一起，需要通过礼的运用，所以仁政也就是以礼教为主的政治。

孔子一生所崇拜的是周公，所向往的是周代的政体。而周公的贡献是奠定礼制，周代政体的特色也就在于强调礼治。不过孔子比周公多做了一点，即把礼的本源归之于仁。

现在我们就看看孔子如何摄礼归仁，以礼为治。

1. 摄礼归仁

我们曾讨论过，在孔子一生思想的演变上，在第一阶段时他着重于外在礼制的研究，自五十岁以后，逐渐转向于内心的修养。

孔子所讲的礼，本承自周代的礼制，可是由于他内心的体验，觉得单讲外在的礼制是不够的。他曾说：

礼云，礼云，玉帛云乎哉！乐云，乐云，钟鼓云乎哉！（《论语·阳货》）

这是感慨礼的作用不在外表的礼仪，因此当林放问礼之本时，他便说：

礼，与其奢也，宁俭；丧，与其易也，宁戚。（《论语·八佾》）

礼之所以宁俭，丧之所以宁戚，是因为它真正的作用在于仁心的流露。如：

子曰："人而不仁，如礼何？人而不仁，如乐何？"（《论语·八佾》）

可见仁是礼的根本，没有仁心，所有的礼都是虚文。

仁是礼的根本，因此就人心流露的关系来看，有仁心的人一切行为自然中规中矩、合乎礼节。但就为学的功夫，由自下而上的次序来看，却必须先从礼上磨炼。正如《论语·颜渊》中的一段对话：

颜渊问仁。子曰："克己复礼为仁。一日克己复礼，天下归仁焉。为仁由己，而由人乎哉？"颜渊曰："请问其目？"子曰："非礼勿视，非礼勿听，非礼勿言，非礼勿动。"颜渊曰："回虽不敏，请事斯语矣。"

这段对话极为精要，所谓"克己复礼为仁"是指"克己复礼"乃行仁之方。"克己"就是克除私欲，也就是"非礼勿视，非礼勿听，非礼勿言，非礼勿动"，这四条克己复礼的内容并非孤立的，因为只做到"非礼勿视"等本身并无多大意义。重要的是经过"非礼勿视"等的修炼之后，功夫纯熟，下学上达，使内心毫无非礼之念，从而在行为上自能中规中矩。孔子由"三十而立，四十而不惑"，直达"六十而耳顺，七十而从心所欲不逾矩"，便是顺着这一路线发展的。

从以上所论，可见仁和礼之间的关系，是孔子思想的外化。

2. 以礼为治

摄礼归仁是哲学上的功夫，在摄礼归仁之后，再放之于政治，便是仁政。现在我们再看看孔子是如何以礼为治的。在《论语·为政》中孔子说：

> 道之以政，齐之以刑，民免而无耻。道之以德，齐之以礼，有耻且格。

政令和刑法固然都能使民恐惧，而不敢为非作歹，但这只是暂时的，不是正本清源的办法。如果一个人因吓阻而不敢为非作歹，就表明他已有为非的一念。这一念纵然一时受到吓阻，但迟早会暴露，所以最好的办法是德化，使每个人都有道德修养，如此就不屑于为非作歹了。正如孔子所说：

> 听讼，吾犹人也，必也使无讼乎！（《论语·颜渊》）

但德化是指个人心性的陶冶，稍嫌软弱缓慢。而在政治上，必须有比德化更有强制性又不失为德的本质的东西来作为德与治之间的桥梁——这便是孔子心目中的礼。礼在周代政治的运用上相当于刑法，但它和刑法不同。因为刑法只诉诸政治的制裁，礼却一方面诉诸舆论，另一方面诉诸内心的自觉，所以以礼为治远比专任刑法更为深切。

二、以孝道为本的伦理思想

孔子的人生思想是以伦理为主的，而孝乃是整个伦理的纲领。现在我们来看看孝与仁，以及其与整个伦理思想的关系。

1. 孝为仁本

> 有子曰：其为人也孝弟，而好犯上者，鲜矣！不好犯上，而好作乱者，未之有也。君子务本，本立而道生。孝弟也者，其为仁之本与！（《论语·学而》）

这段话虽是有子说的，但也和孔子的思想是一致的，因为孔子也说：

> 弟子入则孝，出则弟，谨而信，泛爱众，而亲仁。行有余力，则以学文。（《论语·学而》）

由这段话也可以看出，仁是德行的最高目标，而孝是成仁的开始。在我们的普通观念上，常以为开始只是整个过程中的一步，待完成之后，开始的这一步只有历史的意义，也就变得无足轻重了。但孝与仁的关系不同，孝是行仁的开始，也是行仁的根本。因为一念孝心的流露，就是仁心的体现。如宰予要废三年之丧，孔子说：

> 予之不仁也，子生三年，然后免于父母之怀，夫三年之丧，天下之通丧也。予也，有三年之爱于其父母乎！（《论语·阳货》）

孔子以不仁责备宰予的不孝，正说明这点孝心也是仁心。

2. 孝与伦理

中国古代社会的结构是以伦理为主的，而整个伦理的中心纲目就是孝。孔子曾说：

> 孝乎惟孝，友于兄弟，施于有政。是亦为政，奚其为为政？（《论

语·为政》）

这说明了孝与整个伦理政治的关系。不过孔子所谓的孝还有在礼制上的巩固作用，如《中庸》第十九章中所说的：

> 子曰："武王、周公其达孝矣乎！夫孝者，善继人之志，善述人之事者也。春秋修其祖庙，陈其宗器，设其裳衣，荐其时食。宗庙之礼，所以序昭穆也；序爵，所以辨贵贱也；序事，所以辨贤也；旅酬下为上，所以逮贱也；燕毛，所以序齿也。践其位，行其礼，奏其乐，敬其所尊，爱其所亲，事死如事生，事亡如事存，孝之至也。郊社之礼，所以事上帝也。宗庙之礼，所以祀乎其先也。明乎郊社之礼，禘尝之义，治国其如示诸掌乎！"

这段话把孝与整个礼制、政治、宗教的关系描写得极为具体而生动，可见孔子的重孝是有其深远的理想的。

三、以德行为重的教育思想

我们都知道孔子被认为是提倡私人讲学的第一人，事实上，他也是确立中国教育思想的第一人。现在我们从两个方面来看孔子的教育思想。

1. 以德行为重

孔子教育思想的最大特色就是以德行为重。他教授学生的四科是"文、行、忠、信"（《论语·述而》），并以此四科分列他的弟子：

> 德行：颜渊、闵子骞、冉伯牛、仲弓。言语：宰我、子贡。政事：冉有、季路。文学：子游、子夏。（《论语·先进》）

这四科只是就其才具来区分的，但整个教育的重心仍在德行的培养上。孔子曾说过："弟子入则孝，出则弟，谨而信，泛爱众，而亲仁。行有余力，则以学文。"

德行	孝弟	行
言语	谨信	信
政事	泛爱	忠
文学	学文	文

虽然言语属修辞，但言须谨、须信，"修辞立其诚"，仍然是以德行为主。虽然政事讲治术，但治术要泛爱众，要合乎仁道，也是以德行为主。虽然文学讲文采，但"绘事后素"，要以素朴为质地，这仍然是以德行为主。曾子说："君子以文会友，以友辅仁。"可见其目的也是培养德行。

2. 成人的教育

"仁者，人也。"仁，是全人格的表率，孔子的教育都集中于成仁，也就是说，完全为了成人。《论语》中曾有记载：

> 子路问成人。子曰："若臧武仲之知，公绰之不欲，卞庄子之勇，冉求之艺，文之以礼乐，亦可以为成人矣！"曰："今之成人者何必然！见利思义，见危授命，久要不忘平生之言，亦可以为成人矣！"（《论语·宪问》）

这是孔子回答子路的"问成人"，其有两个层次，第一层是借具体的人物，如臧武仲之知、公绰之不欲、卞庄子之勇、冉求之艺，再加以礼乐。第二层是日常生活的德行，如见利思义、见危授命及久要不忘平生之言的守信。

另外，在《说苑·辨物》中也有关于孔子谈到成人的记载：

> 颜渊问于仲尼曰："成人之行何若？"子曰："成人之行达乎情性之理，通乎物类之变；知幽明之故，睹游气之源。若此而可谓成人。既知天道，行躬以仁义，饬身以礼乐。夫仁义礼乐，成人之行也；穷神知化，德之盛也。"

因为颜渊智慧最高，所以孔子回答他的成人的标准也提高了一层。虽然孔子回答学生的话有层次的不同，但孔子的教育在完成全人格这一点上是相同的。

以上，我们是从仁的一贯作用，透视孔子如何把"仁"紧扣在礼上，以达到仁的政治，将"仁"根于孝，以健全仁的伦理，用"仁"统摄诸德，以完成仁的教育。

第五节　孔子思想的检讨

自孔子之后的两千五百多年，虽然也有人对孔子的思想表示过怀疑，如汉代王充在《论衡》中便有《问孔》一篇，就孔子和学生问答的内容提出异议，但并没有尖刻的批评。对孔子思想做任意的诋毁、有意的破坏，还是近代的事。

近代人对孔子思想的批评，不外乎两个方面，一方面是指孔子为帝王的御用者、封建制度的维护者、贵族阶级的帮凶；另一方面是指孔子的思想复古迂腐，妨碍了社会的进步和科学思想的发展。现在我们试分析这两个方面的看法的错误之处。

一、孔子是否为帝王的御用者

1. 从孔子的时代环境来看

我们并不否认孔子在当时对周代的政治制度有所留恋，也不否认孔子一直希望能维系宗法制度。然而，我们不能以两千五百年后的民主社会的标准，来对孔子的这种做法进行评断。因为处于今日的社会，我们救世的道路有很多，不一定要走政治的路线。我们可以从事教育工作，从事新闻工作，甚至从事工商业经营等。但在孔子所处的时代，读书人的出路只有三条，第一条是帮助君主富国强兵，第二条是脱离政治去修心养性，第三条是从文教方面辅导君主，使他们能行仁政。

在以上三条出路中，第一条是法家的路线，第二条是隐士及道家的路线，这都是孔子所不愿走的。因此，剩下的只有第三条路线。今天许多人说孔子恓恓惶惶，遍干诸侯，好像孔子要过官瘾，这就是以今天的环境来看古代，有了时代的错觉。我们要想想在那个君主专制的社会，孔子要想施展抱负，也只有得君行道这一条路，所以在当时知识分子的出路中，孔子所选的还是最合情合理的。

孔子的理想绝不像管仲等法家之流，只是做国君的工具。他是为了整个文化的延续，为了整个社会的安定，因此只有维持宗法和封建不可。但孔子维持宗法和封建，就同他删《诗经》《尚书》一样，并非一味地沿袭，而是有其改良、廓清、健全的意义。我们只有了解这一苦心，才能明白孔子之所以为孔子，哲人之所以为哲人。

2. 从孔子言论的内容来看

除了从环境上了解孔子的苦心外，我们再从他的言论中去证明，他绝不是一位替国君做帮凶的人物。如：

> 修己以安百姓，尧舜其犹病诸。（《论语·宪问》）
> 因民之所利而利之。（《论语·尧曰》）

这是民本思想。

> 君子和而不同。（《论语·子路》）
> 道并行而不相悖。（《中庸》）

这是自由思想。

> 内省不疚，夫何忧何惧！（《论语·颜渊》）
> 天生德于予。（《论语·述而》）

这是人格自尊。

单从这些思想中便可以看出，孔子绝不是一个替国君统治人民的帮凶。因为民本思想、自由思想以及人格自尊正是君主专制政体的克星。

二、孔子的思想是否阻碍了科学思想的发展

至于有的人批评孔子的思想阻碍了科学思想的发展，那更是牵强附会之谈。我们暂不必谈理论，就从浅处来看。是否一个孝子，就不能做科学家？是否一个守礼的人，就不懂科学方法？如果这两者之间没有必然的联系，那么孔子的思想就不会影响科学思想的发展。

也许有人会说，那是因为自董仲舒独尊儒学以后，一切学术思想都受到了压制，儒家本是以政治人生为主，但此后的儒家都埋首于经书的注疏，而不屑于知识的研究，所以使得此后中国的科学思想无从发展。对于这个问题，我们的答复是，既然是董仲舒以后儒学走向注疏之途，那么这个责任自应归咎于董仲舒之后的儒家，而不应归在孔子身上。我们试比较孔子、孟子、荀子与汉代的儒家，前者思想活跃、富有创造性，且情感热烈，后者却显得死板、保守且毫无生气。了解到这点，我们便知道使儒家思想僵化的责任，究竟应该归于谁了。

也许又有人会问，孔子自谓不如老农，不如老圃，也就是说，孔子不重视生产，不重视实用，专务道德理论，使得之后的学者都成为只谈心性的空言家，而不重物理的研究，所以此后便开展不出科学的天地来。其实孔子少时多能鄙事，并非像汉代许多儒生一样，一辈子只死守一部经书。至于孔子之所以说自己不如老农，不如老圃，这只是说事有专主，而并非孔子的轻视。中国政治在汉代以后，的确有一种只崇尚政术而不注重外在知识的趋向，但这仍然要归咎于汉代的博士，不能怪在孔子的思想上。

今天许多人之所以有这种怨尤之言，乃是有鉴于十九世纪西方科学的发达和我们的落伍。其实如果把中西文化的发展比作一场接力赛，便可以看出究竟是哪一棒出现了失误。

在清代以前，我们的文化与西方文化相比，可说毫不逊色。因为今日西方的科学文明还是十八世纪以后的事，所以落后的关键在清代。清代不只儒学是低潮，所有思想都是真空。可怕的"文字狱"使得读书人只能埋首经书，做寻章摘句的编纂工作以及推敲字音的训诂工作。因此，我们的落伍，自应归咎于

清代的无知与愚蠢，又岂能一笔笔都算在孔子身上？

以上只是对近代一般学者批评孔子的思想的检讨。其实，孔子之所以为孔子，并不是代表他一个人的思想，而是代表中国全民族的智慧结晶。他不仅承接了在他之前整个中国文化的道统，同时，他的思想也和在他之后整个中国文化的发展融为一体。尽管在中国历史上有许多朝代当权得令的思想不是儒家的，如汉初的黄老之治，隋唐的佛学独盛，但就整个社会制度及人民的生活习俗来说，仍然是和孔子及儒家的思想息息相关的。

所以我们可以说，孔子的思想不仅是中国哲学的发端，也是中国哲学的主流。孔子是中国文化的传承者，孔子的思想更是中华民族赖以生存发展的稳定力量。

第六节　整体生命哲学论

用整体生命哲学的三角形来概括孔子的思想，有如下图：

```
          天、道
           △
       ╱       ╲
      ╱         ╲
   仁            礼乐
   义            忠恕
```

从这个图中可以看出，孔子虽提到"道"，但大都是人道，是向上提升之道。在《论语》中只有一处说："朝闻道，夕死可矣！"只有这里的"道"是孔子所不闻的，当然不是人之道，而是天之道。就孔子所说的"夕死可矣"，可见这不是他年轻的时候说的话，应是周游列国、精读《易经》后的感叹语。但这唯一的"道"字很重要，使他知天命后能安天命，使他能耳顺，能知虚，能"空空如也"。在"道"的层次上，相同于"道"的就是"天"。在《论语》中孔子常用"天"字。"天"虽兼有"道"的一个特质"虚"，但也有另一个特质"生"。由"生"的特质，孔子发展了"仁"，下降为"理"而入了"理"

的层次，接着建立了他的哲学理论"仁"和"义"。当他告诉曾子"吾道一以贯之"时，由于曾子崇尚实践，便立刻回答"忠恕而已矣"。"忠""恕"两字是就"用"上来说的。其实，孔子的"吾道"是"天"之仁道，它通乎"理"的仁义，再由"用"的忠、恕实践出来。这就是孔子的一贯之道，也是他整体一贯的思想。

第五章　无为自然的老子

在中国哲学史（文化史）上，在谈到老子之前，我们须先对道家的源流做一鸟瞰。

第一节　什么是道家

虽然先秦时期各派思想已经形成，但并没有严格的划分，譬如在《庄子·天下》篇中把墨子和宋钘分成两派，在《荀子·非十二子》篇中却把墨子与宋钘合成一派。《庄子·天下》篇中所描写的慎到具有浓厚的道家色彩，《荀子·非十二子》篇中的慎到却近于法家的思想。由这些事实可以想到，先秦时期虽然有各派的活动，但并没有严格的家派之分。

真正将先秦思想分派分家的，最早见于司马谈的《论六家要旨》一文。该文中说：

> 《易大传》："天下一致而百虑，同归而殊途。"夫阴阳、儒、墨、名、法、道德，此务为治者也。……道家使人精神专一，动合无形，赡足万物。其为术也，因阴阳之大顺，采儒墨之善，撮名法之要，与时迁移，应物变化，立俗施事，无所不宜。（《史记·太史公自序》）

这段话曾引起后人的争执。冯友兰的《中国哲学史》里曾说：

> 此明谓道家后起，故能采各家之长，而后世乃谓各家皆出于道家，亦可谓不善读司马谈之《论六家要旨》矣。

胡适以为司马谈所谓道家，乃是汉初所谓的道家，即《汉书·艺文志》所谓的杂家，而不是老庄。冯友兰又反驳说《汉书·艺文志》在杂家之外，另有道家，故杂家不包括老庄，司马谈所谓道家则包括老庄。其实，司马谈所谓的道家，是就《道德经》的思想而言的，包括老子但不包括庄子。至于他对道家兼采各家的看法，自然是受了时代的影响。冯、胡两人拿司马谈的话做定论，显然都有所偏差。和司马谈的看法有部分相似的，是班固的《汉书·艺文志》(采自刘歆《七略》)：

> 道家者流，盖出于史官。历记成败存亡祸福古今之道，然后知秉要执本，清虚以自守，卑弱以自持，此君人南面之术也。

相似的地方是，此处所指的道家，也是就老子的思想而立论的。唯一不同的是，班固将道家与史官扯上了关系，这不但将道家接入了道统文化的轨道，而且也将道家的开端推得更早，因此使得后代许多独尊道家的学者，认为道家是一切学术之所本。如江瑔在《读子卮言》中便说：

> 上古三代之世，学在官而不在民。草野之民，莫由登大雅之堂，唯老子世为史官，得以掌数千年学库之管钥，而司其启闭。故老子一出，遂尽泄天地之秘藏，集古今之大成。学者宗之，天下风靡，道家之学遂普及于民间……道家之徒既众，遂分途而趋，各得其师之一端，而演为诸家之学，而九流之名以兴焉。

道家的形成问题，不仅在源头上已如此复杂，而且在发展上更是添枝添叶，变化万千。如下页图：

```
        道
       /\
      /  \
     /    \
    /      \
   /_____\
  反          弱
```

从上图我们可以看出七个事实。

一是纯粹的道家思想应以老庄为主。

二是老子到战国时期，与兵家、法家、杂家、纵横家、阴阳家等交互融会。

三是庄子承接了老子的思想，但也掺有隐士、方术的思想（在《外篇》《杂篇》中较多），表现出和老子不同的风格。

四是老子的思想，经法家的运用，受到了汉代影响而成为黄老之学，正是司马谈、班固之所谓的道家。

五是自战国一直到汉代，庄子的影响不大。

六是汉末道教附会老庄，到了魏晋时期，演变成《抱朴子》等神仙之学。

七是老庄的形而上思想到了魏晋时期，形成了玄学；到了南北朝时期，与佛学交流；到唐宋时期，便演变成兼有儒、道、佛三方面思想的理学和禅宗。

第二节　老子其人与其书

一、老子其人

《史记·老子韩非列传》中曾记载老子的生平：

老子者，楚苦县厉乡曲仁里人也，姓李氏，名耳，字聃，周守藏室之史也。

孔子适周，将问礼于老子。

……

老子修道德，其学以自隐无名为务。居周久之，见周之衰，乃遂去。

至关，关令尹喜曰："子将隐矣，强为我著书。"于是老子乃著书上下篇，言道德之意五千余言而去，莫知其所终。

或曰老莱子亦楚人也，著书十五篇……盖老子百有六十余岁，或言二百余岁……或曰儋即老子，或曰非也。世莫知其然否。

老子，隐君子也，老子之子名宗，宗为魏将，封于段干。

……

世之学老子者则绌儒学，儒学亦绌老子。"道不同不相为谋"，岂谓是邪？李耳无为自化，清净自正。

这是老子生平在正史上的根据。这段话到了近代却产生了不少问题，譬如老子究竟是姓老名聃，还是姓李名耳？是否有孔子适周问礼的事实？老子是否因关令尹喜的请求，才写下《道德经》五千言？老子究竟是老聃、李耳、老莱子，还是太史儋？

这些问题几乎在每部中国哲学史的著作中都被提到，可是也都只是推想之词，未有定论。也有人为司马迁感到遗憾，他的几个"或曰"给后人增添了不少困惑。这点也许正是司马迁的伟大之处。今天某些学者写史，会先认定一种看法，然后再刻意地考证。其实他们所谓的考证只是用数据维护自己的看法而已，对不利的资料，多看作存疑而不谈。如果司马迁也这样做的话，那么今天我们就只知《道德经》的作者就是老聃了，这样反而掩盖了真相。幸亏司马迁能够直接写出自己的不解之处，他的这几个"或曰"反而使我们能够更进一步去了解老子的真相。

老子究竟是谁？对于这一问题，似乎不必正面从人物上研究。因为今天我们会对老子产生兴趣，乃是为了弄清《道德经》的作者是谁，所以应该先从《道德经》着手。《道德经》的问题解决了，作者是谁的问题自然也就解决了。

二、老子其书

关于《道德经》的成书年代，归纳起来大约有以下四种说法。

1. 为春秋时代的作品

这种说法是传统的观点，其根据是，《史记·老子韩非列传》中明言《道德经》为孔子问礼的老聃所作。

2. 为战国时代的作品

主张这种说法的，清朝有崔述、汪中，近代有梁启超、冯友兰等。其中以梁启超之说最具体，他说：

> 从文字语气上论，《老子》书中用"王侯""王公""万乘之主"等字样者凡五处，用"取天下"字样凡三处，这种成语像不是春秋时人所有。还有用"仁义"对举的好几处，这两个字连用，是孟子的专卖品，从前像是没有的。还有"师之所处，荆棘生焉；大兵之后，必有凶年"这一类的话，像是经过马陵、长平等战役的人才有这种感觉，春秋时虽以城濮、鄢陵等有名大战，也不见死多少人，损害多少地方，那时的人怎么说出这种话呢？还有"偏将军居左，上将军居右"，这种官名都是战国的，前人都已说过了。(《评胡适之〈中国哲学史大纲〉》)

3. 为战国末年集成之作

主张这种说法的，如李石岑、钱穆等。据钱穆的看法，老子不仅在孔子之后，甚至在庄子之后，他的论点很多，主要如下：

> 《老子》书中道字之观念实《老子》一书中心思想之所寄也，今寻《论语》言道，仅指人事，与《老子》之言道，绝不相类；墨子言义不言道，孔墨均浅近，而老独深远；孔墨均质实，而老独玄妙；以思想之进程言，老子断当在孔墨之后，已无待烦论。(《关于〈老子〉成书年代之一种考察》)
>
> 孔墨诸家皆不言常，独庄子始曰："化则无常也。"盖庄子言天地之化，故曰无常，而老子承之，乃转言有常，此为思想线索之推进一层，盖以无常言化，浅而易见。以有常言化，乃深而难知也，若老子先知化有常，而

庄子师承之，则决不轻言"化则无常矣"。(《〈老子〉书晚出补证》)

4. 为汉人所编定

主张这种说法的有顾颉刚、张荫麟等人。张荫麟曾说：

> 现存《道德经》其写定的时代，不惟在《孟子》之后，要在《淮南子》之后，此说并不自我发。二十多年前，英人翟理斯已主之，他考证的方法是把《淮南子》以前引《老子》的话搜集起来，与现存的《道德经》比对，发现有本来贯串之言，而《道德经》把它们割裂者；有本来不相属之文，而《道德经》把它们混合者；有《道德经》采他人引用之言，而误将引者之释语羼入者。……他的书经秦火以后盖已亡逸或残缺，现存的《老子》乃汉人凑集前人所引，并加上不相干的材料补缀而成。(《评冯友兰〈中国哲学史〉上卷》)

关于以上四种说法，有的言之有理，有的证据不足，但在这里我们不必去详加考证。其实《道德经》成书年代的问题，与这四种说法都有关系。

不过我们必须强调一个事实，就是凡是先秦的子书，几乎都不是出于一人之手。古代的典籍都是写在竹简上的，既没有版权问题，也不便于流通。因此作者写成书后，人们互相辗转抄写，很自然地会误入后人的眉批和心得。尤其是道家作品的作者，大都是隐士型的人物，他们虽然著书，但是不为立名，他们也没有正式授徒，以使他们的教言为学生所传颂。因此他们的著作最容易被混杂。

《道德经》的作者，最先应是春秋时的周守藏史老聃，《道德经》一书多言圣王治世之道，这正符合老聃的身份。不过今天《道德经》一书并非完全出自老聃之手，老聃只是写了《道德经》中最重要的部分，也就是已写出了《道德经》的中心旨趣，之后的道家人物围绕着这一中心思想，也添了不少心得、感想。所以战国时期的许多术语和观念也很自然地走进了《道德经》一书中。《道德经》一书虽然在春秋到战国的这段时间内业已成书而流通，但原著因秦火而散佚，今天我们看到的版本，显然是经过汉人整编的。

由以上所述可知，《道德经》一书的写成、发展和再编定与以上四种说法都有关系。既然如此，那么《道德经》作者是谁的问题，也就不解而自解了。《道德经》不是出自一人之手，它的作者自然有好几位，当然，老聃是最主要的一位，其余如李耳、太史儋、老莱子等也许都在《道德经》中留下了几笔。

第三节　老子思想的精神和运用

一、老子思想的常道

老子曾说：

反者，道之动；弱者，道之用。（《老子》第四十章）

可是，老子没有讲道之体是什么。中国哲学家们谈到道，常常都是就"动""用"处来论，很少单独去分析道的本体。因为用我们有限的文字、有所偏的观念，根本无法得见道之体，所以《老子》全书，谈反、谈弱之处很多，而谈到道的本体之处都未直接点明。今天我们研究哲学，却不免要多事地去问一句老子讲的道之体究竟是什么。在这里我要多事地在"反者，道之动；弱者，道之用"中加一句："常者，道之体。"

现在我们就先来谈谈这个"常"字。在这里读者也许会有疑问，一般对老子道体的解释，都认为是一个"无"字，为什么我说是"常"字呢？

的确，在中国哲学史上，人们都把道之体解为"无"。其实老子本身并没有说"无者，道之体"。把道解为"无"是从何晏、王弼开始的。现在就让我们看看这个"道无史观"。

何晏在《无名论》中说：

夫道者，惟无所有者也。

王弼在《论语释疑》中说：

道者，无之称也。

胡适在《中国哲学史大纲》中说：

老子又从具体方面着想，于是想到一个"无"字，觉得这个"无"的性质、作用，处处和这个道最相像……所以老子所说的无与道简直是一样的……道与无同是万物的母，可见道即是无，无即是道。

李石岑在《中国哲学十讲》中说：

老子以为道就是无名，就是无物，也就是无。……所谓无名即是无，这是老子的本体论。

胡哲敷在《老庄哲学》中说：

老庄既以无为宇宙本源，而无又是渊湛寂寥的虚无之体，从而可知他们之所谓无与所谓道，并无多大差异。

冯友兰在《中国哲学史》中说：

道即是无，不过此无乃对于具体事物之有而言，非即是零，道乃天地万物所以生之总原理，岂可谓为等于零之无。

从以上所引，可见自魏晋以来的学者几乎都把老子的"无"当作道之体。

如果把老子的"无"字做一分析，我们将可看出《老子》中谈"无"字的约有四十章。老子所用的"无"字大约有三种性质：

    名 词：代表一种概念
    形容词⎫
        ⎬ 与另一字结合，成为老学的一德
    副 词⎭ 当作否定词用

当作否定词用的"无"字，如：

  夫唯不争，故无尤。(《老子》第八章)
  载营魄抱一，能无离乎？(《老子》第十章)
  复归于无物，是谓无状之状，无物之象。(《老子》第十四章)
  盗贼无有。(《老子》第十九章)

像这一类的"无"字，根本和哲学思想无关。

与另一字结合，成为老学的一德，如：

  常使民无知、无欲。(《老子》第三章)
  非以其无私邪？故能成其私。(《老子》第七章)
  复归于无极。(《老子》第二十八章)
  道常无名。(《老子》第三十二章)
  道常无为而无不为。(《老子》第三十七章)
  为无为，事无事。(《老子》第六十三章)

这种有关老学道德修养的名词，虽然是"无"的一种运用，但是就"无"字的任务来说，只是充任否定词，就其意义来说，也只是一种应用。因此这些"无"字也和道体无关。那么剩下来单独当作名词用的"无"字，就只有四章：

无，名天地之始……故常无，欲以观其妙。(《老子》第一章)

有无相生。(《老子》第二章)

当其无，有车之用……有之以为利，无之以为用。(《老子》第十一章)

天下万物生于有，有生于无。(《老子》第四十章)

就这四条来看，第一条写明"无，名天地之始"，可见无是一种名称，是用来称呼天地之始的状态的。至于第二条和第三条，更是明言"有无相生""无之以为用"，可见无和有是相对的，是一种用，当然也不是道之体。最后只剩下一条"天下万物生于有，有生于无"，这条有两种解释，第一种解释是就发生论来解说，是天下万物生于有，有又生于无。但此处"有生于无"，也可看作有是从无形无象的混沌境界而来的，仍然是从无形之有而到有形之有。所以此处之无也只是一种境态的描写，而不是指道的本体。第二种解释是就变化的相对性来看，也是指有无相生的意思，正是所谓"反者，道之动"。

由以上分析来看，《老子》书中的"无"字都是对境态的描写，不能视为道之体。

那么为什么我们要用"常"字来代"无"字，认为"常"是道之体呢？虽然"常"和"无"一样，都是我们用来描写道的一个名词、一个概念，但是这两者相比，"无"都作负面描写，"常"都作正面描写，所以我认为"常"字较"无"字更能写出道的真面目来。因为"常"有"不生不灭""周流不息"的意思，它是宇宙人生的常规，是普遍永恒的法则，唯有它与自然最近，但它并不是自然的现象，而是自然中那个使其自然的法则。就《易经·系辞传》中所谓的"一阴一阳之谓道"来说，并不是一个阴一个阳就是道，而是使其有一阴一阳作用的是道。

然而在这里我们必须注意的是，"常"相当于《易经》中的"不易"。很多人往往把"不易"解作固定不变，这是一种曲解，我们在谈《易经》的时候，曾特别以"生生"两字来注释"不易"，即这种"不易"乃是生生不息的，也就是永恒不变的。永恒不变与固定不变完全不同，固定不变是板滞的，死寂的，执着的，而永恒不变是活泼的，创生的，无住的。

把《老子》书中所有的"常"字做一个统计,将发现《老子》书中有近二十章提到"常"字。而这些"常"字的意义,约可分为:

名　词:单独运用
形容词 { 与道、德结合在一起,成为老学之道德
         与其他名词结合在一起,作固定、经常解
动　词:作本之于解

先就动词的"常"来说,如"常无欲以观其妙""道常无名朴""夫莫之命而常自然""道常无为而无不为"。许多注家都将"常"字当作崇尚来解,但道是无为的,崇尚似乎与道的无为性不相符,所以我们认为此"常"字宜解作本之于。

至于当作形容词用的"常"字,与道德相合者,如常道、常德,可解作永恒不变的道德。唯常心可解作固定不变之心,整部《老子》只有"常心"一处,可解为固定不变。因心有欲,所以要无常心。

至于当作名词用的"常"字共有三章,如:

复命曰常,知常曰明,不知常,妄作凶。知常容,容乃公,公乃王,王乃天。(《老子》第十六章)

无遗身殃,是谓习常。(《老子》第五十二章)

知和曰常,知常曰明。(《老子》第五十五章)

从以上所举的例子来看,老子的"常"字境界极高,至少有三种特质:

常 { 性命的根本——复命曰常
     宇宙的大和——知和曰常
     智慧的源泉——知常曰明

第五章　无为自然的老子

如果用西方语言来说，就是普遍律；用佛家语来说，就是真如或真常；用儒家语来说，就是天命或天道。

此处之所以用"常"字来写道体，乃是因为"常"一方面能够包括有无，另一方面又不落有无。《论语》中孔子叹说："逝者如斯夫，不舍昼夜。"(《子罕》) 所谓"逝者"即变易，即有无相生的随起随灭；所谓"不舍昼夜"即不易，即有无相生的不断转换。这正如同河流一样，时时刻刻在那里变，长江后浪推前浪，"人不能两次踏进同一条河流"(古希腊哲学家赫拉克利特语)，但这条河流又是千秋万世没有变过的，长江依然是长江，江流滔滔，千古如斯。这不变的就是"常"，就是道之体。

这个"常"，自其周流不息来看是有，自其永恒不变来看是有，但自其现象的认识来看是无，自其时空的转变来看也是无。所以"常"实含有"有"和"无"两种作用。就拿老子所举的"埏埴以为器"来说，其实质处是有，空虚处是无，但道体既不在实处，也不在空处，更不在空实之处，而是在有无相生之理处。

二、老子思想的变道

1. 反者，道之动

前面我们已谈过老子的常道，现在再来看看老子的"反者，道之动"。道之为道，其所以具有真实性而不致流于死寂，常之为常，其所以具有永恒性而不致流于板滞，这乃是由于它一方面变动，另一方面又有不变存焉。可是为何一方面变，另一方面又能不变呢？这是因为它的变不是一往无前的变，而是循环的变。老子曾说：

大曰逝，逝曰远，远曰反。(《老子》第二十五章)

这三句话，可以从物象来看，也可以从道体来看。

先从物象来看。任何东西无论怎么变，起初都是量的变，愈变愈大，愈变就愈与原来的不相似。但这在最初的时候尚感觉不到，如朋友一两年不见面，变化尚不大，可是十年、二十年不见面，变化就大了。最初只是逝，逝就是逐渐消失了原来的状态；后来是远，远是指相差的距离很大；最后便变得和原来完全不相同，这就是反。人由小至大，也许我们并不觉得每天都在变，但有一天"朝如青丝暮成雪"，我们才发现变化之大。最后，突然死亡而化为腐骨，这便是由生变到死，由正变到反。

再就道体来看。道是无所不包的，因为它的大不是对待的大，不是占于空间一面的大，而是通贯乎时间之流，所以"逝"，是指永远地发展，不留在一个地方。"逝曰远"，远就是无穷地发展，发展到最后，又形成一个圆形的轨道，回到原来的地方。就道体来说，这个"反"字，乃是返回来的"返"字，也就是复返的意思。

老子之所以强调"反者，道之动"，而《老子》中"反"字之所以有这两层意思，乃是因为一般人的知见有所蔽。有一种人是只看到变，而不知其反，另一种人是只看到反，而不知其返。

先谈谈第一种，只看到变，而不知其反。

我们每天都处在变化中，却并没有敏感地发觉变化之快。譬如我们从婴儿到儿童、少年、青年，都是逐渐在变，这好像是正常地发展，自己也感觉不出有什么太大的变化，直到有一天发现自己白发苍苍，牙齿松动，虽猛然地感觉到变化之快，但这时并没有看到相反的一面，尚没有看到死亡之后，我们的骨肉会变成泥土。例如小说《茶花女》中的男主角，在女友死后以为她仍然是花容月貌，想见最后一面，结果开棺一看，骷髅一具而已。这种看到事变之反，在我们的现实生活中不乏其例，不过我们视而不见，并没有常常地感觉到。

譬如一些人追求个人的前途，不外乎名和利。先以利来说吧。一个人赚钱，从苦工到富翁，由于这一过程是在逐渐地变，所以一天一天地变得富有，并没有感觉到有什么太大的变化，可是一旦富到了极点，突然降临了祸患，一贫如洗，或死于非命，这就是一个反。这是因为一个人在求利的过程中，只看到渐变的一面，而看不到相反的一面。

再拿求名来说。由布衣到卿相，也是在逐渐地变。因为布衣在通达之前，不知经历了多少艰辛困苦，所以他们的相位得来并非偶然。可是等他们达到了卿相之位时，功高盖主，却招来了杀身之祸。比如李斯死时，叹息着早知如此，还不如以前带着儿子到野外去打猎，过着清闲的生活。再比如美国的海明威、日本的川端康成，随着一部部著作出版，名气也跟着上升，他们也希望一部比一部精彩，可是最后在红得不能再红时，江郎才尽，结果只有以自杀结束了生命。在他们追求名的过程中，又哪里会看得到自杀的一面？所以一般人都只能看到变，而看不到反的一面。

接着我们再谈谈另一种，只看到反，而不知其返。

也有一些人比较敏感，他们常会看到事情相反的一面，譬如文学家和宗教家，大都是富有想象力的，正如同《红楼梦》里的黛玉，看到落花就想到自己的身世，想到了死亡。以释迦牟尼来说，虽然他在幼年时生活在富丽堂皇的皇宫，但是他非常敏感，眼里所看到的尽是生老病死。他的父皇生怕他厌世出家，很早就让他娶了漂亮的皇后，并选了许多美丽的宫女服侍他。他不但不去看她们美丽的一面，相反却看到她们酒醉后丑陋的睡态，于是十九岁便出了家。

起初释迦牟尼只看到相反的一面，所以要出家，逃避人生。为了跳出生老病死的痛苦，他到深山中去学仙，去辟谷，有一次差点饿死，幸而遇见一位牧羊的女子，他才获救。此后他放弃辟谷的苦修，最后在菩提树下悟了道。他所悟的也就是一个"返"字，这使他了解到逃避人生是一种执着，宇宙大道是循环反复的，因此他又回到人世间去宣扬大道了。

不仅释迦牟尼最后从相反的一面看到了复返的一面，中国第一流的思想家如孔孟、老庄也都能看到复返的一面，这复返的一面是回复于道体的路子。

现在我们依据老子的思想，来看看"反"字的两种境界。

（1）相反之反

关于这种"相反"的理论，在《老子》中大致可分为三项。

①物象上的相生

> 有无相生，难易相成，长短相较，高下相倾，音声相和，前后相随。（《老子》第二章）

这是指物理现象上的相对而生，相较而成。
②事理上的作用

明道若昧，进道若退，夷道若纇，上德若谷，大白若辱，广德若不足，建德若偷，质真若渝，大方无隅，大器晚成，大音希声，大象无形。(《老子》第四十一章)

这是指事理上的反作用。
③政治人生的运用

大道废，有仁义；智慧出，有大伪；六亲不和，有孝慈；国家昏乱，有忠臣。(《老子》第十八章)

绝圣弃智，民利百倍；绝仁弃义，民复孝慈；绝巧弃利，盗贼无有。(《老子》第十九章)

夫礼者，忠信之薄而乱之首。(《老子》第三十八章)

信言不美，美言不信。善者不辩，辩者不善。知者不博，博者不知。圣人不积，既以为人己愈有，既以与人己愈多。天之道，利而不害；圣人之道，为而不争。(《老子》第八十一章)

这都是将相生相成、事理变化的反作用，运用于政治人生。
（2）复返之反
以上相反之反都是就政治人生的运用来说的，都只是一种暂时的权变。而老子思想的真正目标是要我们回归道体，所以这里的复返之反都是指勘破现象，回归本体。
①复命

致虚极，守静笃。万物并作，吾以观复。夫物芸芸，各复归其根。归

根曰静，是谓复命；复命曰常，知常曰明。(《老子》第十六章)

这是指宇宙万物都要回到它们的根本。按照普遍现象来说，万物由生到死，归根岂不等于死亡？其实从整个自然来讲，归根即与自然合一。此处所谓"复命"，即指复自然的大命。

②返朴

知其雄，守其雌，为天下溪。为天下溪，常德不离，复归于婴儿。(《老子》第二十八章)

此处的"婴儿"，就是指无知无欲的纯朴境界。而此境界并非真的是浑浑噩噩的无知无欲，而是含德的至真至和。正如《老子》第五十五章所描写的：

含德之厚，比于赤子。蜂虿虺蛇不螫，猛兽不据，攫鸟不搏。骨弱筋柔而握固。未知牝牡之合而全作，精之至也。终日号而不嗄，和之至也。知和曰常，知常曰明。

③归明

天下有始，以为天下母。既得其母，以知其子；既知其子，复守其母，没身不殆。塞其兑，闭其门，终身不勤。开其兑，济其事，终身不救。见小曰明，守柔曰强。用其光，复归其明，无遗身殃，是谓习常。(《老子》第五十二章)

这是要我们不必向外去求知，而应返归内心的自知之明。即使有时不得已要用知，最后也还须归本于内心的明。

从以上三段话中可以发现，复返之反包括了复命、返朴、归明三种境界。而这三种境界不仅是互相关联的，如"复命曰常，知常曰明""知和曰常，知常曰明""复归其明，无遗身殃，是谓习常"，而且都共同地归于一个"常"字。所以老子的复返，一言以蔽之，就是返于常道。

2. 弱者，道之用

我们再来谈谈老子的"弱者，道之用"。

由于"反者，道之动"这个"反"在政治人生的运用上，是相生相成、正言若反的，因此它的路子，不外乎是弱变为强，强又变为弱。在强和弱之间，强是物之极，而物极必反，所以强是一个危险的信号，《老子》书中曾一再地强调：

> 强梁者不得其死。（《老子》第四十二章）
> 心使气曰强，物壮则老。（《老子》第五十五章）
> 坚强者，死之徒。（《老子》第七十六章）
> 兵强则不胜，木强则兵。（《老子》第七十六章）

这些都直接谈到"强"字的不好，其余间接谈到的地方还有很多，如：

> 不敢为天下先。（《老子》第六十七章）
> 不敢为主而为客，不敢进寸而退尺。（《老子》第六十九章）
> 勇于敢则杀，勇于不敢则活。（《老子》第七十三章）

由此可见老子对于"强"的深以为戒。既然"强"是危险地带，那么避强只有用弱了。

不过在这里，我们要了解老子的用弱并非求弱。因为天下没有一个正常的人是要使自己变得虚弱、不堪一击的，更何况是一套高超的哲学思想，所以老子只是把弱当作道之用。也就是说，弱是一种求道的方法、手段或路子。其实老子的用弱正是为了强，只是这个强不是在风头上的、表面上的或暂时性的强，而是安全的、永恒性的真强。试看《老子》书中的"强"字，除了前面的坚强、强梁之外，还有：

> 自胜者强。（《老子》第三十三章）
> 守柔曰强。（《老子》第五十二章）

此处的"强"，显然不是老子所戒除的坚强、强梁，而是骨子里的真强。然而这种真强的性质如何，要怎样才能用弱以达到真强呢？通过对老子的思想加以分析，可以分为以下五个方面。

（1）知足常足

> 五色令人目盲，五音令人耳聋，五味令人口爽，驰骋畋猎令人心发狂，难得之货令人行妨，是以圣人为腹不为目，故去彼取此。（《老子》第十二章）
> 祸莫大于不知足，咎莫大于欲得，故知足之足常足矣！（《老子》第四十六章）

这些话是说，一切痛苦烦恼都是由于多欲。因为人对欲望的追逐无休止，而永远的追逐会带来永远的痛苦，所以老子一再强调：

> 知足者富。（《老子》第三十三章）
> 知足不辱，知止不殆。（《老子》第四十四章）

"知足"是满足于已有，是满足于少。从表面上看，某人好像是自处于弱小，其实他所达到的是永恒的幸福。能够在"饭疏食，饮水，曲肱而枕之"或"一箪食，一瓢饮，在陋巷"中获得的快乐才是真正的快乐，这样的人才是真正"贫贱不能移"的强者。

（2）不露锋芒

> 持而盈之，不如其已；揣而锐之，不可长保；金玉满堂，莫之能守；富

贵而骄，自遗其咎；功遂、身退，天之道。(《老子》第九章）

任何事物发展到"盈"一定遭损，发展到"锐"一定受挫。富和贵是人生追求的最高目标，如果再加以骄傲的话，势必遭忌受妒，自找麻烦。这正是树大招风的自然结果，所以老子要我们不可太出风头，风头之后接踵而来的便是霉头。但在这里也不可误认为老子一味地要我们藏头藏尾、无所事事，而是要我们功遂而后身退。功遂是有作为，是强的实际表现，但在功遂之后，要立即掩盖光芒，以避免风头之后的霉头。所谓"身退"是处弱，但这里的处弱正像"善刀而藏之"，目的在于保持住真正的锋利之强。

（3）曲成之道

> 江海所以能为百谷王者，以其善下之，故能为百谷王。是以欲上民，必以言下之；欲先民，必以身后之；是以圣人处上而民不重，处前而民不害；是以天下乐推而不厌。以其不争，故天下莫能与之争。(《老子》第六十六章）
>
> 善为士者不武，善战者不怒，善胜敌者不与，善用人者为之下，是谓不争之德，是谓用人之力，是谓配天古之极。(《老子》第六十八章）

所谓"以言下之""身后之""不武""不怒""不与""为之下"，虽然从表面上看都是一种弱的表现，但这种弱乃是一种曲成的作用，可以达到真强。所谓"不争"，乃是曲，乃是弱，而使得天下莫能与之争，便是成，便是真强。

（4）把握枢机

> 为无为，事无事，味无味，大小多少，报怨以德。图难于其易，为大于其细。天下难事必作于易，天下大事必作于细。是以圣人终不为大，故能成其大。(《老子》第六十三章）
>
> 其安易持，其未兆易谋，其脆易泮，其微易散，为之于未有，治之于未乱。(《老子》第六十四章）

这些话说明了老子的无为并不是什么事都不为，而是由于把握了要点，方法简单，处理从容，所以虽然"为"了，却像无为一样。这一点我们就拿经验上的例子来说，同样是一件事，知识浅陋的人忙得汗流浃背，但是未必办得好，相反，智慧高的人，正像庖丁解牛，刀子轻轻顺势一推，立刻如土委地，水到渠成。这并不是夸张，任何事情都有一个症结所在，不从症结上下手，自然就治丝益棼了。

（5）以退为攻

> 将欲歙之，必固张之；将欲弱之，必固强之；将欲废之，必固兴之；将欲夺之，必固与之。是谓微明。柔弱胜刚强。鱼不可脱于渊，国之利器不可以示人。（《老子》第三十六章）

这段话就是告诉我们要达到正面的目的，必须从反面下手。所谓"微明"，就是由微致明，以退为攻。那么这一条与第三条所讲的曲成之道有什么不同呢？曲成之道是顺乎自然之势以达到目的，是偏于德行的把握，而此处的以退为攻，是运用人心的趋势而达到目的。

由以上我们从五个方面可知，老子所用的弱并不是真的弱，而是求真强之道。老子自谓"柔弱胜刚强"，这句话已替老子的"柔弱"两字下了最好的定义。也就是说，以胜刚强为前提的柔弱，才是老子所守的柔、所用的弱。

第四节　老子思想的检讨

老子的道有政治运用的一面，有人性修养的一面，有相反的变道一面，也有复返的常道一面。而后人往往只执着于一面，并过分运用，知变而不知常，于是便产生了许多流弊，给老子思想蒙上了许多阴影。

现在我们把对老子思想的误解归纳为以下两方面来检讨。

一、认为老子思想是阴谋之术——积极运用的错误

宋儒程明道曾说：

> 老子语道德而杂权诈，本末舛矣！（《二程粹言·论道》）
> 予夺翕张，理所有也，而老子之言非也。予之之意，乃在乎取之，张之之意，乃在乎翕之，权诈之术也。（《二程粹言·论道》）

这些批评可说是似是而非的。关于这方面，我们有三点辩证。

其一，在《老子》中，虽然征引了不少兵家的话及兵家的思想，如：

> 以正治国，以奇用兵，以无事取天下。（《老子》第五十七章）
> 用兵有言："吾不敢为主而为客，不敢进寸而退尺。"是谓行无行，攘无臂，扔无敌，执无兵。祸莫大于轻敌，轻敌几丧吾宝，故抗兵相加，哀者胜矣！（《老子》第六十九章）

但老子借这些兵家的话只是想寓兵于止兵，所谓"抗兵相加，哀者胜矣"，就是劝大家不要用强斗狠，要能把握一个"慈"字。所谓"以奇用兵，以无事治天下"，就是劝我们与其以奇用兵，得到暂时的胜利，不如以无事治天下，反而能得到长久的安定。

事实上，不容否认的是，《老子》全书充满了反对用兵的思想。如：

> 以道佐人主者，不以兵强天下。（《老子》第三十章）
> 夫佳兵者，不祥之器。（《老子》第三十一章）

由此可见，老子和兵家根本无血脉关系。至于战国时的兵家有很多话和老子相似，如《孙子兵法》中所谓：

> 兵者，诡道也，故能而示之不能，用而示之不用；近而示之远，远而示

之近；利而诱之，乱而取之；实而备之，强而避之；怒而挠之，卑而骄之；佚而劳之，亲而离之；攻其无备，出其不意。(《孙子兵法·始计篇》)

这最多只是一种运用罢了，并不是老子思想本身鼓励用兵。《老子》全书只有第三十六章使人感觉有权谋的作用，我们不能仅以此一章便断定老子是阴谋家，而无视《老子》全书到处都在强调慈，强调救人。

其二，就拿第三十六章来说，程明道也承认"理所有也"，也就是说，这是事理物象中本来就有的。那么，既然是"理所有也"，老子照理直说又有什么不对？"将欲歙之，必固张之；将欲弱之，必固强之；将欲废之，必固兴之；将欲夺之，必固与之。是谓微明。"这几句话没有明确的主语，因此可指天道，也可指人生的运用。但老子的思想都是就天道来说人生的。譬如：

天之道，其犹张弓与！高者抑之，下者举之。(《老子》第七十七章)

因此，如果把第三十六章看作天道的作用，这正是"反者，道之动"，正是"天地不仁，以万物为刍狗"，它根本就是一种自然现象，又哪里称得上是阴谋权术？

其三，当然，我们也不否认老子的思想在战国时代就被一般人所运用，而流于阴谋权术。譬如司马迁在《史记·老子韩非列传》中便说：

申子卑卑，施之于名实。韩子引绳墨，切事情，明是非，其极惨礉少恩，皆原于道德之意。

其实道德之意，并没有要我们惨礉少恩，而且老子还一再强调：

民不畏死，奈何以死惧之。(《老子》第七十四章)
和大怨，必有余怨，安可以为善。(《老子》第七十九章)

所以阴谋权术家之运用，只看到了老子所谈的"反"，而不知老子是借这个"反"

返回到道体之常。老子说："不知常，妄作凶。"这些阴谋权术家不知常，自然会流于刻薄寡恩、残酷无道。

所以，这是对《老子》运用的错误，而不是老子思想本身的错误。

二、认为老子思想流于虚无颓废——消极运用的错误

老子强调无为，要我们知足，因此许多人误以为老子只讲虚无，而流于颓废。关于这一点，班固在《汉书·艺文志》中便说：

> 道家者流，盖出于史官。历记成败存亡祸福古今之道，然后知秉要执本，清虚以自守，卑弱以自持，此君人南面之术也。合于尧之克攘，易之嗛嗛，一谦而四益，此其所长也。及放者为之，则欲绝去礼学，兼弃仁义，曰："独任清虚，可以为治。"

这"独任清虚"四字，正写出了一般误解老子思想者的心理——他们以为无事不做就是无为。关于这一点，我们在"弱者，道之用"时已略有说明。现在，我们把无为与为之间的关系，做一图，说明如下：

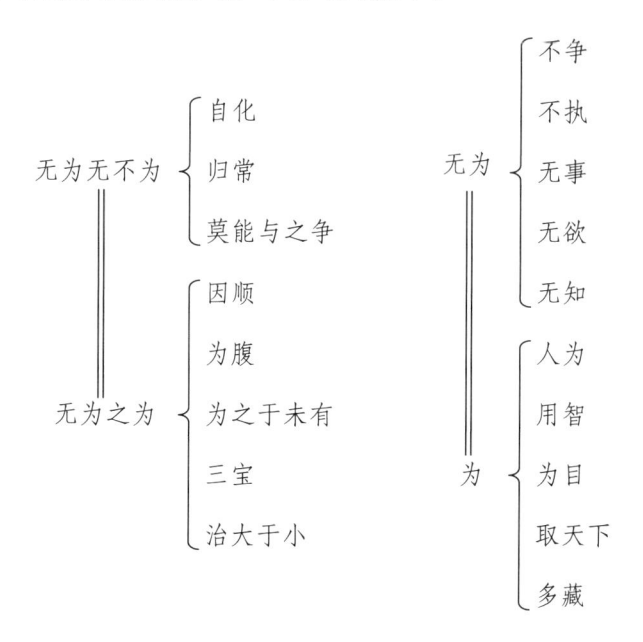

无为无不为 ｛ 自化 / 归常 / 莫能与之争

无为之为 ｛ 因顺 / 为腹 / 为之于未有 / 三宝 / 治大于小

无为 ｛ 不争 / 不执 / 无事 / 无欲 / 无知

为 ｛ 人为 / 用智 / 为目 / 取天下 / 多藏

这个图说明了无为无不为的是那些用智、好强、人为之事。而无为本身就是一种为，其所为的乃是顺物性之自然，最后所达到的乃是万物都能自由生长、和而不同的无不为境界。

由此可见，无为绝不是袖手旁观的无所事事。

然而在这里有一个问题，如果说无为乃是要我们知足，要我们不用智，要我们不执人为的话，可是今日社会就是依靠这些才有如此辉煌的成果。因此如果大家都照老子的话去做，岂不是阻碍了社会文明的发展？

对于这个问题，我们要先确定老子思想要我们追求的是什么？答案是幸福。如果这个答案不错的话，那么问题就很明显了。因为人类的幸福之路和社会文明发展之路并不是完全平行的，当然，它们有时是平行的，譬如医药的发明减缓了我们的病痛，降低了死亡率。但有时候是互相交叉，甚至背道而驰的，譬如物质越文明我们的生活越空虚。老子所谓的"五色令人目盲，五音令人耳聋，五味令人口爽，驰骋畋猎令人心发狂"并不是空话，法国的卢梭也有这种看法。

人类的幸福之路和社会文明的发展之路是两条路，因此我们不能说它们之间有阻碍的关系。这正如甲乙两人从同一个火车站出来，甲的家在火车站前方，乙的家在火车站后方，我们不能以甲的家为标准，认为乙不向前走就是落伍。英国哲学家罗素有一段话说得很好，他说：

> 保守的中国知识分子说话，就像古代的贤哲写文，假如有人提示他们中国进步很少，他们会说："为什么寻求进步，假如你已经享有美好？"欧洲人会觉得这种看法是懈怠的，可是当他自己变得更聪明的时候，他渐渐地会怀疑，而且开始觉得我们所谓的进步只是不停地变易，那种进步并不使我们更接近任何被企求的目标。

这段话正指出了两种人生态度，一种是追求新、变化、进步，另一种是追求幸福。既然两条路不同，就不能站在这一条路上而指责另一条路是落伍的、倒退的。

第五节　整体生命哲学论

用整体生命哲学的三角形来看老子思想，有如下二图：

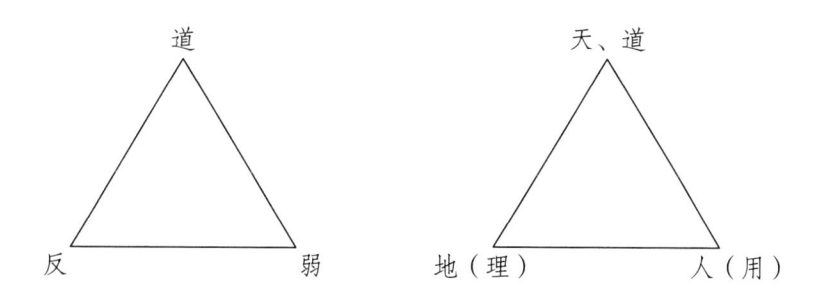

```
        道                          天、道
       /\                           /\
      /  \                         /  \
     /    \                       /    \
    /_____\                     /_____\
   反       弱                 地（理）    人（用）
```

这里的"道"是常道，但常道的"常"不是固定在某个位置上不变，这个"常"是在变化中的，是变的常。变和常是两个不同的概念，它们为什么能共存？因为"道"是虚的，唯其虚才能变，也唯其虚才能常。

在"理"的层次上的"反"有两个走向，一个走向是由"理"到"用"，这是相反的"反"，因为在现象界的运用上，只是把相反的原理拿到人生来运用，这种平面的"用"，只是小用、利用、偏用，如兵家、权谋家及今天商业界大都是这种"用"。"反"的另一个走向是"返"，即返于道，因为"道"是虚的，所以返于"道"之后，必须立即回到人生的大用，这时没有"反"，没有"弱"，才是真正的常道。

《老子》第二十五章说："人法地，地法天，天法道，道法自然。"这句话常被读者误解，一是把"道法自然"的自然当作自然界，认为自然界弱肉强食，有地震和海啸，死伤无数，道怎么能取法于这样无情残忍的自然界？二是把这几个"法"字看作由下而上的取法，如此的话，最后的"道法自然"岂不是意味着"道"之上还有一个"自然"？

如果我们看看本页右图，这两个问题就不成立了。因为"人法地"的"地"属于自然界，但"人法地"是法地的生长万物。"地法天"的"天"也属于自然界，但"天"的云行雨施是给万物以生机，"地法天"就是法天的使万物含有生机。"天法道"的"道"是以虚为体，以虚为用，"天法道"也就是法"道"

的虚，使"天"不致变为人格神，作威作福。最后"道法自然"的"自然"是在上页右图的三角形中，"道"又下降到"用"，即人生日用的"自然"，也就是自然的原则，而不是自然界的现象。《老子》全书多讲自然的原则，如"水善利万物而不争""富贵而骄，自遗其咎""强梁者不得其死""祸兮福所倚，福兮祸所伏"等。

上页右图的三角形，可以说已勾画出老子的整个中心思想。

第六章　为底层群众代言的墨子

第一节　和儒家对立的另一派

如果说中国的哲学思想是以儒家为主流，那么在先秦时期，与儒家对立旗帜最为鲜明的，除了道家外，就是墨家了。在《孟子·滕文公下》篇中孟子说：

> 杨朱、墨翟之言盈天下，天下之言不归杨则归墨。

这是道、墨和儒家的对立。《韩非子·显学》篇更说：

> 世之显学，儒墨也。儒之所至，孔丘也；墨之所至，墨翟也。

这是指儒和墨的对立，可见在战国初年，墨家是和儒家分庭抗礼的一大学派。

儒家和道家的对立，在于前者强调人为，后者鼓吹自然。其实墨家一方面反儒，另一方面也反道。他们认为儒家斤斤于恢复旧制度、旧礼法，未免失之于迂，而道家的自求多福、恬淡无为，又未免失之于私。因此墨家便采取激进的姿态，大刀阔斧地改造整个时代。他们不像儒家那样保守（儒家另有其积极的一面，只是在墨子的眼中稍显保守），也不像道家那样迂回，而是以宗教家般的精神，从事古代社会的改革。

虽然儒、道、墨三家都是从同一个文化道统中发展出来的，司马谈所谓"墨者，亦尚尧舜道"（《论六家要旨》），但儒、道两家都有深远的历史渊源，唯独墨家是时代的产儿。为什么这么说？

我们先以儒家为例。虽然孔子也是有鉴于春秋之衰，而提出自己的救世主张，但他念念不忘的是周代的文化制度，称自己的学术态度是述而不作。可见孔子的学说不是完全因时代而产生的一套新思想，而是拿道统思想来诊治时代的弊病。至于道家，虽然有许多话都是针对时代之病痛而发，但他们所注意的问题，是人性永恒的问题，他们所运用的智慧，是历代相传的智慧。可见这两家的思想都有深厚的历史背景。

然而墨家不然，他们起于下层社会，和道统的文化关涉不深。他们不像儒家那样以精通礼制见重于世，也不像道家那样以深澈的智慧去点化人心。他们拿着一套实际的本领去推行他们的主义。他们都是工匠之流，而他们的组织类似于帮会。至于他们所注重的问题，则完全是现实的政治社会的问题，他们的思想完全是由时代所激发的，他们解决问题的方法是头痛医头、脚痛医脚，所以说墨家是时代的产儿。

第二节　墨子的生平及其时代背景

既然墨家思想是由时代所激发，那么墨子便是首当其冲的人物。他在墨家中的身份和孔子在儒家、老子在道家不同。虽然孔子是儒家的开创性人物，但是我们论儒家思想不能限于孔子，因为在孔子之前有所承，在孔子之后有所继。同样，老子也是如此。可是墨家思想只能以墨翟一人、《墨子》一书为全部的代表。在他之前，虽然标榜大禹，但那只是政策性的推崇，并非学术思想的传承；在他之后，虽然也有几位巨子加以传承，但那只是组织的衣钵相传，而不是学术思想的另添新瓦。所以整个墨家只能以墨子一人为代表。

关于墨子的生平，也是聚讼纷纭。元代伊世珍认为墨子姓翟名乌。后来江瑔在《读子卮言》中举出了八个例证，认为墨子不姓墨，但此说殊不可靠，因为在《孟子》《庄子》中都明言墨翟或墨子，而在《墨子》中也以翟自称。

墨子的籍贯，有人认为是宋国（葛洪《神仙传》《抱朴子》）、楚国（毕沅《墨子注·序》）、鲁国（《吕氏春秋》），甚至有人认为他的籍贯是印度（胡怀琛）、阿拉伯（金祖同、卫聚贤）。对于这种种说法，我们不必去细究，因为这和他的思想无关。但有一点值得我们注意，墨子和鲁国及宋国的关系很深，在《墨子》及其他书中，屡言他离开鲁国。如：

> 墨子自鲁即齐。(《墨子·贵义》)
> 越王……为公尚过束车五十乘，以迎子墨子于鲁。(《墨子·鲁问》)
> 公输般为高云梯，欲以攻宋。墨子闻之，自鲁往。(《吕氏春秋·开春论·爱类》)

这是写他与鲁国的关系。又《史记》《汉书》都说他做过宋国的大夫，可见他和宋国的关系也非常密切。我们之所以特别提出他和鲁国及宋国的关系，并非对他的籍贯的考证有兴趣，而是此事对他的思想有很大的影响。

墨子生于鲁国，学于鲁国，去过宋国，曾做过宋国的大夫，这话是有古籍可考的。

《吕氏春秋·仲春纪·当染》篇中说：

> 鲁惠公使宰让请郊庙之礼于天子，桓王使史角往，惠公止之。其后在于鲁，墨子学焉。

史角是史官，但他奉桓王之使到鲁国去，距墨子至少有十世。所以墨子只是学于史角的后人。史角虽是史官，但他的后人于春秋末年在鲁国讲学，已属于私人讲学。再看《淮南子·要略》：

> 墨子学儒者之业，受孔子之术，以为其礼烦扰而不说，厚葬靡财而贫民，服伤生而害事，故背周道而用夏政。

由这段话可知墨子受学于史角的后人，和儒家之学颇有关系，因为儒家也是专精于周代的礼制，孔子也问礼于老聃，所以墨子初期在鲁国所学，和儒家学术有相当的关系。

后来传说墨子做了宋国的大夫。虽然我们不敢确定地说墨子是在不满于儒家学说之后才到宋国，或到了宋国之后思想转变了而不满于儒家学说，但宋国实行殷道，与周政不同。墨子与宋国的关系，姑且不论他是否生于宋国，是否真做过宋国大夫（此说梁启超否认，俞正燮赞成），但这一关系正象征了他思想上反儒的转变。

以上我们已简单看过墨子的生平，接着我们再看看他的时代背景。

墨子生于孔子之后、孟子之前，正当春秋之末、战国之初。这是中国古代历史上由衰到乱的一个蜕变时期，这一时期与墨子思想发生关系之原因有四。

其一，在上位者荒淫无度，劳民伤财，有文胜之弊。

其二，铁器发明，战争激烈。

其三，道家中隐士的为我思想盛行。

其四，孔子之后，七十二个弟子没有一个有魄力光大儒学门庭，而一般儒者徒具形式，无创造精神。

以上原因使得墨子倡导的墨家思想脱颖而出，大行于天下。

第三节　墨子思想的特色

一、墨子的反儒思想

墨子曾说："非人者，必有以易之。"这是说，批评别人的人，自己必须有一套学说可以代替别人的学说。所以墨子思想也有两套，一套是反儒学说，另一套是他自己的学说。如他在《墨子·公孟》篇中说：

> 儒之道足以丧天下者，四政焉。儒以天为不明，以鬼为不神，天鬼不说，此足以丧天下。又厚葬久丧，重为棺椁，多为衣衾，送死若徙，三年哭泣，扶后起，杖后行，耳无闻，目无见，此足以丧天下。又弦歌鼓舞，习为声乐，此足以丧天下。又以命为有，贫富寿夭、治乱安危有极矣，不可损益也，为上者行之，必不听治矣；为下者行之，必不从事矣，此足以丧天下。

儒家	远鬼	厚葬	正乐	知命
墨子	明鬼	节葬	非乐	非命

以上只是墨子明言儒家的四大学说不对而加以反对。另外，儒墨尚有许多不同，如孔子要亲亲，墨子要兼爱；孔子要重礼，墨子要节用等。

除了以上学说的针锋相对外，儒墨根本上还有一个方法的不同。如《墨子·公孟》篇中有段记载：

> 子墨子曰问于儒者："何故为乐？"曰："乐以为乐也。"子墨子曰："子未我应也。今我问曰：'何故为室？'曰：'冬避寒焉，夏避暑焉，室以为男女之别也。'则子告我为室之故矣。今我问曰：'何故为乐？'曰：'乐以为乐也。'是犹曰：'何故为室？'曰：'室以为室也。'"

从这段话中可以看出，儒家着重在精神上，而墨子则着重在实用上。当然，儒家也可按照墨子回答的方式说，音乐可以使人感化，使人振奋。如《礼记·乐记》中说：

> 乐也者，圣人之所乐也，而可以善民心，其感人深，其移风易俗，故先王著其教焉。

但对于这样的回答，墨子仍然不会满意，因为墨子所讲究的是看得见的功用。

这一方法上的落脚点不同，才激发出墨子的反儒思想，也就由反儒而提出了一套"有以易之"的学说。

二、墨子思想的精神

墨子思想的精神，可以归结为两个字，一个是"爱"字，另一个是"利"字。这两个字，在墨子的运用下，好像是一对开关。他谈到"爱"的地方，常辅以"利"。如他说：

爱利万民。(《墨子·尚贤中》)

兼相爱，交相利。(《墨子·兼爱中》)

兼而爱之，从而利之。(《墨子·尚贤中》)

现在我们就从"爱""利"两字去透视墨子的思想。

1. 爱

墨子所讲的爱，就是兼爱。
（1）什么是兼爱
墨子的兼爱有三个特色。
①兼爱是相对于别爱的大公的意思
《墨子·兼爱下》中曾说：

今吾本原兼之所生，天下之大利者也；吾本原别之所生，天下之大害者也。是故子墨子曰："别非而兼是者，出乎若方也。"

接着他又把士分为别士与兼士，说：

别士之言曰："吾岂能为吾友之身，若为吾身；为吾友之亲，若为吾亲？"是故退睹其友，饥即不食，寒即不衣，疾病不侍养，死丧不葬埋，别士之言若此，行若此。兼士之言不然，行亦不然，曰："吾闻为高士于天下者，必为其友之身，若为其身；为其友之亲，若为其亲。然后可以为高士于天下。"是故退睹其友，饥则食之，寒则衣之，疾病侍养之，死丧葬埋之，兼士之言若此，行若此。(《墨子·兼爱下》)

从这些话里可知，墨子把"别"看作自私自利的态度，而"兼"就是大公无私的精神。
②兼爱是一切德行的基础
《墨子·兼爱下》中曾说：

> 故君子莫若审兼而务行之。为人君必惠，为人臣必忠，为人父必慈，为人子必孝，为人兄必友，为人弟必悌，故君子莫若欲为惠君、忠臣、慈父、孝子、友兄、悌弟，当若兼之不可不行也。

在这段话中，墨子是把"兼"看作一切德行的枢纽，其作用有点像孔子讲的"仁"。

③兼爱是以利国为最大的目标

墨子的兼爱，内容就是指彼此的相爱，对象就是国家的利益。他一再强调：

> 圣人以治天下为事者也，不可不察乱之所自起。当察乱何自起，起不相爱。臣子之不孝君父，所谓乱也；子自爱不爱父，故亏父而自利；弟自爱不爱兄，故亏兄而自利；臣自爱不爱君，故亏君而自利，此所谓乱也。……故圣人以治天下为事者，恶得不禁恶而劝爱，故天下兼相爱则治，交相恶则乱，故子墨子曰："不可以不劝爱人者，此也。"（《墨子·兼爱上》）

这是《墨子·兼爱上》的主要意义。《兼爱中》《兼爱下》除了多征引一些历史故事外，中心思想和《兼爱上》完全相同，所以说墨子的兼爱完全是着重在利国这一目标上的。

（2）兼爱的运用

虽然墨子高唱兼爱，但他所提倡的兼爱本身意义并不深刻。我们都知道强调爱的哲学家，不仅中国多，而且西方也不少，只是每个人对爱的体悟各有深浅罢了。比如儒家，也强调爱，樊迟问仁，孔子便答以"爱人"。虽然爱并不是仁的全部意义，但也是仁的中心思想之一，所以在儒家也是仁爱连言的。

那么，儒家的仁爱和墨子的兼爱有什么不同呢？我们也许可以立刻回答，儒家的仁爱是有等级的，所谓"亲亲而仁民，仁民而爱物"，墨家的兼爱却是完全平等的，其实这是似是而非的。

儒家的仁爱和墨子的兼爱最根本的不同就是，仁爱的爱是根之于仁的，儒家的仁乃是本于人性的，有形而上的根基。至于墨子的兼爱，却只重在彼此的相爱而已，并没有从人性上去强调这种爱是发乎天性的，是有其必然性的。

墨子的兼爱只谈到相爱，而没有很深的人性的基础，也就缺乏形而上的根据（墨子整个思想便缺乏形而上的根基），因此他的兼爱便不能上达，而只好下降，和利打交道。他的谈爱处始终离不了利，如：

夫爱人者，人必从而爱之；利人者，人必从而利之；恶人者，人必从而恶之；害人者，人必从而害之。(《墨子·兼爱中》)

姑尝本原之孝子之为亲度者。吾不识孝子之为亲度者，亦欲人爱利其亲与？意欲人之恶贼其亲与？以说观之，即欲人之爱利其亲也。然即吾恶先从事即得此？若我先从事乎爱利人之亲，然后人报我爱利吾亲乎？意我先从事乎恶人之亲，然后人报我以爱利吾亲乎？即必吾先从事乎爱利人之亲，然后人报我以爱利吾亲也。然即之交孝子者，果不得已乎！毋先从事爱利人之亲者与？意以天下之孝子为遇（愚），而不足以为正乎！(《墨子·兼爱下》)

可见墨子虽然标榜兼爱，但是实际上对兼爱的运用，完全在一个"利"字。所以墨子的兼爱主义，易其名，也就是一种功利主义。

2. 利

关于墨子思想中的"利"字，我们可以从三个方面来看。

（1）在政治思想上讲利

《墨子》有关政治思想方面的有《尚贤》《尚同》《天志》和《非攻》等篇。《尚贤》《尚同》和《天志》是一个系统，属于内政方面，《非攻》属于国际方面。

①尚贤、尚同到天志

墨子尚贤，是以国家之利为前提的。他说：

> 尚贤者,天鬼百姓之利,而政事之本也。(《墨子·尚贤下》)

这点和儒家的尚贤没有什么差别。这些贤人推举出来之后,便必须纳入整个政治体系中,然后讲尚同。墨子之所谓尚同是:

> 天子发政于天下之百姓,言曰:"闻善而不善,皆以告其上。上之所是,必皆是之;所非,必皆非之。上有过,则规谏之;下有善,则傍荐之。上同而不下比者,此上之所赏,而下之所誉也。"(《墨子·尚同上》)

这也就是说,天子是总司令,百官完全以天子的意思为准则。但有时墨子也说到分层的尚同。如:

> 是故里长顺天子政,而一同其里之义。里长既同其里之义,率其里之万民,以尚同乎乡长,曰:"凡里之万民,皆尚同乎乡长,而不敢下比。乡长之所是,必亦是之;乡长之所非,必亦非之。去而不善言,学乡长之善言;去而不善行,学乡长之善行。乡长固乡之贤者也,举乡人以法乡长,夫乡何说而不治哉!"察乡长之所以治乡者,何故之以也?曰唯以其能一同其乡之义,是以乡治。乡长治其乡,而乡既已治矣,有率其乡万民,以尚同乎国君。(《墨子·尚同中》)

从这段话中可知,虽然乡长一同万民,但乡长又尚同乎国君,所以最后仍以国君为唯一枢纽。然而如果国君是唯一的施令者,那么国君行善固然很好,但国君为恶,乡长岂不是率天下之人都上同于恶了吗?针对这点,墨子特别提出了天志。他说:

> 昔三代圣王,禹汤文武,欲以天之为政于天子,明说天下之百姓,故莫不犓牛羊,豢犬彘,洁为粢盛酒醴,以祭祀上帝鬼神,而求祈福于天。我未尝闻天下之所求祈福于天子者也,我所以知天之为政于天子者也。故

> 天子者，天下之穷（极也）贵也，天下之穷富也。故欲富且贵者，当天意而不可不顺。顺天意者，兼相爱，交相利，必得赏；反天意者，别相恶，交相贼，必得罚。(《墨子·天志上》)

这是认为天有意志，可以赏善罚恶。因此虽然国君在政治上是最高的发号施令者，但他并不敢一意孤行，因为在他之上还有神明监视着他。

从这里可以看出，墨子谈尚贤、尚同，虽然多就政治上的功利着眼，但和儒家的思想尚无多大距离。而最后提出的天志，纯粹是功利主义，这和儒家的天命、天道就彻底不同了。墨子从尚贤、尚同到天志的这一理论体系，完全是为了一个"利"字。

②非攻

墨子在《非攻中》里劝君主们非攻的理由是：

> 计其所自胜，无所可用也。计其所得，反不如所丧者之多。……今尽士民之死，严下上之患，以争虚城，则是弃所不足，而重所有余也。为政若此，非国之务者也。

这是认为攻别人之国，只有两种结果，一是战胜，另一是战败。如果明知战败，当然就不攻了。但如果战胜了，表面上是胜利，可是劳师动众，自己损失也惨重，经过了一场攻战，所得的也只一座虚城、一片焦土而已，所以衡之以利，也是非攻为上。可见墨子劝非攻，也是重利的。

（2）在社会制度上讲利

关于这方面的有三篇文字，即《节用》《节葬》和《非乐》。

①节用、节葬

节用和节葬是同一性质的，都是在批评当时政治制度上的礼繁而劳民伤财，如《节葬下》中说：

> 今惟无以厚葬久丧者为政，君死，丧之三年；父母死，丧之三年；妻与后子（长子）死者，五皆丧之三年；然后伯父、叔父、兄弟、孽子其；族人五月；姑姊、甥舅皆有月数，则毁瘠必有制矣。使面目陷隩，颜色黧黑，耳

目不聪明,手足不劲强,不可用也。又曰:"上士操丧也,必扶而能起,杖而能行,以此共三年。"若法若言,行若道,苟其饥约又若此矣。是故百姓冬不仞寒,夏不仞暑,作疾病死者,不可胜计也。此其为败男女之交多矣,以此求众,譬犹使人负剑而求其寿也。

这是站在利上批评儒家的礼制。

②非乐

墨子之非乐,并不是因为音乐不好听,而是因为音乐没有利益可图,他说:

是故子墨子之所以非乐者,非以大钟、鸣鼓、琴瑟、竽笙之声,以为不乐也。……然上考之,不中圣王之事;下度之,不中万民之利。是故子墨子曰:"为乐非也。"(《墨子·非乐上》)

总括乐之可非,有以下几点理由。

A. 废时废事

使丈夫为之,废丈夫耕稼树艺之时;使妇人为之,废妇人纺绩织纴之事。……与君子听之,废君子听治;与贱人听之,废贱人之从事。(《墨子·非乐上》)

B. 不能救贫

今惟毋在乎士君子说乐而听之,即必不能竭股肱之力,亶其思虑之智,内治官府,外收敛关市、山林、泽梁之利,以实仓廪府库,是故仓廪府库不实。(《墨子·非乐上》)

C. 无法卫国

今有大国即攻小国,有大家即伐小家,强劫弱,众暴寡,诈欺愚,贵傲贱，寇乱盗贼并兴，不可禁止也。然即当为之撞巨钟，击鸣鼓，弹琴瑟，吹竽笙，而扬干戚，天下之乱也，将安可得而治与！（《墨子·非乐上》）

因为音乐既碍事，又不能直接生利，所以墨子要非之。

（3）在宗教观念上讲利

关于这方面的有两篇文字，即《明鬼》和《非命》。

①明鬼

墨子强调鬼神，并非因为它们真存在，而明鬼之存在乃是使人慑惧，不敢为非作歹，所以他说：

逮至昔三代圣王既没，天下失义，诸侯力正，是以存夫为人君臣上下者之不惠忠也，父子弟兄之不慈孝弟长贞良也。……此其故何以然也？则皆以疑惑鬼神之有与无之别，不明乎鬼神之能赏贤而罚暴也。今若使天下之人，偕若信鬼神之能赏贤而罚暴也，则夫天下岂乱哉！（《墨子·明鬼下》）

②非命

墨子非命，他说：

我所以知命之有与亡者，以众人耳目之情，知有与亡。有闻之，有见之，谓之有；莫之闻，莫之见，谓之亡。（《墨子·非命中》）

其实，墨子非命，也是为了一个"利"字。因为：

今用执有命者之言，则上不听治，下不从事。上不听治，则刑政乱；下不从事，则财用不足。……故命上不利于天，中不利于鬼，下不利于人。（《墨子·非命上》）

由以上所述可知，墨子的思想建立在"利"上。

第四节　墨子思想的衰微

墨子思想像一阵龙卷风，在战国初年突然而起，声势浩大，使孟子感觉到莫大的威胁，可是在孟子之后，便欲振乏力，到了战国末年，更消失于无形。

为什么墨子思想消失得那么快呢？这是由他的思想本身潜伏着许多缺点所致。关于墨子思想衰微的原因，前人偶有论及，如胡适在《中国哲学史·上古篇》中曾举出三点。

一是由于儒家的反对。

二是由于墨家学说之遭政客猜忌。

三是由于墨家后进的诡辩太微妙。

后来梁启超先生在《评胡适之〈中国哲学史大纲〉》中增加了一条，即《庄子·天下》篇中的："反天下之心，天下不堪。墨子虽独能任，奈天下何？"对于梁启超增加的这一条，我们认可，可是胡适的这三条，并非确论。

首先说儒家的反对，这不成为理由。因为在先秦时期，儒家并没有得君行道，不足以对墨子思想构成威胁。当时各家思想间的批评原不足为怪，墨子反儒，并没有使儒家灭迹。同样，儒家反墨，自然也不能使墨家衰退。真正通过政治的力量独尊儒学、罢黜百家，实属汉代以后的事。其次说墨家学说遭政客猜忌，这也不成理由。在春秋战国时期，各家学说几乎都受到政客的猜忌，何独墨家为然？其实政客的猜忌只能说明他在政治舞台上有阻力，而不能说他的思想因此而衰退。最后说墨家的诡辩太微妙，纵使这一点站得住，也只能是就《墨经》《墨辩》演变成以后的名家来说。事实上，《墨子》书中有关政治、社会、宗教等思想的部分，何尝有诡辩可言？又何尝够得上微妙之称？所以胡适的三点理由，实在是不够有说服力。

现在根据我个人的看法，试分析墨子思想衰微的原因。

一、无文

无文，就是指欠缺文采。我们要了解，虽然哲学和文学是两条路，但哲学思想常常要借文学的传播，才能传得更远、更广。譬如儒家的《论语》《孟子》，道家的《老子》《庄子》，都是言简意赅、文采优美的文章，所以后代的学子百读不厌。拿《墨子》全书来说，墨子自己在书中便强调："言无务多而务为智，无务为文而务为察。"前面一句"言无务多而务为智"，他并没有做到，试观他的《兼爱》等几篇文章，常有文字重复之处，同时思想深度也不够。后面一句"无务为文而务为察"，却是十足地做到了。

他虽然做到了，但给他的思想却带来了阻碍，因为《墨子》全书中像《备城门》等篇只是讲攻守的防御工事，是给兵家用的，对一般人来说可读性很差。再如《墨经》《小取》《大取》等几篇，着重在名词的界定上，其中像《墨经》中文字都有错简，也只能供逻辑学家去爬梳，不适合一般学者去欣赏。因此剩下的只有《兼爱》《非攻》等文字，这些文字固然条理紧凑，符合他所谓的察，但也真的做到了他所谓的无文。拿《墨子》的《非攻》来说，全文有四五百字，推理虽然井然有序，内容却非常简单，显得有点单调死板。如他说：

>今有一人，入人园圃，窃其桃李……今至大为攻国，则弗知非，从而誉之，谓之义。此可谓知义与不义之别乎！

这篇文字都是一个个相似的比喻，非常呆板。读第一遍尚觉得言之有理，可是读五遍、十遍便觉得索然无味了。墨子这四百多字的推论，庄子用两句话便概括无遗，这两句话就是《庄子·胠箧》篇中所谓的"彼窃钩者诛，窃国者为诸侯"。这两句话虽简单明了，却意义深远，这是《庄子》文学手法的高明之处。所以说后代学者对于《墨子》始终不太注意，《墨子》无文实在是一大因素。

二、苦行

庄子在《天下》篇中批评墨子的思想说：

>虽然，歌而非歌，哭而非哭，乐而非乐，是果类乎？其生也勤，其死也薄，其道大觳，使人忧、使人悲，其行难为也。恐其不可以为圣人之道，

反天下之心，天下不堪。墨子虽能独任，奈天下何？离于天下，其去王也远矣！

"奈天下何"四字，可以说刺中了墨子的要害。墨子这种摩顶放踵、以自苦为极的理想，的确是非常伟大的。墨子本人是了不起的人杰，他可以做到，但要求天下人都有这种精神，便有些不合人情、强人所难了。本来这种牺牲、苦行做法来自宗教的精神，譬如印度宗教中的苦行头陀等，但宗教中的牺牲、苦行，精神是有所寄托的，我此生的牺牲可以赢得来生入天国，或今日的苦行可以修成来日的正果。墨子的思想，在行为方面的确具有宗教上的牺牲、苦行精神，可是在个人的心理或前途上，并没有给人以慰藉，所以庄子直截了当地评他"奈天下何"。

三、成员复杂

墨家的成员都来自下层社会，都是工匠之流，不学而有"术"。他们之聚合原为一时的义气，但这种义气并不易持久，当有高明的领导人来领导他们的时候，他们便能发挥力量，但当高明的领导人一去，或新继的领导人无魄力时，他们便不易再团结在一起了。所以，自墨子之后，传了几位巨子，整个组织便作鸟兽散了。

四、思想偏于急功近利

墨子思想重在功利，但他的功利并非儒家的大利，而是实用的、物质的小利。譬如他对音乐的批评，完全站在浪费时间上去衡量，而不了解音乐教化之深。如果有人替墨子辩论，认为墨子所见到的当时社会有文胜之弊，所听到的都是靡靡之音，纵然如此，墨子也不能以靡靡之音来攻击音乐，就如同我们今天不能因某些流行歌曲之不当而否定音乐的价值一样。再说，墨子的《节用》《节葬》等文，都是针对当时的社会而下的针砭，这些文字就当时的社会现象来说，固然有它的意义和价值，可是社会是处在变化中的，当社会变迁之后，这些社会现象不再存在，他那些针砭社会现象的理论，也就不再重要了。譬如节葬是针对当时的三年之丧及许多过繁的丧礼而言的，在当时固然也有社会改革的意义，可是今天我们的社会已不存在这种问题，因此我们读起来便觉得索然无味。即墨子所注重的乃是当前社会的病态，不像儒家和道家，无论他们是针对社会问题还是不满于社会现实，他们都是从人性根本处下药，都是从永恒的问题处着手。

五、反儒却为儒所反

墨家虽然公开反儒，但他们反儒的理论并没有击中儒家的要害。譬如他们的非命，所非的是命定或命运，而儒家的知命是指知天命，所谓："不知命，无以为君子也。"（《论语·尧曰》）此处所指的命，又岂是普通的命运？所以墨子的非命是针对孔子而言的，但完全和孔子思想无关。至于墨子反对孔子的"敬鬼神而远之"（《论语·雍也》）及"子不语：怪、力、乱、神"（《论语·述而》），而要明鬼，更是用粗浅的俗见来批评高深的智慧。所以墨子的反儒非但不能动摇儒家，相反还暴露了自己的弱点。即使以后的儒家不像孟子那样从正面来排墨，只要儒家在智慧方面多加发展，墨家也就自然地相形见绌，而归于衰微了。

第五节　整体生命哲学论

用整体生命哲学的三角形来看墨子思想，如下图：

```
         天志
         /\
        /  \
       /    \
      /      \
  兼相爱------交相利
```

这个图只有在"理"的层次上的"兼相爱"和在"用"的层次上的"交相

利"是以实线画出的，表示这两方面可以相通，但其他两边是虚线，表示上面的"道"是阙如的。墨子思想不讲"道"或"天道"，虽然他有《天志》一文，但他的天志是说天有意志，要我们兼爱，要我们重义，我们必须顺从天的意志。因为这不是无为自然的天道，所以用整体生命哲学来看，墨子思想在理论上是有所缺失的。

第七章　舍我其谁的孟子

第一节　儒学的发扬

孔子思想到了战国时期，受到两派思想的冲击，一派是杨朱，另一派是墨翟。正如孟子所描述的：

> 圣王不作，诸侯放恣，处士横议。杨朱、墨翟之言盈天下，天下之言不归杨则归墨。(《孟子·滕文公下》)

其实所谓"不归杨则归墨"，只是就大概来说的。孟子所处的时期正是各家思想蓬勃发展的时期，和孟子同时期的哲学家有告子、申不害、杨朱、商鞅、许行、淳于髡、邹忌、腹䵍、孙膑、彭蒙、庄周、匡章、宋钘、慎到、田骈、尹文、陈仲（以上据钱穆《先秦诸子系年·附表》）及惠施等。这时各家思想的竞争及分裂，正如《庄子·天下》篇所描写的：

> 其明而在数度者，旧法世传之史尚多有之。其在于《诗》《书》《礼》《乐》者，邹鲁之士，搢绅先生多能明之。《诗》以道志，《书》以道事，《礼》以道行，《乐》以道和，《易》以道阴阳，《春秋》以道名分。其数散于天下而设于中国者，百家之学时或称而道之。天下大乱，贤圣不明，道德不一，天下多得一察焉以自好，譬如耳目鼻口，皆有所明，不能相通。犹百家众技也，皆有所长，时有所用。虽然不该不遍，一曲之士也。判天地之美，析万物之理，察古人之全，寡能备于天地之美，称神明之容。是故内圣外王之道，暗而不明，郁而不发。天下之人，各为其所欲焉以自为方。悲夫！

百家往而不反，必不合矣！后世之学者，不幸不见天地之纯，古人之大体，道术将为天下裂。

这段话所描写的时代，是孟子所处的时代，所描写的心情与抱负，也和孟子相同。所以也就在这时，孟子振臂疾呼与诸家抗衡，承担起发扬儒家道统的责任。经过他这一发扬，孔子的学说才冲出诸子百家的重围，而大放光明。然而孔子学说为什么要孟子来弘扬呢？对于这一问题，我们从两个方面来说明。

一、孔子学说的不彰

为什么孔子学说到了战国时期没有蓬勃发展起来，主要原因有三。

1. 孔子学说平淡无奇

孔子的学说都是就人生实用来说的，正如《论语·述而》中所谓："子不语：怪、力、乱、神。"

子贡也曾叹过："夫子之言性与天道，不可得而闻也。"这并不是说孔子没有形而上学的根基。事实上，孔子五十而知天命，已通达天道。但孔子是"极高明而道中庸"，把形而上之道纳入了人生实用之中。他所讲的话都是非常平易近人、浅显明白的，正如老子所谓的"道之出口，淡乎其无味"（《老子》第三十五章）。也正由于孔子的话过于平淡，使得很多人浅尝辄止，未能深入，所以到了战国时期，反而被那些思想偏激、出语奇特的学说所掩盖，正是所谓"儒门淡薄，收拾不住"。

2. 孔子学说缺乏理论系统

因为孔子身处春秋时代，还承继着周代学术的余绪，且并没有各派学说与之争鸣，所以《论语》中所记载的，大都是孔子和学生们零星的对话，而他自己也承认"述而不作"。

这种做法到了战国时期，便不能适应了。诸子竞起，百家争鸣，他们为了使自己的学说站得住，不得不确立一套理论基础。荀子说他们：

其持之有故，其言之成理。(《荀子·非十二子》)

班固也说他们：

各引一端，崇其所善，以此驰说，取合诸侯。(《汉书·艺文志》)

由于孔子在《论语》中所说的话，都是把经验传授给学生，不需要斤斤计较在言论上要成理，更不需要拿理论去趋合诸侯，所以在诸子学说的竞争中，反而显得理论疏松，缺乏抗衡的力量。

3. 孔门缺乏弘扬人才

孔子的门生，有七十余大贤，按《史记·仲尼弟子列传》上说：

孔子曰："受业身通者七十有七人。"皆异能之士也。德行：颜渊、闵子骞、冉伯牛、仲弓；政事：冉有、季路；言语：宰我、子贡；文学：子游、子夏。师也辟，参也鲁，柴也愚，由也喭，回也屡空，赐不受命而货殖焉，亿则屡中。

从选出的这些弟子代表来看，和孔子关系深的有颜回、季路、子贡、子夏和曾子等人。孔子最欣赏的颜回，只是个人修养很高，还不幸短命死了。子路好勇，但只能治军。子贡虽然聪明绝顶，口才也好，但是未能深入儒学，后来还改了行，去做生意了。子夏据说传《易》，但只是在默默地耕耘。曾子为学非常切实，却缺乏豪气，无法展开。可见孔子的弟子虽然很多，但真正有口才、有抱负而且有救世热情、有弘扬学术气度的人几乎没有。

以上原因，使得孔子学说到了战国初期，不能吸引一般人的注意力。儒学道统，暗而不彰。

二、孟子弘扬道统的才能

孟子之所以能排杨辟墨，使孔子思想成为显学，是因为他本身具备很多条件。

1. 反应敏捷，把握立场

孟子反应敏捷，无论是和国君对答，还是和其他人辩论，往往一两句话便把整个问题转变了过来，使谈话的情势变得对自己有利。譬如：

> 齐宣王问曰："齐桓、晋文之事可得闻乎？"孟子对曰："仲尼之徒，无道桓、文之事者，是以后世无传焉，臣未之闻也，无以，则王乎！"（《孟子·梁惠王上》）

齐宣王问齐桓、晋文之事，就等于问齐国祖先的霸业如何，孟子如果加以批评，则立刻得罪了齐宣王，之后的话也就免谈了。反之，孟子如果加以叙述或赞许，岂非在宣扬霸道？如此不仅失去了自己的立场，还掉入别人的圈套中。孟子处理这种两难的问题，手法极为高明。他只推说"仲尼之徒，无道桓、文之事"，便把齐宣王的问题挡了回去，接着"无以，则王乎"，便顺理成章地提出了自己的一套主张。

2. 因势利导，懂得心理

孔子宣教颇为严肃，孟子却非常风趣，常常能把控住环境，借题发挥。譬如，他见齐宣王，齐宣王常推说自己好乐、好勇、好货、好色，孟子非但不正面批评，相反还给予赞美，如《孟子·梁惠王下》：

> 他日，见于王曰："王尝语庄子以好乐，有诸？"王变乎色，曰："寡人非能好先王之乐也，直好世俗之乐耳。"曰："王之好乐甚，则齐其庶几乎？今之乐犹古之乐也。"

王曰："大哉言矣！寡人有疾，寡人好勇。"对曰："王请无好小勇。夫抚剑疾视曰：'彼恶敢当我哉！'此匹夫之勇，敌一人者也，王请大之。《诗》云：'王赫斯怒，爰整其旅，以遏徂莒，以笃周祜，以对于天下。'此文王之勇也，文王一怒而安天下之民。《书》曰：'天降下民，作之君，作之师，惟曰：其助上帝，宠之四方，有罪无罪，惟我在，天下曷敢有越厥志？'一人衡行于天下，武王耻之，此武王之勇也，而武王亦一怒而安天下之民。今王亦一怒而安天下之民，民惟恐王之不好勇也。"

　　王曰："寡人有疾，寡人好货。"对曰："昔者公刘好货，《诗》云：'乃积乃仓，乃裹糇粮，于橐于囊，思戢用光，弓矢斯张，干戈戚扬，爰方启行。'故居者有积仓，行者有裹粮也，然后可以爰方启行。王如好货，与百姓同之，于王何有？"

　　王曰："寡人有疾，寡人好色。"对曰："昔者大王好色，爱厥妃，《诗》云：'古公亶父，来朝走马，率西水浒，至于岐下，爰及姜女，聿来胥宇。'当是时也，内无怨女，外无旷夫。王如好色，与百姓同之，于王何有？"

好乐、好勇、好货、好色，这都是君子之所戒，也是齐宣王的托词，孟子却抓住了这些弱点，化腐朽为神奇，把它们一一变成了美德，变成了仁政的基础。

3.才思焕发，英气逼人

　　在学术思想的战场上，孟子称得上是一位披荆斩棘的英雄。荀子批评他：

　　材剧志大。(《荀子·非十二子》)

宋儒程明道说他：

　　孟子则露其材，盖亦时然而已。(《近思录》卷十四)

这些话都是指孟子那颗骄傲自负、不可一世的野心。虽然这一点比起孔子来显得不够圆融，但处在各家争鸣的时代，也就靠这点英雄气概，才有"夫天未欲平治天下也，如欲平治天下，当今之世，舍我其谁也"（《孟子·公孙丑下》）的胸怀，来承担道统。

第二节　孟子的生平、著述以及思想的渊源

一、生平和著述

孟子（前372—前289）的生平，《史记》的记载也非常简略：

> 孟轲，邹人也，受业子思之门人。道既通，游事齐宣王，宣王不能用。适梁，梁惠王不果所言，则见以为迂远而阔于事情。当是之时，秦用商君，富国强兵；楚、魏用吴起，战胜弱敌；齐威王、宣王用孙子、田忌之徒，而诸侯东面朝齐。天下方务于合从连衡，以攻伐为贤，而孟轲乃述唐、虞、三代之德，是以所如者不合，退而与万章之徒序《诗》《书》，述仲尼之意，作《孟子》七篇。

在这段记载中，有三个要点。

1. 受业于子思的门人

孟子在《离娄下》中曾说：

> 予未得为孔子徒也，予私淑诸人也。

在《公孙丑上》也说：

> 乃所愿则学孔子也。

从这些记载中可以看出，不论孟子的老师是一人还是多人，孟子继承了孔子的儒学系统，都是非常明显的。

2. 在政治上不得志

按照游说列国的路线，孟子先由邹至齐，正是齐威王之时，孟子只有三十余岁。后来曾居宋，过薛，回到鲁，再返邹，接着去滕，再游梁齐，这时正是梁惠王当政。就梁惠王称他为叟来看，孟子当时已是六七十岁的人了。后来孟子再游齐，这时已是齐宣王执政。此后孟子便不再在政治舞台上周旋了。从这段史实看来，孟子在政治上的路途和孔子一样坎坷，但他留下来的许多蓝图，不仅构成了儒家的政治理想，还影响了秦代以后的政治。

3. 退而著书以明志

虽然孟子在政治上未能有所发挥，但在当时的影响力非常大，如《孟子·滕文公下》曾记载：

> 彭更问曰："后车数十乘，从者数百人，以传食于诸侯，不以泰乎？"孟子曰："非其道，则一箪食不可受于人。如其道，则舜受尧之天下，不以为泰。"

可见，在当时孟子的跟随者众多。这些跟随者，不是贪求孟子的政治地位，而是仰慕孟子行道的理想。所以在周游列国时，孟子不是徒逞口舌之利，而是有一套完完整整的儒家理想、政治方案。而在孟子退出政治舞台之后，他的理想与方案便由学生们整理成篇，传到了现在，这就是《孟子》七篇。

二、思想的渊源

1. 与孔子的关系

虽然孟子未能亲见孔子，但他的所学确实出自孔子的真传。《孟子》中提到孔子之处大约有八十次，偶有征引的话不见于《论语》，如《孟子·离娄上》：

> 孔子曰："道二，仁与不仁而已矣。"

但这与《论语》中孔子的思想也是一致的。再如：

> 唯仁者，能好人，能恶人。(《论语·里仁》)
> 苟志于仁矣，无恶也。(《论语·里仁》)
> 君子而不仁者有矣夫，未有小人而仁者也。(《论语·宪问》)

有时在《论语》中只是零碎而简短的记载，如关于狂狷与乡愿的内容，在《孟子》中却把它们合成一章加以发挥。这充分说明了孟子对孔子之言教运用得十分纯熟。

尤其值得注意的是，虽然据《史记》所说，孟子是受业于子思的门人，但书中没有一句话提到他的老师，好像他是直承自孔子的门庭。如果我们把孟子提升到孔门学生群中，毋庸置疑，孟子是孔门最出色的学生，而《孟子》一书，尤疑是第二部《论语》。

2. 与子思的关系

关于在《孟子》中并没有一点受业于子思的痕迹，有两种可能，第一种是"门人"两字是泛指，犹之于今日的所谓"后学"，孟子也说过"予私淑诸人也"，可见不是出自一人。第二种是孟子私淑诸人，都是传授孔子的言教，所以孟子直接征引孔子，而不提中间的几位老师。

虽然如此，但今天我们研究孟子与子思的关系，不在子思本身，而在《中庸》一书。相传《中庸》是子思所留下来的唯一作品。关于《中庸》是否为子思所作，虽然后人说法不一，但《中庸》的中心思想应来自子思，而这个中心思想正和孟子的思想有密切的关系。譬如《中庸》开端三句话：

> 天命之谓性，率性之谓道，修道之谓教。

这和孟子的性善思想正好相合。《中庸》思想里最关键的是"诚"。所谓：

> 诚者，天之道也；诚之者，人之道也。(《中庸》第二十章)

这段也被孟子引用了。

从这些现象中可以看出孟子和子思的《中庸》的关系。我们之所以要强调这个关系，乃是为了说明孔子不谈性与天道，而孟子却大谈性与天道，因为孟子这部分思想与子思有关。正因为如此，荀子才在《非十二子》篇中，把孟子和子思放在一起批评。

第三节　孟子思想的精神

孟子以发扬孔子的学术思想为己任，虽然他和孔子一样，在政治上未能施展抱负，但是在哲学理论上，却为孔子的思想打下了更深更广的基础。

孔子的思想可以归结为一个"仁"字，而孟子则为这个"仁"字建立了哲学基础。

一、仁的向内探索

孔子常提到仁，但都只是就德行上告诉我们应该如何做才能成为仁人，却没有说明人为什么要这样做。孔子用"仁"字替我们确立了做人的标准，却没有进一步说明这个标准是怎么定的和根据什么而定的。孟子基于辩论的需要，便不得不去解决这些问题。

孔子的仁，就是人的本性。可是孔子对于本性如何，却始终避而不谈，只谈到"性相近也，习相远也"(《论语·阳货》)，究竟是怎样相近，却没有只字说明。孟子对于这句话自然感觉不足，因此便进一步去研究性为什么相近、相近到什么程度，结果他发现人性不只相近，而且相同。因为人性如果不相同，那么人性的标准便无由确立，这样一来仁就成了无根的虚词。

现在我们来看看孟子是如何探索这个问题的。

1. 人性是相同的

孟子必须先确定人性相同，他的根据如下。

（1）同具官能

他说：

> 口之于味，有同耆也，易牙先得我口之所耆者也。如使口之于味也，其性与人殊，若犬马之与我不同类也，则天下何耆皆从易牙之于味也。至于味，天下期于易牙，是天下之口相似也。惟耳亦然，至于声，天下期于师旷，是天下之耳相似也。惟目亦然，至于子都，天下莫不知其姣也，不知子都之姣者，无目者也。故曰：口之于味也，有同耆焉。耳之于声也，有同听焉。目之于色也，有同美焉。至于心，独无所同然乎？心之所同然者何也？谓理也，义也。圣人先得我心之所同然耳。故理义之悦我心，犹刍豢之悦我口。（《孟子·告子上》）

这是由官能的相同推出心的相同。关键就在于一个相同，这相同就是人性的相同。但单单举官能之相同还是不够的，必须附带下面两个条件。

（2）同类者性必同

官能之相同，必须限定于同类者。所谓官能相同，并非指五官，而是指嗜好，即五官背后的那个心。孟子说：

> 故凡同类者，举相似也，何独至于人而疑之？圣人与我同类者。故龙子曰："不知足而为屦，我知其不为蒉也。"屦之相似，天下之足同也。（《孟子·告子上》）

这是指圣人与我虽然在表面上有高低境界的不同，但圣人和我同属于人类，具有相同的心，所以我和圣人之性是相同的。

（3）不同类者性不同

禽兽也和人一样具有五官，但因为五官背后的心不同，所以它和人不同类，其性也不同。孟子曾力辟告子"生之谓性"之说：

> 孟子曰："生之谓性也，犹白之谓白与？"曰："然。""白羽之白也，犹白雪之白；白雪之白，犹白玉之白与？"曰："然。""然则犬之性犹牛之性，牛之性犹人之性与？"（《孟子·告子上》）

以上两个补充条件，从表面上看好像只是第一条根据的衍生，但是它们在作用上非常重要。因为人与禽兽类不同且性不同，所以人必须自拔于禽兽。所谓"人之所以异于禽兽者几希"（《孟子·离娄下》），这是孟子要我们斩断兽性。因为我和圣人类同且性也同，所以"人皆可以为尧舜"（《孟子·告子下》），这是孟子要我们往圣人方向发展。

2. 相同之点在善端

既然人性是相同的，那么相同之处在什么地方呢？就在心中的那个善端。

（1）人性共具善端

人类的仁、义、礼、智是善德，这是不容否认的。这些善德不是凭空从天上掉下来的，而是在心中发芽并成长的，这个发芽的种子就是善端。孟子说：

> 今人乍见孺子将入于井，皆有怵惕恻隐之心。非所以内交于孺子之父母也，非所以要誉于乡党朋友也，非恶其声而然也。由是观之，无恻隐之心，非人也；无羞恶之心，非人也；无辞让之心，非人也；无是非之心，非人也。恻隐之心，仁之端也；羞恶之心，义之端也；辞让之心，礼之端也；是非之心，智之端也。人之有是四端也，犹其有四体也。（《孟子·公孙丑上》）

乍见"孺子将入于井"，这表示外在环境变化很快，人来不及思虑，却立刻就有"怵惕恻隐之心"。可见这种恻隐之心根之于内,完全发乎本性。这就是善端。

（2）善端是良知良能

善端不但发乎本性,而且是纯粹至善的。孟子说:

> 人之所不学而能者,其良能也；所不虑而知者,其良知也。孩提之童,无不知爱其亲者；及其长也,无不知敬其兄也。亲亲,仁也；敬长,义也。无他,达之天下也。(《孟子·尽心上》)

善端的良知良能,不仅孩提时就有,长大之后还一样有,这说明了善端不受年龄的限制。同时,不仅个人具有,全天下的人都具有,这说明了善端的普遍性。

（3）善端必须扩充

虽然善端根之于本性,但必须扩而充之。孟子说:

> 凡有四端于我者,知皆扩而充之矣！若火之始然,泉之始达。苟能充之,足以保四海；苟不充之,不足以事父母。(《孟子·公孙丑上》)

如果不把这点善端扩充出来,近之以事父母,达之以兼善天下,那么这点善端就像芽苗一样死在心中,也就不成其为善了。

3. 人为什么有不善

既然人性中都有善端,那么人为什么有不善呢？孟子认为不善并非由性而来,而是因为性中的善端不能好好地扩充,才逐渐形成的。他说:

> 乃若其情,则可以为善矣,乃所谓善也。若夫为不善,非才之罪也。……仁义礼智非由外铄我也,我固有之也,弗思耳矣！故曰:求则得之,舍则失之,或相倍蓰而无算者,不能尽其才者也。(《孟子·告子上》)

所谓"情"指的是实质,所谓"才"指的是材料,两者都是就性的本质来说的。人之不善,并非性的本质不善,而是不能尽其才。人为什么不能尽其才呢?主要原因有两点。

(1) 外力的影响

这个善端是很微小的,环境的影响往往阻碍了它的发展。孟子说:

> 富岁子弟多赖,凶岁子弟多暴。非天之降才尔殊也,其所以陷溺其心者然也。今夫麰麦,播种而耰之,其地同,树之时又同,浡然而生,至于日至之时,皆熟矣。虽有不同,则地有肥硗,雨露之养、人事之不齐也。(《孟子·告子上》)

这里的外力,并不是指客观环境的恶劣,有时环境的恶劣,反而会激发我们的忧患意识,所谓"天将降大任于是人也,必先苦其心志,劳其筋骨,饿其体肤,空乏其身,行拂乱其所为"(《孟子·告子下》)。这里的外力,乃是指物欲的引诱。"物交物,则引之而已矣",使我们的善端无法顺理成章地扩充出来。

(2) 内在的不修

这个善端在我们心中要好好地存养,否则容易被损伤。孟子说:

> 虽存乎人者,岂无仁义之心哉?其所以放其良心者,亦犹斧斤之于木也,旦旦而伐之,可以为美乎?其日夜之所息,平旦之气,其好恶与人相近也者几希,则其旦昼之所为,有梏亡之矣!梏之反覆,则其夜气不足以存;夜气不足以存,则其违禽兽不远矣。人见其禽兽也,而以为未尝有才焉者,是岂人之情也哉?(《孟子·告子上》)

所谓"夜气"者,就是指没有与物相接前的清明之气,也就是指良知或善端。这点良知和善端,只有好好保养,才能由良知而变为善行,由善端而变为善德。否则任意损伤,便会流于禽兽。

二、仁的向外发挥

孔子的中心思想是仁，而仁是恻隐之心。这点恻隐之心非常微弱，完全诉之于自觉。春秋时期，诸侯还没有过分跋扈，百家尚没有激烈竞争，因此这个仁还可以应付。可是到了战国时期，诸侯放恣，处士横议，孔子这个诉之于自觉的"仁"已收拾不住，所以孟子特别强调一个"义"字。"孔曰成仁，孟曰取义"，可见"义"乃是孟子思想里极其重要的一个字。

孔子并不是没有强调过义，而是把仁和义分开来说。孔子谈到的义都是指正当的行为。如：

> 见义不为，无勇也。(《论语·为政》)
> 君子之于天下也，无适也，无莫也，义之与比。(《论语·里仁》)
> 君子喻于义，小人喻于利。(《论语·里仁》)

孟子提高了义的地位，和仁并列，而且义也由外在的行为，变成了内在的德行。如：

> 其为气也，配义与道。(《孟子·公孙丑上》)
> 仁义礼智根于心。(《孟子·尽心上》)

为什么孟子特别强调义？义又有什么功用呢？

1. 仁和义的相辅

孟子之所以讲仁，而辅之以义，乃是因为仁是属于内心的，义是仁由内通向外的一条路。他一再地强调：

> 仁，人之安宅也；义，人之正路也。(《孟子·离娄上》)
> 夫义，路也；礼，门也。(《孟子·万章下》)

仁，人心也；义，人路也。（《孟子·告子上》）

这就是把仁看作心，把义看作由心向外扩充的路。义比起仁来较为强硬，且有规范性，再一步步地由义而礼、而智，可说是一步步地向外，一步步地具有强制性。现在我们就根据孟子的四端画图如下：

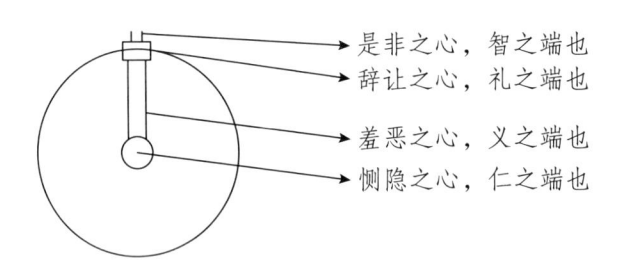

```
  ──→ 是非之心，智之端也
  ──→ 辞让之心，礼之端也
  ──→ 羞恶之心，义之端也
  ──→ 恻隐之心，仁之端也
```

仁是人心，义是由人心向外的路，礼是由内向外的门，而智就是打开门对事物进行判断。可见仁、义、礼、智，是一步步地向外，一步步地强硬化。

孟子之所以言仁必辅以义，是因为要发挥仁的作用，使它不只限于软弱的恻隐之心，而能由羞恶心产生强烈的情感，并付之于行动。

2. 义和命的比较

《孟子》书中提到的命，有三种含义，一是天命，二是运命，三是生命。《尽心上》中曾说：

莫非命也，顺受其正，是故知命者不立乎岩墙之下。尽其道而死者，正命也；桎梏而死者，非正命也。

这段话里的命，包含了天命、运命和生命三种含义。所谓"尽其道"，就是尽仁道，尽人道，也就是要行义。能够行义而死才是真正的命。正如张载所谓："义命合一，存乎理。"（《正蒙·诚明》）所以孟子强调"义"，也就是用"义"去践行天命，代替运命，从而光大生命。

3. 义和利的分别

关于义利之别，孔子说过："君子喻于义，小人喻于利。"而孟子更重视其间的差别，他见梁惠王的时候，便直言不讳地说：

> 王何必曰利？亦有仁义而已矣！王曰："何以利吾国？"大夫曰："何以利吾家？"士庶人曰："何以利吾身？"上下交征利，而国危矣！万乘之国，弑其君者，必千乘之家；千乘之国，弑其君者，必百乘之家。万取千焉，千取百焉，不为不多矣！苟为后义而先利，不夺不餍。未有仁而遗其亲者也；未有义而后其君者也。王亦曰仁义而已矣，何必曰利？（《孟子·梁惠王上》）

这段话放在《孟子》一书的首章，可见孟子强调义利之别的旗帜是非常鲜明的。不过后人往往误认为孟子只讲理想，而不讲功利。其实，对个人来讲是利，对别人有利的就是义，对自己的国家是利，对别人的国家有利的就是义。所以孟子讲的义，乃是大利，乃是全面的利，乃是最后的利。孟子用义去代利，实际上就是把利往上提升，使整个社会达到全人类和谐相处、不言利而利在其中的境界。

三、仁的内圣功夫和外王理想

仁的内圣功夫，就在一个"义"字。仁的外王理想，就是通过仁义所达到的王道政治。

1. 义的功夫

孟子有关仁道方面的思想都是直承孔子的，并无新义，而在行仁的功夫上，却着重于一个"义"字。孟子是把义当作一种内圣的修养功夫，它涵养仁，使其扩充出来而成为一种至大至刚的浩然之气。他说：

> 其为气也，至大至刚，以直养而无害，则塞于天地之间。其为气也，

配义与道，无是，馁也。是集义所生者，非义袭而取之也。行有不慊于心，则馁矣。(《孟子·公孙丑上》)

"养"，就是居仁。"无害"，就是由义。能居仁而由义，就养其至大至刚的浩然之气。这种浩然之气，乃是根植于内心的一点恻隐之心。生生之机，当它发出来后，却义薄云天，莫之能御。

这种具有浩然之气的理想人物，就是孟子所谓的大丈夫：

居天下之广居，立天下之正位，行天下之大道。得志，与民由之；不得志，独行其道。富贵不能淫，贫贱不能移，威武不能屈。此之谓大丈夫。(《孟子·滕文公下》)

这种大丈夫比起孔子理想的仁人和圣人来，虽然颇有英雄气概，但就孟子的个性、气质来说，只是他的理想人物。我们说大丈夫是他的理想人物，并不否认仁人和圣人也是他的理想人物。因为大丈夫和仁人、圣人之间是可以相融而不相悖的。

要达到这种理想人物的修养功夫，需要做到两个方面。

（1）养心以存仁

孟子说：

养心，莫善于寡欲。其为人也寡欲，虽有不存焉者，寡矣；其为人也多欲，虽有存焉者，寡矣。(《孟子·尽心下》)

"欲"就是私心，孟子之所以反对重视利，就是要净除利背后的私心。私心一除，仁心自存。所谓：

君子所以异于人者，以其存心也。君子以仁存心，以礼存心。(《孟子·离娄下》)

（2）持志以率气

上面的养心以存仁乃是消极的、对内的方法，此处持志以率气却是积极的、向外扩充的方法。孟子说：

> 夫志，气之帅也；气，体之充也。夫志，至焉；气，次焉。故曰："持其志，无暴其气。"（《孟子·公孙丑上》）

所谓"志"就是精神意志之所主，所谓"气"就是精神作用的表现。持志就是要我们的精神"先立乎其大者"。以仁义为主，发出来的自然就是浩然正气。

2. 王道政治

把仁义推展到政治上，就是王道的政治。在这里，我们无须阐述王道政治的详细内容，只就其在哲学上的意义来看，值得注意的有两点。

（1）仁心的推展

孟子的哲学方法重在一个"推"字，由仁心向外推展，在政治上的必然结果就是仁政或王道。孟子曾说：

> 人皆有不忍人之心。先王有不忍人之心，斯有不忍人之政矣。以不忍人之心，行不忍人之政，治天下可运之掌上。（《孟子·公孙丑上》）

这点"不忍人之心"，就是仁心。《孟子·梁惠王上》中也有一段和齐宣王的对话：

> 曰："德何如，则可以王矣？"
>
> 曰："保民而王，莫之能御也。"
>
> 曰："若寡人者，可以保民乎哉！"
>
> 曰："可。"
>
> 曰："何由知吾可也？"

> 曰："臣闻之胡龁曰，王坐于堂上，有牵牛而过堂下者，王见之，曰：'牛何之？'对曰：'将以衅钟。'王曰：'舍之，吾不忍其觳觫，若无罪而就死地。'对曰：'然则废衅钟与？'曰：'何可废也？以羊易之。'不识有诸？"
>
> 曰："有之。"
>
> 曰："是心足以王矣！百姓皆以王为爱也，臣固知王之不忍也。"

孟子之所以抓住齐宣王的这点微不足道的小事，就是要说明仁心在日常生活中随时都在呈现，如果不善加把握，就会稍纵即逝。所以他接着又说：

> 老吾老以及人之老，幼吾幼以及人之幼，天下可运于掌。《诗》云："刑于寡妻，至于兄弟，以御于家邦。"言举斯心加诸彼而已。故推恩足以保四海，不推恩无以保妻子。古之人所以大过人者，无他焉，善推其所为而已矣！

这里提出了一个"推"字，由个人的仁心推展到国家便是仁政。这是仁心向外扩充的必然结果。不达到这一境域，仁心便会枯死。

（2）仁者为王

由仁心到仁政，推出的理想是仁者为王。仁者为王有两层含义，一是仁者必能为王，二是王者必须是仁者。

先说仁者必能为王。因为仁者重德，所以以德才能感人。孟子说：

> 以力假仁者霸，霸必有大国；以德行仁者王，王不待大。汤以七十里，文王以百里。以力服人者，非心服也，力不赡也；以德服人者，中心悦而诚服也。（《孟子·公孙丑上》）

又说：

> 地方百里，而可以王。王如施仁政于民，省刑罚，薄税敛，深耕易耨，

壮者以暇日修其孝悌忠信，入以事其父兄，出以事其长上，可使制梃以挞秦楚之坚甲利兵矣。(《孟子·梁惠王上》)

这些话的真义，不只是在说明仁者可以为王，更是在强调道德的力量胜过武力。以道德为政，才是真正的王道。

再看王者必须是仁者。孟子曾说：

民为贵，社稷次之，君为轻。是故得乎丘民而为天子，得乎天子为诸侯，得乎诸侯为大夫。(《孟子·尽心下》)

今日一般学者常引这段话来强调孟子的民本思想。其实，孔子所谓的"因民之所利而利之"，老子所谓的"圣人无常心，以百姓心为心"(《老子》第四十九章)，也都是强调以民为本。不过孟子"民为贵"的思想，还有更深一层的意思，其所谓"得乎丘民而为天子"是认为，政权的得失，完全在于民心的向背。

《孟子·梁惠王下》中有一段对话：

齐宣王问曰："汤放桀、武王伐纣，有诸？"
孟子对曰："于传有之。"
曰："臣弑其君，可乎？"
曰："贼仁者谓之贼，贼义者谓之残。残贼之人，谓之一夫。闻诛一夫纣矣，未闻弑君也。"

这说明不行仁义的国君就不配为王，也正是《庄子·天下》篇中所谓的"离于天下，其去王也远矣"的意思。

第七章　舍我其谁的孟子

第四节　孟子对各家的批评

孟子以批评各家、发扬儒学道统为己任，而他对各家的批评可以归纳为杨、墨两派。他自己也说过：

能言距杨墨者，圣人之徒也。(《孟子·滕文公下》)

现在我们就看看孟子对这两派批评的要点。
《孟子》书中有两段话是直接就杨、墨的思想加以批评的：

杨氏为我，是无君也。墨氏兼爱，是无父也。无父无君，是禽兽也。(《孟子·滕文公下》)

杨子取为我，拔一毛而利天下，不为也。墨子兼爱，摩顶放踵利天下，为之。(《孟子·尽心上》)

一、对杨派的批评

为我 ｛ 无人——个人主义——利天下不为
　　　无君——隐士思想——否定君臣伦

孟子批评杨朱无君，是指他只重个人的修养，而失去了君臣之义；批评杨朱拔一毛利天下而不为，也是指他是极端的个人主义者。虽然就他们个人的操守来说，这种隐士思想和个人主义并没有什么毛病，但他们毕竟太过偏向内在，把他们的心性封闭起来了，只有不忍人之心，而无不忍人之政，这样的话，使他们徒具仁心，而无法推扩。这既不合乎义，也失去了仁。所以孟子要大力批评杨朱的思想。

孟子和杨朱似乎并未碰面，而且在《孟子》中，对杨朱的批评也只是提出理论的纲要，没有做详尽的描述。倒是另外有两位人物，也属于杨朱这一路线，孟子对他们的批评非常具体、激烈，他们就是陈仲子和告子。对于他们的思想内容，我们在第十二章再讨论。

二、对墨派的批评

兼爱 ┌ 无己——苦行主义——利天下而为之
　　 └ 无父——共产思想——否定父子伦

孟子之所以批评墨子无父，是因为他讲的爱没有差等，否定了父子的关系。孟子还批评墨子的"摩顶放踵利天下，为之"是一种苦行主义，完全抹杀了个人的存在。利他就是义，也是孟子特别强调的，但孟子讲的义是由仁而发的，是亲亲而仁民，仁民而爱物。相反，如果没有仁而专讲义，也就是不根据人性而专门强调义，这种义便容易走入违反人性、人情的偏激之路。所以孟子对墨子的思想要大加批评。

孟子及身并未见到墨子，所以孟子当时批评的墨家，已是墨子的后学，以及属于墨子路线的人物，如宋钘和许行等。

第五节　孟子思想的检讨

一、批评

1. 论辩方法上的不妥

孟子不只好辩，而且善辩，善于用推理的方法来辩论。不过由于他才华横溢，有时只注意崇高的理想，而在论辩的方法上难免有不当之处。譬如：

> 口之于味也，有同耆焉。耳之于声也，有同听焉。目之于色也，有同美焉。至于心，独无所同然乎？心之所同然者何也？谓理也，义也。圣人先得我心之所同然耳。故理义之悦我心，犹刍豢之悦我口。(《孟子·告子上》)

这段话如果不仔细分析，往往只会注意到结论的好与不好，而忽略譬喻的恰不恰当。事实上，这段话从表面上看貌似在推理，实际上却只有武断的结论。

首先，口、耳、目属于外感的五官，而心是精神的作用，两者本身是不同的，因此不能由口、耳、目的作用来推出心的作用。

其次，如果说口、耳、目不能自主，它们的作用完全由心所主使，那么照这样推论的话，应该从口之喜欢好吃的、耳之喜欢好听的、目之喜欢好看的，而推出心也喜欢好吃的、好听的和好看的。这样一推，岂不是推出心所喜好者是物了吗？那"理义"又是怎么来的呢？

由此可见，这段话中的口、耳、目都是譬喻，最多只能算借譬说明心也有所同然。至于这同然者是理义，却不能由推理得出。

《孟子》书中像这样的错误并不少，如陈相说：

屦大小同，则贾相若。（《孟子·滕文公上》）

这是指同样大小的鞋，价格相同，而孟子批评说：

巨屦小屦同贾，人岂为之哉？（《孟子·滕文公上》）

这岂不是完全枉曲了陈相的意思？又如告子说：

人性之无分于善不善也，犹水之无分于东西也。（《孟子·告子上》）

这段话的譬喻本不合理，因为人性之善和不善与水之东西南北毫无关联，不能以它来推论，孟子却批评说：

水信无分于东西，无分于上下乎？人性之善也，犹水之就下也。人无有不善，水无有不下。（《孟子·告子上》）

孟子非但没有从推理上摧破告子的立论，反而自己也犯了同样的毛病，因为水之就下与性之善也毫无关系。

2. 性善理论上的不足

孟子性善论的最大根据是：

今人乍见孺子将入于井，皆有怵惕恻隐之心。(《孟子·公孙丑上》)

如果我们详细分析这句话，也有三处值得商榷。

其一，"今人"是指当时的人。这种人已是文化人，他的心性早已受到了道德的熏陶，自然有怵惕恻隐之心。可是，野蛮之人是否如此呢？

其二，"乍见"虽然是指第一个念头，但是如何去断定那是第一个念头呢？或者只有一个念头？按照"怵惕恻隐"四字，似乎已有两个念头，一个是怵惕，另一个是恻隐。怵惕是惊惧感，恻隐才是不忍之心。

其三，孟子举的例子是"乍见孺子将入于井"，如果我们换一个例子，今人在电影院乍闻失火，恐怕第一个念头将是本能地拔腿先跑。这是否也可证明人皆有自利之心呢？

我们举这个例子，并不是否认孟子的性善说，而只是说明孟子用以证明人皆有善端的最重要例证，是不够充足的。

尤其孟子用善端的"端"字，如果善既有端，这个端就在我们的心性之中，那么恶是否也有端呢？恶的端又在哪里呢？像这些问题，孟子都没有交代清楚。

二、贡献

虽然孟子在证明性善的理论上有所不足，但他提出性善说，对人生、对教育、对政治的影响非常大，现归纳为两点来说明。

1. 提高了人的地位

孔子强调仁，树立了做人的标准，是把人从理想中往上提升，而孟子强调性善，更是从人的内在之性上使人很自然地有别于万物。

孟子的这一提高，并不是靠人类的智力、武力，而是靠内在于人心中的这点善端。如果只靠智力或武力，人不仅和动物一样，弱肉强食、物竞天择，而且会骄傲自大、轻视万物，这样总有一天会走上自取灭亡之路。相反，如果保有这点善端，拿这点善端去和物相交的话，人则由亲亲而仁民，由仁民而爱物，就很自然地成为万物协调的中心，以促成一个和谐安乐的世界。

2. 巩固了仁政的基础

仁政就是德治，德治的最大根据就在性善。

德治对执政者来说，就是要推不忍人之心，去行不忍人之政，即所谓的"老吾老以及人之老，幼吾幼以及人之幼"。如果性有不善，也就无法推了，尤其是古代的国君掌握着生杀的大权，而且往往取决于一念。假定他知道自己之性纯粹至善，自能保养扩充，兼善天下。假定他了解百姓之性也是纯粹至善的，也会自然地不多动刀斧，而用温和的道德教化了。

德治对百姓来说，就是要诉诸人心的自觉。如果君主行仁政，"省刑罚，薄税敛"，百姓却乘刑罚之省以作奸犯科，借税敛之薄以靡费偷惰，这样的话，岂不是反而造成社会的混乱了？所以真正要推行仁政，必须每个人都有这点自觉的善端，尤其是彼此都要认定人性本善，这样人与人才能真诚相待，以营造一个和谐安乐的社会。

人性是否真善，这是一个问题，而我们是否认定人性本善，这又是一个问题。对于前者，孟子的论证也许有不足的地方，可是对于后者，孟子给予了我们很大的自信和鼓励。今天我们在人世上运用的，仅仅是后者就足以让我们受用不尽了。

第六节　整体生命哲学论

孟子以发扬孔子思想为己任，用整体生命哲学的三角形来看孟子思想，如下页图：

```
        道
       /\
      /  \
     /    \
    /      \
   /_____\
  仁         义
  性善
```

图中，在"理"的层次上，有"仁"和"性善"两词。"仁"是"理"，是上通于"道"的，而"性善"是他为了发扬仁心所建立的理论。理论是直接通向"用"的。

我曾说过，修养讲真假而不讲是非，理论不讲真假却有是非。这个"仁"是"理"，来自"道"，属于修养，在于我们心中是否有体验，有仁心，而无是非。至于性善，它是理论。理论由假设再加以推论、取证，没有真假，而有是非的判断。所以由性善的理论而通于"用"，就是孟子强调的"义"。"义"是人之路，即人人必行的路。"义"有判断性。因为孟子讲仁义，是在仁义之间加上了一个中间媒介的理论的性善，所以"义"的判断性就重于修养性。《老子》第三十八章认为"仁"是"上仁为之而无以为"，有一半无为的推许，而"义"是"上义为之而有以为"，完全是负面的有为。至于墨子，更是以"一人一义，十人十义"来批评"义"的没有标准。

第八章　科学实证与思辨之学的墨经与别墨

第一节　从墨子到别墨

墨子的后继者，都被称为巨子。在《吕氏春秋》中曾提到三位巨子，即孟胜、田襄、腹䵍。这三位人物的详细情形不甚可考，更没有学术思想可言，最多只是执墨家的教权，忠实地师承墨子的使命罢了。

但另有一种说法是，墨子的后学后来分裂为三派。在《韩非子》中曾提到的有相里、相夫、邓陵，但没有详细的记载，叙述得最为详尽的，乃是《庄子·天下》篇：

> 使后世之墨者，多以裘褐为衣，以跂蹻为服，日夜不休，以自苦为极。曰："不能如此，非禹之道也，不足谓墨。"相里勤之弟子、五侯之徒，南方之墨者苦获、己齿、邓陵子之属，俱诵《墨经》，而倍谲不同，相谓别墨。以坚白同异之辩相訾，以觭偶不仵之辞相应，以巨子为圣人，皆愿为之尸，冀得为其后世，至今不决。

这段话中有三个重点。

一、俱诵《墨经》

《墨经》，虽然有人以为它是墨子《兼爱》《非攻》等文章，但就下文来看，显然是指《墨子》中的《经》《经说》《大取》《小取》等几篇专讲知识概念的文字。

二、相谓别墨

胡适认为此处的别墨是指新墨,以表示自己和过去的墨家不同。但就《庄子》的叙述来看,此处的别墨显然是各自批评对方为别墨,即不是正统墨家的意思。

三、以坚白同异之辩相訾

先秦名家可分为两派,一是讲分析的离坚白,另一是讲综合的合同异。前者以公孙龙为代表,后者以惠施为代表。所以《庄子》此处所指的墨家后学,显然已转入名家的范围了。

据此可以看出,《庄子·天下》篇中的描述,正写出了墨子思想转入名家的路线,而这一转变的关键就在《墨经》的几篇文字。现在我们就先谈谈《墨经》的思想。

第二节 《墨经》思想的特色

一、《墨经》和墨子思想的相关处

虽然《墨经》和墨子思想中的《兼爱》《非攻》的文体内容大不相同,但是《墨经》之所以存于《墨子》书中,是因为它们的主要观念是相合的。

1. 两者都重视方法

《墨子》有三表法。如:

> 何谓三表?子墨子言曰:"有本之者,有原之者,有用之者。于何本之?上本之于古者圣王之事;于何原之?下原察百姓耳目之实;于何用之?废(按:为"发"字之误)以为刑政,观其中国家人民之利。"(《墨子·非命上》)

至于《墨经》,则更重视方法。如:

《经》："知、闻、说、亲。"

《经说》："知，传受之，闻也；方不㢓，说也；身观焉，亲也。"

此处所谓"传受之"的"闻"，相当于三表法的"本之者"，"身观焉"的"亲"，相当于"原之者""用之者"，而《墨经》多了一项"方不㢓"的"说"。所谓"方不㢓"的"㢓"，通障，即打比方毫无障碍的意思，也就是今天所说的推理。整个《墨经》所重视的就是这一部分。在《墨子》的文章中，虽然也时常用到推理，如《非攻》从偷桃李开始，层层推论，但是都未能就推理本身做严密的界定和考察。《墨经》却在这方面下功夫，所以可以将《墨经》看作墨子思想的方法论，虽然不一定是墨子所亲著，但是承接着墨子思想路线的发展，是属于墨家思想体系之内的。

2. 两者都强调功利

墨子思想重视功利，而《墨经》也非常推重"利"，甚至用"利"去界定一切伦理道德。如：

义，利也。

孝，利亲也。

忠，以为利而强君也。

功，利民也。

由此可见，重视功利也是《墨子》和《墨经》思想一贯相承的。

二、《墨经》对知识构成的看法

在《经上》《经下》《经说上》《经说下》四篇文章中，都非常杂乱地排列着一大堆名词界说。由于其中掺杂了不少物理学和几何学上的概念，所以古代的知识分子几乎无法理解，也没有兴趣去研究。直到近代学者，如梁启超、胡适等，他们凭着在科学和逻辑方面的知识，总算把这几篇文字整理得较为可读，才使我们知道《经说》是解释《经》的,《经说》中的哪一条应该附在《经》中的哪一条之下。

现在仅举有关知识构成的四条界说来看看《墨经》中对这些问题所研究的深度。

《经》:"知,材也。"
《经说》:"知也者,所以知也,而必知,若明。"

《经》:"虑,求也。"
《经说》:"虑也者,以其知有求也,而必得之,若睨。"

《经》:"知,接也。"
《经说》:"知也者,以其知过物而能貌之,若见。"

《经》:"恕,明也。"
《经说》:"恕也者,以其知论物,而其知之也著,若明。"

从以上四条来看,第一条是指所以知的物质条件,如眼睛。第二条是指想去知的心理条件,如欲念。第三条是指眼睛和外物相遇的条件。就这三条来说,都是偏于视觉方面的,相当于西方哲学上的经验论。至于第四条,则是指内心的了解能力,相当于西方哲学上的理性论。虽然《墨经》所论的内容不够详尽,无法和西方的知识论相比,但是在整个学术环境都偏重于政治、伦理思想的先秦时代,对知识论的见解能有如此的造诣,实属难能可贵了。

三、《墨经》中论理的精神

《墨经》中《大取》《小取》两篇文字,有系统地分析了推论的问题。它们的特色有两处。

1. 权衡与利害

墨子思想重视功利，《大取》篇所叙述的论理的精神，正是讲究是非利害的权衡。如：

> 断指以存腕，利之中取大，害之中取小也。害之中取小也，非取害也，取利也。其所取者，人之所执也。遇盗人，而断指以免身，利也；其遇盗人，害也。(《墨子·大取》)

在这里值得我们注意的是，一般逻辑的推论只重事实，断臂是害，断指也是害。即使断指以存臂，也仍然是害，只是大害小害之分而已，而《墨子·大取》篇纳入了价值的比较——用功利的观点去判断事实，以定取舍的标准。

2. 周遍与实质

在西方逻辑中，概念是否周遍是一个基础问题，在《墨子·小取》篇中对这个问题，也有相当深度的分析：

> 白马，马也；乘白马，乘马也。骊马，马也；乘骊马，乘马也。获，人也；爱获，爱人也。臧，人也；爱臧，爱人也。此乃是而然者也。获之亲，人也；获事其亲，非事人也。其弟，美人也；爱弟，非爱美人也。车，木也；乘车，非乘木也。船，木也；入船，非入木也。盗人，人也；多盗，非多人也，无盗，非无人也。

在这段话中所讨论的问题，似乎是针对公孙龙的"白马非马论"而发的。后半段所谓"获之亲，人也；获事其亲，非事人也"，乃是就数量上来论，这正是逻辑学上的周遍问题。但前半段所谓"白马，马也；乘白马，乘马也"，乃是就本质上来论，白马和马在本质上都是马，所以乘白马就是乘马，所谓"此乃是而然者也"，即实际上如此。这一点正是对"白马非马"的批评。

第三节　名家的产生与没落

一、名家的来源

名家在战国中期才开始活跃在哲学界，关于它的源流大约有三种说法。

1. 为诸家所共有

这是胡适的看法，他认为在诸子中，如孔子、老子、庄子、荀子等都论过名，所以对名的讨论不是名家所专有的。既然名学是方法论，每家也都有其方法论，就不该独立成家。关于这一点，我们承认各家都论过名，这是事实，但在战国中期，有惠施、公孙龙等人专论名词概念的问题，有其特殊的色彩。《庄子·天下》篇把他们归为一派，这也是我们不能否认的事实。

2. 与刑名家有关

苏秦对秦王说："夫刑名之家，皆曰白马非马也。"（《战国策·赵策》）"刑名"，即指刑法。如：

> 秦圣临国，始定刑名。（《史记·秦始皇本纪》）
> 百官背乱，不知所用，故刑名之书生焉。（《淮南子·要略》）

关于刑名家是否都论"白马非马"，我们找不到其他根据。但刑名家都重视名，这是事实。如：

> 夫名以制义，义以出礼，礼以体政，政以正民。（《左传·桓公二年》）
> 是以圣人之治也，静身以待之，物至而名自治之。正名自治之，奇身名废，名正法备，则圣人无事。（《管子·白心》）

从这里可以看出，刑名家和名家在重视名实问题上是相同的。但名家如以"白马非马论"为研究问题的特色的话，这却是刑名家所不谈的，甚至为刑名家所反对的。

3. 与别墨有关

虽然名家和刑名家共有一个"名"字,在讨论名实相合的主旨上不无关系,但名家所讨论的内容实际上和别墨有关。这一点不但在《庄子·天下》篇中,以所谓"以坚白同异之辩相訾,以觭偶不仵之辞相应",明白地指出别墨已进入了名家的范围,而且就《墨经》所讨论的问题的性质来看,别墨也和名家大有关系。如公孙龙的两篇重要文字《白马论》和《坚白论》,在《墨经》中都可找到相同的论述:

(坚)于尺(石),无所往而不得,得二。坚(白),异处不相盈。相非,是相外也。(《墨子·经说上》)

牛不二,马不二,而牛马二。则牛不非牛,马不非马,而牛马非牛非马,无难。(《墨子·经说下》)

从这些论述中,虽然我们不能说别墨就是名家,但至少可以看出别墨一面吸收墨家的思想,另一面谈论名家的问题。

我们综合以上三点可以看出,孔老和刑名家所论的名,都是偏于政治上的名分、名器和名实。只有庄子和荀子所论的名,除了政治、道德上的意义外,也牵涉名词概念的问题。值得我们注意的是,庄荀两人所处的时代已在战国中期之后,这也正是别墨和名家产生的时期。所以我们可以说,在战国中期之后,中国哲学上有些人已注意到名词和概念本身的问题,庄荀只是站在他们自身的哲学大体系上,加以小小的批评。《墨经》的作者是本着墨家的实用思想,而加以科学的分析,只有名家才是专从这些名词概念上着手,并自成一派。

二、名家思想的特色

提到名家人物,往往都是指邓析、惠施和公孙龙三人。其实真正论名学的内容,像《墨经》及《荀子·正名》篇都远较邓析和惠施所留下的文献更为充实、积极，但前两者毕竟有他们各自为墨、为儒的体系，所以今天我们提到名家也就限于他们三人。

事实上，邓析是个刑名家，他和子产是同时期的，并未留下任何文献，仅荀子和刘向提到了他：

> 山渊平，天地比，齐秦袭，入乎耳，出乎口，钩有须，卵有毛，是说之难持者也，而惠施、邓析能之。(《荀子·不苟》)
>
> 邓析好刑名，操两可之说，设无穷之辞。(刘向《别录》)

就这两条来说，据刘向所录，邓析只是一个善辩的刑名家而已，而据荀子所叙，邓析和惠施是并列的。其中"山渊平，天地比，齐秦袭"，显然是惠施的思想路线，而"入乎耳，出乎口，钩有须，卵有毛"正是《庄子·天下》篇所描写的惠施以后的辩者的思想。所以邓析究竟有哪些思想成分是属于名家的，实在不是我们今天所能判断的了。其实真正值得一提的，只有惠施和公孙龙两人而已。

1. 惠施

惠施（约前370—前310）是宋人，曾做过梁相。他和庄子是好朋友，今天我们知道他的生平思想，最为详尽的还是在《庄子》一书中。

据《庄子·天下》篇所载：

> 惠施多方，其书五车，其道舛驳，其言也不中。历物之意，曰："至大无外，谓之大一；至小无内，谓之小一。无厚不可积也，其大千里。天与地卑，山与泽平。日方中方睨，物方生方死。大同而与小同异，此之谓小同异；万物毕同毕异，此之谓大同异。南方无穷而有穷。今日适越而昔来。连环可解也。我知天下之中央，燕之北，越之南是也。泛爱万物，天地一体也。"

这十件事仅有标题，而无内容。究竟惠施是如何解释的，我们无法很明确地知道，但从这十件事的性质上，可以看出惠施不像《墨经》的作者那样偏重于概念的界定。在这十件事的背后，似乎有一个中心思想在衬托着、贯穿着，它就是这十件事的最后一件事——泛爱万物，天地一体。惠施就是为了达到这一结论而以他尖锐的分析力，在空间上打破大小、厚薄、高卑、南北、有穷无穷的不同，在时间上打破生死、今昔的相异，在观念上打破同异、可与不可的差别。

然而，在这里值得我们留意的是，惠施这种"泛爱万物，天地一体"的观念，与庄子"天地与我并生，万物与我为一"的境界极为相似。如果两者没有什么差别，那么为什么惠施和庄子一直争辩着？而且一个属于名家，另一个却归入道家。主要原因有三点。

其一，惠施的"泛爱万物，天地一体"没有把我融入在内，完全是对外物的看法，庄子却把我融入其中，以我去和天地同生、和万物为一。

其二，惠施的"泛爱万物，天地一体"只是分析各种物象所得到的一个结论，庄子却是超脱是非成见而达到的一种境界。

其三，惠施完全属于名相的分析，是平面的历物而已，庄子却是道德的境界，由内而外、由高而下地观览万物。他们一个是名家，另一个是道家。

2. 公孙龙

公孙龙（约前320—前250）是赵人，曾做过平原君的食客，也曾与驺衍发生冲突，被逐于赵。

公孙龙所留下的文献共有《白马论》《坚白论》《指物论》《通变论》《名实论》等五篇。而公孙龙之所以享名于世，是因为《白马论》一文。如其《迹府》篇说：

> 龙与孔穿会赵平原君家。穿曰："素闻先生高谊，愿为弟子久，但不取先生以白马为非马耳。请去此术，则穿请为弟子。"龙曰："先生之言悖。龙之所以为名者，乃以白马之论尔。今使龙去之……此先教而后师之也。"（《公孙龙子·迹府》）

在这里有两点值得我们注意。

其一，为什么"白马非马论"使公孙龙成名？原因很简单，关键在"非"字上。因为古文的"非"字有两种含义，一种是不是，另一种是不同。"不是"指的本质。"不同"指的范围，有不等于的意思。"白马非马"给人的印象为"白马不是马"，这在经验事实上是不可能的。因此大家由好奇而与他争辩，结果他所说的是另一套，是属于逻辑上周遍的问题。公孙龙能服人之口的是这一套，而不能服人之心的，乃是"白马非马"的标题所导致的事实上的不可能。

其二，为什么孔穿特别指明不取公孙龙"白马非马论"？其实孔穿的意思是拿"白马非马论"代表公孙龙的整个思想方式，并不是说孔穿不敢领教"白马非马论"，而愿学其他，如《坚白论》和《指物论》。事实上，后两者比前者更为抽象、烦琐。所以孔穿说这话的意思是，他认为公孙龙的所有思想不外乎"白马非马论"，除此之外别无伎俩。

我们之所以要引述孔穿的话，是因为孔穿的话指出了公孙龙的整个思想以"白马非马论"为代表，也就是说，他在《坚白论》《指物论》中的思维方式是和"白马非马论"一致的。现在我们就以这三篇可以代表公孙龙思想最主要的义字，做一个综合的分析。

在《白马论》中，公孙龙所用的方法是，白马是部分，马是全体。因为部分不能等于全体，所以白马不等于马。但这只是公孙龙的一个论辩过程，如果我们能通观他这三篇文字，就可以看出公孙龙的真正用意不在于此。在《白马论》的末尾，他说出了这一点：

> 白者，不定所白，忘之而可也。白马者，言白定所白也。定所白者，非白也。马者，无去取于色，故黄黑皆所以应。白马者，有去取于色，黄黑马皆所以色去，故唯白马独可以应耳。无去者非有去也，故曰："白马非马。"

这段话是说，单单一个"白"字只是一个概念，不能独存。而和马结合的白马，是"定所白"，是具体的存在。同样，单单一个"马"字，也是一个全体的类的概念，而和白结合之后的白马的马，已是具体的存在了。所以白马是具体物，马是概念，两者是不同的。既然两者是不同的，就可说"白马非马"。

基于此，我们再看《坚白论》：

"坚、白、石三，可乎？"
曰："不可。"
曰："二可乎？"
曰："可。"
曰："何哉？"
曰："无坚得白，其举也二；无白得坚，其举也二。"

这段话的意思就是说，单单坚、白、石三者分开来都是概念，不能独立存在。只有白石和坚石，由于白有所定，坚有所定，石也有所定，才能成为具体之物。那么，为什么不把坚、白、石合成一，而说为二呢？这是因为白和坚必须定在石上，一显一藏才能互相含摄。因为白和坚彼此不能互定，所以只有白石和坚石的存在。从这一点来看，显然《坚白论》比《白马论》更推进了一步。

至于《指物论》，则是总括了《白马论》和《坚白论》的意思。如：

物莫非指，而指非指。天下无指物，无可以谓物。

这篇文字向来被学者认为是最难读的，因为文中的"指"字非常抽象而特殊。前人的解释很多，但总嫌含混。如果我们把《白马论》《坚白论》和本文合在一起来分析，这个物可作具体之存在物，如白马、白石，而"指"，即马和石之指定词，如有所定之白。这样一来，前面两句话的解释，可作为具体存在之物（如白马），莫不有所定称之指（如白），而这个指（白），如果没有定物去指，则不能存在。天下如果没有被指称之物（如白马、白石、坚石），也就没有具体物之存在了。

由以上分析，我们可以描绘出公孙龙这几篇文字所要表达的主题：

白马——物——具体存在

马——概念——不能自存

白石、坚石——物——具体存在

白、坚、石——概念——不能自存

物——白马、白石、坚石——具体存在

指——白、坚、石——不能自存

由此可见，概念不能自存，只有被指定形色之物才能独立存在。

第四节　名家思想的检讨

名家自战国中期产生后，到了战国末期，已消失得无影无踪。近代学者常把名家思想比作西方的逻辑学。为什么西方的逻辑学自亚里士多德开始，直到今天的数理逻辑都发展得非常蓬勃，而且对西方的知识有很人的贡献，我们的名家却昙花一现，在中国哲学史上几乎没有一点影响呢？究其原因，约有以下四点。

一、没有建立完整的体系

虽然中国哲学不像西方哲学那样有一套完整的体系，但是中国主要的学派，如儒家、道家等，都有其中心旨趣，围绕着这个中心旨趣，也自然构成了他们的一套"疏而不漏"的体系。名家却不然，如果就内容来论，则《墨经》和荀子的名学比惠施、公孙龙谈得更完整；如果就人物来论，则只限于惠施和公孙龙，但他们两人各谈各的，散漫而无脉络。

二、没有确立严密的方法论

名学，顾名思义应该是讲方法论的。像西方的逻辑学，自有其一套基本的理论方法，因此才能构成一门学科，可以应用于其他各方面。而我们的名家，根本没有确立一套方法，都是各自为政，就自己特殊的论题加以申辩，并无一套共同的方法。

三、破坏多于创建

虽然名家美其名曰要注重名和实的符合，但他们的论题往往破坏了常识性，反而导致了名词的混淆。尤其是公孙龙以后的许多辩者，竞相以标新立异来惑世，更破坏了立名的本意及用名的标准。

四、缺乏正面的远大目标

儒、道两家之所以能传，是因为他们有明确和远大的目标。无论在政治上还是在修身上，两者都有伟大的理想。墨家虽然有明确的目标，但是不够远大，陷于急功近利，而无法开展。至于名家，则连这点急功近利的目标都没有。因为他们唯一的目的是求名实相合，却又导致了名实的不合，所以其思想本身过于贫乏，而流于玩弄名词。

以上四点原因，使得名家在思想上缺乏深度，在人才上后继无人，以致到了战国末期，便完全湮没不彰。

自"中华民国"以来，许多曾研习西方哲理的学者，震惊于西方逻辑学的鼎盛，有意再发掘《墨经》，复兴名家。如果说我们要吸收西方哲学的方法论来研究中国哲学，这是应该的，我们要根据中国哲学本身整理出一套方法论，这也是必需的。但若只想从名家、别墨或《墨经》中去继绝学，这是徒劳无功的。尽管《墨经》中的许多材料在当时是难能可贵的，名家的讨论在当时是空谷足音，但不幸的是，这种学术已断了两千多年。如果我们在当时就能好好地加以发展，相信今天的成就也绝不逊色于西方的逻辑学。可惜的是，毕竟已断了两千多年，它所有的内容比起今天的逻辑学，显然简陋得近乎幼稚，如果要再发展它们，还不如好好引进西方的方法论，使它们在中国哲学里生根。

所以，我们不得不而又无可奈何地说，名家不但已成为绝学，而且在今天来说，已成为不可继的死学。要想死灰复燃是不可能的，如想建立中国哲学的方法论，就只能另谋出路了。

第五节　整体生命哲学论

```
         道
        /\
       /  \
      /    \
     /      \
   理论------用
```

在诸子百家的学说中，《墨经》是一部非常特别的书，它记录了一些科学研究的方法和事例。因为墨子的派别集合了工匠之流，他们都善于制造器物，所以他们留下了许多这方面的思想也是很自然的。但如果用整体生命哲学的三角形来分析，他们的理论只是通于"用"，是某一部分的实用，这是实线，至于通向"道"的，却是虚线。因为他们不去强调"道"，所以他们的"天"也只是自然现象而已。正因如此，接着演变成的名家，更是在名词上去辩论，而流于似是而非的诡辩。

第九章　逍遥自在的庄子

第一节　从老子到庄子

明憨山禅师在其所著的《庄子内篇注》的序言中说：

> 《庄子》一书，乃《老子》之注疏。予尝谓老之有庄，如孔之有孟。若悟彻老子之道，后观此书，全从彼中变化出来。

庄子和老子都是道家，当然他们的根本思想是相同的，但只认《庄子》为《老子》的注疏，这样无异于一笔抹杀了庄子思想的意义和价值。

其实，庄子和老子的相同处，固然可以看作道家的特色，而庄子和老子的不同处，不但可以代表道家的特色，而且更显示出道家思想的多姿多彩。

一、老庄的相同处

老庄的相同处前人多有论及，可扼要地归纳为三点。

1. 体法常道——舍相对

老子所推崇的常道，是有象、有物、有精、有信，是先天地生而又能生养万物的，这种常道的性能完全为庄子所采取。如《庄子·大宗师》篇中描写：

> 夫道，有情有信，无为无形；可传而不可受，可得而不可见；自本自根，未有天地，自古以固存；神鬼神帝，生天生地；在太极之先而不为高，在六极之下而不为深；先天地生而不为久，长于上古而不为老。

体法常道从经验上来说，就是舍相对。老子在第一章中描写了常道之后，到了第二章便提出"有无相生，难易相成"的相对法，其目的就是要我们舍相对，而归于常道之无为。同样，庄子在《齐物论》中，也要我们舍弃生死、是非等相对法，要趋于"天地与我并生，万物与我为一"的境界。

2. 崇尚自然——戒人为

老子推崇自然，一再强调：

> 希言自然。（《老子》第二十三章）
> 道法自然。（《老子》第二十五章）
> 莫之命而常自然。（《老子》第五十一章）
> 以辅万物之自然而不敢为。（《老子》第六十四章）

老子所谓的自然，就是物性本来如此，不着人为。庄子对自然的看法和老子是完全一致的。如他说：

> 牛马四足，是谓天；落马首，穿牛鼻，是谓人。（《庄子·秋水》）

"天"，就是自然，"人"，就是人为。《庄子》书中屡言：

> 常因自然而不益生也。（《庄子·德充符》）
> 顺物自然而无容私焉。（《庄子·应帝王》）

这些自然思想和老子的"道法自然"是相同的。

3. 解脱物累——除物欲

老子所向往的人生是超脱物欲、回归内心的宁静淡泊。他一再表明：

> 众人熙熙，如享太牢，如春登台；我独泊兮其未兆，如婴儿之未孩，儽

儽兮若无所归。众人皆有余，而我独若遗。(《老子》第二十章)

而庄子在这方面更为尖锐，他认为人生如陷于物累，就有倒悬之苦。如他说：

且夫得者，时也；失者，顺也。安时而后顺，哀乐不能入也。此古之所谓县解也，而不能自解者，物有结之。(《庄子·大宗师》)

这个物结就是物累，打破了物结才能"物物而不物于物"，游心于逍遥之境。

以上三点是老庄的相同处，也是老庄的共同特色，以它们去和儒家思想做比较，便会看出儒、道两家的路线不同。虽然儒家和道家都重视道，但是儒家不仅不舍相对，相反，更要在相对中去把握，去实践。虽然儒家也不违反自然，但是它更推重人为，由人为的方法去配合自然。在解脱方面，儒家压根儿没有强调物累，也不承认人生是痛苦的，儒家始终不提"解脱"两字。所以以上述老庄的三点相同处来代表道家的特色，旗帜是相当鲜明的。

接着，再看看老庄的不同处。

二、老庄的不同处

1. 老子有道物之分，庄子重在合一

在《老子》书中，道与物是站在上下的两个层次。如：

执古之道，以御今之有。(《老子》第十四章)
朴散则为器。(《老子》第二十八章)
玄德深矣远矣，与物反矣。(《老子》第六十五章)

从这些话中可知，老子认为，道的无名之朴，打散之后才变成器。道是高高在上、支配万物的，物是一种失落，必须回归道。至于《庄子》书中，虽然道和物有高低之分，但道和物是生存在一起的。如：

> 东郭子问于庄子曰："所谓道，恶乎在？"庄子曰："无所不在。"东郭子曰："期而后可。"庄子曰："在蝼蚁。"曰："何其下邪？"曰："在稊稗。"曰："何其愈下邪？"曰："在瓦甓。"曰："何其愈甚邪？"曰："在屎溺。"（《庄子·知北游》）

庄子并不是强调道就是蝼蚁，因为道和蝼蚁之间是有高低之分的。在这里，庄子只是把道请下来，与万物同存，认为万物都有其存在的价值，都是道的一体。所谓：

> 物固有所然，物固有所可，无物不然，无物不可，故为是举莛与楹，厉与西施，恢恑憰怪，道通为一。（《庄子·齐物论》）

这是说，以人的观点，万物固然各有其不同价值，但就整个宇宙来看，万物都有其真实的一面。显然，在这一点上，庄子比老子更能把握住个体的生命。

2. 老子着重时空的运用，庄子却由任顺而和时空浑然一体

老子的思想，似与《易经》的哲学有关，他的功夫就在善于把握时空。他说：

> 为之于未有，治之于未乱。（《老子》第六十四章）

这是要我们在事情形成前，先动手解决，这是做事前的准备。又说：

> 功成而弗居。（《老子》第二章）
> 功遂身退，天之道。（《老子》第九章）

这是要我们在事情成功之后，要安排退路，这是做事后的处理。这些都是对"时"的把握。他又说：

> 圣人后其身而身先，外其身而身存。(《老子》第七章)
>
> 大国以下小国，则取小国；小国以下大国，则取大国。(《老子》第六十一章)
>
> 是以圣人欲上民，必以言下之；欲先民，必以身后之。(《老子》第六十六章)

这是告诉我们如何在对待的关系中，使自己站得更稳。这些都是对"位"的把握。

庄子对时空的态度却是任运而行，与时空合成一体。所谓：

> 浸假而化予之左臂以为鸡，予因以求时夜；浸假而化予之右臂以为弹，予因以求鸮炙；浸假而化予之尻以为轮，以神为马，予因以乘之，岂更驾哉？(《庄子·大宗师》)

这是要我们安时而处顺地任运而行。由任运而行再进一步便是忘时空。所谓：

> 参日而后能外天下……无古今，而后能入于不死不生。(《庄子·大宗师》)

"外天下"即忘空间，"无古今"即忘时间。而忘时、忘空，便是与时空打成一片，已不觉其存在。

3. 老子由理以入道，庄子从心以适道

《老子》全书，都在讲一个理。老子是一位智者，他把人生的许多经验归纳成一条条的定理。如他说：

> 执古之道，以御今之有，能知古始，是谓道纪。(《老子》第十四章)
>
> 常知稽式，是谓玄德。(《老子》第六十五章)

所谓"道纪""稽式",就是道的理则。读《老子》全文,就像学数学一样,都是一条条的规则。只要我们好好地运用这些规则,便能入道。至于"心",老子并没有特别重视,全书仅有六章提到"心"字:

不见可欲,使民心不乱。是以圣人之治,虚其心,实其腹。(《老子》第三章)

居善地,心善渊,与善仁,言善信,政善治,事善能,动善时。(《老子》第八章)

驰骋畋猎,令人心发狂。(《老子》第十二章)

我愚人之心也哉。(《老子》第二十章)

圣人无常心,以百姓心为心。(《老子》第四十九章)

心使气曰强。(《老子》第五十五章)

从这些话中可以看出,老子对于"心"的看法,并无深义。他之所以要虚心,也只是为了少私寡欲而已。

至于在《庄子》书中,则心的分量非常大。逍遥游所游的不是肉体,而是心。所谓:

且夫乘物以游心,托不得已以养中,至矣!(《庄子·人间世》)

且不知耳目之所宜,而游心乎德之和。(《庄子·德充符》)

可见此处之心,乃是所游的主体。庄子要我们坐忘,也就是要使心同于大通;要我们心斋,也就是要使心中虚灵不昧。庄子之所以写心常用灵台、真宰等词,是因为他把真心看作最高的境界。

4. 老子处弱以致用,庄子则两忘而化其道

老子强调"弱者,道之用",他一再认为:

柔弱胜刚强。(《老子》第三十六章)

天下之至柔，驰骋天下之至坚。(《老子》第四十三章)

天下莫柔弱于水，而攻坚强者莫之能胜。(《老子》第七十八章)

因此一再要我们守柔处弱，可见老子犹有强弱之分。

至于庄子，则要"两忘而化其道"。两忘不仅指是非，也包括了一切相对的关系，如强弱、贵贱等。在《庄子》全书中提到"柔"字的，只有三处。即：

淖约柔乎刚强。(《庄子·在宥》)

能柔能刚。(《庄子·天运》)

此筋骨非有加急而不柔也。(《庄子·山木》)

这三处中，只有第一条和老子讲的柔有关，不过这条是引自老聃的话。另外，提到"弱"字的有五处，即：

予恶乎知恶死之非弱丧而不知归者邪。(《庄子·齐物论》)

以强陵弱。(《庄子·盗跖》)

老弱孤寡为意。(《庄子·天下》)

以濡弱谦下为表。(《庄子·天下》)

弱于德。(《庄子·天下》)

这五处中，只有"以濡弱谦下为表"中的"弱"与老子的弱相同，而这句话正是《庄子·天下》篇中描写老子思想的。

由以上的分析来看，庄子对老子中心思想的"弱"字，根本无所取。而且从他一次征引老子的"柔"，一次描写老子的"弱"字中，还有意无意地散发着老子是讲柔弱而自己则不然的味道。

中国哲学史

5. 老子犹重圣人之治，庄子则已超圣而入神

《老子》一书提到"圣人"二字的有二十多章，约三十次，都是把圣人看作政治和人生修养方面最高的境界。而在《老子》全书中，除了单纯地描写道的几章之外，几乎都与政治有关，可见老子虽被后人误解为隐士，《老子》一书被后人当作心性修养之学来看，但老子本人其实是政治思想家，《老子》所谈的都是君王治世之术，其所强调的道，只是把术往上提升，使其有更深厚的渊源而已。

至于庄子，对圣人的态度则参差不齐，在《内篇》中所提到的圣人都是完美的。如：

圣人无名。(《庄子·逍遥游》)
圣人不由，而照之于天。(《庄子·齐物论》)

到了《外篇》《杂篇》中，圣人便有好有坏，在《骈拇》《马蹄》《胠箧》中，对圣人多有误解和偏激的批评。如：

毁道德以为仁义，圣人之过也。(《庄子·马蹄》)
圣人不死，大盗不止。虽重圣人而治天下，则是重利盗跖也。(《庄子·胠箧》)

在其他各篇中，对圣人都有赞美之意。如：

神全者，圣人之道也。(《庄子·天地》)
圣人休休焉，则平易矣！平易则恬淡矣！平易恬淡，则忧患不能入，邪气不能袭。(《庄子·刻意》)

如果我们仔细分析庄子对圣人的态度为何有此不同，除了《庄子·马蹄》

等篇本身成分有问题之外，还有一个原因是《庄子·马蹄》等篇所谈的圣人都是就创立制度上来说的，如老子所谓的"前识者，道之华"(《老子》第三十八章)，而其他各篇所谈的圣人都是就内心的修养来说的。从这一点也可看出，庄子对圣人之治的事功方面并不重视，对圣人内修方面却非常看重。尽管在《庄子·天下》篇中也着重事功，但其层次仍然较低。

无论庄子对圣人的看法如何，有一个显然的事实就是，《老子》全书以圣人为极境，而庄子则在圣人之上，还有至人、真人、神人、天人。通观《庄子》全书，至人、真人、神人、天人才是庄子真正的理想境界。

第二节　庄子的生平及其著作

一、庄子的生平

庄子的一生可说非常平淡，史书上的记载也非常简略。《史记·老子韩非列传》仅说他：

> 庄子者，蒙人也，名周。周尝为蒙漆园吏，与梁惠王、齐宣王同时。

蒙，即今河南商丘东北部，庄子曾在那里做过漆园吏。虽然我们至今尚不清楚漆园是什么，但是庄子的这个官一定做得不大。因为司马迁接着描写他的一段故事：

> 楚威王闻庄周贤，使使厚币迎之，许以为相。庄周笑谓楚使者曰："千金，重利；卿相，尊位也。子独不见郊祭之牺牛乎？养食之数岁，衣以文绣，以入大庙。当是之时，虽欲为孤豚，岂可得乎？子亟去，无污我。我宁游戏污渎之中自快，无为有国者所羁，终身不仕，以快吾志焉。"(《史记·老子韩非列传》)

由这段话可以看出，庄子根本无意于仕途，他所做的漆园吏大概只是管管园林之类的闲差事，生活很贫困（否则他也不必向监河侯借钱），无案牍之劳形，仍然可以与大自然为伍，过着无拘无束的生活。

如果只就《史记》的叙述来看，庄子的生平的确很平淡，其实这也正是隐士的本色。就庄子来说，外在的平淡却掩不住内在的光辉。老子所谓："澹兮其若海。"就像大海一样，外表是如此平淡，一片广阔，内部却非常丰富，不知含藏了多少瑰丽的宝藏，多少神奇的故事！

庄子的内在世界，就展现在他那部伟大的著作中。在那里，我们不仅可以找到许多故事，如庄子和惠施的交往、庄子的钓于濮水、庄子和学生的旅游、庄子的鼓盆而歌等，这都是庄子生活最真实的描写，而且像大鹏之喻、蝴蝶之梦、庖丁解牛以及许多庄子所杜撰的寓言等，也都是庄子生命情调的流露。

因此，今天我们要了解庄子，不能限于史书上简短的记载，而应深入他的著作中，去看看他精深的智慧和活泼的生命。

二、庄子的著作

提到庄子的著作，它比《老子》更为庞杂。《老子》一书，只有作者为谁、成书年代前后的问题，其全书的体系非常完整，成分也非常纯粹。《庄子》一书却不然，其中不但掺有多人的作品，而且有些见解较为肤浅，甚至还有矛盾。后人如果不加以慎择，往往会产生很大的误解。譬如司马迁说他：

> 其学无所不窥，然其要本归于老子之言，故其著书十余万言，大抵率寓言也。作《渔父》《盗跖》《胠箧》以诋訾孔子之徒，以明老子之术。畏累虚、亢桑子之属，皆空语无事实。然善属书离辞，指事类情，用剽剥儒墨，虽当世宿学不能自解免也。其言洸洋自恣以适己，故自王公大人不能器之。（《史记·老子韩非列传》）

就拿这段话来说，至少有三个疑点。

其一，庄子"其要本归于老子之言"，这句话大致讲得通，但深究起来便有问题。前面我们已分析了老庄的不同，如果说老子贵柔弱，但庄子根本不贵柔，也不贵弱，又怎能说他"本归于老子之言"？

其二，司马迁叙述庄子思想，应该提到《内篇》，至少也须谈谈代表庄子思想的《逍遥游》和《齐物论》，司马迁却只举内容最有疑问的《渔父》《盗跖》《胠箧》等篇。

其三，为什么司马迁特别强调庄子"诋訾孔子之徒，以明老子之术"？究竟庄子是否有意破坏孔子思想，而庄子批评孔子是否就为了宣扬老子之术？

这三点疑问之构成，除了司马迁本人偏爱儒家、对庄子思想缺乏同情和深入的体验之外，主要的原因就是他对《庄子》的内容没有慎择，误把《外篇》《杂篇》中许多征引老子的话，当作庄子"本归于老子之言"，误把《外篇》《杂篇》中许多批评孔子的话，当作《庄子》的中心旨趣。

因此，我们今天要真正了解庄子的思想，就必须对他的著作有一个较为深入的分析。据《汉书·艺文志》记载，《庄子》一书有五十二篇，今天所流传下来的唯一最早的版本是向秀、郭象的《庄子注》，只有三十三篇，包括《内篇》七篇、《外篇》十五篇、《杂篇》十一篇。

《内篇》，自古以来都认为出于庄子的手笔，近人虽有怀疑，但也只是举司马迁不提《内篇》，以及每篇标题都是预先定好的等为证。其实《内篇》的每个标题都有其一贯的系统，显然是出于一人之手笔。而且《内篇》的文义，首尾一贯，极为精纯，显然是出于大手笔，所以非庄子莫属（意指不是伟大的哲学家是写不出来的）。

在《内篇》中，庄子没有征引《老子》的文字，更没有曲解之处，只是提到了《老子》中的几个故事而已。至于孔子，有时则变成了庄子的代言人，如《庄子·人间世》中有关孔子和颜回的对答；有时虽稍有贬语，但也只是指孔子偏于入世而已。由此可见，《内篇》思想醇厚，气度宏大。

《外篇》《杂篇》，显然非出于一人之手笔，也不可能为庄子的亲笔。其中较为精纯者，《外篇》中有《秋水》，《杂篇》中有《天下》，可说是庄子后学中能把握庄子思想者所写。其他各篇成分较杂，其中偶然保留了庄子的某些思想，但许多发挥的地方往往走了样，甚至还走入了与庄子本意相反的路子，这些文字只能视作后期道家的作品，而被编入《庄子》一书。纵然他们在文中提到庄子，也只是高推圣境，借着庄子的名气而已。

不过《外篇》和《杂篇》有个主要的不同，就是凡写明征引《老子》原文（《天下》篇论老子除外）或间接引用《老子》的语句，全部都在《外篇》中，如《胠箧》《在宥》《天道》《缮性》《至乐》《达生》《山木》《田子方》《知北游》《天地》等。也就是说，真正受《老子》影响的是《外篇》，而将《老子》加以曲解的，也是《外篇》中的《胠箧》《马蹄》《在宥》等。

因此，今天我们研究庄子思想应以《内篇》为主，《外篇》《杂篇》中和《内篇》一致的地方可以作旁证。《外篇》中借题发挥老子思想的文字，绝不可拿来当作《老子》的注解，更不可当作庄子对老子思想的阐扬，而《杂篇》中许多假托庄子之名而无深度的作品，最好放在一边，当作后代道家之流的一种附会。

第三节　庄子思想的精神

谈到庄子思想的精神，我们要借用《孟子·尽心下》的一句话：

大而化之之谓圣，圣而不可知之之谓神。

这句话中的"大""化""神"三个字正可以概括出庄子思想的精神。

一、大

孟子说："充实而有光辉之谓大。"孟子这句话正可作为对庄子的"大"的注脚。庄子的大，并非在形体上、财物上、势位上比别人大，在这些方面，庄子一项也没有。前面我们也说过，庄子的外在很平淡，内在世界却极丰富。庄子的大，就大在他的内在世界充实而有光辉。

在这里，我们是从知见上写庄子的大，说明庄子是如何提出一个大的境界，要我们认清小而能趋向于大。

1. 小大之辩

庄子用寓言的方法强调小大的对比，如《庄子·逍遥游》中大鹏和小鸠之间的差别，《庄子·秋水》篇中河伯与北海若之间的不同。其他的，像惠施的不能用大等，都是在运用小大的对比告诉我们小之所以形成。

关于小之形成，有以下两点。

（1）受拘于经验

庄子在《秋水》篇中说：

> 井蛙不可以语于海者，拘于虚也；夏虫不可以语于冰者，笃于时也；曲士不可以语于道者，束于教也。

虚，指空间。时，指时间。空间是我们生存的环境，时间是我们占有生存环境的长短。时空，从表面来看好像是客观存在的两个因素，很难突破。庄子的井蛙、夏虫之喻，也只是借物性来作譬而已，切勿胶着在物性上。因为就物性来说，这只井蛙永远也无法跳出井口去欣赏茫茫的大海，人却不然，他可以凭智慧造梯子，爬出井底。同样，夏虫受制于年命，只能了解有限的岁月，人却不然，他可以凭经验了解过去，展望未来。所以庄子这段譬喻，重点不在时空，而在曲士之束于教，也就是受制于固陋的经验，而不能加以拓展，于是目光短浅，心胸狭隘，自然便局限于小了。

（2）执着于偏见

庄子在《齐物论》一开端便揭示大气吹过山林产生万籁，这些声音之形成完全在于洞穴本身的不同的原理。所谓：

> 夫吹万不同，而使其自己也，成其自取。（《庄子·齐物论》）

"自取"就是取决于自己。就人来说，一切是非争执都造端于自己的偏见。《庄子·齐物论》中说：

> 道恶乎隐而有真伪？言恶乎隐而有是非？道恶乎往而不存？言恶乎存而不可？道隐于小成，言隐于荣华。故有儒墨之是非，以是其所非，而非其所是。

"小成"，就是小有成就。如果不能打破小有成就便自以为是，就变成了偏见。执着于偏见，就使自己永远局限于小。

2. 由小返大

以上我们分析了小之所以形成就在于陷入了相对性——局限于浅陋的经验，执着于一己的偏见。因此，要由小返大，就必须跳脱出这种相对性的羁绊。方法有二。

（1）打破相对性

打破相对性，就是从认知上了解，相对只是站在某一个立场的一种偏执。庄子在《齐物论》中一再提出像生死、是非、成毁等都是一种偏执。如：

> 予恶乎知说生之非惑邪！予恶乎知恶死之非弱丧而不知归者邪！

这是打破生死的相对性。

> 物无非彼，物无非是。自彼则不见，自知则知之。故曰彼出于是，是亦因彼。彼是，方生之说也。

这是打破是非的相对性。

> 其分也，成也；其成也，毁也。

这是打破成毁的相对性。

这种相对性的打破，乃是通过一种高度智慧的鉴照，以洞察偏执之病。如对生死的打破：

> 觉而后知其梦也，且有大觉而后知此其大梦也。

对是非的打破：

> 欲是其所非，而非其所是，则莫若以明。

对成毁的打破：

> 凡物无成与毁，复通为一。

这里所谓的"觉""明"和"一"都是通过了"道"的一种认识作用，以照破相对性的迷妄。

（2）还归自体

打破了相对性之后，并非使自己独树一帜，这样又产生了另一种相对。真正的绝对存在于相对之中，真正地打破相对性，乃是还他一个相对性。不过这个"还"字大有文章，不是放任，不是执着，而是通过了智慧的鉴照，识破相对的执着之后，又进一步能还万物一个本来的面目。庄子说：

> 方生方死，方死方生；方可方不可，方不可方可；因是因非，因非因是；是以圣人不由而照之于天，亦因是也。（《庄子·齐物论》）

圣人不由得"因是因非"，乃是相对性的执着，而照之于天的"亦因是也"，乃是通过了天道的观照，而明万物的真是。所以前者的"因是因非"，有是非的相对，而后者的"因是"，乃无是非相对的真是。

《庄子·齐物论》中除此处之"亦因是也"之外，尚有三处"因是"。即：

唯达者知通为一，为是不用而寓诸庸。庸也者，用也；用也者，通也；通也者，得也，适得而几矣，因是已。

劳神明为一，而不如其同也，谓之朝三。何谓朝三？狙公赋芧，曰："朝三而暮四。"众狙皆怒，曰："然则朝四而暮三。"众狙皆悦。名实未亏，而喜怒为用，亦因是也。

天地与我并生，而万物与我为一。既已为一矣，且得有言乎？既已谓之一矣，且得无言乎！一与言为二，二与一为三。自此以往，巧历不能得，而况其凡乎！故自无适有，以至于三，而况自有适有乎？无适焉，因是已。

第一段的"因是"着重于一个"庸"字，庸就是有实用性、普遍性、自得性的最平凡的东西。每种东西都有其存在的价值，所以"因是"，也就是认定每物自身的价值，而不必妄较高低。

第二段的"因是"着重在一个"同"字。朝三也好，暮四也罢，总数却是相同的。这里的"因是"，也就是认清万化的本源相同，不要妄立差别。

第三段的"因是"着重在"无适"两字，因为"天地与我并生，万物与我为一"，所以说我可以和天地同存，可以和万物相通。天、人、物三者本一，不要刻意去求一。

从以上的"因是"来看，庄子乃是认为万物的本身都是真实的存在，所谓"天地一指也，万物一马也"（《庄子·齐物论》），我们要还万物一个本来的面目，这样"山自高兮水自深"（洞山良价诗偈），万物不齐而自齐。

二、化

前面我们已从认知上说明如何由小返大，现在我们再从德行上谈谈如何提升性灵。

在这方面，庄子提出了一个"化"字，而其功夫在一个"忘"字。

1. 什么是庄子所谓的化

（1）化与自然变化的关系

庄子的化是从自然变化引申过来的。在《庄子》中，谈到万物变化的地方很多。如：

> 天不产而万物化，地不长而万物育。（《庄子·天道》）
> 万物皆化。（《庄子·至乐》）

而万物的变化，就整个自然的观点来看，是循环不息的。他说：

> 万物皆种也，以不同形相禅。始卒若环，莫得其伦，是谓天均。（《庄子·寓言》）

所谓"皆种也"，就是指万物中的任何一物，在宇宙中都是产生其他变化的种子。物与物之间可以递变，只是形状的不同而已。因此整个万物的变化是一个大循环，根本不知哪里是开端，哪里是结尾，也就无所谓生，无所谓死。

自然变化如此，人却不然。人的形体在自然界中只能生长一段时间，有生必有死。正如《庄子·齐物论》中所谓：

> 一受其成形，不忘以待尽。与物相刃相靡，其行尽如驰，而莫之能止，不亦悲乎！终身役役，而不见其成功；苶然疲役，而不知其所归，可不哀邪！人谓之不死，奚益？其形化，其心与之然，可不谓大哀乎！

这段话说明了人的形体有生就有死，这是必然的现象。我们的心虽不能与形体同化，却可以改变对生死的看法。只要我们能修心，使它不执着于形体之短暂，这样我们的精神便能超脱形体而与自然同化。

可见《庄子》书中的"化"字，一方面是指自然的变化，另一方面是指通

中国哲学史

过心的修养功夫，而成就的一种化。如：

> 审乎无假，而不与物迁；命物之化，而守其宗也。（《庄子·德充符》）

"无假"即真实，也就是道。能通乎道，不为物变所迁，才能主动地支配物化，唯有这种"化"才是庄子所推重的。

（2）化与应变之术的关系

前面既然说庄子的化是成就于内心的修养功夫，那么是否像《易经》一样要知位识时，像老子一样要守柔处弱呢？其实不然。虽然《易经》和老子也要我们顺时而变，做得恰到好处，但它们毕竟属于知性的应变，庄子的化却不属于知性的应变。在《庄子·山木》篇中有一段故事描写得很好：

> 庄子行于山中，见大木枝叶盛茂，伐木者止其旁而不取也。问其故，曰："无所可用。"庄子曰："此木以不材得终其天年。"夫子出于山，舍于故人之家。故人喜，命竖子杀雁而烹之，竖子请曰："其一能鸣，其一不能鸣，请奚杀？"主人曰："杀不能鸣者。"明日，弟子问于庄子曰："昨日山中之木，以不材得终其天年。今主人之雁，以不材死。先生将何处？"庄子笑曰："周将处乎材与不材之间。材与不材之间，似之而非也，故未免乎累。若夫乘道德而浮游则不然，无誉无訾，一龙一蛇，与时俱化，而无肯专为。一上一下，以和为量，浮游乎万物之祖，物物而不物于物，则胡可得而累邪？"

这段话指出了材与不材都是一种执着，只有乘道而浮游才是真正的逍遥。从这里我们可以看出，庄子的化不是属于知性的应变，而是属于德行的修养。这种德行的修养，不是儒家的仁义，而是另有一套功夫。这套功夫的特色，就在一个"忘"字。

2. 化的功夫

《庄子》书中的"忘"字，并非我们一般所谓的忘记，而是有它特殊的含义。

试举《庄子·大宗师》的一段话来看：

> 泉涸，鱼相与处于陆，相呴以湿，相濡以沫，不如相忘于江湖。与其誉尧而非桀也，不如两忘而化其道。
>
> 夫大块载我以形，劳我以生，佚我以老，息我以死。故善吾生者，乃所以善吾死也。夫藏舟于壑，藏山于泽，谓之固矣！然而夜半有力者，负之而走，昧者不知也。藏小大有宜，犹有所遁。若夫藏天下于天下，而不得所遁，是恒物之大情也。

这段话把忘的精神说得极为明白，它具有两层含义：一是两忘，即超脱生死、是非、成毁等相对性；二是藏天下于天下，也就是还天下于天下，还万物以自体的意思。所以这个忘也正是由小返大的一种功夫。

关于忘的功夫，有三种境界。

（1）忘己而后能自化

忘己，并不是否定自己的存在，而是挣脱形骸的束缚，打消自我的执着，使自己活得更为真实，使自己生命的天地更为辽阔。庄子在《庄子·大宗师》里曾假托孔子和颜回的对答，来说明这点。

> 颜回曰："回益矣！"仲尼曰："何谓也？"曰："回忘仁义矣！"曰："可矣，犹未也。"他日复见，曰："回益矣！"曰："何谓也？"曰："回忘礼乐矣！"曰："可矣，犹未也。"他日复见，曰："回益矣！"曰："何谓也？"曰："回坐忘矣。"仲尼蹴然曰："何谓坐忘？"颜回曰："堕肢体，黜聪明，离形去知，同于大通，此谓坐忘。"仲尼曰："同则无好也，化则无常也。"

在这段话里我们要注意，"坐忘"是先通过了忘仁义、礼乐的。所谓忘仁义、礼乐，并非否定仁义、礼乐，而是行为完全超乎自然，就像鱼相忘于江湖那样，根本无须有仁义、礼乐的制度。因为仁义、礼乐的制度只是外在的规范，这一切完全系之于自我，所以再进一步要忘己。而自我有两方面，一是形骸，二是意识。"堕肢体"即外形骸，"黜聪明"即破我执。不过单单忘己，恐怕易走入顽空，因此接下来必须能"同于大通"。大通即道的无所不通。也就是说，在忘己之后要能使自我上升，进入大通的境界。

（2）忘物而后能物化

忘物，并不是否定物的存在。因为物的存在是客观事实，所以不容否定。忘物的真正意思乃是超脱物相，拆除物与我之间的壁障。这座壁障拆除之后，我和物便可以共游。

至于如何忘，并非闭眼不看。相反，要看，要真真实实地看。《庄子·养生主》中曾描写庖丁解牛之理说：

> 臣之所好者，道也，进乎技矣。始臣之解牛之时，所见无非牛者。三年之后，未尝见全牛也。方今之时，臣以神遇而不以目视，官知止而神欲行。依乎天理，批大郤，导大窾，因其固然，技经肯綮之未尝，而况大軱乎？

这段话说明了，所谓真真实实地看，就是不以目视，而以神遇。以目视的话，便有人和物的差别，便会落入相对的观念中。以神遇的话，乃是通过了大道来看万物，把万物提升上来，点化成有生命的个体。因此我和万物是平等共存，而且是可以互相流转的。这境界，庄子称之为物化。《齐物论》曾以蝴蝶梦来描写这种境界：

> 昔者，庄周梦为胡蝶，栩栩然胡蝶也，自喻适志与，不知周也。俄然觉，则蘧蘧然周也。不知周之梦为胡蝶与？胡蝶之梦为周与？周与胡蝶则必有分矣，此之谓物化。

物化，一般的意义是死了之后化于物，这是把活的人变成了死的物。而庄子此一境界上的物化，是化物，使板滞的物化成活的生命。这样的话，整个宇宙便点化成一座充满生机的乐园。

第九章　逍遥自在的庄子

（3）忘适而后能神化

前面忘己、忘物，都是为了求适，适就是逍遥。然而如果刻意去求适，非但不能得适，相反，却变成一种压力，使我们时时想到我、想到物，以致忘不了。

《庄子·达生》篇曾说：

> 忘足，履之适也；忘要，带之适也；知忘是非，心之适也；不内变，不外从，事会之适也。始乎适而未尝不适者，忘适之适也。

"忘适"就是要我们从根本上连这点求适的意念也没有，这样才能无所不适。

这种境界就像禅宗一样，连成佛的念头也要打掉，根本无佛可成，才能证烦恼为菩提。忘适的消极意义，固然是要我们心中不留一点欲念；其积极意义，却是要我们在任何环境中都能所遇而适。这样一来，物我双忘，天人合一，已进入了神化的境界。

三、神

庄子的思想就是一种神化的境界，现在我们再进一步来看看这一境界。

1. 什么是庄子所谓的神

（1）从一般的神来看庄子的神

在中国哲学里，"神"字的意义相当含糊，就拿《易经》一书来说，它有时指神祇，如：

> 鬼神害盈而福谦。（谦卦《象传》）

有时指造物的作用，如：

> 神也者，妙万物而为言者也。（《易经·说卦传》）

有时指不可测的神秘境界，如：

> 阴阳不测之谓神。(《易经·系辞传上》第五章)

有时指预测未来的智慧，如：

> 神以知来，知以藏往。(《易经·系辞传上》第十一章)

有时指精神作用，如：

> 神武而不杀者夫。(《易经·系辞传上》第十一章)

有时指德行之灵明，如：

> 圣人以此斋戒，以神明其德夫。(《易经·系辞传上》第十一章)

每位哲学家对神的看法都各有不同。如《论语》中提到"神"字只有六次，都是当作祖先和一般的神祇来看。如：

> 敬鬼神而远之。(《论语·雍也》)
> 子不语：怪、力、乱、神。(《论语·述而》)
> 祭神，如神在。(《论语·八佾》)

《孟子》中也只提到三次（神农除外），除了一次是指神祇外，其余两次都是指德行的灵明。如：

> 夫君子所过者化，所存者神，上下与天地同流。(《孟子·尽心上》)
> 圣而不可知之之谓神。(《孟子·尽心下》)

从孔孟对神的态度来看，孔子所指的神是外面的一种存在（孔子避而不谈），孟子却把"神"转向内在的性灵。

老庄对神的看法也有不同。老子近于孔子，全书中提到"神"字的仅有四章。即：

> 谷神不死。（《老子》第六章）
> 天下神器，不可为也。（《老子》第二十九章）
> 神得一以灵。（《老子》第三十九章）
> 以道莅天下，其鬼不神。（《老子》第六十章）

从这些"神"字来看，也都是指一般鬼神，并无特殊的深意。到了庄子手中却不然，他和孟子相似，把"神"转向了内在。不过他在这方面比孟子发挥得更为积极，更为淋漓尽致。

《庄子》书中有单独的"神"字约六十八个（像神人等除外），其中除了鬼神合言、代表神祇之意的六个外，其余的几乎都是指精神。如：

> 其神凝，使物不疵疠。（《庄子·逍遥游》）
> 官知止，而神欲行。（《庄子·养生主》）
> 抱神以静。（《庄子·在宥》）
> 德全而神不亏。（《庄子·刻意》）

由此可以看出，庄子所谓的神，是指内在的精神，是指通过心性修养而成就的一种最高的境界。

（2）庄子的神的特殊意义

庄子的"神"，说穿了就是真我的体现。

前面我们讲"大"，"充实而有光辉之谓大"。充实是真我的充实，光辉是真我的光辉。前面我们又讲化的功夫在忘，没有真我，就不能忘；没有真我，就忘了而不能化。

《庄子·大宗师》中有一段话：

> 吾犹守而告之，参日而后能外天下。已外天下矣，吾又守之，七日而后能外物。已外物矣，吾又守之，九日而后能外生。已外生矣，而后能朝彻；朝彻，而后能见独；见独，而后能无古今；无古今，而后能入于不死不生。杀生者不死，生生者不生，其为物，无不将也，无不迎也，无不毁也，无不成也，其名为撄宁。撄宁也者，撄而后成者也。

在这段话里，"见独"两字是一个关键，"见独"之前的"外天下""外物""外生"只是忘的功夫，"见独"之后的"无古今""不死不生"却是进入了化境。

"见独"的"独"，是指的绝对，也就是指的真我，如：

> 似遗物离人而立于独也。(《庄子·田子方》)
> 独往独来，是谓独有。(《庄子·在宥》)
> 而独与道游于大莫之国。(《庄子·山木》)
> 独与天地精神往来。(《庄子·天下》)

庄子在此处不用"我"字，因为一着"我"字便有人我之分，便有人和物的对立。所以庄子的见独，不仅是见自己的真我，还是见万物的真我。于是物物而莫不真，这才是至德至性的神化境界。

2. 神化的理想人物及其境界

（1）理想的人物

达到神化境界的理想人物，《庄子》中提到了很多，如至人、真人、神人、天人，有时甚至包括圣人。

如果就《内篇》来分析，圣人和至人、真人、神人是同样的境界，而且论圣人之处比其他三种人物还多。如果就《庄子·天下》篇来分析，圣人似乎比至人、真人、神人要低，却是关键人物，因为此处是谈内圣外王之道。至于天人，除了《庄子·天下》篇中提到之外，在《庄子·庚桑楚》中也只提到一次，并无深意。所以归纳起来，在《庄子》中，真正重视的理想人物乃是圣人、至人、真人和神人。

圣人多就事功的运用上来说他超越一般的名利、知识和德目。如：

> 故圣人有所游，而知为孽，约为胶，德为接，工为商。圣人不谋，恶用知？不斫，恶用胶？无丧，恶用德？不货，恶用商？四者，天鬻也。天鬻者，天食也。既受食于天，又恶用人？（《庄子·德充符》）

至人多就至德上来说他心性修养的虚灵。如：

> 无为名尸，无为谋府；无为事任，无为知主。体尽无穷，而游无朕。尽其所受天，而无见得，亦虚而已。至人之用心若镜，不将不迎，应而不藏，故能胜物而不伤。（《庄子·应帝王》）

真人多就真知上来说他处世的高明。如：

> 且有真人而后有真知。何谓真人？古之真人，不逆寡，不雄成，不谟士。若然者，过而弗悔，当而不自得也。（《庄子·大宗师》）

《庄子·天下》篇里，称老子为博大真人，也是就他的真知来称颂的。

神人多就知、德造乎极境的大功来说。如：

> 藐姑射之山，有神人居焉。肌肤若冰雪，淖约若处子。不食五谷，吸风饮露，乘云气，御飞龙，而游乎四海之外。其神凝，使物不疵疠而年谷熟。……之人也，之德也，将旁礴万物以为一，世蕲乎乱，孰弊弊焉以天下为事。之人也，物莫之伤，大浸稽天而不溺，大旱金石流、土山焦而不热，是其尘垢秕糠，将犹陶铸尧舜者也，孰肯以物为事。（《庄子·逍遥游》）

根据庄子行文上的偏重，可以画出这四种理想人物的关系：

$$\text{神人}\begin{pmatrix}\text{无功}\\\text{而有大功}\end{pmatrix}\begin{Bmatrix}\text{真人}\begin{pmatrix}\text{不用知}\\\text{而有真知}\end{pmatrix}\\\text{至人}\begin{pmatrix}\text{不用德}\\\text{而有至德}\end{pmatrix}\end{Bmatrix}\text{圣人}\begin{pmatrix}\text{不用术}\\\text{而有事功}\end{pmatrix}$$

这个图并不只是表示这四种人在层次上的高低，而是说明他们在知和德上如何运用、如何超越以达乎至极的理想。

（2）理想的境界

我们再来看看这四种理想人物的境界，归纳起来约可分为两点。

①天人合一

所谓天人合一至少有两种含义，一种是由下而上，把人往上提升；另一种是由内而外，使人和万物相通。在庄子的思想中，这两方面可以说都兼顾到了。

一般人提到天人合一，往往把它看成一种非常玄妙、非常虚幻的境界。其实我们如果真正了解庄子的寓意，就会发现天人合一是非常切实的。因为天人合一之处，正在人的德行之中，所以在《庄子·德充符》里，庄子举了许多样貌极丑陋的人的事例。照一般看法，这些人可以说是最平凡的了。但是由于他们的德行之美，使他们的人格极为动人。庄子曾假托哀公和孔子的一段话说：

> 哀公曰："何谓才全？"仲尼曰："死生存亡，穷达贫富，贤与不肖，毁誉饥渴寒暑，是事之变，命之行也。日夜相代乎前，而知不能规乎其始者也。故不足以滑和，不可入于灵府。使之和豫通而不失于兑，使日夜无郤；而与物为春，是接而生时于心者也，是之谓才全。""何谓德不形？"曰："平者，水停之盛也，其可以为法也，内保之而外不荡也。德者，成和之修也，德不形者，物不能离也。"（《庄子·德充符》）

所谓"才全"，就是德行的修养功夫臻于化境，能超脱一切死生穷达的命运的束缚，使自己的心灵和天地相通，保持和悦快乐，内心一片盎然春意。所谓"德不形"，就是真正着重于德的内在修养而不形诸外，没有人我之分、高低之别，能和万物自然相合。

所以庄子的天人合一，就是要在心性上达到内外相通的境界。

②内圣外王

内圣外王一语虽然常为儒家所用，但最早由庄子提出。就庄子的思想来说，内圣外王也有两种含义，一种是从上而下，兼顾治民之理；另一种是从内而外，使德行外被，与万物共臻于化境。

先从第一种含义来看。《庄子·天下》篇曾说：

> "圣有所生，王有所成，皆原于一。"不离于宗，谓之天人；不离于精，谓之神人；不离于真，谓之至人。以天为宗，以德为本，以道为门，兆于变化，谓之圣人。以仁为恩，以义为理，以礼为行，以乐为和，熏然慈仁，谓之君子。以法为分，以名为表，以参为验，以稽为决，其数一二三四是也。百官以此相齿，以事为常，以衣食为主，蕃息畜藏，老弱孤寡为意，皆有以养，民之理也。古之人其备乎！配神明，醇天地，育万物，和天下，泽及百姓，明于本数，系于末度。

这段话似乎把圣人以上的修养当作本，把君子以下的事功当作末，但此处的本末并非有好坏之分，而是说明本末必须兼顾。

这种兼顾法和名的思想，在《庄子》全书中极为罕见，所以按照庄子的思想来论，所谓内圣外王多偏重于第二种含义。

在《内篇》中，顾名思义，《应帝王》一文总该是属于外王方面，但通观全文，没有一语提及实际的政治理论。凡是提到圣王之治，都是归之于内心的修养。如：

> 汝游心于淡，合气于漠，顺物自然而无容私焉，而天下治矣。（《庄子·应帝王》）

> 明王之治，功盖天下而似不自己，化贷万物而民弗恃。有莫举名，使

物自喜，立乎不测而游于无有者也。(《庄子·应帝王》)

这说明了庄子的内圣外王，乃是指真正造道于神化之境后，便能见自己的真我，也能见万物的真我。这样的话，我无心而应物，物也自然而不离我。物我都能以本来面目相见，还能和谐相处，这便是理想的世界。

第四节　庄子思想的检讨

历来学者对庄子的误解有很多，有曲意的批评，有错误的推崇。这种误解，不始于司马迁，就在《庄子》书中，如《外篇》《杂篇》里的许多附会之言，可说都是庄子思想的曲意发挥。自司马迁之后，魏晋的玄学家、宋明的理学家，以及近代的学者，几乎对庄子思想都有许多误解和不甚公允的批评。归纳这些误解与批评，大约有下面两点。

一、虚无颓废，玩世不恭

历来许多学者都认为庄子否定生死，把人生导入了虚无，不讲礼法，是滑稽乱世。如程子说他：

> 其学无礼，无本。(《学统》卷五十一)

朱子说他：

> 庄周书都读来，所以他说话都说得也是，但不合没拘检，便凡百了。(《学统》卷五十一)

熊十力说他：

> 胡适之以庄周为出世主义，其实，庄子颇有厌世意味，尚非出世也。

庄氏最无气力，吾国历来名士，亦颇中其毒，魏晋人之流风，迄今未绝也。（《读经示要》卷二）

的确，从表面上看庄子，他好像是有这种色彩。但这种色彩的形成有三种原因，第一是把《外篇》《杂篇》中许多不可靠的成分和后人渲染的材料，都算到了庄子的账上，使他扮演了滑稽乱世的大主角。第二是庄子喜欢做文学的描写，正如《庄子·天下》篇中所谓："以谬悠之说，荒唐之言，无端崖之辞，时恣纵而不傥，不以觭见之也。"结果由于文辞的荒唐，而变成庄子思想的荒唐。第三是他在心性修养上另有所立，以一般世俗的眼光来看，自然就觉得他没有拘检了。

第一种原因，我们在分析庄子的著作中已讨论过。第二种原因是属于文学的欣赏，不是思想本身的问题。所以真正的关键原因是第三种。

庄子整个思想的重点在于生命的上扬，他的逍遥不是随俗浮沉的逍遥，而是向上提升之后，挣脱了名缰、利锁的逍遥。对庄子的逍遥的误解，最早始于向秀、郭象的《庄子注》。在《庄子·逍遥游》中，对大鹏和小鸠的对比，他们作注说：

苟足于其性，则虽大鹏无以自贵于小鸟。小鸟无羡于天池，而荣愿有余矣！故小大虽殊，逍遥一也。

其实，庄子的大鹏小鸠之喻，乃是指鸠等小鸟陶醉在固陋的生活圈子里，而不知大鹏的境界。可是经向、郭这样一注，便变成了大鹏奔向天池固然逍遥，而小鸠自满于跳跃在树枝之间，也是一种逍遥。那么，至人神游太虚固然逍遥，而贩夫走卒满足于蝇蝇之利，也自以为逍遥。这样一来，岂不是转逍遥为颓废了？向、郭虽然明言"苟足于其性"，但问题就出在性上。性有物性、人性。对于物性部分，如形体的大小、容貌的美丑等，这是受之于天，无法更易的，只能安之若命。但人性部分，如智慧的深浅、德行的高低，这是人通过下功夫可以达到的，应该积极地向上发展。可惜向、郭的注把人性当作物性来论，断了向上一路，于是人性便受拘于物性，逍遥也就变成了颓废。

明了这一层，我们便能把握庄子立言的真意。他要我们忘生死，并不是劝人去轻死，而是要我们超脱生死之执，好好地去生。正如他所说：

> 夫大块载我以形，劳我以生，佚我以老，息我以死。故善吾生者，乃所以善吾死也。(《庄子·大宗师》)

他有时批评仁义、礼法，并不是要我们去做不仁不义、不合礼法的勾当，而是要我们去行大仁大义。如他所说：

> 夫大道不称，大辩不言，大仁不仁，大廉不嗛，大勇不忮。道昭而不道，言辩而不及，仁常而不成，廉清而不信，勇忮而不成。五者圆而几向方矣。(《庄子·齐物论》)

如果我们把握住庄子这一向上的精神，便会发觉在庄子嬉笑怒骂的背后，正有他极为严肃的意义，使我们了解庄子非但不虚无，却正是反对虚无，非但不颓废，却正是为了针砭颓废。

二、破坏知识，不求进取

庄子要我们是非两忘，告诉我们："吾生也有涯，知也无涯。"(《庄子·养生主》)因此，许多学者误以为庄子持有怀疑论，否定了真理，要我们不求进取。如胡适说他：

> 庄子这种学说，初听了似乎极有道理，却不知世界上学识的进步只是争这半寸的同异；世界上社会的维新，政治的革命，也只是争这半寸的同异。若依庄子的话，把一切是非同异的区别都看破了，说太山不算大，秋毫之末不算小，尧未必是，桀未必非，这种思想，见地固是"高超"，其实可使社会国家世界的制度习惯思想永远没有进步，永远没有革新改良的希

望。(《中国古代哲学史》)

这种误解乃是把庄子的思想，从理性的智慧拉入了事物的知识上来批评。

在事物的知识上，只有正误之分。误的便是坏的，正的便是好的，其间不容有一点混淆，它们所属的层次是平面的，它们的发展是向前推进的。但在理性的智慧上，只有高低之别，低的是粗浅的，高的是精妙的，其间的分别不容易测量，它们所属的层次是立体的，它们的发展是向上提升的。由于事物的知识讲的是正误，所以是可以用肉眼和器械来测量的。泰山是大，毫末是小，庄子并不是不知道，否则他也不会拿泰山和毫末来作对比，但庄子否定了泰山为大，毫末为小，而说：

> 天下莫大于秋毫之末，而泰山为小；莫寿乎殇子，而彭祖为夭。(《庄子·齐物论》)

这是把眼光放远来看，把心境提高来想。所以他紧接着又说：

> 天地与我并生，而万物与我为一。(《庄子·齐物论》)

这两句话在整个《庄子·齐物论》中是画龙点睛之笔。第一句说明天地虽长，我虽短，但我在宇宙中的这段存在是永恒的，这是从无穷的时间来打破长与短之分。第二句说明万物虽众，我虽少，但我在宇宙中的存在的本质是独一无二的，这是从无限的空间来打破多与少之别。所以庄子否定是非、同异、大小等，并不是糊里糊涂地一笔抹杀，而是通过了理性的智慧之光来看得更清楚、更真切。

由此看来，庄子非但没有破坏知识，相反还为知识开路，开出了向上求真知一路。尤其通过了这种理性之知，非但不会"使社会国家世界的制度习惯思想永远没有进步"，反而更促使它们走上光明之路。制度、习惯、思想之改革，不只是以楔出楔，不只是去掉旧的、换个新的，而是要改得更好更善，更能使人类得到身心两方面的幸福。因此在知识的发展上，时时需要理性的智慧之光的鉴照。否则，工业革命固然促成了近代的物质文明，但也制造了不少邪恶的暴乱和战争。今日的科技，虽然给予了我们高度的生活享受，但也为我们平添了不少精神的苦闷和恐惧。而这种种知识发展上所造成的问题，时时需要理性的智慧来调整、指导。

我们必须深入这一层，才能了解庄子的真面目，才能了解庄子思想的无用之大用。

第五节　整体生命哲学论

把整体生命哲学的三角形放在庄子思想中，有如下图：

```
        神、道
        /    \
       /      \
      /        \
     /          \
    化忘————————我
```

在这个图中，我们把"忘"放在理论上，因庄子的"心斋"和"坐忘"都可看作方法，它们的对象就是处理形体的对立的"我"。至于"化"，它是"理"，是功夫，是向上提升的，入神之后是神化，入道之后便能化于道。在《庄子》中，神和道同样是最高境界，只是描写的对象不同，就人来说常讲神，如"神人"，就宇宙自然来说都讲道，如"道通为一"。至于庄子梦蝶时所讲的"物化"，从这个图中我们便可以看出，它的路径是由"化"向上提升，进入"神"，因为梦蝶是一种高度的精神修养；再由"神"转入"道"，而"道"是与万物复通为一的，所以由"道"再转入"用"的层次，与万物同化。这一转折说明了"物化"不是直接向下和物同化，那是与物同腐，所以我们俗话也把"物化"解作死亡。庄子的"物化"是入神入道之后，把握住真心真我的与物并生的共化。

第十章　博学深思的荀子

第一节　儒学的新局面

儒学经孟子的发扬，已奠定了哲学的理论基础，但是到了荀子手中，发生了新的转变。

我们要了解这一新转变的形成，可以从下面三个事实中去探索。

一、儒学的分裂

儒学自孔子之后，因为弟子们禀性相异，以及发展方向不同，所以到了战国后期，便有各种不同的派别，正如《韩非子·显学》篇中所谓：

> 自孔子之死也，有子张之儒，有子思之儒，有颜氏之儒，有孟氏之儒，有漆雕氏之儒，有仲良氏之儒，有孙氏之儒，有乐正氏之儒。

这八派儒学以子张、子思为代表人物，在《荀子》中都曾提到，可见在当时声势很大。至于颜氏、漆雕氏、仲良氏、乐正氏，他们的发展在历史文献中则缺乏线索。尤其孔门中姓颜的有八人，此处颜氏是否指颜回尚不能论断。孟氏自然是指孟子。而孙氏，有的人认为是孙卿，即荀子，有的人却认为是公孙尼子。

在这里，我们不必对这八派的人物做详细的考证，但有四点是值得我们注意的。

其一，这八派之分，虽非定论，但至少反映了儒学在战国时期已产生了许多分支。

其二，这八派虽然指定某氏，但是未必限定为某氏个人。如颜氏之儒，假定是颜回的话，可是颜回及身并未传授子弟，那么颜氏之儒应是指与颜回有共同思想路线的人物。

其三，在这八派中，其他六派的思想发展得不够明显，只有孟子和荀子的思想有共同的学说依归，但二者又有不同的理论方法，这二者正代表了孔子之后儒学的两大流派。

其四，这八派的分裂，尤其是孟荀的对立，在某种保守观点上来说，也许是儒学的一种分歧，多多少少是指孔子思想的支离或失落。但在另一种进步的观点来看，未尝不是一种好现象，这样才能使儒学的研究更为详尽，更为多姿多彩。

二、孟荀的不同

要了解孟荀的不同，请先看荀子在《非十二子》篇中对孟子的一段批评：

> 略法先王而不知其统，犹然而材剧志大，闻见杂博，案往旧造说，谓之五行。甚僻违而无类，幽隐而无说，闭约而无解。案饰其辞，而祗敬之，曰："此真先君子之言也，子思唱之，孟轲和之。"

由这段话可以看出，荀子对子思和孟子一派的不满约有三点。

其一，材剧志大，意指好高骛远，而失儒家的平实面目。

其二，闻见杂博，意指摭拾旧解，而失儒家的纯粹本色。

其三，幽隐无说，意指耽于玄虚，而失儒家的实践精神。

以上这段话，是将子思和孟子合在一起来说的，而且是站在荀子思想的立场，所以就对孟子的批评来论，未必公允。但从字里行间，至少可以看出孟荀的不同也有三点。

其一，就个性气质来看，孟子才华横溢、情感丰富，荀子却是朴素平实、头脑冷静。用现在的话来说，孟子是外向的人，口才好，常周旋于王侯公卿、诸子百家之间，名声极大，而荀子是内向的人，不善言辞，只是默默地著作。

其二，就理论方法来看，孟子主张知性、养性、顺性，而归本于自得之乐，是强调动机和直觉的，而荀子注重为学、讲求经验，而归本于克欲的修养，是强调功利和效果的。

其三，就儒学传承来看，虽然孟荀都是直承孔子思想的，但是孟子致力于儒家学说的发扬，因此对孔子心性修养的思想多有体会，而荀子致力于儒学的统一，因此颇能把握时代性，使儒学和政治思潮相结合。

三、荀子所开展的新局面

这个新局面的"新"字，可以从以下两点来看。

1. 确立了新儒家的理想

荀子在《儒效》篇中曾把儒生分成三等，即俗儒、雅儒和大儒。所谓俗儒是：

> 略法先王而足乱世术，缪学杂举。不知法后王而一制度，不知隆礼义而杀《诗》《书》。

这是指一般挂着儒生招牌的俗人。所谓雅儒是：

> 法后王，一制度，隆礼义而杀《诗》《书》；其言行已有大法矣！然而明不能齐法教之所不及，闻见之所未至，则知不能类也。

这是指虽然他们能一制度、隆礼义，但只限于学术，而未能施于政教，所以只是博雅君子而已。至于大儒却是：

> 法先王，统礼义，一制度，以浅持博，以古持今，以一持万；苟仁义之类也，虽在鸟兽之中，若别白黑；倚物怪变，所未尝闻也，所未尝见也。卒然起一方，则举统类而应之，无所儗怍；张法而度之，则晻然若合符节：是大儒者也。

杨倞的注认为，这段话里的"法先王"是"法后王"的误写，"以古持今"是"以今持古"的误写，这是根据荀子整个思想立论的。虽然荀子不反对先王，在书中也屡言"凡言不合先王，不顺礼义，谓之奸言"（《荀子·非相》）、"儒者法先王，隆礼义"（《荀子·儒效》），但是他认为先王悠远，事不可征，且先王的一切美意良法，乃完全为后王所采取，因此只要法后王，自然就符合先王的旨意。正如他说：

> 百王之道，后王是也。君子审后王之道，而论于百王之前，若端拜而议，推礼义之统，分是非之分，总天下之要，治海内之众，若使一人。（《荀子·不苟》）

否则，不法后王而徒称先王，便易流于游谈无根、不切实际，所以荀子屡以"略法先王而不知其统"（《荀子·非十二子》）、"略法先王而足乱世术"（《荀子·儒效》）来批评一般儒生。

在这里，我们不必在先王、后王上强作分别，我们要认清的是荀子所谓的后王，乃是指把先王的理想现实化了的一种政治制度。荀子所注重的是具体、统一，所以荀子眼中的新儒家，乃是把古代的良法美意加以制度化，配合时代的需要来谋政治的统一。

2. 把学术推向了实际政治

因为荀子认为理想的新儒家要完成政治的统一，所以他在学术上的研究都是以实际的政治为目标。

本来儒家的学术是不离政治的，孔孟的思想都是要从政治上改善人生，但孔孟周游列国，及身并未能施展抱负，而他们的学说也都是要君王重视德行的一种建议、一种劝说，对中国的政治思想纵有不可磨灭的贡献，可是对列国纷争的当时，并没有达到预期的效果。

荀子却不然，他的整个理论是以政治为中心。譬如他对道的看法，不谈天道、地道，只谈人道：

第十章　博学深思的荀子

> 道者，非天之道，非地之道，人之所以道也，君子之所道也。(《荀子·儒效》)

而他所谓人之道，并非纯粹讲心性修养之学，而是讲政治之道。如：

> 道者，何也？曰：君之所道也。(《荀子·君道》)
> 道也者，治之经理也。(《荀子·正名》)

由此可见，荀子的整个理论是通向政治的。虽然他及身并未在政治上施展抱负，但是他把学术调整得更适合于实际的政治。

由于以上的两点努力，荀子的思想终于在中国历史上，为学术及政治开展出两个新局面。

首先，在政治上，荀子由礼而重视法的思想，为他的两大弟子韩非和李斯所承传、运用。前者形成了法家思想，而后者则促成了秦的统一。虽然韩非的学说越出了荀子儒学的正统，而李斯的做法更为荀子所不齿，但就学术的努力、形成政治的统一来说，却是荀子的理想。

今天，我们对秦始皇统一天下之后的许多暴政，固然要严厉地批评，但他的统一事业平息了六国的纷争，开创出版图完整的大王朝，使"车同轨、书同文"，而这种贡献，是间接得力于荀子在思想上的前导。

其次，在学术上，荀子努力实现儒家统一其他学说的理想，但他并没有看到成效。直到汉代的董仲舒才真正完成了这一理想。虽然董仲舒有孟子之风，但自汉武帝独尊儒学之后，国家设立五经博士却都是沿袭了荀子思想的系统。正如梁启超所说：

> 孟子既没，公孙丑、万章之徒，不克负荷，其道无传。荀子身虽不见用，而其弟子韩非、李斯等大显于秦，秦人之政一宗非斯，汉世六经家法强半为荀子所传，而传经诸老师又多故秦博士，故自汉以后，名虽为昌明孔学，实则所传者，仅荀学一支派而已。(《论中国学术思想变迁之大势》)

这话是就师承上来说的，其实还有政治上的原因。因为汉武帝以儒学治天下，其所用的儒学必然是经过了设计，适合政治上的操作，所以在政治上运用儒学，不是空谈德行，而是要把德行制度化，变成规范行为的礼制。荀子重礼法，正适合了这种需要。试看《礼记》一书，虽然是记载前代的典章，但是为战国末年及汉代的儒生所编，其理论系统也都是走荀子的路线。

第二节　荀子的生平和著作

一、荀子的生平

依据《史记》所载，荀子（约前313—约前238）的生平是非常简略而平淡的：

> 荀卿，赵人。年五十始来游学于齐，驺衍……田骈之属皆已死齐襄王时，而荀卿最为老师。齐尚修列大夫之缺，而荀卿三为祭酒焉。齐人或谗荀卿，荀卿乃适楚，而春申君以为兰陵令。春申君死，而荀卿废，因家兰陵。李斯尝为弟子，已而相秦。荀卿嫉浊世之政，亡国乱君相属，不遂大道而营于巫祝，信禨祥，鄙儒小拘，如庄周等又滑稽乱俗，于是推儒墨道德之行事兴坏，序列著数万言而卒。因葬兰陵。

这段记载有两个要点。

其一，荀子"五十始来游学于齐"，关于这点，在应劭的《风俗通义·穷通》篇中说是十五岁，前人多有不同的考证。不过依常情来论，以五十岁为是。因为十五岁年纪尚小，谈不上游学，也不值得司马迁为他大书特书。即使十五岁就游齐，但直到他被尊为"最为老师"时，至少也已度过了三四十年，在这段漫长的时日中，史传对他的记载却是阙如的，所以什么时候游齐，对他的生平来说并不重要，重要的是在这段时间内，他默默地耕耘，努力苦读，思想也得以成熟。无论是在赵还是在齐，荀子的表现都反映出他壮年时期的这段求学过程是非常稳定、切实的，这和他的个性及思想风格也都是非常吻合的。

其二，荀子游齐时，虽然驺衍、田骈之属等稷下先生都已经凋零，但是齐宣王、齐威王时，对这些辩者都非常尊敬，封他们为列大夫，这一职位是专掌议论而没有实际政务的。后来，荀子也被封为列大夫，甚至有三次被推为总代表，做了祭酒。不幸后来连这一点尊荣也受人嫉妒，使他被谗而到了楚国，在春申君手下做兰陵县的县令，这已是他在政治生涯上的最高峰了。关于荀子的这段事迹，我们有两种不同的看法：一种就政治方面来说，荀子没有及身施展自己的抱负，刘向的《孙卿新书叙录》中说他曾和秦昭王论三王之法，曾在赵孝王面前与孙膑议兵，但都不能见用；另一种就学术方面来说，他在齐国列大夫的阵营中被推为老师，这足见他的学说击倒了许多后起的稷下先生，而受到了重视。

二、荀子的著作

《荀子》一书今本有三十二篇，前人曾怀疑其中有许多篇都是后人散列的。如胡适曾说：

> 如《大略》《宥坐》《子道》《法行》等，全是东拉西扯拿来凑数的，还有许多篇的分段全无道理，如《非相》篇的后两章，全与"非相"无干；又如《天论》篇的末段，也和"天论"无干。又有许多篇，如今都在大戴、小戴的书中（如《礼论》《乐论》《劝学》诸篇），或在《韩诗外传》之中，究竟不知是谁抄谁。大概《天论》《解蔽》《正名》《性恶》四篇全是荀卿的精华所在，其余的二十余篇，即使真不是他的，也无关紧要了。（《中国古代哲学史》）

其实在先秦诸子中，《荀子》一书的问题是比较小的，纵有后人杂纂的地方，这也是不可避免的，但与荀子的整个中心思想，并没有很大的出入。

今天我们研究荀子的著作，不必在枝节上去考证哪一段是后人加入的。比如《天论》，即使末段与全篇旨趣无关，这也不影响《天论》的重要性，且末段本身也是极具价值的,我们应就文章内容去辨别思想的深度和意义。再如《宥坐》,固然全文无一贯的系统,不像《性恶》等篇那么完整,但该篇第一段写"挹而损之之道",有道家色彩;第二段写孔子杀少正卯,有法家精神;第三段写"刑错而不用"之道,有儒家特色。这三方面的掺杂互用,正是荀子思想的特色。此篇虽然为散列之作,却为我们提供了研究荀子思想的线索。

的确,荀子思想中兼有儒家、法家、道家三方面的成分。因为他本身是儒家,他的弟子韩非和李斯却转变为法家,所以我们要把握住他文字中儒法相融的地方。同时,他在楚国住了二三十年,毫无疑问地受到了南方道家思想的影响,在他的字里行间时常跳动着道家的智慧。譬如《性恶》中提倡人之性恶,这是偏于法家思想的,但他强调化性起伪,重视师法礼义,这又是以儒家思想来补救。再如《解蔽》中讲治心之道,这是儒家的问题,但是在功夫上讲虚,讲静,显然也寓有道家的色彩。

总之,我们研究荀子的著作,要了解他身处战国之末,面临诸子百家思想的杂陈,一方面很自然地受到各家的影响,另一方面又以儒家为主,希望能调和统一,这就是《荀子》书中所表现出的特色。

第三节　荀子思想的新贡献

荀子的思想非常博大,归纳起来可分为四大主题,即天论、性恶、礼论和正名。而这四大主题,正是他最可靠的四篇文章。就内容来说,也包括其他主要的各篇。如:

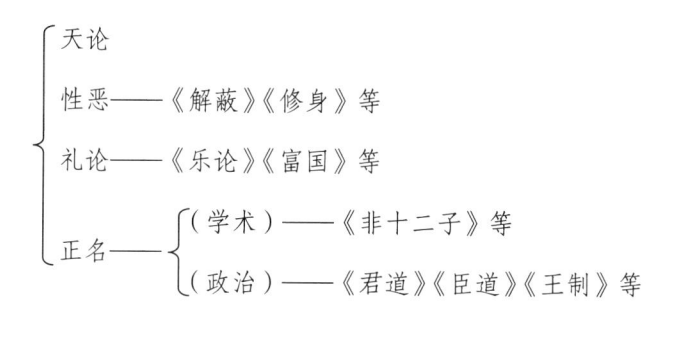

$$\begin{cases} 天论 \\ 性恶 —— 《解蔽》《修身》等 \\ 礼论 —— 《乐论》《富国》等 \\ 正名 \begin{cases} (学术) —— 《非十二子》等 \\ (政治) —— 《君道》《臣道》《王制》等 \end{cases} \end{cases}$$

就中心旨趣来说，表现了荀子一贯强调人为的力：

$$\begin{cases} 天论——天行有常——制天 \\ 性恶——人性本恶——化性 \\ 礼论——法之大分——法度 \\ 正名——指名指实——辨别 \end{cases}$$

就思想的发展来说，说明了他立论的层次：

$$天论 \xrightarrow{人为} 性恶 \xrightarrow{化性} 礼论 \xrightarrow{分别} 正名 \begin{cases} 学术上——批评名家及各家思想 \\ 政治上——正名实及谋儒法相融 \end{cases}$$

现在我们来看看荀子这四个方面的思想精神。

一、天论

在中国哲学史上，荀子对天的看法可说是非常独特的，他首先揭出天人之分。

1. 天人之分

传统的观念，或以天为权威的代表（如一般天帝的信念），或以天为有意志的（如墨子的天志），或以天为有灵性的（如孔孟的天命，老庄的天道），荀子却不然，他认为天对人没有这种直接作用。他在《荀子·天论》中说：

> 天行有常，不为尧存，不为桀亡。应之以治则吉，应之以乱则凶。强本而节用，则天不能贫。养备而动时，则天不能病。修道而不贰，则天不能祸。故水旱不能使之饥，寒暑不能使之疾，祅怪不能使之凶。本荒而用侈，则天不能使之富。养略而动罕，则天不能使之全。倍道而妄行，则天不能使之吉。故水旱未至而饥，寒暑未薄而疾，祅怪未至而凶。受时与治世同，

而殃祸与治世异，不可以怨天，其道然也。故明于天人之分，则可谓至人矣。

这段话说明了天有自己的规则，不因为人的好恶而改变规则。很显然，荀子的用意是要打破天人感应说的谬误。他所谓天人之分，并非重人抑天，而是要我们分清天人之间的不同，要我们了解天人之间各有其道。

2. 不求知天

荀子天人之分的第一层意思，就是要我们对"天"的神秘性能存而不论。他接着说：

> 不为而成，不求而得，夫是之谓天职。如是者，虽深，其人不加虑焉；虽大，不加能焉；虽精，不加察焉，夫是之谓不与天争职。天有其时，地有其财，人有其治，夫是之谓能参。舍其所以参，而愿其所参，则惑矣。
>
> 列星随旋，日月递照，四时代御，阴阳大化，风雨博施，万物各得其和以生，各得其养以成，不见其事而见其功，夫是之谓神。皆知其所以成，莫知其无形，夫是之谓天功。唯圣人为不求知天。（《荀子·天论》）

这段话中提到了天职，提到了神，都表明了荀子所谓的天，不是一堆毫无生机的石块，而是具有生物、养物的伟大作用。只是这种作用"不为而成，不求而得"，是顺乎自然的，因此我们不必刻意去知天。这里用了"刻意"两字，乃是指人们通过了自己的意识、成见去看天。这样的知天，永远也见不到天。

3. 知天

刻意地知天却见不到天，相反，不求知天却能真正地知天，这是荀子天人之分的第二层意思。他说：

> 圣人清其天君，正其天官，备其天养，顺其天政，养其天情，以全其天功。如是，则知其所为，知其所不为矣，则天地官而万物役矣！其行曲治，

其养曲适，其生不伤，夫是之谓知天。(《荀子·天论》)

这段话里的天君、天官、天情，指的是心、五官及好恶、喜怒哀乐的情感。所谓天养，是养得其宜；所谓天政，是一切顺乎自然。在这里，荀子认为人在宇宙中，也是天的一部分，只要我们能心身调适，使生命不受损伤，也就是知天了。

4. 制天

知天之后，便能发挥万物的功能以制天，这是天人之分的第三层意思。他说：

> 大天而思之，孰与物畜而制之？从天而颂之，孰与制天命而用之？望时而待之，孰与应时而使之？因物而多之，孰与骋能而化之？思物而物之，孰与理物而勿失之也？愿于物之所以生，孰与有物之所以成？故错人而思天，则失万物之情。(《荀子·天论》)

"制天"的"制"字，常有人把它解作"制服"的"制"，含有征服的意思，认为这是荀子的戡天主义。其实人不可能征服自然，此处的"制"乃是顺物的条理、性能，加以制用的意思。

5. 从天人之分到天人相参

中国哲学重天人合一，而荀子讲天人之分，从表面上看起来好像彼此冲突，其实在基本精神上是相通的。就拿天人合一来说，虽然孔孟和老庄都有天人合一的思想，但孔孟和老庄的功夫不同，甚至孔子和孟子、老子和庄子也各有相异的地方。荀子讲天人之分，他的用意乃是要我们发挥人的功能，以助成天地之化，就这一基本精神来看，他继承了《易经》的思想，从"开物成务"去与天地之道相参，而且也和孔子的思想相似，从人生的实践中去完成天命。荀子在《荀子·天论》中也一再强调：

> 天有其时，地有其财，人有其治，夫是之谓能参。舍其所以参，而愿其所参，则惑矣。

"舍其所以参"，就是抛弃人本身的功能；"愿其所参"，就是只在空想上求天人合一。可见荀子的真意乃是从天人之分中知道人自身的功能，然后发挥这种功能助成天地之化，这才是真正的知天，真正的参天地之化育。

二、性恶

由于荀子把天挪到一边存而不论，很自然地提高了人的地位和人的重要性。照理说，他应该走孟子的路子去强调性善来说明人的可爱。但事实不然，如果强调性善，就必然会触及善从何而来的问题，这就很难摆脱天命、天道、天性的观念，岂不是违背了荀子不谈天的旨趣？为了避免这个问题，荀子便走了一条前人没有走过的路子，即从人类本能上着手，认定人之性恶，然后再从除恶中去表现人为之力，以发挥人的伟大，所以性恶思想是荀子承接了天论思想的一个重要理论结构。现在我们接着看看荀子性恶论的内容。

1. 性的定义

荀子做学问非常切实，他论性前先对它下定义。如他在《荀子·正名》中说：

> 生之所以然者谓之性。性之和所生，精合感应，不事而自然谓之性。

这里替性举出两个重点，第一点是生之所以然，也就是与生俱来，不着人为的意思。但单凭这一个特点是不够的，因为孟子的性善也是与生俱来的，所以荀子接着又更具体地指出第二点是"精合感应，不事而自然"。所谓"精合感应"，依杨倞的注是：

> 精合，谓若耳目之精灵与见闻之物合也；感应，谓外物感心而来应也。

(《荀子注》)

如果用心理学上的话来说,就是刺激反应的本能。所以荀子对性下的定义就是与生俱来的本能。

2. 性是恶的

前面荀子替性下的定义,说性只是一种本能之欲。因为这种欲是往下流的,所以发展下去便成为恶。他说:

> 今人之性,生而有好利焉,顺是,故争夺生而辞让亡焉;生而有疾恶焉,顺是,故残贼生而忠信亡焉;生而有耳目之欲,有好声色焉,顺是,故淫乱生而礼义文理亡焉。然则从人之性,顺人之情,必出于争夺,合于犯分乱理而归于暴。(《荀子·性恶》)

所谓"生而有",就是本性,而本性具有的乃是好利、疾恶及声色等耳目之欲,显然这些也都属于本能,谈不上恶。荀子是就其发展上来说的,如果听任这些本能之欲发展,自然就会走上"争夺""残贼"和"淫乱"的路子。

3. 善是伪的

如果人放任本能之欲发展,就会流于恶,就像在没有路标的道路上开车,任意而为必然会相撞。因此要使本能之欲不致流于恶,便须加以人为的规范。他说:

> 枸木必将待檃栝烝矫然后直;钝金必将待砻厉然后利。今人之性恶,必将待师法然后正,得礼义然后治。今人无师法,则偏险而不正;无礼义,则悖乱而不治。古者圣王以人之性恶,以为偏险而不正,悖乱而不治,是以为之起礼义,制法度,以矫饰人之情性而正之,以扰化人之情性而导之也。始皆出于治、合于道者也。(《荀子·性恶》)

中国哲学史

"师法""礼义",并非从人性中自然流出的,而是圣人拿来规范人性所用的一种制度。所以荀子一再强调说:

> 凡礼义者,是生于圣人之伪,非故生于人之性也。故陶人埏埴而为器,然则器生于陶人之伪,非故生于人之性也。故工人斫木而成器,然则器生于工人之伪,非故生于人之性也。圣人积思虑,习伪故,以生礼义而起法度,然则礼义法度者,是生于圣人之伪,非故生于人之性也。(《荀子·性恶》)

由此可见,荀子认为一切的善德都生于伪,这个伪并非"虚伪"的"伪",而是"人为"的"伪"。

4. 化性起伪

荀子讲性恶,只是理论的需要,他的真正目的乃是化性起伪。这是他挪开了天的压力之后,要在人本身建立起一套向上的功夫。

这套功夫的关键在于一个"心"字,化性起伪就是要在心上下功夫。现在,我们就看看荀子所谓的心。

(1) 心的作用

荀子叙述由性通向伪时,曾有这样的一段历程:

> 生之所以然者谓之性。性之和所生,精合感应,不事而自然谓之性。性之好恶喜怒哀乐谓之情。情然而心为之择谓之虑。心虑而能为之动谓之伪。虑积焉、能习焉而后成谓之伪。(《荀子·正名》)

从这段话中我们可以看出,由性到情是本能之欲的自然发展,再往下就有流于恶的危险,可是"情然而心为之择谓之虑",却使这个发展做了一百八十度的改变,由向下而向上,接着由虑积、能动,而起伪,而生礼义。可见这个改变取决于"心为之择"。心为之择称为虑,虑是思虑,也就是理智的思考和反省作用。

中国许多哲学家都把心和性合在一起，心是一般的感觉作用，而性是心的主体。可是荀子在此处显然把心和性分开来了，性代表情的作用，而心代表知的作用。如：

纵性情而不足问学。(《荀子·儒效》)
好利而欲得者，此人之情性也。(《荀子·性恶》)

这都是把性和情合在一起来说的。

心生而有知。(《荀子·解蔽》)
心有征知。(《荀子·正名》)

这些都说明了心有知的作用。

当然，性主情，心主知，这是就心性的对立来看的。在《荀子》中有时提到的心也有泛指一切心性作用的。所以其间的关系，我们可以从下面的图中看出：

$$ 心 \begin{cases} 性——欲——情 \\ 心——虑——知 \end{cases} $$

（2）治心的功夫

从上面这个图中可以看出，与性对立的心，其地位非常重要，它是化性起伪的主角，像法官一样具有公正不阿的精神。荀子曾描写说：

心者，形之君也，而神明之主也，出令而无所受令。自禁也，自使也，自夺也，自取也，自行也，自止也。故口可劫而使墨云，形可劫而使诎申，心不可劫而使易意，是之则受，非之则辞。(《荀子·解蔽》)

从这段话中可知，心是一切的主宰，不受外物的干扰，能很清明地辨别是非。

可是既然心有这种作用，我们的情为什么还会流于恶呢？这就是因为心有所蔽，所以不能发挥它的作用。正如荀子所说：

> 凡人之患，蔽于一曲，而闇于大理。(《荀子·解蔽》)

荀子更进一步指出各种蔽：

> 故为蔽：欲为蔽，恶为蔽，始为蔽，终为蔽，远为蔽，近为蔽，博为蔽，浅为蔽，古为蔽，今为蔽。凡万物异则莫不相为蔽，此心术之公患也。(《荀子·解蔽》)

这里所举出的十种蔽都是偏于一端，使心受到了蒙蔽。解蔽的方法有二。

①虚壹而静

这是消极的方法，使心澄清，"足以见须眉而察理"。他说：

> 故治之要在于知道，人何以知道？曰：心。心何以知？曰：虚壹而静。心未尝不臧也，然而有所谓虚；心未尝不满也，然而有所谓壹；心未尝不动也，然而有所谓静。(《荀子·解蔽》)

什么叫"虚壹而静"？他解释说：

> 不以所已臧害所将受，谓之虚。(《荀子·解蔽》)
>
> 不以夫一害此一，谓之壹。(《荀子·解蔽》)
>
> 不以梦剧乱知，谓之静。(《荀子·解蔽》)

所谓"虚"，就是使心能永远吸收万事万物之理；所谓"壹"，就是使心能兼容各种不同的理；所谓"静"，就是使心中没有杂念。人能达到这种境界，就是大清明。正是所谓：

> 万物莫形而不见，莫见而不论，莫论而失位。坐于室而见四海，处于今而论久远，疏观万物而知其情，参稽治乱而通其度，经纬天地而材官万物，制割大理，而宇宙里（理）矣。(《荀子·解蔽》)

②学法圣王

以上的虚壹而静，只是使心达到清明的境界。在这方面，荀子的功夫和道家有相通之处。然而荀子毕竟属于儒家，所以他在心境达到清明之后又提出了一个"学"字，把我们的心积极地加以充实，而且是向上的提升。他说：

> 故学也者，固学止之也。恶乎止之？曰：止诸至足。曷谓至足？曰：圣王。
>
> 圣也者，尽伦者也；王也者，尽制者也。两尽者，足以为天下极矣！(《荀子·解蔽》)

圣是道德的最高境界，王是政制的最高境界，能有以圣王为心所取法的理想，我们的心自然能解蔽，能化性起伪。

三、礼论

荀子是讲求实际的，因此他所谓学法圣王，并不是只在口头上说说而已。圣和王的具体表现就在礼制上，所以他在化性起伪的功夫后，便提出礼制的重要性。

1. 礼的重要性

（1）德目的总纲

荀子眼中的礼，其重要性犹如孔子的仁，为一切德目的总纲。如他说：

> 礼者，人道之极也。(《荀子·礼论》)
>
> 礼者，治辨之极也，强国之本也，威行之道也，功名之总也。(《荀子·议兵》)

（2）治气养心之道

荀子化性重在约束，而他眼中的礼正具备了这种作用。他说：

> 凡治气养心之术，莫径由礼。(《荀子·修身》)
>
> 凡用血气志意知虑，由礼则治通，不由礼则勃乱提僈。(《荀子·修身》)

（3）经国治民之法

荀子把礼和法合在一起，使礼成为政治上实际运用的制度。他说：

> 礼者，法之大分，类之纲纪也。(《荀子·劝学》)
>
> 上不隆礼则兵弱。(《荀子·富国》)
>
> 取人之道，参之以礼。(《荀子·君道》)

由此可见，在荀子看来，礼简直是一剂万灵丹。

2. 礼的作用

关于礼的作用，荀子有一段详细的描述：

> 礼起于何也？曰：人生而有欲，欲而不得，则不能无求；求而无度量分界，则不能不争；争则乱，乱则穷。先王恶其乱也，故制礼义以分之，以养人之欲，给人之求，使欲必不穷乎物，物必不屈于欲，两者相持而长，是礼之所起也。(《荀子·礼论》)

这段礼的起源的描述，揭出了礼的两大作用，一是分，二是养。

（1）分

荀子的哲学方法，特别重视分。他讲天人之分，讲性伪之分，而在《礼论》篇中强调人我之分。因为有了分，才有界限，人才知道自己应尽的职责。这个分，也就是人与禽兽不同的地方。他说：

> 人之所以为人者，何已也？曰：以其有辨也。……夫禽兽有父子而无父子之亲，有牝牡而无男女之别，故人道莫不有辨。辨莫大于分，分莫大于礼。(《荀子·非相》)

人与人之所以能和谐相处，就在于能分。

> 人之生不能无群，群而无分则争，争则乱，乱则穷矣！故无分者，人之大害也。(《荀子·富国》)

（2）养

荀子认为，欲是与生俱来的，不可能完全消除，也不可能减除。他说：

> 凡语治而待去欲者，无以道欲而困于有欲者也；凡语治而待寡欲者，无以节欲而困于多欲者也。(《荀子·正名》)

因此我们要正视欲，让它循着好的路子发展。荀子对欲着重在疏导，着重在满足，而礼就有这种作用。他说：

> 故礼者，养也。刍豢稻粱，五味调香，所以养口也。椒兰芬苾，所以养鼻也。雕琢刻镂黼黻文章，所以养目也。钟鼓管磬，琴瑟竽笙，所以养耳也。疏房檖貌，越席床笫几筵，所以养体也。故礼者，养也。(《荀子·礼论》)

这无异于强调一切物质的发明都是为了养欲。反过来，养欲也推进了一切物质的发明，正是所谓"两者相持而长，是礼之所起也"。礼的作用就是使物和欲配合得宜，能够相互促进发展。

3. 礼与治道

礼要养人之欲，而人类之欲主要有两个方面，一是精神上的，二是物质上的。为了养精神上的欲，荀子强调乐教；为了养物质上的欲，荀子主张富国。

（1）乐教

在《荀子·乐论》中，荀子批评墨子的非乐，而强调：

> 夫乐者，乐也，人情之所必不免也，故人不能无乐；乐则必发于声音，形于动静；而人之道，声音动静，性术之变尽是矣。故人不能不乐，乐则不能无形，形而不为道，则不能无乱。先王恶其乱也，故制《雅》《颂》之声以道之，使其声足以乐而不流，使其文足以辨而不諰，使其曲直、繁省、廉肉、节奏足以感动人之善心，使夫邪污之气无由得接焉。是先王立乐之方也，而墨子非之奈何！

这段话说明了乐教的目的是导人之欲，使它往上发展。乐和礼是相辅而为用的，正如荀子所说：

> 故乐在宗庙之中，君臣上下同听之，则莫不和敬；闺门之内，父子兄弟同听之，则莫不和亲；乡里族长之中，长少同听之，则莫不和顺。故乐者，审一以定和者也；比物以饰节者也，合奏以成文者也；足以率一道，足以治万变，是先王立乐之术也，而墨子非之奈何！（《荀子·乐论》）

（2）富国

因为荀子主张"养人之欲，给人之求"，所以对民生问题非常重视。他强调：

> 观国之治乱臧否，至于疆易而端已见矣。其候徼支缭，其竟关之政尽察，

是乱国已。入其境，其田畴秽，都邑露，是贪主已。观其朝廷则其贵者不贤，观其官职则其治者不能，观其便嬖则其信者不悫，是暗主已。凡主相臣下百吏之属，其于货财取与计数也，顺孰尽察；其礼义节奏也，芒轫僈楛，是辱国已。(《荀子·富国》)

这段话说明了礼和富国的关系，如果一个国家弄得百姓穷困不堪的话，就表示这个国家的君主和官吏不守礼法、贪污暴虐。所以若真能重礼，其国必富。

四、正名

礼重分别，而分别得适当与否有赖于用名。今天我们谈到"名"字，往往偏于名词，把荀子这方面的研究限于名学。其实荀子正名，固然多谈名词问题，但他有更深更远的意义。正如他说：

> 故王者之制名，名定而实辨，道行而志通，则慎率民而一焉。故析辞擅作名，以乱正名，使民疑惑，人多辨讼，则谓之大奸。其罪犹为符节、度量之罪也。故其民莫敢托为奇辞以乱正名，故其民悫；悫则易使，易使则公。其民莫敢托为奇辞以乱正名，故壹于道法而谨于循令矣。如是则其迹长矣。迹长功成，治之极也。是谨于守名约之功也。(《荀子·正名》)

在这里可以看出，荀子论名有两个方面，一是就名学上来批评各家思想，二是就名位上来建立政治制度。现在我们先谈谈学术上的正名。

1. 学术方面

（1）名学上的讨论

①名词的成立

我们用的名词，都是拿来称呼实物的。虽然名词本身并没有固定的所指，但经过大家的约定俗成之后，便不能随便更改，以避免混淆名实。他说：

> 名无固宜，约之以命，约定俗成谓之宜，异于约则谓之不宜。名无固实，约之以命实，约定俗成谓之实名。(《荀子·正名》)

②名学上的三惑

接着荀子批评当时名学上的三种错误：

一是：

> "见侮不辱""圣人不爱己""杀盗非杀人也"，此惑于用名以乱名者也。(《荀子·正名》)

这是指把意义相同的两个名词，加以混淆所产生的迷惑。譬如侮和辱本是同义的，有的人却把侮当作外来的，辱当作内心的，而说"见侮不辱"。又如"圣人"两字的意义，就是爱人。爱人包括了人与己，有的人却说"圣人不爱己"。再如，盗本是人的一种，杀盗就本质来说，当然是杀人（法律上或道德上的意义，那是另一回事），有的人却故意说"杀盗非杀人"。

二是：

> "山渊平""情欲寡""刍豢不加甘，大钟不加乐"，此惑于用实以乱名者也。(《荀子·正名》)

这是指用实质的另有所指而破坏了该名词的原义。譬如在造名时，山是指高出的，渊是指低下的，因此不能从另一个观点说"山渊平"，而破坏了山和渊本身的所指。同样，提到"情"字，已含有求多的意思，又怎么可能欲寡呢？"刍豢"两字代表好吃的，"大钟"两字代表好听的，又如何能不增加我们的口之甘、耳之乐？

三是：

> "非而谒""楹有牛""马非马也"，此惑于用名以乱实者也。(《荀子·正名》)

"非而谒""楹有牛",意义不明,可能有脱误。至于"马非马",则指公孙龙的"白马非马"。这是指白马就实质上来说本是马,但惑于白马和马的名词概念的不同,而混乱了实质上的本同。

(2) 各家思想的批评

以上荀子对名学的讨论,其目的不在于建立名学的体系,而在于批评当时各家学派大都故意乱用名词,盲求标新立异。所以荀子从正名词,而进一步批评各家思想,如在《非十二子》中批评它嚣、魏牟;陈仲、史䲡;墨翟、宋钘;慎到、田骈;惠施、邓析;子思、孟轲。他们的毛病就在"饰邪说,文奸言",就在"其持之有故,其言之成理"。

2. 政治方面

(1) 名为礼法的根据

礼和法的推行都在于分,而分必须名实正。正名在政治上的作用就是使礼法的实行有切实的依据。正如荀子所说:

> 今圣王没,名守慢,奇辞起,名实乱,是非之形不明,则虽守法之吏,诵数之儒,亦皆乱也。(《荀子·正名》)

(2) 正名是儒法思想的相融

在政治上所讲的名,既有法家的刑名,也有儒家的正名。孔子所讲的正名,也是有关法家的刑名。如《论语》中所记载的:

> 子路曰:"卫君待子而为政,子将奚先?"子曰:"必也正名乎!"子路曰:"有是哉!子之迂也。奚其正?"子曰:"野哉,由也!君子于其所不知,盖阙如也。名不正,则言不顺;言不顺,则事不成;事不成,则礼乐不兴;礼乐不兴,则刑罚不中;刑罚不中,则民无所措手足。故君子名之必可言也,言之必可行也。君子于其言,无所苟而已矣!"(《论语·子路》)

荀子所讲的正名便是承接孔子这段话而来。不过，荀子的重点放在刑罚不中上，偏于制名指实，到了韩非手中，便转变成循名责实的考核制度了。

第四节　荀子思想的检讨

荀子强调正名，希望澄清名词观念，替学术思想分个真是真非。但出乎意料的是，他自己的思想却被后人误解，不但湮没不彰，而且还被误用，产生了极大的流弊。

荀子的哲学彻头彻尾是人道主义，他一方面以性恶为跳板，另一方面把神权性的天挪在一边，希望人性能由下而上。但事实不然，由于后人未能真正洞悉他的天论和性恶的本意，反而使得人性由上而下地坠落，以致一发而不可收。现在我把荀子哲学被扭曲的原因，分析如下。

一、向上一路的空洞

对于天的看法，当然世俗中那种奉天为神明而自己不努力的做法是错误的。但孔孟讲天命、老庄讲天道并不是如此，他们是建立了向上一路，把我们的人性往上提撕。荀子对世俗的观点，是强烈批评的，至于对孔孟老庄的观点，非但没有反对，反而在字里行间有相当的推崇。如：

> 不为而成，不求而得，夫是之谓天职。(《荀子·天论》)
> 不见其事，而见其功，夫是之谓神。(《荀子·天论》)

但荀子为了他所主张的人为的力量，所以不在这方面加以强调，而把用力点转向人。他说得很明白：

> 君子敬其在己者，而不慕其在天者；小人错其在己者，而慕其在天者。君子敬其在己者，而不慕其在天者，是以日进也；小人错其在己者，而慕其在天者，是以日退也。(《荀子·天论》)

这是荀子的本意。但在这里，荀子思想的困难有二：一是他的本意被误解了，后人夸大了他对世俗的批评，认为这是荀子推翻了儒道的形而上思想，是一种戡天主义；二是他扫清了向上一路的许多障碍后，并没有强调天命和天道，因此使把人性向上提撕的形而上思想失去了作用，于是便完全要靠人力。如果在人力方面没有适当地加强，使其有足够的力量向上冲，那么人便只有下坠而无法向上了。

二、人性基础的偏差

荀子对人性的看法，只强调人性中有欲，而且根据他的性恶理论，人性就是欲。事实上，在这里荀子也有他的苦心——欲是发乎本能的，是不可遏止的一种需求，虽然欲可以向恶也可以向善，但是只要能以人为的力量把它转向善，那么奠基于这种本能所产生的力量一定很大，自然能使人性向上发展，和天地相参。但可惜的是，荀子在性恶的理论上，又把欲和性恶联结起来，使人性的基础上没有善的因子，没有向上的动力（因为向上就是从善），因此要使人性向上，就只能寄托在外力的"伪"上，寄托在外在的师法礼义上。这样一来，人性向上的动力就不属于人性所本具的，所以要使人类向上发展，就不宜取决于本性，那么向上的动力，便非必然了。

因为人性基础的偏差，没有向上的动力，而在上又没有点化人性、提撕人性的天道作用，所以荀子强调化性起伪，仍然只是理论上的安排，在实际修为上则无所着力。打个比喻，科学上讲地心引力，这个地心引力可比作欲望的下坠，一直把我们向下吸，而天道的作用，有如天心引力，借理性良知把我们向上提。由于上提的力量大，所以使我们非但不下坠而流为禽兽，反而上升为至人、神人和圣人。现在荀子的理论，挪走了天心引力，因此使人性只有单方面的向下引力，而向下坠落了。（按：这只是比喻，与自然科学中之地心引力理论无关。）

在这里，我们已可以很清楚地看出荀子的儒家思想转变为法家思想的关键所在。在向下坠落的过程中，要逆转而向上发展，因为荀子不强调天道，不强调性善，所以无法诉诸天性的自觉。最后，只有寄托于外在的礼法来制衡了，而荀子的儒家思想也就很自然地走上了法家的路子。

第五节　整体生命哲学论

```
            天
           /\
          /  \
         /    \
        /      \
       /        \
      /          \
    礼──────────法
    性恶
```

在这张图中，我们先看荀子最令人瞩目的有关性恶的说法。在他以前没有人持此看法，但这是理论，没有真假可言，只有是非可辨。他之所以主张性恶，是因为有两个作用：一是把孔孟的"礼"从通乎"道"的"理"的层次上拉下来，即脱离"天"和"道"的关系；二是为"用"上的"法"建立人性的基础。也就是说，他在"天"和"道"的层次上是阙如的，即他不承认有"天"和"道"的存在及作用。在这个三角形中，由"理"至"天"或"道"和由"用"至"天"或"道"的两条路子都是虚线，也就是不相通，所以荀子的中心思想只是平面地主张性恶，使礼硬化而成法。

第十一章　法、术、势三派合一的韩非

第一节　法家思想的先驱

提到法家，我们就会想到集法家思想之大成的韩非。既然韩非是集大成者，那么可见在韩非之前就已有法家思想的发展。一般来说，韩非是集法、术、势三派的大成。商鞅言法、申不害言术、慎到言势，这在韩非的书中都有所指明。如在《韩非子·定法》篇中说："申不害言术，而公孙鞅为法。"在《韩非子·难势》篇中更针对慎到的言势大加检讨。除了这三派之外，还有一位被大家公推为法家鼻祖的管子。唯一可惜的是，他们的著作不是散佚，便是伪托。譬如申不害的书已失传，商鞅的著作不可靠，慎到的作品都是由佚言编纂成的，当然不无伪托之作。至于《管子》一书，更被公认为伪书。总之他们的作品，不能当作原始法家思想的主要资料，因此今天我们要谈法家思想，自应以《韩非子》一书为对象。

虽然我们以《韩非子》为研究法家思想的主要资料，但是在韩非之前的这些先驱者，他们对法家思想形成的作用不能一笔抹杀。现在我们根据史书上的记载，以及他们的言论中可与韩非思想相印证者，来说明法家思想形成的特色，以及它与其他各家思想的关系。

一、法家思想形成的四个特色

1. 富国强兵的任务

法家的最主要任务就是富国强兵。《史记》上描写管仲说：

> 管仲既任政相齐，以区区之齐在海滨，通货积财，富国强兵，与俗同好恶。故其称曰："仓廪实而知礼节，衣食足而知荣辱，上服度则六亲固。四维不张，国乃灭亡。"（《史记·管晏列传》）

虽然孔子也讲"足食，足兵"，孟子也讲"制民之产"，但是儒家只是以此为阶梯，最终的目的乃是建立以礼乐为主的精神文化。而法家所努力的目标，只及于富国强兵，当时的法家，如李悝、商鞅等，无不是如此。试观孟子以只讲富国强兵之不当来批评法家的人物，便可以看出到了战国时期，儒法两家的路子已截然不同了。

2. 抑制贵族的政策

儒家对贵族的态度是妥协的，他们希望能维持宗法社会的体制，大家各守本分，和谐相处。法家却只为了君主的利益，而欲削弱贵族的势力。如《韩非子》曾引吴起的事说：

> 昔者吴起教楚悼王以楚国之俗曰："大臣太重，封君太众，若此，则上逼主而下虐民，此贫国弱民之道也。不如使封君之子孙三世而收爵禄，绝灭百吏之禄秩，损不急之枝官，以奉选练之士。"（《韩非子·和氏》）

显然，这种态度正是当时的法家，如商鞅等人所共持的。因为法家所走的路线是君主的独裁，所以自然与古代的封建宗法制度相对立，且充满了破坏性。

3. 变法维新的理想

法家重视实际的事功，因此他们都极力地要摆脱传统，而倡言改革、创新。《史记》曾描写商鞅的变法说：

> 鞅欲变法，恐天下议己。卫鞅曰："疑行无名，疑事无功，且夫有高人之行者，固见非于世；有独知之虑者，必见敖于民。愚者暗于成事，知者

见于未萌,民不可与虑始,而可与乐成。论至德者不和于俗,成大功者不谋于众。是以圣人苟可以强国,不法其故;苟可以利民,不循其礼。"(《史记·商君列传》)

很显然,所谓变法就是不法古人。商鞅说得极为明白:

治世不一道,便国不法古,故汤武不循古而王,夏殷不易礼而亡。反古者不可非,而循礼者不足多。(《史记·商君列传》)

由此可见,法家的理想不是回归以礼乐为治的周代文化,而是创建重视功利的新王朝。

4.唯法是尚的精神

法家认为法是最高的标准,虽然他们也知道法本身并非十全十美,但是法毕竟是最客观的,只有以它来判断,才能使人民信服。慎到曾说:

法虽不善,犹愈于无法,所以一人心也。夫投钩以分财,投策以分马,非钩策为均也,使得美者不知所以德,使得恶者不知所以怨,此所以塞愿望也。(《慎子·威德》)

法不像道一样具有灵明或神性,法像钩策一样本身是木然无知的,也正因为它的无知,它才无任何主观意识、感情作用,所以拿法来衡量一切,自然是最客观、最无私的了。

因为法是最客观、最无私的,所以必须唯法是尚。《管子》中说:

不为爱人枉其法,故曰:"法爱于人。"(《管子·七法》)

这是指尚法重于爱人。以法的无私来取代人情,这也正是法家务法而不务德的一贯精神。

二、法家与其他各家的关系

1. 法家与儒家的关系

从源头上来看，法家和儒家的对立并不那么明显。在谋求国家的富强、人民的安乐上，他们的心愿是相同的。管仲也提倡礼、义、廉、耻的四维，孔子赞美管仲说：

> 管仲相桓公，霸诸侯，一匡天下，民到于今受其赐。微管仲，吾其被发左衽矣！（《论语·宪问》）

事实上，周代的文化有优美的礼乐，也有严明的刑法（见《礼记·王制》）。孔子崇尚周代文化，自然会在这两方面多加注意。他在做鲁司寇的第七日便斩杀了少正卯。这段故事在历史上疑信不决，最早见于《荀子·宥坐》：

> 人有恶者五，而盗窃不与焉：一曰心达而险，二曰行辟而坚，三曰言伪而辩，四曰记丑而博，五曰顺非而泽。此五者，有一于人，则不得免于君子之诛，而少正卯兼有之。故居处足以聚徒成群，言谈足以饰邪营众，强足以反是独立，此小人之桀雄也，不可不诛也。是以汤诛尹谐，文王诛潘止，周公诛管叔，太公（按：太公乃文王之误）诛华仕，管仲诛付里乙，子产诛邓析、史付，此七子者，皆异世同心，不可不诛也。

后人曾怀疑这段话的可靠性。这件事不见于《论语》《孟子》，也不见于《左传》，而且和孔子为政"焉用杀"的思想不符。不过话又说回来，孔子这时做的是司寇，所掌的就是刑罚，他所杀的也只有少正卯一人，并未用严刑酷法滥杀，所以即使有其事，也不必避讳。现在我们撇开这段事实不谈，就拿《荀子·宥坐》篇的这段杀人的理由来看，显然是上承《礼记·王制》篇中的思想，而且将文王、周公和管仲、子产并言，也表现了儒法在源头上相融的特色。尤其本段出自《荀子》，更可看出在荀子手中，儒家思想转折到法家思想的脉络所在。

在这里，我们谈儒家和法家的关系，主要目的有二。

一是我们要冲淡儒法两家的对立，儒法两家的互不相容是春秋以后讲究学派的一种偏差心理。他们认为孔子讲仁政，就一点刑罚也不能沾，而法家讲刑罚，好像只是刻薄寡恩，而没有更高的法理精神。虽然后代的儒法两家正由于这种偏差心理的作祟，而走入了儒法偏锋的发展，但是这不能代表儒法的真精神，我们要从源头上了解其密切的关系，以求相互为用。

二是我们要说明荀子的儒法相融，并没有离开孔子思想的正路，韩非的学于儒而转向法，也不是偶然的。今天，我们站在儒学的立场，固然认为韩非的思想是一种失落，但站在儒法相融的立场，在战国末期的恶劣环境中，韩非的思想仍不失为一种很好的政治运用。可惜的是，他没有更高的理想，只限于富国强兵，而不能归本于儒家的仁政。

2. 法家与道家的关系

道家中的老子思想，主要就是君主的用世之术，在这一意义上，道法两家思想先天便有可以沟通的地方。不过这里所谓的沟通，乃是指单方面的运用。也就是说，道家并不用法，法家却可用道家之术。

在法家中运用老子之术的，并不始于韩非。拿《管子》一书来说，《汉书·艺文志》在法家著作中未列有《管子》，在道家著作中却列有《莞子》一书，旧注并谓莞子"名夷吾，相齐桓公"，可见这本《莞子》与道家思想的关系甚深。今天流传为伪托的《管子》，也多有道家之言。如：

  正人无求之也，故能虚无，虚无无形谓之道，化育万物谓之德。(《管子·心术》)

  故必知不言无为之事，然后知道之纪。(《管子·心术》)

虽然这本书是伪托的，我们不能拿这些资料来证明管仲和道家的关系，但是据《史记》所载，也有不少法家人物学黄老之术。如：

> 申子之学，本于黄老，而主刑名。(《史记·老子韩非列传》)
> 慎到，赵人。田骈、接子，齐人。环渊，楚人。皆学黄老道德之术。(《史记·孟子荀卿列传》)

虽然也有人认为这是汉人夸大了道家思想的范围，但是据《庄子·天下》篇所描写的，慎到的思想已完全是道家的路子了。

因为法家学黄老之术已有历史渊源，所以韩非思想和道家思想关系亲密便不足为奇，不但《史记》上说他：

> 喜刑名法术之学，而其归本于黄老。(《史记·老子韩非列传》)

而且《韩非子》中也有《解老》《喻老》两文。如果这些还不足为据的话，那么《韩非子》中尚有不少篇文字，如《有度》《主道》《二柄》等，也都充满了运用老子之术的思想。如果这些文字还不可靠的话，那么就拿公认最可靠的《显学》篇来说，公开批评儒墨而不列道家，也足以反证韩非和道家有着相当密切的关系。

第二节　韩非的生平及其著作

一、韩非的生平

韩非（约前280—前233）的生平，据《史记》所载：

> 韩非者，韩之诸公子也；喜刑名法术之学，而其归本于黄老。非为人口吃，不能道说，而善著书，与李斯俱事荀卿。斯自以为不如非。

非见韩之削弱，数以书谏韩王，韩王不能用。于是韩非疾治国不务修明其法制，执势以御其臣下……悲廉直不容于邪枉之臣，观往者得失之变，故作《孤愤》《五蠹》《内外储》《说林》《说难》十余万言。

然韩非知说之难，为《说难》书甚具。终死于秦，不能自脱。

……

人或传其书至秦，秦王见《孤愤》《五蠹》之书，曰："嗟乎！寡人得见此人，与之游，死不恨矣！"李斯曰："此韩非之所著书也。"秦因急攻韩。韩王始不用非，及急，乃遣非使秦。秦王悦之，未信用。李斯、姚贾害之，毁之曰："韩非，韩之诸公子也。今王欲并诸侯，非终为韩不为秦，此人之情也。今王不用，久留而归之，此自遗患也，不如以过法诛之。"秦王以为然，下吏治非。李斯使人遗非药，使自杀。韩非欲自陈，不得见。秦王后悔之，使人赦之，非已死矣。（《史记·老子韩非列传》）

从这段叙述中可知，韩非一生未能施展自己的抱负，而又死于非命，真有诉不完的孤愤。

但真使韩非应该孤愤的不是生前，而是死后。李斯害死韩非之后，便将韩非的全部思想拿去运用。李斯在荀子门下做学生时学问不如韩非，且人品尤差。韩非在《孤愤》篇中所强调的是刚毅，如他说：

智术之士，必远见而明察，不明察，不能烛私；能法之士，必强毅而劲直，不劲直，不能矫奸。

李斯辞别荀子去游说秦王时却说：

诟莫大于卑贱，而悲莫甚于穷困，久处卑贱之位，困苦之地，非世而恶利，自托于无为，此非士之情也。（《史记·李斯列传》）

由此可以看出，韩非为政治家，李斯则为十足的政客。据《盐铁论》记载："李斯之相秦也……荀卿谓之不食。"李斯运用韩非之学来相秦,一方面由于他才智有限,误用了韩非的思想,另一方面由于他别具心机,故意歪曲了韩非的见解,因此才演变成秦始皇的暴政,使秦十五年而亡。如果说这是韩非理想政术运用的失败,岂不是要韩非死后也满怀遗憾而死不瞑目?

二、韩非的著作

《汉书·艺文志》载有韩非的著作五十五篇,如今流行的版本正好也是五十五篇。关于这五十五篇作品,后人多有怀疑,认为其中有许多篇不是韩非所作。胡适认为《韩非子》书仅十分之一二可靠,除《显学》《五蠹》《定法》《难势》《诡使》《六反》《问辩》等篇之外,其他都是后人加入的。这种说法未免过于小心,小心得反而漏失了许多宝贵的资料。本来先秦的子书几乎都经过了后人的增补和编纂,绝非完全出自一人之手,我们不能因某篇的几句话有问题,就怀疑全篇的可靠性,而加以剔除。如果这样,那么就《庄子·齐物论》中提到"指""马"之喻及"坚白"之论而言,显然是在公孙龙《指物论》《白马论》及《坚白论》之后,而庄子是在公孙龙之前,因此仅根据这些语句就怀疑《庄子·齐物论》不是出自庄子的手笔而加以剔除,非但漏失了庄子最重要的思想资料,而且对庄子思想的研究也无从着手。所以我们对先秦的子书,应该稍微放宽尺度。我们研究《老子》,并非研究老子一人的思想,而是研究以老子为代表的老学一系的思想。同样,我们研究《韩非子》,也不是研究韩非一人的思想,而是研究从韩非思想中所显示出的整个法家的思想。

在这样的原则下,我们先从韩非主要的几篇文字中把握他的思想精神,然后再从次要的文字中去吸取精粹,这样我们研究的韩非,才是名副其实的集法家思想之大成的韩非。

第三节 韩非的思想精神

一般都说韩非集法、术、势三派之大成,这样让法、术、势三足鼎立,好像术和势的地位与法一样重要。其实法家是以法为中心的,术和势只是用法的一种手段，离了法，术和势便毫无意义。所以在这里仅以法的原则与法的运用，来说明韩非的思想。

一、法的原则

1. 法的定义

《韩非子·定法》：

> 法者，宪令著于官府，刑罚必于民心；赏存乎慎法，而罚加乎奸令者也。

又《韩非子·难三》：

> 法者，编著之图籍，设之于官府，而布之于百姓者也。

这两段话说得很明白，法是政府所制定的公布于外、让百姓都知道的成文的法律。法是客观的，是君臣百姓所共守的。

在这个定义上，韩非所讲的法的内容，并没有什么新的意义。它和郑子产、范宣子所作的刑书，以及儒家、墨家所讲的刑法，也没有什么差别，最多只是条目上的繁简、运用上的宽严而已。使韩非的法具有特别意义的，还是他对法与人性的关系、法的功效及法的特性的看法。

2. 法与人性的关系

韩非认为，既然法是治人的，它便必须因顺人情。他说：

> 凡治天下必因人情。人情者有好恶，故赏罚可用。赏罚可用，则禁令可立，而治道具矣。（《韩非子·八经》）

此处所谓"人情"，并不是指人与人之间友爱的情感，相反，而是指好利恶害的欲望。在这里，韩非继承了荀子的性恶思想，他举了一个极端偏激的例子：

> 且父母之于子也，产男则相贺，产女则杀之。此俱出父母之怀衽，然男子受贺、女子杀之者，虑其后便，计之长利也。故父母之于子也，犹用计算之心以相待也，而况无父子之泽乎。（《韩非子·六反》）

韩非认为父母和子女之间，本属人伦至亲，犹存利害之心，更何况君臣百姓。

韩非对于人性本身并没有做理论性的探讨，他只是就经验上的好利之心来构搭法的根据。然而人心好利，如果都亏人以自利，又如何能建立公正无私的法？在这里，韩非的看法有两点。

（1）君臣可以因利而互相尽力

《韩非子·六反》篇中说：

> 霸王者，人主之大利也。人主挟大利以听治，故其任官者当能，其赏罚无私，使士民明焉；尽力致死，则功伐可立而爵禄可致。爵禄致，而富贵之业成矣。富贵者，人臣之大利也。人臣挟大利以从事，故其行危至死，其力尽而不望（按：不望即不怨）。此谓君不仁，臣不忠，则可以霸王矣！

这是说，尽管君臣各怀利己之心，君为了利己，必然好好地听治，臣为了利己，必然好好地做事，这样便在上下交征利的情况下，反而都能各尽其力。

（2）百姓可以因利而互相满足

《韩非子·外储说左上》篇说：

> 夫卖庸而播耕者，主人费家而美食，调布而求易钱者，非爱庸客也，曰：如是，耕者且深，耨者熟耘也。庸客致力而疾耘耕者，尽巧而正畦陌畦畤者，非爱主人也，曰：如是，羹且美，钱布且易云也。此其养功力，有父子之泽矣！而心调于用者，皆挟自为心也。故人行事施予，以利之为心，则越人易和；以害之为心，则父子离且怨。

第十一章 法、术、势三派合一的韩非

这是说，虽然人与人各怀利己之心，但是正由于利己，所以要待别人好一点，这样别人才能尽心地替你做事。由于为己，才能分工，才能各自满足所需。

3. 法的功效

韩非不仅强调人心好利，还更进一步否定了心治、教育和德化的重要性。他认为以心治、教育和德化来治理国家，反不如法治可靠。他的看法有三点。

（1）法治比心治切实

他说：

> 释法术而心治，尧不能正一国；去规矩而妄意度，奚仲不能成一轮；废尺寸而差短长，王尔不能半中。使中主守法术，拙匠守规矩尺寸，则万不失矣。君人者，能去贤巧之所不能，守中拙之所万不失，则人力尽，而功名立。（《韩非子·用人》）

这是说，用个人的才智心思来治国，总会囿于主观，有所偏差。所以法治比心治公正、客观。

（2）法治比教育来得彻底

他说：

> 今有不才之子，父母怒之弗为改，乡人谯之弗为动，师长教之弗为变。夫以父母之爱、乡人之行、师长之智，三美加焉，而终不动其胫毛不改。州部之吏，操官兵，推公法，而求索奸人，然后恐惧，变其节，易其行矣！故父母之爱不足以教子，必待州部之严刑者，民固骄于爱、听于威矣。（《韩非子·五蠹》）

这是说，父母、乡人和师长用感情教育孩子，不能使顽子改过向善，反不如州部的官吏，虽然和他疏远无亲，但是只要一声令下，便使他不敢为非作歹。所以法治比情感的教育还要彻底有效。

（3）法治比德化快速

他说：

> 夫严家无悍虏，而慈母有败子。吾以此知威势之可以禁暴，而德厚之不足以止乱也。夫圣人之治国，不恃人之为吾善也，而用其不得为非也。恃人之为吾善也，境内不什数；用人不得为非，一国可使齐。为治者，用众而舍寡，故不务德而务法。(《韩非子·显学》)

这是说，如果用德治的话，就必须等待国内每个人都懂礼义，行道德，这样非但迂慢，而且不可能，反不如法治，只要刑罚一公布，国内所有的人都不敢为非作歹。所以法治比德化来得快速有效。

4. 法的特性

（1）平等性

法有一种准平的作用，可是周代的制度有所谓"礼不下庶人，刑不上大夫"，这完全失去了法的精神。所以韩非一再强调说：

> 法不阿贵，绳不挠曲。法之所加，智者弗能辞，勇者弗敢争。刑过不避大臣，赏善不遗匹夫。故矫上之失，诘下之邪，治乱决缪，绌羡齐非，一民之轨，莫如法。(《韩非子·有度》)

这一点，在今天的民主法治社会看来是理所当然的。可是在古代，法家为了坚持这一原则，不知牺牲了多少生命，如商鞅、吴起之死，都是由于生前为了执法，得罪了贵戚。

（2）不变性

既然法是设于官府、布于百姓的，那么它必须具有固定不变性。韩非说：

> 赏莫如厚而信，使民利之；罚莫如重而必，使民畏之；法莫如一而固，

使民知之。故主施赏不迁，行诛无赦。誉辅其赏，毁随其罚，则贤不肖俱尽其力矣。(《韩非子·五蠹》)

所谓不变性有两层意思，一是法不能随便更易，使人民无所适从；二是执法必须说到做到，使人民信服。在古代，赏罚往往随国君的好恶而施，但法家的这种法的不变性，对国君的行为也有规范作用。

（3）警戒性

有许多站在儒家立场的学者往往因崇礼贬法而说："礼禁未然之前，法施已然之后。"言下之意，好像礼比法更具有防范性，较为彻底。可是，韩非的看法却不然。他说：

> 且夫重刑者，非为罪人也。明主之法揆也，治贼非治所揆也，治所揆也者，是治死人也。刑盗，非治所刑也，治所刑也者，是治胥靡也。故曰：重一奸之罪，而止境内之邪，此所以为治也。(《韩非子·六反》)

这是说，法不是替死人报仇，也不是只针对犯法者的一种惩罚，其真正的作用乃是杀一儆百。试想，如果能对一个犯罪者科以重刑，使得全国上下没有一个人再敢犯法，这不正是防患于未然吗？所以在韩非眼中，法不是一种消极的刑罚，而是积极的，具有警戒性。

二、法的运用

法本身只是静态的条文，至于其是否能产生作用，或产生怎样的作用，完全要看执法者如何运用。法的运用有二，一是术，二是势。

1. 术

术在韩非的思想中非常重要。司马迁写《史记·老子韩非列传》，之所以把老子和韩非合在一起，是因为韩非学黄老之术，而之所以把申不害和韩非合在一起，也是因为他们都是用术的能手。

韩非认为法虽重要，但离不了术。没有术，君主便无法站在超然的地位以执法。他说：

> 公孙鞅之治秦也，设告相坐而责其实，连什伍而同其罪。赏厚而信，刑重而必，是以其民用力劳而不休，逐敌危而不却，故其国富而兵强。然而无术以知奸，则以其富强也，资人臣而已矣。……商君虽十饰其法，人臣反用其资，故乘强秦之资，数十年而不至于帝王者，法不勤饰于官，主无术于上之患也。(《韩非子·定法》)

如果用一个譬喻来说明韩非的看法，就是国家是马车，君主是车夫，臣民是马，法是鞭子，如何使用鞭子以驱马就是术。如果君主不会使用鞭子，该打的时候不打，不该打的时候打，或该轻的时候不轻，该重的时候不重，这样非但不能控制马，反而会为马所左右。

关于韩非谈到君主的用术，全书中到处都有，在这里仅归纳为两方面，举其要点说明如下。

（1）君主对法的操作

①赏罚二柄

韩非说：

> 明主之所导制其臣者，二柄而已矣。二柄者，刑德也。何谓刑德？曰：杀戮之谓刑，庆赏之谓德。为人臣者，畏诛罚而利庆赏，故人主自用其刑德，则群臣畏其威而归其利矣。(《韩非子·二柄》)

所谓"刑德"，就是指赏罚，这是君主治国的二柄。究竟如何使用才能使这二柄发挥功能，据韩非的看法，有两个要点。

A. 刑要重

刑虽是制人为恶的，但必须重才能达到制恶的目的。否则，轻刑反而有鼓励的作用。韩非说：

公孙鞅之法也，重轻罪。重罪者，人之所难犯也。而小过者，人之所易去也。使人去其所易，无离其所难，此治之道。夫小过不生，大罪不至，是人无罪而乱不生也。一曰：公孙鞅曰："行刑重其轻者，轻者不至，重者不来，是谓以刑去刑。"（《韩非子·内储说上》）

B. 赏要慎

虽然赏是一种奖励，但是千万不要以为是奖励就可以越多越好，而失之轻率，这样就失去了赏的作用。韩非说：

韩昭侯使人藏弊裤，侍者曰："君亦不仁矣，弊裤不以赐左右而藏之。"昭侯曰："非子之所知也。吾闻明主之爱，一嚬一笑，嚬有为嚬，而笑有为笑。今夫裤，岂特嚬笑哉？裤之与嚬笑相去远矣，吾必待有功者，故藏之未有予也。"（《韩非子·内储说上》）

这是说，即使是一条旧裤子，也须有相等的功劳才能赏，否则稍一轻率，整个赏罚制度便会被破坏。

② 循名责实

荀子制名指实，到了韩非手中，已完全落实到政治上，成为一种循名责实的考核制度。赏罚二柄之可行与否，主要依据这种考核制度是否严明。韩非说：

人主将欲禁奸，则审合刑名者，言与事也。为人臣者，陈而言。君以其言授之事，专以其事责其功。功当其事，事当其言，则赏；功不当其事，事不当其言，则罚。故群臣其言大而功小者，则罚；非罚小功也，罚功不当名也。群臣其言小而功大者，亦罚；非不说于大功也，以为不当名也。（《韩非子·二柄》）

"言"指言论，"事"指职位，"功"指成效。君主的循名责实，就是根据言论授以职位，再依据职位考核其成效，最后再施以赏罚。这种制度必须严明，像天平一样，不容有一点倾斜。韩非在《二柄》中曾举了一个例子说：

> 昔者韩昭侯醉而寝，典冠者见君之寒也，故加衣于君之上。觉寝而说，问左右曰："谁加衣者？"左右对曰："典冠。"君因兼罪典衣与典冠。其罪典衣，以为失其事也。其罪典冠，以为越其职也。非不恶寒也，以为侵官之害甚于寒。故明主之畜臣，臣不得越官而有功，不得陈言而不当。越官则死，不当则罪，守业其官，所言者贞也，则群臣不得朋党相为矣。

这是一个相当偏激的例子——杀典冠。这是故意地科以重刑，以强调越职的不当。因为一宽容越职，大家便会不注重自己的职位而邀功求赏，这样整个赏罚制度便不能推行。不仅如此，国君最重要的二柄还会落在臣子手中，君主反为臣子所控制了。

（2）君主个人的修炼

君主真正要做到用法严明，他本身还必须有超然的功夫，否则往往会因主观意识的渗入而影响了执法。这套超然的功夫，韩非就是从老子的智慧中吸取过来的，有两点。

①无好恶

韩非说：

> 人主有二患：任贤，则臣将乘于贤以劫其君；妄举，则事沮不胜。故人主好贤，则群臣饰行以要君欲，则是群臣之情不效；群臣之情不效，则人主无以异其臣矣。故越王好勇，而民多轻死；楚灵王好细腰，而国中多饿人；齐桓公妒而好内，故竖刁自宫以治内；桓公好味，易牙蒸其子首而进之；燕子哙好贤，故子之明不受国。故君见恶则群臣匿端，君见好则群臣诬能，人主欲见，则群臣之情态得其资矣。(《韩非子·二柄》)

老子曾说：

> 道常无名朴，虽小，天下莫能臣也。(《老子》第三十二章)

韩非这种要求君主不现好恶的主张，正是接受了老子"无名朴"的思想。唯有这样，君主才能毫无主观意识、毫无感情因素地去用法，不但在审合刑名上看得清楚，而且也不会因自己的欲望而受制于臣子。

②无逞能

韩非说：

> 夫为人主，而身察百官，则日不足，力不给。且上用目，则下饰观；上用耳，则下饰声；上用虑，则下繁辞。先王以三者为不足，故舍己能，而因法数，审赏罚。(《韩非子·有度》)

在此处，韩非接受了老子绝圣弃智的思想，认为君主不要自以为聪明，自以为有才干，什么事都要管，什么事都要做。即使你有这个才力，也没有这个精力。不如绝圣弃智，一切依循法术，臣民自然会走上轨道。韩非在这方面也是归本于黄老的，他曾说：

> 故去甚去泰，身乃无害。权不欲见，素无为也。事在四方，要在中央。圣人执要，四方来效。虚而待之，彼自以之。(《韩非子·扬权》)

这不正是老子无为政术的翻版吗？

由以上韩非对术的理论来看，前面两点是法家的精神，后面两点是道家的功夫。韩非很巧妙地把这两者融合在一起，可惜李斯之见不及此，秦始皇也未能用韩非，否则秦朝的历史可能要改写了。

2. 势

如果用前面驾车的譬喻的话，法是鞭子，用鞭的方法是术，而鞭子所产生的力量就是势。

（1）什么是势

势，主要有两种，一种是自然之势，另一种是人为之势。韩非说：

> 夫势者，名一而变无数者也。势必于自然，则无为言于势矣！吾所为言势者，言人之所设也。今日"尧、舜得势而治，桀、纣得势而乱"，吾非以尧、桀为不然也。虽然，非一（一字衍）人之所得设也。夫尧、舜生而在上位，虽有十桀、纣不能乱者，则势治也。桀、纣亦生而在上位，虽有十尧、舜而亦不能治者，则势乱也。故曰："势治者，则不可乱；而势乱者，则不可治也。"此自然之势也，非人之所得设也，若吾所言，谓人之所得势也而已矣。（《韩非子·难势》）

自然之势，就是指天生自然的，譬如遇到尧、舜或桀、纣，一治一乱，这是人力无法干预的。相反，人为之势，乃是指可以凭人为的力量而产生威势，譬如树立了法的权威性后，任何人执法都可以由法的权威而产生威势。所以韩非指的势，乃是法势。

（2）法势的作用

①确立法的权威性

古代的君主之所以有权威，其来源有三。一是君主由天降命，因此是神圣的。关于这一点，在神权思想的逐渐消退下，对其的信仰也自然逐渐降低，最多保留在一般百姓的愚信中，不为学术所重视。二是君主代表有智德的人物，他本身不但是圣明的，而且是爱民的，所以很自然地赢得百姓的尊崇。这是儒家思想的看法。三是君主是执法者，由于法具有权威性，因此使君主也成为权威。在韩非的眼中，神权的思想当然不为法家所取，而君主圣明的思想，可能导致君主夸大自己的聪明才智，这正犯了逞能之病。所以最可靠的是第三者，完全以法为最高的领导者，这样不仅使百姓畏法，也使君主爱法。这就是势促成了法的权威性。

②不待贤人而治

法的权威性确立了以后，就不必等待贤人，即便是中等之君，也能使政治走上轨道。韩非说：

> 且夫尧、舜、桀、纣千世而一出，是比肩随踵而生也。世之治者不绝于中，吾所以为言势者，中也。中者，上不及尧、舜，而下亦不为桀、纣。抱法处势则治，背法去势则乱。今废势背法而待尧、舜，尧、舜至乃治，是千世乱而一治也。抱法处势而待桀、纣，桀、纣至乃乱，是千世治而一乱也。且夫治千而乱一，与治一而乱千也，是犹乘骥骅而分驰也，相去亦远矣！（《韩非子·难势》）

韩非这段话并非反对贤人，只是说一个国家的治平，不能只靠一两位贤人来旋乾转坤，那种"五百年而有王者兴"的想法是不切实际的，最要紧的是修明法治。法严而后势盛，即便是普通智慧的君主，也能运用自如。

第四节　韩非对各家的批评

韩非处战国之末，他了解要统一政权，必先统一思想。所以他说：

> 自愚诬之学、杂反之辞争，而人主俱听之，故海内之士，言无定术，行无常议。夫冰炭不同器而久，寒暑不兼时而至，杂反之学不两立而治。今兼听杂学缪行同异之辞，安得无乱乎？听行如此，其于治人又必然矣。（《韩非子·显学》）

根据韩非批评各家的两篇主要文章《五蠹》与《显学》可知，杂反之学是指五种人物：一是儒家，二是道家，三是墨家，四是纵横家，五是工商业者。其中第五种和学术无关，我们略而不论，现在看看韩非是如何批评儒家的。

一、仁政鼓励怠惰

韩非说：

> 今世之学士语治者，多曰："与贫穷地以实无资。"今夫与人相若也，无丰年旁入之利，而独以完给者，非力则俭也。与人相若也，无饥馑、疾疚、祸罪之殃，独以贫穷者，非侈则惰也。侈而惰者贫，而力而俭者富。今上征敛于富人，以布施于贫家，是夺力俭而与侈惰也。（《韩非子·显学》）

二、孝道有害法治

韩非说：

> 楚之有直躬，其父窃羊，而谒之吏。令尹曰："杀之！"以为直于君而曲于父，报而罪之。以是观之，夫君之直臣，父之暴子也。鲁人从君战，三战三北。仲尼问其故，对曰："吾有老父，身死，莫之养也。"仲尼以为孝，举而上之。以是观之，夫父之孝子，君之背臣也。故令尹诛而楚奸不上闻，仲尼赏而鲁民易降北。上下之利，若是其异也。（《韩非子·五蠹》）

三、仁义宽缓难行

韩非说：

> 夫古今异俗，新故异备，如欲以宽缓之政治急世之民，犹无辔策而御骁马，此不知之患也。……仲尼，天下圣人也，修行明道以游海内，海内

说其仁、美其义，而为服役者七十人，盖贵仁者寡，能义者难也。故以天下之大，而为服役者七十人，而仁义者一人。鲁哀公，下主也，南面君国，境内之民莫敢不臣，民者固服于势，诚易以服人，故仲尼反为臣，而哀公顾为君。（《韩非子·五蠹》）

在这里我们仅以儒家为例：一方面，韩非是荀子的学生，本属于儒学系统，因此要看看他何以由儒家而转向法家；另一方面，韩非批评其他各家都甚为简略，如对道家，不提老庄，仅举杨朱派思想为例，对墨家，只举其游侠好私斗、害公法为例。

在韩非对儒家的批评中，值得我们注意的有四点。

一是韩非对孔子思想本身并无任何批评，他只是指出后代环境不同，仁政宽缓，不能救急。

二是韩非对儒家的指责，是站在政治的角度，而且只限于为了维护法治而不用儒家。

三是韩非所举例证，都属肤浅的经验，而无深度。

四是韩非虽批评各家，但目的只是要求君主不必兼听，并没有暗示要用激烈的手段加以铲除。

第五节　韩非思想的检讨

一、由荀韩的比较看韩非思想的失落

韩非是荀子的学生，许多理论都承袭自荀子。唯荀子正处于新旧观念交替的时代，他的思想中已有这种冲突的现象，因此他的理论便带有这种因冲突而可能发生的弱点，韩非思想中值得批评的地方，也都是由这些弱点引起的。

1. 人性论的偏差运用

虽然荀子倡性恶论，但其真正的目的是化性起伪，维护仁义礼智。韩非引

用荀子的性恶论，却没有这样正大的目标。因为他只是利用人性好利的弱点，认为只有这样才能赏罚可用，君主才可以统治百姓。否则，如果人性不好利，便不会受赏罚二柄所制了。韩非批评道家为我派的思想：

> 夫上所以陈良田大宅，设爵禄，所以易民死命也。今上尊贵轻物重生之士，而索民之出死而重殉上事，不可得也。(《韩非子·显学》)

由此可见，韩非以荀子性恶论作为法治的根据是出于利用的手段，失去了儒家颂扬道德的精神。

2. 批评各家的偏狭观点

虽然荀子批评各家思想不免有错误的地方，但是他毕竟是本着学术理论的观点来批评的。如他说：

> 慎子有见于后，无见于先。老子有见于诎，无见于信。墨子有见于齐，无见于畸。宋子有见于少，无见于多。(《荀子·天论》)

可是韩非对各家的批评，根本不是以理论批评理论，而是以片面的法治观点来批评各家思想的无用。就学术思想来说，这样的批评是不值得研究的。但在这里，我们须注意的是，这种以政治的立场干涉学术的思想，自然会导致以政权控制学术，这是韩非的失落，间接演变成焚书坑儒的暴政。

二、从韩非对理论的设计看韩非思想的困境

1. 德和智的扬弃

虽然韩非没有公开地否定道德和智慧的作用，但他一再强调人性好利，认为只要以利就可以治国，间接地否定了道德和智慧的作用。现在我们不从维护人性的观点来批评他，而仅就他所设计的理论来说明他所遇到的困难。

韩非认为人们都是好利的，只要大家都好利，互取所需就会彼此满足。其

实不然，虽然人类有好利之心，但在人类的发展中，唯时时伴以同情心才能互助合作。单以好利的结合，只是暂时的，譬如君主固然可以用厚赏鼓励士兵卖命，但这种以利求忠是片面的，如果敌人以更大的利益相诱的话，士兵的刀刃可能就会掉转头来对付君主。

再说韩非一再强调不待贤，君主只要有中等才智，能抱法处势，就可以致治。其实孟子曾说："徒法不能以自行。"(《孟子·离娄上》)必须是第一流的人士才能将法运用好，尤其是过去为君主专政，像韩非要求君主用术，做到无逞能、无好恶的境地，这又岂是中等才智之君所能做得到的？

由此可见，韩非不重视德和智，即使从理论结构来说，这也是不可能的。

2. 法、术、势的连锁落空

按照韩非的看法，法、术、势三者互相补足，形成牵制作用。但事实上，整个重心却在法，只有法本身健全，君主才能用术，才能乘势。可是要如何健全法，韩非没有触及这个问题。尽管韩非强调法治，但在古代君主专政的体制中，法完全由君主所立。即使立法之后，设于官府、布于百姓，法的兴废大权也仍然掌握在君主一人手中。所以按照韩非的理论，表面上是法、术、势三者产生均衡作用，事实上这三者的基础仍然建立在君主的道德和智慧上。君主本身一有问题，整个法、术、势便同时都落了空。这也正是为什么韩非的理论建设得好，到了秦始皇、李斯手中，却完全走了样。

第六节　整体生命哲学论

在整体生命哲学的三角形中，韩非的思想有如下图：

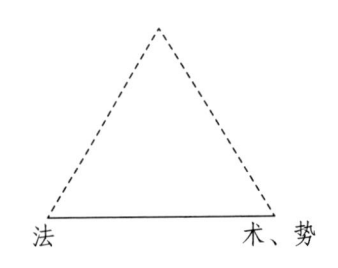

这个图很简单、清楚。韩非整合了他以前法家的法、术、势三家，而集法家思想之大成。他强调的"法"是理论，只有知识，没有"道"之"理"。而"术"和"势"也只是"法"的一种运用而已。他不承认有"天"或"道"，在"道"的层次上，其根本是空洞的，所以由"理"到"道"和由"用"到"道"是两条虚线，甚至最上面没有"道"。

　　从这个图中我们总结出战国以后中国实际的政治，常有外儒内道的说法。外儒，是采用儒家经典和礼制。至于内道，则有两种，一种是用老子的圣人之治，且用得非常高明。如唐太宗贞观之治时，魏徵的《谏太宗十思疏》："诚能见可欲，则思知足以自戒。将有所作，则思知止以安人。念高危，则思谦冲而自牧。惧满溢，则思江海下百川。乐盘游，则思三驱以为度。忧懈怠，则思慎始而敬终。虑壅蔽，则思虚心以纳下。想谗邪，则思正身以黜恶。恩所加，则思无因喜而谬赏。罚所及，则思无因怒而滥刑。"这段话的前半部分大都引用了老子的思想。另一种是承接韩非的"解老""喻老"，把老子转入用术之途，而影响后世之用老。实际上法家的用术，如汉武帝的外尊儒学，内则任权谋法术，这都是病在只讲法术，而不能向上提升，崇尚真正的"道"。

第十二章　战国以来思想的流变

第一节　百家之学的兴盛

前文我们介绍了春秋战国时期几位重要的哲学家，也是一般所称的"诸子"。其实除他们之外，尚有许多次要的哲学家，虽然他们的名声没有诸子那样煊赫，理论没有诸子那样严谨，影响没有诸子那样深远，但是他们点缀在诸子之间，就像绿叶衬托红花，使得当时哲学思辨自由开放的场面更为壮观。他们就是一般所称的"百家"。

严格地说，百家的产生是在孔子之后，也就是在战国时期。正如《孟子》所描写的：

圣王不作，诸侯放恣，处士横议。（《孟子·滕文公下》）

依据《史记》的记载：

自驺衍与齐之稷下先生，如淳于髡、慎到、环渊、接子、田骈、驺奭之徒，各著书言治乱之事……自如淳于髡以下，皆命曰列大夫，为开第康庄之衢，高门大屋，尊宠之。览天下诸侯宾客，言齐能致天下贤士也。（《史记·孟子荀卿列传》）

又：

宣王喜文学游说之士，自如驺衍、淳于髡、田骈、接子、慎到、环渊

之徒七十六人，皆赐列第，为上大夫，不治而议论，是以齐稷下学士复盛，且数百千人。(《史记·田敬仲完世家》)

由这几段话可以看出当时齐国学术风气之盛。事实上，孟子曾和齐宣王议论，荀子做过列大夫，可以说也都参与到稷下先生的行列。

此处我们所谓的"百家之学"，并不限于稷下先生，而是把战国时期除了前文已经介绍过的重要哲学家以外的一些哲学家和作品提出来，做一梳理。尽管他们有的没有生平，有的没有著作，有的虽有著作，但是否确为他们所作，议论未定。从其他哲学家的介绍及批评中，我们可以看出他们也有自己的一套看法，而且在当时曾产生过影响。尤其是拿他们的思想和以上诸子的思想做对照，更可以看出各派哲学的冲击和流变。

第二节 儒家的后学者

孔子的弟子号称三千，贤者有七十二人。在这七十二人中，和孔子关系较近、见于《论语》的，有颜渊、季路、子贡、子游、子夏、冉有、曾子、子张、宰我、南容、樊迟、原宪、司马牛、漆雕开、公冶长、公西子华、闵子骞等。其中和孔子论道多的，有颜渊、子路、子贡、曾子、子张、樊迟、冉有、子夏等人。颜渊虽然为孔子所欣赏，但不幸早死，所以没有立说，也无门人可传。值得注意的是子张、子夏、子游、曾子、冉有等人的言论，在《论语》中都有记载。可以和孔子的言论并列放入《论语》一书中，可见他们的分量之重。《论语·子张》中明言"子夏之门人"，同时还有互相批评的话。如：

子游曰："吾友张也，为难能也，然而未仁。"(《论语·子张》)
曾子曰："堂堂乎张也，难与并为仁矣。"(《论语·子张》)
子游曰："子夏之门人小子，当洒扫应对进退则可矣，抑末也。本之则无，如之何？"(《论语·子张》)

由这些蛛丝马迹可以看出，战国时期的孔门弟子仍然在默默地耕耘着，只可惜他们都没有单独的著作。这是因为他们的有些作品都附入了儒家的经传中，没有标出自己的姓名。

虽然如此，但有两本儒家的经典是与他们的思想有关的，一本是《易传》，另一本是《礼记》。

一、《易传》的思想

《易传》虽然有孔子的思想，但并非孔子所亲著，其中有许多内容是由继承孔子《易》学思想的弟子记载的。关于孔子传《易》，《史记》中言之凿凿：

> 商瞿，鲁人，字子木。少孔子二十九岁。孔子传《易》于瞿，瞿传楚人馯臂子弘，弘传江东人矫子庸疵，疵传燕人周子家竖，竖传淳于人光子乘羽，羽传齐人田子庄何，何传东武人王子中同，同传菑川人杨何，何元朔中以治《易》为汉中大夫。（《史记·仲尼弟子列传》）

这段话中的人名，除了商瞿和杨何外，都不可考。但有一点是事实，就是孔门弟子中有传《易》一支，而"十翼"正可以代表他们对儒门《易》的发挥。

在前面介绍《易经》思想时，我们曾引证《系辞传》中的许多话，那只是为了说明《易经》的应变作用，而此处我们再度讨论到《易传》中的思想，是因为这部分思想是后来发展的，为《易经》本身所未曾接触到的，所以我们把它放在战国时期，将其看作孔子后学者的思想。

他们的这些思想，有三点贡献。

1. 阴阳合德

在六十四卦中，虽有阴阳两爻，但没有阴阳的概念，卦爻辞中提到的只有一个"阴"字，即：

> 鸣鹤在阴，其子和之；我有好爵，吾与尔靡之。（《易经》中孚卦九二）

这里的阴乃是树荫，而无哲学的意味。我们再检视春秋时期以前其他作品，其中阴阳都是指物之明暗面，直到战国时期才有阴阳的概念。如《庄子》：

> 父母于子，东西南北，唯命之从；阴阳于人，不翅于父母，彼近吾死，而我不听，我则悍矣！（《庄子·大宗师》）

由此可见，《易传》中的阴阳概念是后来发展的。不过《易传》作者不只是以"阴阳"两字去代表卦中的刚柔两爻而已，更是用阴阳去解释宇宙的变化。如：

> 一阴一阳之谓道，继之者善也，成之者性也。（《易经·系辞传上》第五章）
>
> 子曰："乾坤，其《易》之门邪？乾，阳物也，坤，阴物也。阴阳合德而刚柔有体，以体天地之撰，以通神明之德。"（《易经·系辞传下》第六章）

这是把阴阳当作宇宙变化的两大作用，而只有阴阳相合，才能构成宇宙的和谐、促进万物的生长。

2. 天人感通

天人相感本是上古一种朴素的宗教信仰，但那只是把天看作神明，人只有虔敬才能得到天的关注。至于《易传》上所谓的感通，乃是事理的必然性。如：

> 《易》曰："憧憧往来，朋从尔思。"子曰："天下何思何虑？天下同归而殊途，一致而百虑，天下何思何虑？日往则月来，月往则日来，日月相推而明生焉；寒往则暑来，暑往则寒来，寒暑相推而岁成焉。往者屈也，来者信也，屈信相感而利生焉。尺蠖之屈，以求信也。龙蛇之蛰，以存身也。精义入神，以致用也。利用安身，以崇德也。"（《易经·系辞传下》第五章）

这是把天人感通之理寄托于阴阳的变化。不过，变化过程并非机械的、命定的，而是人可以通过"精义""崇德"的功夫参与感通，安身立命。

3. 忧患精神

虽然六十四卦的卦爻辞是明吉凶的，但那只是占卜者对个人问题的预测，并无深刻的忧患精神。所谓忧患精神乃是对外忧大道之能否实行，对内忧个人德行之能否完美。《易传》作者曾说：

> 《易》之兴也，其于中古乎？作《易》者，其有忧患乎？是故履，德之基也；谦，德之柄也；复，德之本也；恒，德之固也；损，德之修也；益，德之裕也；困，德之辨也；井，德之地也；巽，德之制也。（《易经·系辞传下》第七章）

这里写明了"作《易》者，其有忧患乎"，乃是《易传》作者特别加以强调的。下面接着提出的九个卦都以德为言，这正显示出《易传》作者认为要克服一切困难，必须立德。所以，如果说六十四卦的明吉凶是小乘思想，那么《易传》的忧患精神乃是大乘思想。这是《易传》作者根据孔子思想，把以前占卜的筮术《易》，转变为崇德的儒门《易》的一大贡献。

二、《礼记》的思想

《礼记》一书，成分复杂，是由汉代儒者编纂而成的。但由汉儒编纂，并不意味着都是汉儒的思想和作品，他们所运用的资料，仍然是来自先秦时期的。所以就思想来说，《礼记》一书大部分可代表战国至秦汉之间的儒家思想。

谨慎起见，我们只选择《礼记》中的三篇文字来说明这一时期儒家的思想。

1. 追求心性和谐的《乐记》

儒家主张礼乐为教，而乐又为六艺之一，墨子反儒，有非乐之论，可见乐在儒家中的地位。可惜的是《乐经》早佚，《论语》《孟子》只有对乐的片段记载，而未涉及根本的理论。荀子虽有《乐论》一文，但主要在辟墨子的非乐，多就功利处辨正，也未能深入。今天幸有《乐记》一文，尚可以看出孔子以来的儒家后学者对于乐的见解。

归纳《乐记》所论，有两点。

（1）乐可以助道制欲

《乐记》中首言天理人欲之辨，如：

> 人生而静，天之性也；感于物而动，性之欲也。物至知知，然后好恶形焉。好恶无节于内，知诱于外，不能反躬，天理灭矣。夫物之感人无穷，而人之好恶无节，则是物至而人化物也。人化物也者，灭天理而穷人欲者也。（《礼记·乐记》）

因此，为了化人欲而归天理，必须导之以乐，如：

> 乐者乐也。君子乐得其道，小人乐得其欲。以道制欲，则乐而不乱；以欲忘道，则惑而不乐。是故，君子反情以和其志，广乐以成其教。乐行，而民乡方，可以观德矣。（《礼记·乐记》）

（2）乐可以为礼之本

儒家常以礼乐为言，但对礼乐之间的关系未有详论。《乐记》一文在这方面却做了详尽的分析，如：

> 乐也者，动于内者也；礼也者，动于外者也。（《礼记·乐记》）

这是说乐治心，礼治行为。

> 乐也者，情之不可变者也；礼也者，理之不可易者也。（《礼记·乐记》）

这是说乐重情，礼重理。

> 乐者为同，礼者为异。同则相亲，异则相敬。（《礼记·乐记》）

这是说乐在于沟通彼此，礼在于辨别贵贱。

> 乐也者施也，礼也者报也。乐，乐其所自生；而礼，反其所自始。（《礼记·乐记》）

这是说乐在于感情之施与，礼在于报恩。

> 乐者，天地之和也；礼者，天地之序也。和故百物皆化；序故群物皆别。（《礼记·乐记》）

这是说乐能促进天地人物的和谐，礼能维系天地人物的次序。

从以上的几段分析来看，乐不但可以补礼的不足，而且还是礼的根本。没有乐，礼便成了形式虚文。

2. 强调以德行为政治之本的《大学》

依朱子的看法，《大学》中经的部分是曾子所记，传的部分是曾子学生所记。虽然这种说法没有确切的证据，但我们把它当作战国时期孔门后学者所撰是不会偏离事实的。

《大学》的中心思想在第一章，而第一章中有两个重点，即后儒所谓的三纲、八目。

（1）三纲

《大学》一开始即说：

> 大学之道，在明明德，在亲民，在止于至善。知止而后有定，定而后

能静，静而后能安，安而后能虑，虑而后能得。物有本末，事有终始，知所先后，则近道矣。

"明明德"是指光大自己本具的德行，"亲民"（或作"新民"）是指把这种德行向外推扩，从而能兼善天下。"止于至善"是指实践的目标必须归于至善。如图：

明明德 ┐
亲　民 ┘→ 止于至善

"止于至善"，有两层深意。第一层，虽然"止"有"停止于"的意思，但由于"至善"不是固定的，所以"止于至善"是无穷追求的意思。第二层，是指这种无穷的追求并不是漫天地乱追求，也不是毫无着落地空追求。因为"至善"代表最高的境界，所以"止于至善"又是向上的追求。只要一念向上，就能"止于至善"。

从"止于至善"去强调"明明德"与"亲民"，乃是使这种德行不仅由内而外，也是由下而上。此处充分显示出《大学》的作者重视全民的德行生活。

（2）八目

《大学》接着又说：

古之欲明明德于天下者，先治其国；欲治其国者，先齐其家；欲齐其家者，先修其身；欲修其身者，先正其心；欲正其心者，先诚其意；欲诚其意者，先致其知。致知在格物。物格而后知至，知至而后意诚，意诚而后心正，心正而后身修，身修而后家齐，家齐而后国治，国治而后天下平。

这段话一开头即提出"欲明明德于天下"，显然已经标明了所谓平天下，在于提高全人类的德行生活。因此从格物、致知、诚意、正心、修身、齐家、治国，到平天下的一贯系统，完全贯穿在德行上，这一点我们可以从解释这一章的传中得到证明。在传中，除了格物、致知有了阙文，只剩结尾外，诚意、正心、修身、齐家、治国、平天下无不重视德行。所谓：

　　一家仁，一国兴仁；一家让，一国兴让。(《大学》)
　　上老老而民兴孝；上长长而民兴弟。(《大学》)
　　道得众则得国，失众则失国。是故君子先慎乎德。(《大学》)
　　未有上好仁，而下不好义者也；未有好义，其事不终者也。(《大学》)

这种种言论都是以宣扬德行为中心的，所以这八目的结构是：

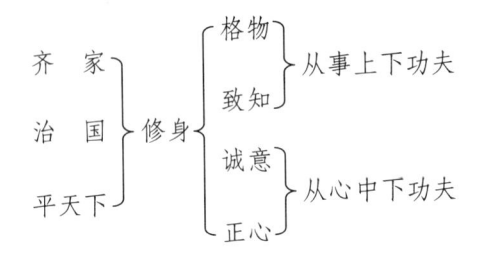

$$\left.\begin{array}{c}齐\ 家\\治\ 国\\平天下\end{array}\right\}修身\left\{\begin{array}{c}\left.\begin{array}{c}格物\\致知\end{array}\right\}从事上下功夫\\\left.\begin{array}{c}诚意\\正心\end{array}\right\}从心中下功夫\end{array}\right.$$

　　这八目以修身为本，修身的功夫在于格物、致知、诚意、正心。而修身的向外推扩，在齐家、治国、平天下。至于这八目的连贯性，只是一种理想的结构。今人常以其与事实不符，而怀疑它的理论有问题。譬如致知之后，是否就能意诚；家齐之后，是否就能国治。其实这八目本是贯穿在德行上的，整个《大学》所强调的，也就是政治必须以德行为依归。在德行的要求上，有真知之后，必然能意诚；家齐之后，才能求国治。

　　总之，从《大学》中可以看出孔门的后学者如何建构以德行为主的政治体系，以及如何建立一套由德行到政治的基本训练系统。

3. 建立以诚沟通天人之学的《中庸》

　　《中庸》一文向来都认为是子思所作，如《孔丛子·居卫》和《史记·孔子世家》中都有明言。直到清代以后才有人怀疑它的可靠性，有的人认为是孟子以后的儒者所作，有的人认为是汉儒所编。

　　在这里，我们不是拿《中庸》来谈子思的思想，而是将《中庸》作为战国到秦汉之间的儒家思想的代表，所以不牵涉《中庸》是否为子思所作的考证问题。

《中庸》一文在论伦理、政治方面都承袭了孔子的思想，并无什么特殊之处。它最大的贡献，还是在于系统地建立了儒家的天人之学。

（1）天命与人性的相通

孔子对于天命心存敬畏，显然有一层之隔，《中庸》的作者却把天命和人性打成一片，说：

> 天命之谓性，率性之谓道，修道之谓教。

人性既为天所命，自然纯粹至善，可见人性和天命的贯通处在于纯粹至善。只要能发挥纯粹至善的特性便可上达天命，所以《中庸》的作者接着又说：

> 喜怒哀乐之未发，谓之中；发而皆中节，谓之和。中也者，天下之大本也；和也者，天下之达道也。致中和，天地位焉，万物育焉。

这是由心性之中和助成天地之化，显然和孟子的思想是同一路线的，难怪荀子要把子思、孟子连在一起批评了。

（2）诚沟通了天人之道

《中庸》的作者为进一步使天命和人性的相贯不只是一种理论构想，而且还要有下学的修养功夫，所以特别提出了一个"诚"字，以沟通天人。现在我们就看一看《中庸》中"诚"字的作用。

①使形而上道德化

一般的形而上思想，不是偏于抽象的概念，便是偏于虚灵的玄妙，使得形而上远离人生而超脱，《中庸》的作者却以一个"诚"字将天道道德化了。他说：

> 诚者，天之道也。

又说：

> 故至诚无息。不息则久，久则征，征则悠远，悠远则博厚，博厚则高明。博厚所以载物也，高明所以覆物也，悠久所以成物也。博厚配地，高明配天，悠久无疆。如此者，不见而章，不动而变，无为而成。天地之道，可一言而尽也。其为物不贰，则其生物不测。天地之道：博也、厚也、高也、明也、悠也、久也。

所谓"为物不贰"，是指天道的真诚不妄；所谓"生物不测"，是指天道的生生不已。唯其真诚不妄，才能生生不已。"诚"本是人与人之间常讲的诚信，是一种很普遍的德行，而《中庸》的作者用"诚"字去描写天道的真实，这无异于抹去了天道抽象的、玄妙的色彩，使天道充满了真诚，所以《中庸》的作者是用"诚"字使形而上道德化了。

②使道德形而上化

儒家所讲的道德本是解决人与人之间的关系的，但如果道德只限于这些关系，而没有形而上的依据，那么便会失去普遍性，而流于偏私。譬如孝本是指子女对父母的爱，但如果孝只限于这点关系，而不能推扩为"老吾老以及人之老"，那么便成了一种私心。儒家的孝由己之父母推扩到人之父母，在表面上我们只感觉到它是关系上的推扩，好像只是平面上的发展，而忽略了它之所以能推扩，乃是因为孝本身有形而上的依据，是孝心中的至诚，是可以尽人尽物之心。关于这一点，《中庸》的作者做了很大的贡献，他说：

> 诚者，天之道也；诚之者，人之道也。

这是在天人之间，用一个"诚"字铺了路，使道德上的诚可以上达，而成为天道的至诚。接着又说：

> 唯天下至诚，为能尽其性；能尽其性，则能尽人之性；能尽人之性，则

能尽物之性；能尽物之性，则可以赞天地之化育；可以赞天地之化育，则可以与天地参矣。

这是说至诚可以通人我，通人物，与天地合流。因此，只要我们发挥心中这点至诚，便可以上达于天，参赞天地的造化。显然这是《中庸》的作者借道德的形而上化，把人提升到天道的境界。

以上是我们从《易传》和《礼记》两书中，大略地窥测了一下由战国到秦汉之间，儒家后学者的思想和贡献。他们所走的路子大致上仍然遵循着孔子的思想，只是他们所注重的问题，已偏向于孔子罕谈的"性与天道"，希望在天人之间建立一条通道。

第三节　其他百家之学

一、杨朱

杨朱的生平和思想，流传下来的资料很少，只是由于孟子的一辟，反而使他在哲学史上大大地有了名声。

关于杨朱的生平，据《庄子·寓言》篇中记载：

> 阳子居南之沛，老聃西游于秦，邀于郊，至于梁而遇老子。老子中道仰天而叹曰："始以汝为可教，今不可也。"阳子居不答。至舍，进盥漱巾栉，脱屦户外，膝行而前曰："向者弟子欲请夫子，夫子行不闲，是以不敢。"

此处的阳子居即杨朱。《列子·黄帝》篇即作杨朱。但《庄子》多寓言，这段话不能当作史实来看。尽管如此，这也足以证明杨朱是老学系统的人物。

杨朱没有著作流传于世，《列子·杨朱》篇乃后人的伪记，这已成公论。今天我们对于杨朱思想的认识，只能从各家的批评中得知一个大概。如：

杨子取为我，拔一毛而利天下，不为也。(《孟子·尽心上》)

杨朱、墨翟之言盈天下，天下之言不归杨则归墨。杨氏为我，是无君也。(《孟子·滕文公下》)

阳生贵己。(《吕氏春秋·审分览·不二》)

兼爱、尚贤、右鬼、非命，墨子之所立也，而杨子非之。全性保真，不以物累形，杨子之所立也，而孟子非之。(《淮南子·泛论训》)

杨朱哭衢涂曰："此夫过举蹞步，而觉跌千里者夫！"哀哭之。此亦荣辱、安危、存亡之衢已。(《荀子·王霸》)

根据以上所载，可以得到两点认识。

一是按照《淮南子》所说，杨子和墨子是同时期的哲学家，而且他们思想的对立非常明显。

二是杨朱的思想特色乃是"贵己"。其精神正是《淮南子》所谓的："全性保真，不以物累形。"

值得我们注意的是，杨朱在孟子时期似乎声势颇大，足可与儒、墨鼎足而三，可是荀子在《解蔽》《天论》《非十二子》中批评各家思想时没有提到他，《庄子·天下》篇及司马谈《论六家要旨》中也没有把他看成一派。这是什么原因？

杨朱"贵己"的思想，显然是属于隐士派和"贵生"一派的思想。也许杨朱当时只以行动来实践"贵己""贵生"的思想，既没有长篇的著作，也没有公开传授门徒。孟子所谓"杨朱、墨翟之言盈天下"，只是指出当时有很多人支持杨朱的论调，所以他的声势很大。但由于没有著作和门徒，所以自然无法构成学派，传之永恒。

二、慎到

慎到是位两栖性的哲人，兼有法家和道家的双重身份。《荀子·非十二子》中把他当成法家来批评，《庄子·天下》篇中对他的描写却十足具有道家的色彩。就哲学精神来说，慎到注重弃智去己的修炼功夫，远比强调"势"来得重要。

关于慎到的生平，司马迁在《史记·孟子荀卿列传》中有记载：

> 慎到，赵人。田骈、接子，齐人。环渊，楚人。皆学黄老道德之术，因发明序其指意，故慎到著《十二论》，环渊著《上下篇》，而田骈、接子皆有所论焉。

司马迁之所以把慎到等人和孟子、荀子放在一个列传中，是因为他们都做过稷下先生。至于把慎到和田骈、环渊、接子放在一起，则是因为他们都学黄老之术。因此《庄子·天下》篇中把慎到和彭蒙、田骈排在一起，也是从他们和道家的关系来看的。

今天慎到的十二篇已失佚，只有清代钱熙祚把残篇辑成《慎子》七篇，但都是法家之言，没有哲学上的意义。另外附《逸文》一篇，其中偶有道家的语句。如：

> 谚云："不聪不明，不能为王；不瞽不聋，不能为公；海与山争水，海必得之。"

> 夫德精微而不见，聪明而不发，是故外物不累其内。

> 任自然者久，得其常者济。

至于慎到学黄老之术的真正心得，则只见于《庄子·天下》篇中：

> 公而不当，易而无私，决然无主，趣物而不两，不顾于虑，不谋于知，于物无择，与之俱往，古之道术有在于是者。彭蒙、田骈、慎到闻其风而说之，齐万物以为首，曰："天能覆之，而不能载之；地能载之，而不能覆之；大道能包之，而不能辩之。"知万物皆有所可，有所不可，故曰："选则不遍，教则不至，道则无遗者矣！"是故慎到弃知去己，而缘不得已，泠汰于物

第十二章　战国以来思想的流变

以为道理，曰："知不知，将薄知而后邻伤之者也。"謑髁无任，而笑天下之尚贤也；纵脱无行，而非天下之大圣。椎拍辒断，与物宛转，舍是与非，苟可以免。不师知虑，不知前后，魏然而已矣。推而后行，曳而后往。若飘风之还，若羽之旋，若磨石之隧，全而无非，动静无过，未尝有罪。是何故？夫无知之物，无建己之患，无用知之累。动静不离于理，是以终身无誉。故曰："至于若无知之物而已！无用贤圣，夫块不失道。"豪杰相与笑之，曰："慎到之道，非生人之行，而至死人之理，适得怪焉！"田骈亦然，学于彭蒙，得不教焉。彭蒙之师曰："古之道人，至于莫之是、莫之非而已矣。其风窢然，恶可而言？"常反人，不见观，而不免于鲵断。其所谓道非道，而所言之题不免于非。彭蒙、田骈、慎到不知道，虽然，概乎皆尝有闻者也。

从庄子的这段评论中可以看出，慎到等人所推崇的道和老庄的道并没有什么差别。老子要"绝圣弃知"，他们也要"无用贤圣"；庄子讲"万物与我并生"，他们也"齐万物以为首"。但他们的方法走偏了，尤其是慎到，从"弃知去己，而缘不得已"，到"舍是与非，苟可以免。不师知虑，不知前后，魏然而已矣"，这样无异于堵塞了智慧、窒息了性灵，使活泼、充满生命力的人，变成了槁木死灰。这和道家的旨趣正好背道而驰。

老子虽曾说过绝圣弃智，但老子的本意是劝君主不要以圣自居，不要以自己的聪明去蛮干。老子要扬弃的是那种外在的矫饰，而非真正的智性。可是慎到在这里并没有抓住老子的精神，而流为庄子所批评的"非生人之行，而至死人之理"。

三、告子

孟子虽然力辟杨墨，但在全书中真正和他针锋相对、争辩激烈的却是告子。

告子的生平已不可考，他的事迹只见于《孟子》中。从孟子称呼他为"子"来看，他和孟子应该年龄相差不大，因为孟子对年长者都称以"先生"。从告子直言和孟子争辩来看，他应该不是孟子的学生。从他说"食色，性也"来看，可见他论性的路子和荀子相似。但从他"不动心"的功夫来看，其思想又有道家的色彩。把这些因素归结起来，我们可以获得一个简单的结论——告子和孟子是同时期的，他兼有道家和荀子一派儒家思想的色彩。

依据《孟子》所载，告子的思想至少有三个重点。

1. 性论

告子对性的看法有三个步骤，首先他强调性是自然的。他说：

> 生之谓性。(《孟子·告子下》)

这和荀子的"生之所以然者谓之性"是一致的。接着他又指出性是本能。他说：

> 食色，性也。(《孟子·告子上》)

这也和荀子的"精合感应，不事而自然谓之性"相似。因为告子所谈的性是就生理本能来说的，所以没有先天道德的意义。他进一步强调说：

> 性无善无不善也。(《孟子·告子上》)
>
> 性，犹湍水也，决诸东方则东流，决诸西方则西流。人性之无分于善不善也，犹水之无分于东西也。(《孟子·告子上》)

所谓"无善无不善"，就是指性不属于善恶的价值范围，是一种自然的现象。从这里可以看出，告子的这三个步骤都是把性下降到本能上来说的。

2. 仁内义外

告子的另一大主张，就是仁内义外。《孟子》中曾记载了一段告子和孟子的辩论：

> 告子曰："食色，性也。仁，内也，非外也；义，外也，非内也。"

孟子曰："何以谓仁内义外也？"

曰："彼长而我长之，非有长于我也；犹彼白而我白之，从其白于外也，故谓之外也。"

曰："异于白马之白也，无以异于白人之白也。不识长马之长也，无以异于长人之长与？且谓长者义乎？长之者义乎？"

曰："吾弟，则爱之；秦人之弟，则不爱也，是以我为悦者也，故谓之内。长楚人之长，亦长吾之长，是以长为悦者也，故谓之外也。"

曰："耆秦人之炙，无以异于耆吾炙。夫物则亦有然者也。然则耆炙亦有外与？"（《孟子·告子上》）

在这段辩论中，有两点值得我们注意。第一点，告子把义排拒在外，这是他的性论的必然归趋，因为义代表道德标准和价值判断，告子认为性是本能，当然要把义排拒于外。可是告子又承认仁是内发的，这岂不是与他的性论相矛盾？其实不然，以告子把仁当作"爱"，当作"以我为悦"来解说，可见他所指的仁只是一种"爱己"的本能，这和他的性论也是一致的。第二点，他这种仁内义外之说，正和孟子的仁义合言相冲突。也就是说，他打断了孟子由仁到义的路子，所以引起了孟子的激烈反驳。

3. 不动心的功夫

告子在划清仁内义外之后，紧接着便强调治心的修养功夫，即心不受外物的牵制，而达到不动心的境界。

《孟子》中提到告子的不动心有两处：

公孙丑问曰："夫子加齐之卿相，得行道焉，虽由此霸王不异矣。如此，则动心否乎？"

孟子曰："否，我四十不动心。"

曰："若是，则夫子过孟贲远矣！"

曰："是不难，告子先我不动心。"（《孟子·公孙丑上》）

曰："敢问夫子之不动心，与告子之不动心，可得闻与？"

"告子曰：'不得于言，勿求于心；不得于心，勿求于气。'不得于心，勿求于气，可；不得于言，勿求于心，不可。夫志，气之帅也；气，体之充也，夫志至焉，气次焉，故曰：'持其志，无暴其气。'"（《孟子·公孙丑上》）

孟子认为，告子先他不动心，即告子的方法虽然快速，但不够究竟。因为告子只重治心，使内外隔绝。如"不得于言，勿求于心"，就是不因言未得其理，而反求其心，从而影响到心的安宁。"不得于心，勿求于气"，就是在心上如未能控制住，不应在气上徒壮声势。所以告子所谓言与气都是外在的，只有心是内在的，不使外在影响内在，不借外在以支持内在。告子的这种不动心，在强调意志的约束力这点上与荀子相似，在无视外在的影响这点上却偏向道家的路线。

四、宋钘

宋钘在《荀子·非十二子》篇中是和墨子一派，在《庄子·天下》篇中是和尹文一派。尹文在《汉书·艺文志》中虽属名家，但墨子的后学演变为别墨，显然成为一种名家。所以宋钘和墨家的关系是相当密切的。另外，据后人考证，宋钘即《孟子》书中的宋牼或《庄子》书中的宋荣子。宋荣子的思想和宋钘完全相同，看不出派别，而宋牼是以"利"来劝君主禁攻，显然又是墨家的思想。

宋钘和尹文都是稷下先生。《庄子·天下》篇中，对他们的思想、做法有很清楚的介绍：

> 不累于俗，不饰于物，不苟于人，不忮于众，愿天下之安宁以活民命，人我之养，毕足而止，以此白心，古之道术，有在于是者。宋钘、尹文闻其风而悦之。作为华山之冠以自表，接万物以别宥为始；语心之容，命之曰心之行，以聏合驩，以调海内，请欲置之以为主。见侮不辱，救民之斗，禁攻寝兵，救世之战。以此周行天下，上说下教，虽天下不取，强聒而不舍者也，故曰上下见厌而强见也。虽然，其为人太多，其自为太少，曰："请

欲固置，五升之饭足矣。"先生恐不得饱，弟子虽饥，不忘天下，日夜不休，曰："我必得活哉！"图傲乎救世之士哉！曰："君子不为苛察，不以身假物。"以为无益于天下者，明之不如已也，以禁攻寝兵为外，以情欲寡浅为内，其小大精粗，其行适至是而止。

墨家思想发展到别墨，只讲究坚白异同之辩，而失去了墨子维护和平的热情。可是《庄子·天下》篇描写宋钘、尹文的这一段话，使我们感觉到他们真正继承了墨子救世的精神。因为他们对外讲"禁攻寝兵"，这正是墨子的非攻思想；对内讲"情欲寡浅"，这正是墨子自苦为极的态度。

五、邹衍

在各学派中，有阴阳家一派。这派的思想大盛于汉代，而在先秦时期，要迟至战国末年才发端，其代表人物就是稷下先生中的邹衍。

邹衍的详细生平已不可考，只知道他比孟子稍晚。他以怪诞之说闻名于世，据《史记》所载：

> 邹子重于齐。适梁，惠王郊迎，执宾主之礼。适赵，平原君侧行撇席。如燕，昭王拥彗先驱，请列弟子之座而受业，筑碣石宫，身亲往师之。作《主运》。其游诸侯见尊礼如此。（《史记·孟子荀卿列传》）

从这段描写中可以看出，邹衍在当时受君主礼重的程度无疑超过了孔孟。

然而，邹衍究竟是凭着哪一套学说驰名于当时的？他所著的《主运》一书如今已散佚，他的思想只体现于《史记》的这段记载中：

> 邹衍睹有国者益淫侈，不能尚德，若《大雅》整之于身，施及黎庶矣。乃深观阴阳消息而作怪迂之变，《终始》《大圣》之篇十余万言。其语闳大不经，必先验小物，推而大之，至于无垠。先序今以上至黄帝，学者所共术，大并世盛衰，因载其禨祥度制，推而远之，至天地未生，窈冥不可考而原

也。先列中国名山大川、通谷禽兽、水土所殖，物类所珍，因而推之，及海外人之所不能睹。称引天地剖判以来，五德转移，治各有宜，而符应若兹，以为儒者所谓中国者，于天下乃八十一分居其一分耳。中国名曰赤县神州，赤县神州内自有九州，禹之序九州是也，不得为州数。中国外如赤县神州者九，乃所谓九州也。于是有裨海环之，人民禽兽莫能相通者，如一区中者，乃为一州。如此者九，乃有大瀛海环其外，天地之际焉，其术皆此类也。然要其归，必止乎仁义节俭，君臣上下六亲之施，始也滥耳。王公大人初见其术，惧然顾化，其后不能行之。（《史记·孟子荀卿列传》）

根据这段介绍，我们对驺衍思想可有三点认识。

首先，司马迁在开头即说驺衍："睹有国者益淫侈，不能尚德。"末尾又说："然要其归，必止乎仁义节俭，君臣上下六亲之施。"可见驺衍学说的真正旨趣不在怪迂之谈，而在劝君主行仁义，所以说在这一方面他也有儒家的思想。

其次，司马迁接着写他："深观阴阳消息而作怪迂之变。""称引天地剖判以来，五德转移，治各有宜。"关于"阴阳"两字我们前面已提过，最早见于《易经·系辞传》及《庄子》，可见阴阳学说的流行，应是战国末年的事。驺衍正可视为阴阳学说的创始者。至于"五德转移"，就是"五行转移"。五行的学说最早见于《尚书·洪范》，虽然这篇文字有人怀疑它不是西周时期的著作，但荀子在《天论》篇中曾引用本篇文字，且标明"《书》曰"，同时荀子在《非十二子》篇中曾批评子思、孟轲为："案往旧造说，谓之五行。"而在《礼记·月令》篇中，也说明了五行与四时的关系。可见五行的思想在驺衍之前已流行，而且也是某些儒家谈过的，并非驺衍所独创。

最后，驺衍思想的真正贡献，乃是在于他提出了一套历史和地理的哲学。尽管五行是旧说，但他用五行去解释历史的盛衰，却是一种历史哲学。尽管齐地靠海，常有海外仙山之说，但他的"必先验小物，推而大之"，却是一种基于推理的地理哲学。我们称之为哲学，乃是因为它不凭借神话而寄托于学理，它不使人慑服，反而拓宽了我们的眼界，提升了我们的德行。

以上是我们对驺衍正面的了解。据司马迁的描述，他的动机和论点仍然带有几分儒学的色彩，也许这正是战国末年儒者应变求通的一种特色。联系董仲舒的大谈天人之际，我们更可看出司马迁把驺衍放在《史记·孟子荀卿列传》中，实有其特殊意义。

不过驺衍毕竟越出了儒家不语怪、力、乱、神的本色，因此他这套学说逐渐走了样，而为方士神仙所附会。正如《史记·封禅书》中所载：

> 自齐威、宣之时，驺子之徒论著终始五德之运，及秦帝而齐人奏之，故始皇采用之。而宋毋忌、正伯侨、充尚、羡门高最后皆燕人，为方仙道，形解销化，依于鬼神之事。驺衍以阴阳主运显于诸侯，而燕齐海上之方士传其术不能通，然则怪迂阿谀苟合之徒自此兴，不可胜数也。

这种负面的影响，也许不是驺衍所能预料的，但他的思想本身具有"怪迂之变"。当时的君主们热衷于怪迂之谈，正足以说明学术思想的主脉已被扭曲，不再是向上，而是向下的奔流了。

第四节　整体生命哲学论

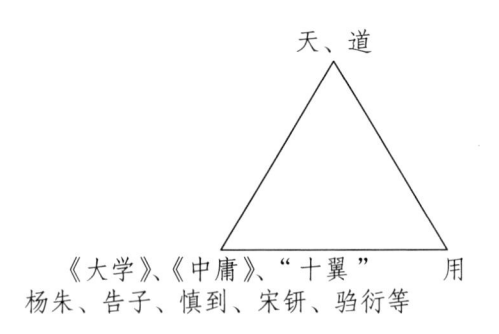

```
                天、道
                 △
《大学》《中庸》"十翼"              用
杨朱、告子、慎到、宋钘、驺衍等
```

本章谈战国以来的各家思想，涉及的书籍和人物比较多，也比较复杂，但用这个整体生命哲学的三角形来表达，就很简单清楚。在"理"的层次上的著作和人物有各种理论，但可分成两部分，第一部分是《大学》《中庸》和"十翼"，由于它们都是儒家的重要著作，当然是由"理"通向"道"，再由"道"而通向"用"的,所以三角形的转化非常完整。第二部分,这几位人物,杨朱是为我主义的隐士,告子是主张食色之性的论者,慎到是法家的势论一派,宋钘是墨家一流,驺衍是阴阳家,他们都是在讲自己创建的理论,并没有来自"道"的体验,也没有返于"道"的理念,所以他们的理论只限于片面的应用,没有整体性、永恒性。

第十三章　一波四折的汉代思想

第一节　由战国到秦的统一

战国时期，各家争鸣。《汉书·艺文志》中曾把先秦的学术思想归纳为十家，其中除了小说家外，只有九流。如果我们把兵家也列入其中，仍然可称为十家。这十家自战国到秦统一期间，其发展不是有的学派自身逐渐衰微而致默默无闻，便是互相含摄，较小的学派混合入较大的学派之中。

儒家自荀子之后，除了荀学一派转折到了法家的韩非，尚有痕迹可循外，其他各儒者都分崩离析，不成气候。墨家和名家衰微于战国末年，其后便一蹶不振，无法再成宗派。兵家、纵横家和法家混不可分。而阴阳家、农家、杂家又和后期的道家有密切的关系。同时，韩非等法家又兼采道家之术。这种混同的现象，是战国末年学术发展的趋势。而这一趋势，正好遇到秦的统一，于是学术因政治的要求，便更加速走上了统一的路线。

秦的统一，虽然成于秦始皇，但是中国文化能趋于统一，并非因秦始皇一人的智力和秦朝一国的武力，而是由于诸子思想的发展，促成了学术的普及、文化的进步。

如果秦始皇在胜利之后，扬扬自得之际，能把握并运用这长期以来学术思想发展的成果，恐怕他的功业要超过文、武、周公，秦朝又何止于昙花一现，十五年而亡？秦始皇的失败就在于不能起用深通黄老之术的韩非，而听信曲学阿世的李斯。试看李斯这篇自毁长城的大作：

> 丞相臣斯昧死言："古者天下散乱，莫之能一，是以诸侯（当作儒）并作，语皆道古以害今，饰虚言以乱实，人善其所私学，以非上之所建立。

今皇帝并有天下，别黑白而定一尊。私学而相与非法教，人闻令下则各以其学议之，入则心非，出则巷议；夸主以为名，异趣以为高，率群下以造谤。如此弗禁，则主势降乎上，党与成乎下。禁之便。臣请史官非秦记皆烧之。非博士官所职，天下敢有藏《诗》《书》、百家语者，悉诣守、尉杂烧之，有敢偶语《诗》《书》者弃市。以古非今者族。吏见知不举者与同罪。令下三十日不烧，黥为城旦。所不去者，医药卜筮种树之书，若欲有学法令，以吏为师。"（《史记·秦始皇本纪》）

胡适在他的遗著《中国中古思想史长编》里，曾为李斯的这篇文字辩解，认为中国"古来的思想家，无论是（哪）一派，都有压迫异己思想的倾向"（第三章《秦汉之间的思想状态·李斯》）。他认为，孟子、荀子都有过这种表示。其实，思想上的论是非、学派上的辨同异，是学术发展的正常现象。也正是由于各哲学家能互相批评，才显得思想风气自由。如果李斯是站在学术的立场批评各家思想，或站在政治家的立场提出一套统一各家思想的正确方法，也是无可厚非的。但他不是如此，而是借政治上的残酷手段来压迫思想家、阻止学术的发展。至于因李斯的建议，烧掉多少诗书、活埋多少儒生，这尚且不谈，最重要的是在政治上公开地压制学术，为后世君主残杀知识分子，开了一个不可原谅的先例。

秦朝在政治上的统一，对学术思想来说是一个悲剧，它结束了各家争鸣、百花齐放的先秦时期，走进了极度板滞而贫乏的中古时期。

第二节　汉代思想的一波四折

秦朝取得了政治上暂时的统一，却没有一套正确的方法来维系学术的统一，所以它的命运不旋踵而亡。但这种追求统一的要求是时代思潮所趋，因此承接了秦朝思想的汉代思想，无意有意之间都是走在这一条路线上。

汉代思想的发展，大致说来可分为四个时期。

一、汉初的黄老之治

这段时期自汉高祖（前206）经惠帝、吕后、文帝到景帝（前143），共六十余年，也就是历史上所谓的文景之治时期。

1. 汉初为什么要采用黄老之学

秦朝采用的是法家思想，可是到了汉初，为什么突然转变而采用黄老之学，而且还用得那么成功？究其原因，大概有以下三点。

（1）学术发展的趋势

前文我们已经谈过，战国时期的思想发展到末期只有三家，即儒家、道家和法家。

秦朝采用的是法家思想，但秦朝的不旋踵而亡，正说明法家思想的失败。汉初君臣知前车之鉴，自然不会再走法家的路子。至于儒家思想，由于秦始皇焚书坑儒，儒家元气大伤。秦亡之后，一方面儒家的经籍尚未发掘，另一方面儒家的学者余悸犹存，所以这个时期根本无法引用儒家思想，于是剩下的只有道家思想。道家思想不重经籍，而且道家人物又多为隐士，因此不受焚书坑儒之祸。相反，秦朝政治的压力，使得读书人走向隐途，这更促进了道家思想的发展。

（2）经济条件的不足

汉初承秦代的苛法，又因刘邦、项羽的争夺战，国穷民疲，整个经济濒临崩溃。正如《史记·平准书》中所载：

> 汉兴，接秦之弊，丈夫从军旅，老弱转粮饷，作业剧而财匮，自天子不能具钧驷，而将相或乘牛车，齐民无藏盖。

由此可见当时经济穷困的情形。不过，中国古代是农业社会，其经济的来源就在于土地，只要让农民安心地耕作，土地中便会产生财富，而最适合这一需要的就是黄老的休养生息思想。正如《史记》中所说：

黎民得离战国之苦，君臣俱欲休息乎无为。(《吕太后本纪·赞》)

(3) 汉初君臣没有文化渊源

汉初君臣，除张良外，大都出身寒微，尤多杀鸡屠狗之辈。就拿汉高祖刘邦来说，他是个粗野的人，每次陆贾向他提到《诗经》《尚书》，他便破口大骂："乃公居马上而得之，安事《诗》《书》！"他甚至拿儒冠来尿溺。虽然后来他做了皇帝，但帮他打天下的粗野众人，互相争功，甚至在朝廷宴会上喝醉了酒便拔剑而斗，更是直呼刘邦的小名。高祖感觉不到帝王的威风，便和叔孙通商谈。叔孙通提议订立朝仪，高祖便皱眉说："得无难乎？"叔孙通回答说："五帝异乐，三王不同礼。礼者，因时世、人情为之节文者也……臣愿颇采古礼与秦仪杂就之。"但高祖还是担心地说："可试为之，令易知，度吾所能行者为之。"像这样的君主，又如何能推行儒家的礼乐教化？

再看汉初的臣子，以曹参为例，他本是一介武夫，不懂政治。后来萧何临终前，推举他为相，他自知不善为治，便向一位道家人物盖公请教。盖公教他一套方法，即"贵清静而民自定"，这正是老子所谓的"我无为而民自化"（《老子》第五十七章）。所以他为相时，一本萧何的政策，甚至终日饮酒，凡是有进言的人，都把他们用酒灌醉送回去。像这样的大臣，又如何能推行兴革与建设？

由于以上三个原因，很自然的，汉初的政治采取了老子的无为而治的思想，而且运用得恰到好处。

2. 汉初运用黄老之术的内容

汉初运用黄老之术，并非真如曹参那样整天喝酒，无所事事就能自然而治。老子说"为无为""处无为之事"，真正的功夫是在如何"为"、如何"处"上。汉初政治运用之妙，大概有两个方面。

(1) 老子的三宝

老子说：

> 我有三宝，持而保之。一曰慈，二曰俭，三曰不敢为天下先。(《老子》第六十七章)

对于这三宝的运用，以文帝为例：

> 孝文即位，躬修玄默，劝趣农桑，减省租赋。而将相皆旧功臣，少文多质，惩恶亡秦之政，论议务在宽厚……是以刑罚大省，至于断狱四百，有刑错之风。(《汉书·刑法志》)

这是慈的表现。

> 孝文皇帝即位二十三年，宫室、苑囿、车骑、服御无所增益。有不便，辄弛以利民。尝欲作露台，召匠计之，直百金，上曰："百金，中人十家之产也。吾奉先帝宫室，常恐羞之，何以台为！"身衣弋绨，所幸慎夫人，衣不曳地，帷帐无文绣，以示敦朴，为天下先。治霸陵，皆瓦器，不得以金银铜锡为饰。因其山，不起坟。(《汉书·文帝纪·赞》)

这是俭的表现。

汉文帝元年，南粤王赵佗称帝，文帝使陆贾赐书于赵佗说：

> 朕，高皇帝侧室之子，弃外奉北藩于代，道里辽远，壅蔽朴愚，未尝致书。……今即位，乃者闻王遗将军隆虑侯书，求亲昆弟，请罢长沙两将军。朕以王书罢将军博阳侯，亲昆在真定者，已遣人存问，修治先人冢。前日闻王发兵于边，为寇灾不止。当其时，长沙苦之，南郡尤甚，虽王之国，庸独利乎！……虽然，王之号为帝。两帝并立，亡一乘之使以通其道，是争也；争而不让，仁者不为也。愿与王分弃前患，终今以来，通使如故。(《汉书·西南夷两粤朝鲜传》)

这封信话中有话，完全运用了老子所谓"将欲夺之，必固与之"的道理，使得赵佗接到信之后，立刻下令说：

> 吾闻两雄不俱立，两贤不并世。汉皇帝贤天子。自今以来，去帝制、黄屋、左纛。

这正是文帝"不敢为天下先"的表现。

（2）分层负责的法术

黄老之术乃是老子和法家思想融合后的结晶，表现在汉初政治上便是分层负责的制度。如文帝问右丞相周勃说："天下一岁决狱几何？"周勃不能对，又问："天下一岁钱谷出入几何？"周勃仍然不能对。于是文帝转问左丞相陈平，陈平回答："有主者。"文帝问："主者谓谁？"陈平回答："陛下即问决狱，责廷尉；问钱谷，责治粟内史。"文帝又问："苟各有主者，而君所主者何事也？"陈平回答："陛下不知其驽下，使待罪宰相。宰相者，上佐天子理阴阳，顺四时，下育万物之宜，外镇抚四夷诸侯，内亲附百姓，使卿大夫各得任其职焉。"文帝听了之后，大为称善。由这段故事，可见文帝和陈平完全了解分层负责的意义。

老子与法家思想的这种巧妙配合，使得汉初六十多年哲学与政治的融合最为成功。

二、西汉中期的独尊儒学

汉初六十余年的黄老之治，把汉初的社会经济带入了一个富强康乐的境域。照理说，这一切都该归功于老子，自应一本老子之道加以发展，可是事实并不然，到了汉武一朝，却突然转变成儒家独尊的局面。在这里，我们不能不研究一下产生这一转变的原因。

1. 儒学中兴的原因

（1）国力富强的时代需要

关于汉初到武帝时经济的起飞情形，正如《汉书·食货志》所载：

> 至武帝之初七十年间，国家亡事，非遇水旱，则民人给家足，都鄙廪庾尽满，而府库余财。京师之钱累百巨万，贯朽而不可校。太仓之粟陈陈相因，充溢露积于外，腐败不可食。众庶街巷有马，阡陌之间成群。

这比起汉高祖当时的老弱转粮饷，将相坐牛车，又是何等不同的景象？在这样一个民生富裕的时代，统治者当然不再甘于休养生息了。

（2）思想统一的政治建设

在休养生息时，道家的清静无为最合口味，可是在国势扩张时，便不能完全以道家的方法来治世了。这时需要的是积极的建设性人才，而积极的建设性人才，只有求之于儒家。以前叔孙通到鲁国征求儒生时，有两位儒生曾批评说：

> 今天下初定，死者未葬，伤者未起，又欲起礼乐。礼乐所由起，百年积德而后可兴也。吾不忍为公所为。公所为不合古，吾不行。公往矣，毋污我！（《汉书·郦陆朱刘叔孙传》）

所谓"百年积德而后可兴"，也正是武帝的时代了。所以这时候武帝下令招贤，由董仲舒的一篇《天人三策》，便开启了儒学独尊的局面。

2. 独尊儒学的经过及其陷落

（1）经过

汉武帝采纳董仲舒的建议，明令罢黜百家，独尊儒学。但所谓罢黜，并非像秦始皇一样焚书坑儒，而是在政治上不予录用，其真正的做法乃是起用儒生。

汉武帝的起用儒生，事实上只是设立五经博士，重视儒家经典的研究。其实博士的来源始于战国，齐之稷下先生也是博士之流。到了秦朝，便有博士七十人，不过此一时期的博士，大都能言善辩，各家并杂。汉武帝设立五经博士，才使博士变为儒家所专用，而这时名虽曰博，实际上却是专。只要通一经者，就可为博士。

汉武帝独尊儒学，一度为喜好黄老的窦太后所屈，等太后去世，任田蚡为相，才正式设立五经博士。在汉文景时，五经博士中已有《诗经》《春秋》两家博士。《诗经》有鲁人申培公、燕人韩婴、齐人辕固，《春秋》有董仲舒、胡毋生。到汉武帝时增立了《书经》(即《尚书》)，以欧阳生为博士，《易经》以杨何为博士，《礼经》以后苍为博士，并选立博士子弟，每年一次考试，能通一经以上补文学掌故，名列前茅的为郎中官，就这样，把学术和政治打成了一片，开始了之后明经取士的制度。

（2）陷落

汉武帝的独尊儒学，从表面上来说是推重儒家，选用儒生为治，照理说，这该是儒学昌明的时代，该是孔子之道大行于世的时代，事实上却不然，儒学的独尊并未达到孔子所预期的程度，推究其原因，不外于二。

①武帝本身并非儒家理想的圣君

武帝的尊儒，并非完全来自他本人受儒家的教化，以及对儒学的躬行实践。武帝虽是位具有雄才大略的君主，但他的思想并不纯粹。他的外婆出身于民间，迷信神君（民间流传的鬼灵之说）。后来，武帝也把神君请入宫中，可见武帝迷信鬼神。后来他与方士结了不解之缘，也吃过丹药，甚至无端地制造了巫蛊之祸。这是武帝迷信的一面。另外，他因李陵之狱，而对司马迁施以腐刑。因宠爱幼子弗陵（即汉昭帝），有意将来传皇位于他，但又生怕王子年幼，母后掌权，于是故意害死了他的生母钩弋夫人。从这些事实又可看出武帝残忍的一面。难怪汲黯批评他："内多欲而外施仁义。"所以就德行来说，武帝实在不是一位儒家的圣君。

②武帝没有重用儒生

虽然武帝接受了董仲舒的建议，但是并没有重用董仲舒，甚至一度因听信公孙弘的谗言，差一点就处死了董仲舒。当时在朝廷中掌权的都是法术之士，如张汤、杜周、公孙弘之流。张汤以刀笔吏贵为三公，曾骂读书人为愚儒，他的学生杜周更是"善候伺，上所欲挤者，因而陷之"。公孙弘虽为博士，但乃是"曲学以阿世""习文法吏事，而又缘饰以儒术"。他们害死了不少儒生，如严助、朱买臣、主父偃等。同时，这些法吏实行严刑峻法，如张汤与赵禹制定律令一千八百八十二条，其手下酷吏义纵一日杀四百多人；王温舒做河内太守时，连坐一千多家。后来这些法吏都作法自毙，一一被赐死。汉武一朝丞相十三人，除公孙弘、石庆、田蚡、薛泽四人外，其余都被赐死。可见汉武帝虽崇儒学，却满朝多杀气。

从以上两点不难看出，汉武帝不像秦始皇那样一味蛮干，而是有其外儒内法的政治手腕。他的独尊儒学只是笼络儒生的一种方法，并未能真正发挥儒学内圣外王思想的作用。他设立五经博士，虽然使经学的研究盛极一时，但是儒者的思想反为经学所缚，儒生们只是做些整理古书、训诂文字的功夫而已。

三、两汉之际谶纬思想的盛行

独尊儒学到了两汉之际，却变成阴阳谶纬思想盛行，这对不语怪、力、乱、神的孔子思想而言，自是一大讽刺。可是为何会演变成这样的局面？其原因大致有三。

1. 汉代君主都迷信

汉文帝相信鬼神，仅因夜梦黄头郎推他登天，便官拜用黄巾包头的船夫邓通（邓通谐音登天）为上大夫，赐以铜山；而宣召贾谊进殿论学，却多谈鬼神之事，得来李商隐之讥："宣室求贤访逐臣，贾生才调更无伦。可怜夜半虚前席，不问苍生问鬼神。"汉武帝信神君，迷方士，吃神丹，好封禅，几乎任何迷信之事他都深信不疑。这些君主的迷信，使得民间灾异谶纬的思想更为泛滥。

2. 儒家独尊的空虚

儒家受到了独尊，也就相当于受到了孤立。因为这时没有其他各派与它竞争，它也就不能吸收其他各家之所长。原始儒家的经典本来是非常平实的，而那些希望被选拔为博士的读书人，从小专攻一经，他们为了表示研究有所成，不得不标新立异，于是便钻牛角尖，制造了许多阴阳灾异的纬书。甚至连"六经"和《孝经》都有纬书，如《易纬》《书纬》《诗纬》《礼纬》《乐纬》《春秋纬》《孝经纬》。

3. 君臣的相互利用

谶语本是一种预言，而谶语的被利用，完全是由于野心家的阴谋。在西汉时期，社会尚算安定，这类谶语不多，可是到了武帝之后，民穷财尽，政局隐现变机，所以制造谶语的风气大为流行。比如，在陕西武功县掘出一块白石，上面写着："告安汉公莽为皇帝。"王莽便做了摄皇帝。无赖哀章制造了《天帝行玺金匮图》和《赤帝行玺某传予黄帝金策书》送到了高庙，于是汉哀帝便正式让位给王莽，而王莽也就依照图书中所命，封哀章为国将。这种君臣互相利用谶符以实现野心的做法，更助长了谶符的流行。

这种谶纬迷信充斥于两汉之际，王莽虽因它而篡汉，但自知这是一种骗人的把戏，想过河拆桥，加以杜绝，可是已压制不住。后来刘秀革命时，也有谶符说："刘秀发兵捕不道，四夷云集龙斗野。"光武中兴之后，仍然相信谶纬，其用人行政常取决于谶，如拜王梁为大司空、孙咸为大司马。不仅如此，他们更用谶纬配合阴阳五行之说，建立了一套政治转变的历史哲学，使得驺衍的学说大为发展。甚至他们更配合干支月令，制造了一套天人感应的哲学，这影响了西汉之后整个学术的发展，以及一般人的心理及生活习惯。

四、汉末思想的分歧

虽然汉代在政治上是一大王朝，武功之盛、版图之广、国祚之久，在历史上都是罕见的，但是在思想上非常空虚，尽管汉初行黄老、汉武尊儒学，但也都只是政治上的运用，并非学术思想本身的创建，所以到了东汉末年，整个王朝没有哲学的支撑，便形成虚脱的现象。这时值得注意的是三方面的趋势。

1. 佛教的传入

关于印度佛教传入中国的时间，说法很多，但一般公认是在汉明帝永平十年。因汉明帝夜梦金人，而派蔡愔至印度求佛法，得《四十二章经》及佛像，并与沙门竺法兰和迦叶摩腾以白马负经而回，并立白马寺于洛阳。我们暂且不论这段事实可靠与否，实际上佛教经典之输入与翻译，大致要到东汉末年桓灵二帝之时。

2. 道教的产生

如以道教所包含的范围来论，它包括了神仙方士、符箓咒语各派，那么它的起源该推到战国以前，如《庄子》书中便有神仙之学、屈原书中也有服气之说，但这些都只是一些没有组织的理论，真正具有宗教形式的，应该以汉末的张道陵为开始。虽然他所传的天师道在整个道教的发展中属于符箓一派，但毕竟因他的发迹，才有了道教的宗教发展。

3. 名士与军阀的斗争

由于王莽篡汉，一些士大夫不讲气节，只求阿附迎合以保利禄，如扬雄、刘歆等都出仕两朝，毫不知耻，所以光武中兴后，特别标榜气节，士风为之一振。但过犹不及，这些读书人因而以名节自骄，沽名钓誉，标榜门户，形成了学阀。他们因批评朝政而引起了党锢之祸。

名士因党锢而被逐、被杀，代之而起的是以英雄姿态出现的军阀，如董卓、袁术、曹操、刘备、吕布等。以前是名士之风压倒军阀，如曹操去见桥玄时，桥玄便对他说："君未有名，可交许子将。"刘备去见孔北海时，也自惭形秽地说："孔北海乃复知天下有刘备邪？"这些军阀受尽名士之气，等到有一天他们当权得势时，便反过来摧残名士。

以上三点，就汉末的学术思想来说，并没有什么特殊的贡献，既挽不了将倒的政局，也救不了空虚的人心。但是这些趋势的萌芽，影响了魏晋南北朝直到隋唐的整个思想的发展。

第三节　汉代在哲学思想上的成就

从这一波四折的思想发展中，就哲学与政治的结合而言，汉代曾有过成功的表现，可是就哲学家在思想上的成就来说，汉代却相当贫乏。

一、成功的表现

哲学与政治不分，这本是中国哲学的一大特色。尧、舜、禹、汤、文、武、周公的道统，就是一个将哲学实践于政治上的治道。孔子毕生的理想也就是借哲学与政治的结合，以臻于大同的社会。可是自春秋以降，各诸侯之间互相侵略，互相兼并，导致内圣外王的治道始终未能实现。直到汉初，承秦之弊，再加上君民苦于战患而思休养生息，才造就了汉初的黄老之治。

汉初的黄老之治虽然前有曹参等人开路，但他们都是迫于情势，而非真正懂得老子之道，真正关键性的人物乃是汉文帝。汉文帝天性仁慈，勤政爱民，广设言路，见过即改。《汉书》评价他：

> 专务以德化民，是以海内殷富，兴于礼义，断狱数百，几致刑措。呜呼，仁哉！（《汉书·文帝纪》）

就这个标准来说，汉文帝已可跻身尧、舜、禹、汤、文、武的行列。所以我们也可说在文王、武王之后，真正能接续内圣外王之治道的君主，乃是汉文帝。如果不是迫于当时的环境，他的成就也许不会限于黄老。

事实上，正是汉文帝的努力造就了汉武帝独尊儒学的开创性局面。他的成就，可以使我们了解以下三点事实。

一是中国哲学不但重视治道，而且是绝对能够把它实践出来的。不仅儒家思想如此，道家思想也如此。

二是在理论上，我们把儒家的政治思想和道家的政治思想分成两个不同的层次，如《老子》书中所谓："太上，下知有之；其次，亲而誉之。"（《老子》第十七章）事实上，他们有相同的基础，老子讲无为，而孔子也说："无为而治者，其舜也与！"（《论语·卫灵公》）尤其在历史上，也正是汉文帝之治为汉武帝之治开了路。

三是自汉文帝和汉武帝把哲学的理想在实际政治中实践出来后，中国政治可说都是走儒、道两家思想双管齐下的路子，也即所谓的外儒内道。

二、思想的贫乏

照理说，汉文帝的黄老之治和汉武帝的独尊儒学，应该把道家和儒家思想推上一个高潮，但为什么还造成了思想的贫乏？尤其是自汉武帝之后，思想界由贫乏而纷乱，以至走入了一个不可收拾的局面。

我们检讨其贫乏的原因不外于二。

1. 用而无本

汉文帝的黄老之治，汉武帝的独尊儒学，固然都很成功，很出色，但他们对于儒、道两家思想都只浮于表面上的运用，未能从本源上着手。

尧、舜、禹、汤、文、武、周公这一理想系统之所以被称为道统，是因为这些圣王对内注意个人的德行修养，对外更重视人民的德行生活。他们所追求的民生乐利的大同社会，乃是奠基于德行发展上的自然结果。试看周公的制礼作乐、孔子的以礼乐为教，都是在整个制度和教育的根本上，从事文化的建设。如果以这个标准来衡量，汉文帝和汉武帝不仅个人德行上有瑕疵，如汉文帝迷信鬼神、相信方士，汉武帝更是纵情游幸、迷于神仙而种下了巫蛊之祸，而且他们的事功，都只在社会上求安定（汉文帝）、经济上求繁荣（汉武帝），并未能在人民的德行生活上做长治久安的建设。

本来在中国哲学上，儒、道两家思想应该兼用。尤其是道家思想在政治上不能专用，汉文帝的黄老之治只是暂时的过渡时期，紧接着必须铺上儒家的路子。可是汉文帝在位二十三年，也许太仓促，未能从这方面发展，接着景帝在位十六年，除了承袭文帝的治绩外，也没有积极的表现，尤其在吴楚七国之乱后，更动用了法吏。所以史家常称文帝之治偏于黄老，景帝之治偏于刑名。由黄老而刑名，这是道家思想的下坠，这一下坠的暗流，一直流入汉武帝的政治中。虽然汉武帝表面上用儒生，但只是用他们来注经，实际上却是以法吏为治。

在这样的政治局面下，儒、道两家思想虽赢得了表面上的尊荣，实际上却发挥不了作用。而且如果陶醉于表面上的尊荣，没有新的挑战、新的问题，也就激发不出所谓的"忧患意识"，反而使儒、道两家思想的精神走向衰微。

2. 杂而不纯

汉初崇尚黄老之治，但治黄老之学的思想家并没有特殊的表现。胡适在其遗著《中国中古思想史长编》里曾举出从秦始皇到汉武帝一百多年间的道家学者有毛翕公、乐瑕公、乐巨公、田叔、盖公、曹参、陈平、王生、邓章、黄生、邻氏、傅氏、徐氏、曹羽、郎中婴齐、司马谈、汲黯、郑当时、杨王孙等人，但他们都只是推崇清静无为的政术，并无系统的著作流传，对道家思想也没有新的创见。

在这一时期，有一本杂家的著作，即《淮南子》。这本书就大体来说，是淮南门下儒、道两家集体创作的，其中包括了儒、法、阴阳及神仙家的思想，这正说明了当时思想界的杂而不纯。

本来思想贵融通，《论语》和《道德经》都融有其他各家思想。孔子和老子都能把它们转化到自己的思想中，一以贯之，融而通之，变成一个非常纯粹的思想。譬如孔子也赞叹"无为而治"，他能由"恭己正南面"，而归结到儒家的"修己以安人"。老子也引"用兵有言"，他能由"抗兵相加，哀者胜矣"，而归结到道家的"以柔克刚"。《淮南子》一书却不然，它对道家的道及无为只做义字上的描写，对儒家的礼义也都只做点缀性的铺陈。因此它无法把儒、道两家思想融贯并向上发展，相反，却由其中的厌世悲观思想，而落入神仙出世的暗流。这一杂而不纯、向下坠落的暗流，就一直流入汉武帝时被独尊的儒家身上。虽然这时满朝都尊崇儒生，但是儒生们都只通一经。我们试看《汉书·儒林传》中所列的儒生丁宽、施雠、孟喜、梁丘贺、京房、费直、高相、伏生、欧阳生、林尊、夏侯胜、周堪、张山拊、孔安国、申公、王式、辕固、后苍、韩婴、赵子、毛公、孟卿、胡毋生、严彭祖、颜安乐、瑕丘江公、房凤等，都只是拘守一经，做文字上的功夫。正如《汉书·儒林传》"赞曰"所说：

> 自武帝立五经博士，开弟子员，设科射策，劝以官禄，讫于元始，百有余年，传业者浸盛，支叶蕃滋，一经说至百余万言，大师众至千余人，盖禄利之路然也。

表面上，儒生满朝，极为热闹，而实际上，儒家精神尽失，极为空虚。在不能往上发展的时候，阴阳灾异等各种怪说便乘虚而入，使得儒家的经典一乱于支离的注疏，再乱于灾异谶纬之说。像董仲舒等大儒都不能幸免，更何况那些专以利禄为目的的小人儒了。

汉代儒、道两家思想杂而不纯之病，导致了长期的贫血，以致后来被印度佛教思想所侵而无法招架。

第四节　整体生命哲学论

汉代四百年间的学术思想发展，一波四折，表面看起来很热闹，鱼虾戏水，但不够深入，没有蛟龙。如以下二图。

1. 先看第一个图：

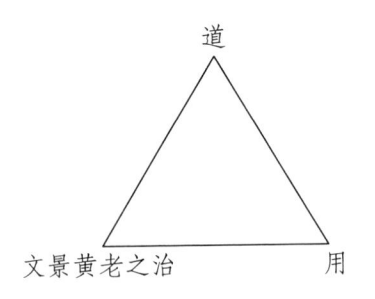

```
           道
          /\
         /  \
        /    \
       /      \
      /_____\
  文景黄老之治    用
```

文景的黄老之治，十足地运用了老子的思想，而且非常成功。虽然他们用的是老子的思想理论，但由于老子的思想是道、理、用三方面为一个整体，所以他们的运用也能兼顾这三方面。有的学者认为文景等君主只是用老子之术，他们本人未必能通乎"道"，可是文帝运用老子的三宝，即"慈""俭"和"不敢为天下先"，他的"慈"能废秦代苛法，"俭"能节省花费、休养生息，这些都合乎老子的圣人之治。另外他的《赐南粤王赵佗书》有用术的成分。不过，他能用一封信解决问题，不致兴戎、生民涂炭，深契于老子"以无事取天下"的要旨，也是可圈可点的。所以我们仍然用整体生命三角形予以正面的肯定。

2. 再看第二个图

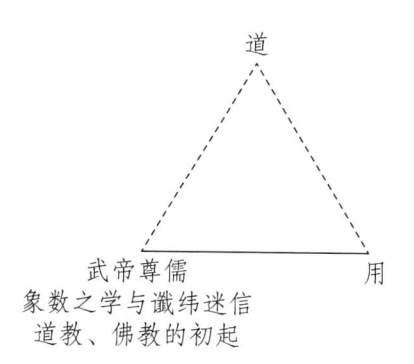

```
              道
             /  \
            /    \
           /      \
          /        \
    武帝尊儒 ——————— 用
  象数之学与谶纬迷信
  道教、佛教的初起
```

汉代文景之治后的三大转折，可说离道越来越远，甚至背道而驰。先说武帝虽然尊儒，但只是利用儒。他自己并不信儒，而是以苛吏为治。

象数之学虽然归宗于《易经》，但并不顾及文王写《易经》的苦心，尽用标新立异之论将占卜带入歧途，违背了《易经》的本意。谶纬之学更是政客的阴谋，而无学术可言。

到了汉末，印度佛教初传与道教初起，都是社会混乱、人生痛苦、精神无寄的产物，当然没有深刻的哲学思想。

这三方面的发展都没有受"道"的影响，所以我们在整体生命三角形中两边都用虚线表示。

第十四章　天人感应之学的董仲舒

第一节　汉代思想演变的两条路线

从以上一波四折的演变中，我们可以发现整个汉代思想的发展有两条路线，一条是思想家们关注政治社会的问题，希望用学术来领导政治，另一条是思想趋向混合，由杂家而阴阳家。这两条路线都错综地交凑在董仲舒身上。

就第一条路线来看，汉初最先有此觉醒的是陆贾。陆贾是楚国人，曾跟随汉高祖革命。《史记》上说：

> 陆生时时前说称《诗》《书》。高帝骂之曰："乃公居马上而得之，安事《诗》《书》！"陆生曰："居马上得之，宁可以马上治之乎？且汤武逆取而顺守之，文武并用，长久之术也。昔者吴王夫差、智伯极武而亡；秦任刑法不变，卒灭赵氏。向使秦已并天下，行仁义，法先圣，陛下安得而有之？"高帝不怿而有惭色，乃谓陆生曰："试为我著秦所以失天下，吾所以得之者何，及古成败之国。"陆生乃粗述存亡之征，凡著十二篇。每奏一篇，高帝未尝不称善，左右呼万岁，号其书曰《新语》。(《史记·郦生陆贾列传》)

《四库全书提要》认为，《新语》一书是后人所作，近人胡适等考证认为，《四库全书提要》证据不足。关于《新语》是否为陆贾所作，暂且存而不论，就《史记》的这段描写，已足可看出陆贾在历史上的作用。他目睹秦朝政治的残酷和焚书坑儒的悲剧，向汉高祖直接提出"行仁义，法先圣"的建议，这是继承了孔孟精神的儒生本色。他这十二篇《新语》，是为了教导汉高祖而写，当然不会是玄之又玄的东西，而是切合实际政治需要的作品，使汉高祖由马上到了马下，由武功而转到了文治。要是没有他的努力，汉高祖不知要溲溺多少儒冠。

与陆贾同时期的，还有一位儒生叔孙通，他为汉高祖定朝仪，乘机引荐了许多儒生。《史记》描写他：

> 叔孙通希世度务，制礼进退，与时变化，卒为汉家儒宗。"大直若诎，道固委蛇"，盖谓是乎？（《史记·刘敬叔孙通列传》）

可见，他们要点化汉高祖还真不容易，好像幼儿园的老师，费尽心思地引起学生的兴趣。在这样的环境下，他们当然无法有大作为。

汉文帝时的儒生贾谊，以二十岁的年纪便被召为博士。他劝文帝改正朔，易服色，法制度，定官名，兴礼乐，但文帝谦逊，不敢有大作为。贾谊一度被人所谗而遭到贬谪，后来文帝又想到他，召他入宫，谈到半夜。文帝问了许多鬼神之事，贾谊对答如流，令文帝信服，便封他为太子的老师。至此贾谊得以有机会进谏。他曾慷慨陈疏说：

> 臣窃惟事势，可为痛哭者一，可为流涕者二，可为长太息者六，若其他背理而伤道者，难遍以疏举。（《汉书·贾谊传》）

他除了提出实际政治上的问题，要"众建诸侯而少其力"外，还力言秦政专尚刑法之失，而强调仁政，如：

> 管子曰："礼义廉耻，是谓四维；四维不张，国乃灭亡。"使管子愚人也则可，管子而少知治体，则是岂可不为寒心哉！秦灭四维而不张，故君臣乖乱，六亲殃戮，奸人并起，万民离叛，凡十三岁，而社稷为虚。今四维犹未备也，故奸人几幸，而众心疑惑。岂如今定经制，令君君臣臣，上下有差，父子六亲各得其宜，奸人亡所几幸，而群臣众信，上不疑惑。此业一定，世世常安，而后有所持循矣。（《汉书·贾谊传》）

贾谊一再地痛哭、流涕、叹息，虽然他的建议打动了文帝，也有一部分被采纳，但是限于当时黄老之治的时势，未能完全被实践出来。

在这一条路线上，陆贾、叔孙通和贾谊等人所做的努力，都只是开路。直到董仲舒时，才得到皇帝（武帝）的大力支持，才开创了儒家在政治上发展的新纪元。

就第二条路线来看，战国末年的思想已呈现出混合的趋势，接着《吕氏春秋》开杂家之先声，《淮南子》集杂家之大成。"杂家"两字，不见于司马谈《论六家要旨》，而见于《汉书·艺文志》。《汉书》对杂家的描述是：

> 杂家者流，盖出于议官。兼儒、墨，合名、法，知国体之有此，见王治之无不贯，此其所长也。及荡者为之，则漫羡而无所归心。（《汉书·艺文志》）

不过，此处杂家虽采诸家之说，但没有提到道家和阴阳家。事实上，杂家是以道家和阴阳家为主的。司马谈的《论六家要旨》在道家项中说：

> 道家使人精神专一，动合无形，赡足万物。其为术也，因阴阳之大顺，采儒墨之善，撮名法之要。（《史记·太史公自序》）

这也就是胡适把司马谈所谓的道家与《汉书·艺文志》所谓的杂家混为一谈的缘故。在这里，我们不必为名词问题做详考，只就杂家著作的内容以及其对当时的影响来看，它是以道家和阴阳家为主体，再兼采儒、墨、名、法各家的思想。

虽然杂家的思想杂然并陈，"无所归心"，但大略来说，其思想的发展却有一个基本的模式，就是他们吸取了道家重真我和法自然的精神，并将其转变为重生与法天的思想。在重生思想上，他们采取了老庄去欲的旨趣，再演变为神仙之学；在法天思想上，他们采取了阴阳五行之说，再由重生而法天，构建出一套天人感应之学。

先说《吕氏春秋》一书。它本是秦相吕不韦门下宾客的集体作品，《史记》中说：

> 吕不韦乃使其客人人著所闻，集论以为《八览》《六论》《十二纪》，二十余万言。以为备天地万物古今之事，号曰《吕氏春秋》。布咸阳市门，悬千金其上，延诸侯游士宾客有能增损一字者予千金。(《史记·吕不韦列传》)

由此可见，这本书是名副其实的杂著。不过，它的主要思想可分为两部分。

一是贵生重己的思想。如：

> 圣人深虑天下，莫贵于生。(《吕氏春秋·仲春纪·贵生》)
>
> 今吾生之为我有，而利我亦大矣。论其贵贱，爵为天子，不足以比焉；论其轻重，富有天下，不可以易之；论其安危，一曙失之，终身不复得。此三者，有道者之所慎也。(《吕氏春秋·孟春纪·重己》)

本书的思想由重生贵己，而求如何保生全己。《吕氏春秋》把道家去欲的功夫一变而为制欲的方法。如：

> 夫耳目鼻口，生之役也。耳虽欲声，目虽欲色，鼻虽欲芬香，口虽欲滋味，害于生则止。在四官者不欲，利于生者则弗为（止）。由此观之，耳目鼻口，不得擅行，必有所制。譬之若官职，不得擅为，必有所制。此贵生之术也。(《吕氏春秋·仲春纪·贵生》)

二是法天的思想。天之所以可法，是因为天有一套发展的原则，这套原则直接与政治人生有关。于是《吕氏春秋》的作者便根据驺衍的"五德始终说"，配合阴阳变化，而创造出一套宇宙人生交感的原则。如：

第十四章　天人感应之学的董仲舒

> 凡帝王者之将兴也，天必先有祥乎下民。黄帝之时，天先见大螾大蝼，黄帝曰："土气胜。"土气胜，故其色尚黄，其事则土。及禹之时，天先见草木秋冬不杀，禹曰："木气胜。"木气胜，故其色尚青，其事则木。及汤之时，天先见金刃生于水，汤曰："金气胜。"金气胜，故其色尚白，其事则金。及文王之时，天先见火，赤乌衔丹书集于周社，文王曰："火气胜。"火气胜，故其色尚赤，其事则火。代火者必将水，天且先见水气胜。水气胜，故其色尚黑，其事则水。水气至而不知数备，将徙于土。天为者时，而不助农于下。类固相召，气同则合，声比则应。鼓宫而宫动，鼓角而角动。平地注水，水流湿。均薪施火，火就燥。（《吕氏春秋·有始览·应同》）

无论这一套学说多么粗浅，它都影响了整个汉代的政治思想。尤其是它把阴阳相感的思想运用在气类相应上，为天人感应之学铺了一条新路。

再说《淮南子》，它是由淮南王刘安门下的宾客集体创作的。《汉书》中曾说：

> 淮南王安为人好书，鼓琴，不喜弋猎狗马驰骋，亦欲以行阴德拊循百姓，流名誉。招致宾客方术之士数千人，作为《内书》二十一篇，《外书》甚众，又有《中篇》八卷，言神仙黄白之术，亦二十余万言。（《汉书·淮南衡山济北王传》）

现在我们所能看到的只有《内书》二十一篇，其他两书都已失传。

就《内书》来看，《淮南子》整个学说是以道家为主的。其有两个中心思想，一是无为，二是保精。如：

> 是故圣人内修其本，而不外饰其末。保其精神，偃其智故。漠然无为而无不为也，澹然无治也而无不治也。（《淮南子·原道训》）

《淮南子》的政治思想离不了"无为"两字。不过，它所谓的无为都沿袭了老庄的思想和文句，只是在术的运用上掺杂了韩非的老学思想。如：

> 今夫权衡规矩，一定而不易，不为秦楚变节，不为胡越改容，常一而不邪，方行而不流，一日刑之，万世传之，而以无为为之。故国有亡主，而世无废道。（《淮南子·主术训》）

这是道家的无为与韩非的法术相结合，而这也正是汉初黄老之学的特色。

《淮南子》的人生思想，都是建立在保精的基础上的。所谓保精，就是保养精神。在这方面可以说，《淮南子》的思想完全是从庄子的思想中透出来的。如：

> 其生也天行，其死也物化。静则与阴俱闭，动则与阳俱开。精神澹然无极，不与物散，而天下自服。故心者，形之主也；而神者，心之宝也。形劳而不休则蹶，精用而不已则竭。是故圣人贵而尊之，不敢越也。（《淮南子·精神训》）

> 是故血气者，人之华也，而五脏者，人之精也。夫血气能专于五脏而不外越，则胸腹充而嗜欲省矣。胸腹充而嗜欲省，则耳目清、听视达矣。耳目清、听视达，谓之明。五脏能属于心而无乖，则勃志胜而行不僻矣。

> 志胜而行之不僻，则精神盛而气不散矣。精神盛而气不散则理，理则均，均则通，通则神，神则以视无不见，以听无不闻也，以为无不成也。

这是说，由对内的保养精神能达到无不成的神化的境界。可是对内的保精又如何能达到对外的神化的境界呢？于是《淮南子》开辟出了一条由阴阳感应而到天人相通的路子。如：

> 以阴阳之气相动也，故寒暑燥湿，以类相从；声响疾徐，以音相应也。故《易》曰："鸣鹤在阴，其子和之。"高宗谅暗，三年不言。四海之内，寂然无声；一言声然，大动天下。是以天心呿唫者也。故一动其本而百枝皆应，若春雨之灌万物也，浑然而流，沛然而施，无地而不澍，无物而不生。故

圣人者怀天心，声然能动化天下者也。故精诚感于内，形气动于天，则景星见，黄龙下，祥凤至，醴泉出，嘉谷生，河不满溢，海不溶波。故《诗》云："怀柔百神，及河峤岳。"逆天暴物，则日月薄蚀，五星失行，四时干乖，昼冥宵光，山崩川涸，冬雷夏霜。《诗》曰："正月繁霜，我心忧伤。"天之与人，有以相通也。故国危亡而天文变，世惑乱而虹蜺见。（《淮南子·泰族训》）

《庄子·德充符》说道德充实于内，自然地符应于外，这是以德感人，是德行的力量。而《淮南子》由保养精神，配合阴阳相感、万物相应之理，说到天人之间的相通，显然已越出德行的范围，发展成一套近乎宗教的天人感应思想。

由以上所述两本杂家的作品《吕氏春秋》和《淮南子》来看，它们正代表了从秦朝到汉武帝时期的思想历程。它们在政治运用方面，兼采了道、儒、法家的思想，但都只是征引，并没有新的创见。它们之中所夹杂的阴阳、灾异思想，到董仲舒手中却变成了汉代的显学，也就是代表汉代思想的天人感应之学。

第二节　董仲舒的使命

我们把上面两条代表汉代思想发展的路线辐辏到董仲舒身上，是因为董仲舒一方面由于天时与人和，正好完成了独尊儒学的历史使命，另一方面也由于他所写的《春秋繁露》，把两汉的天人感应之学发展到了最高峰。

下面我们来看看他独尊儒学的使命。

董仲舒从少以治《春秋》著名，在景帝时便被选为博士。他的弟子很多，据说在他门下久的弟子已可教授新弟子，由此可见他在景帝时已见重于儒林。

不过，景帝仍然依循文帝的黄老之治，这使董仲舒未能一展抱负。等到武帝登基后，他的时代终于来临了。汉武帝一反文帝保守的作风，他一登基便立刻诏求贤良文学之士，希望大有作为。他在第一封诏令上说：

> 朕获承至尊休德，传之亡穷，而施之冈极，任大而守重，是以夙夜不皇康宁，永惟万事之统，犹惧有阙。故广延四方之豪俊，郡国诸侯公选贤良修洁博习之士，欲闻大道之要，至论之极。今子大夫袖然为举首，朕甚嘉之。子大夫其精心致思，朕垂听而问焉。
>
> 盖闻五帝三王之道，改制作乐而天下洽和，百王同之。当虞氏之乐莫盛于《韶》，于周莫盛于《勺》。圣王已没，钟鼓管弦之声未衰，而大道微缺，陵夷至乎桀、纣之行，王道大坏矣。夫五百年之间，守文之君，当涂之士，欲则先王之法，以戴翼其世者甚众，然犹不能反，日以仆灭，至后王而后止，岂其所持操或悖谬而失其统与？固天降命不可复反，必推之于大衰而后息与？乌乎！凡所为屑屑，夙兴夜寐，务法上古者，又将无补与？三代受命，其符安在？灾异之变，何缘而起？性命之情，或夭或寿，或仁或鄙，习闻其号，未烛厥理。伊欲风流而令行，刑轻而奸改，百姓和乐，政事宣昭，何修何饬而膏露降，百谷登，德润四海，泽臻草木，三光全，寒暑平，受天之祜，享鬼神之灵，德泽洋溢，施乎方外，延及群生？
>
> 子大夫明先圣之业，习俗化之变，终始之序，讲闻高谊之日久矣，其明以谕朕。科别其条，勿猥勿并，取之于术，慎其所出。乃其不正不直，不忠不极，枉于执事，书之不泄，兴于朕躬，毋悼后害。子大夫其尽心，靡有所隐，朕将亲览焉。(《汉书·董仲舒传》)

这是《汉书》中所载汉武帝《求贤诏令·第一策》的全文。我们之所以把它全部抄录下来，是因为该文对儒家的发展有深刻的意义。这篇文字有三个重点。

其一，汉武帝开头便揭出"五帝三王之道"，希望能恢复先王的礼乐之治。这看起来好像老生常谈，可是我们从历史上看，自文、武、周公以后的君主，都只求富国强兵，很急功近利。孔孟所周游的列国君主是如此，荀子、韩非更以法后王为务，此后的君主根本不谈先王之道。即使贤明如汉文帝，也不敢谈先王的礼乐之治。而真正在那里大声疾呼先王之道、仁义之治的，都是些无权无势的儒生，如孔子、孟子、陆贾、贾谊等。这好像爱情中的一厢情愿，所以儒生们的谠论始终都是对牛弹琴。汉武帝这篇文字代表了君主的觉醒，也是君主主动地提出这个要求。这对儒家思想的得君行道来说，实是千载难逢的好机缘。

其二，这篇诏令的目的是求贤。一开头武帝便说"选贤良修洁博习之士"，而在结尾又强调"乃其不正不直，不忠不极，枉于执事，书之不泄"，这说明武帝的态度是唯贤良是举，这与战国时许多君主只喜欢黩武的处士横议之言及魏晋许多君主的唯才是用大不相同。这也正是儒家"举直错诸枉"的思想。

其三，武帝在文中提出的几个问题"三代受命，其符安在？灾异之变，何缘而起？性命之情，或夭或寿，或仁或鄙，习闻其号，未烛厥理"似乎与前面两点不甚调和，因为先王之道只重"正德、利用、厚生、惟和"，而不谈受命之符、灾异之变、性命之情，真正的儒家思想更是不语怪、力、乱、神。所以，武帝在这里提出的几个问题反映的乃是武帝的另一面，也是汉代人共同感兴趣的问题。在这里，我们可以看出汉代儒家虽被独尊却始终未能达到孔孟的理想的原因。

董仲舒适逢武帝求贤若渴、正要大有为的时候，可以说是得天独厚。而他奏上去的《天人三策》，也正对准了武帝的胃口，所以一拍即合，立刻使得儒学脱颖而出，成为国学。

虽然董仲舒的《天人三策》是针对武帝的三次问答而写，不过其建设性的想法，不外乎前面我们所分析的第一封诏策中的三点。

针对第一点，董仲舒在第一策的回答中，开头便说：

> 陛下发德音，下明诏，求天命与情性，皆非愚臣之所能及也。臣谨案《春秋》之中，视前世已行之事，以观天人相与之际，甚可畏也。国家将有失道之败，而天乃先出灾害以谴告之，不知自省，又出怪异以警惧之，尚不知变，而伤败乃至。以此见天心之仁爱人君而欲止其乱也。自非大亡道之世者，天尽欲扶持而全安之，事在强勉而已矣。强勉学问，则闻见博而知益明；强勉行道，则德日起而大有功。此皆可使还至而立有效者也。《诗》曰"夙夜匪解"，《书》云："茂哉茂哉"，皆强勉之谓也。
>
> 道者，所繇适于治之路也，仁义礼乐皆其具也。故圣王已没，而子孙长久安宁数百岁，此皆礼乐教化之功也。……孔子曰"人能弘道，非道弘人"

也。故治乱废兴在于己，非天降命不可得反，其所操持悖谬失其统也。(《汉书·董仲舒传》)

在这里，董仲舒首先把整个圣王的礼乐教化归结在人为的努力上，也就是寄托在君主是否能强勉而行道上，再通过《春秋》的行事，来敦促君主自我反省。董仲舒了解空洞地赞叹圣王的礼乐教化是于事无补的，必须强勉这些君主去行道。当孔子的仁收拾不住战国诸侯的人心时，孟子便提出义来规范他们；当孟子的义规范不住时，荀子便提出礼来约束他们；当荀子的礼约束不了时，董仲舒便吸收了墨子天志的思想，以《春秋》的行事去见天心，以规劝君主强勉而行道。

针对第二点，董仲舒把握住武帝求贤的心理，要把它变成一种制度，使求贤不再寄托于君主一时的冲动上，而成为万世不变的事业。所以在第二策的回答中，他说：

> 夫不素养士而欲求贤，譬犹不琢玉而求文采也。故养士之大者，莫大乎太学；太学者，贤士之所关也，教化之本原也。今以一郡一国之众，对亡应书者，是王道往往而绝也。臣愿陛下兴太学，置明师，以养天下之士，数考问以尽其材，则英俊宜可得矣！(《汉书·董仲舒传》)

然而究竟要如何兴太学、置明师？董仲舒认为，现在国家既已统一，便应有统一的学术，以统一人心，而真正有资格统一学术的，必须是积极的、健全的、面面俱到的学说，因此在各家学说中只有儒家才能挑此大梁。他在第三策的回答中说：

> 春秋大一统者，天地之常经，古今之通谊也。今师异道，人异论，百家殊方，指意不同，是以上亡以持一统；法制数变，下不知所守。臣愚以为诸不在六艺之科孔子之术者，皆绝其道，勿使并进。邪辟之说灭息，然后统纪可一而法度可明，民知所从矣！(《汉书·董仲舒传》)

这段话不但决定了汉武帝独尊儒学的政策，也奠定了此后儒家在政治上颠扑不破的基础。

针对第三点，董仲舒了解武帝最关心的就是这一点，这也是一般君主共同的弱点。他把握住这一点，在第一策的回答中，说得非常明白：

> 天之所大奉使之王者，必有非人力所能致而自至者，此受命之符也。天下之人同心归之，若归父母，故天瑞应诚而至。《书》曰："白鱼入于王舟，有火复于王屋，流为乌。"此盖受命之符也。周公曰："复哉复哉！"孔子曰："德不孤，必有邻。"皆积善累德之效也。及至后世，淫佚衰微，不能统理群生，诸侯背畔，残贼良民以争壤土，废德教而任刑罚。刑罚不中，则生邪气。邪气积于下，怨恶畜于上。上下不和，则阴阳缪盭而妖孽生矣。此灾异所缘而起也。

> 臣闻命者天之令也，性者生之质也，情者人之欲也。或夭或寿，或仁或鄙，陶冶而成之，不能粹美，有治乱之所生，故不齐也。孔子曰："君子之德风也，小人之德草也，草上之风必偃。"故尧舜行德则民仁寿，桀纣行暴则民鄙夭。夫上之化下，下之从上，犹泥之在钧，唯甄者之所为；犹金之在熔，唯冶者之所铸。"绥之斯倈，动之斯和"，此之谓也。（《汉书·董仲舒传》）

可见董仲舒把符命、灾异、性情等形而上的问题，都归结在君主能否行仁政上。我们可以说董仲舒的目的是要求君主行仁政，而他所讲的那些符命、灾异性情的故事乃是糖衣。通过这一点，我们才能了解董仲舒的苦心，也才能把握他所建立的那套天人感应之学的真正意义。

第三节　董仲舒的天人感应之学

董仲舒的思想主要体现在他的《举贤良对策》和《春秋繁露》中。《举贤良对策》是针对汉武帝所提的实际政治问题而发，而《春秋繁露》乃是专门为了建立一套天人感应之学而作。

虽然《春秋繁露》以儒家思想为宗旨，但它和秦汉时期的其他作品一样都带有杂家的倾向。在《春秋繁露》中，有类似墨子的天志思想，有类似荀子的人为思想，有类似韩非的法术思想。这三方面的思想本不连贯，董仲舒却把它们交织成一套天人感应之学。现在我们来看看他是如何建立这套天人感应之学的。

一、《春秋》大一统与天道

"春秋"是孔子所作鲁史的名称。由于孔子以人道的思想来褒贬当时的君臣，所以董仲舒便把这种褒贬当作衡量是非善恶的大经大法。他在《春秋繁露》中一再说：

> 《春秋》之好微与？其贵志也。《春秋》修本末之义，达变故之应，通生死之志，遂人道之极者也。(《春秋繁露·玉杯》)
>
> 《春秋》之道，固有常有变，变用于变，常用于常，各止其科，非相妨也。(《春秋繁露·竹林》)
>
> 《春秋》之为学也，道往而明来者也。然而其辞体天之微，故难知也。弗能察，寂若无；能察之，无物不在。是故为《春秋》者，得一端而多连之，见一空而博贯之，则天下尽矣。(《春秋繁露·精华》)

在董仲舒笔下，《春秋》无疑是天道的化身。董仲舒之所以推崇《春秋》，是因为看重其大一统的思想。在《举贤良对策》中，他曾强调：

> 《春秋》大一统者，天地之常经，古今之通谊也。(《汉书·董仲舒传》)

而在《春秋繁露》中更屡言：

> 《春秋》何贵乎元而言之？元者，始也，言本正也。道，王道也。王者，

人之始也。王正则元气和顺,风雨时,景星见,黄龙下。王不正则上变天,贼气并见。《春秋繁露·王道》

《春秋》之道,以元之深正天之端,以天之端正王之政,以王之政正诸侯之即位。(《春秋繁露·二端》)

从这里可以看出,董仲舒推崇《春秋》之道,乃是为了匡正君主的行为。然而要作为君主行为的标准,就必须是最高的指导原则。于是,他将《春秋》之道上接于天道,这一点和墨子强调天志的作用是相同的。正如董仲舒所说:

孔子以此效之,吾所以贵微重始是也。因恶夫推灾异之象于前,然后图安危祸乱于后者,非《春秋》之所甚贵也。然而《春秋》举之以为一端者,亦欲其省天谴而畏天威,内动于心志,外见于事情,修身审己,明善心以反道者也,岂非贵微重始,慎终推效者哉! (《春秋繁露·二端》)

董仲舒和墨子的相同之处是,都以天的赏善罚恶来制裁君主。不同之处是,墨子的天志只强调天有赏善罚恶的意志,并没有进一步说明何以如此。也就是说,墨子只重天的权威性,所以墨子的天志仅有宗教意识,没有理论根据。董仲舒却建立了一套天人感应的理论来支持他这种借《春秋》之道匡正君主行为的思想。

二、相生、相感与相副的天道

董仲舒的这套理论建立在三个基础上。

1. 阴阳相生

"阴阳"两字在汉代思想中是一个极为普遍的名词,董仲舒的天道便是以阴阳五行为骨架的。如他曾说:

天地之气,合而为一,分为阴阳,判为四时,列为五行。行者行也,

其行不同，故谓之五行。五行者，五官也，比相生而间相胜也。故为治，逆之则乱，顺之则治。(《春秋繁露·五刑相生》)

董仲舒以阴阳二气来构建宇宙运转的间架，他强调阴阳之间的相生。如他说：

天之常道相反之物也。不得两起，故谓之一。一而不二者，天之行也。阴与阳，相反之物也，故或出或入，或右或左。(《春秋繁露·天道无二》)

天之道，终而复始。故北方者，天之所终始也，阴阳之所合别也。冬至之后阴俛而西入，阳仰而东出，出入之处常相反也。(《春秋繁露·阴阳终始》)

天之道，出阳为暖以生之，出阴为清以成之。是故非熏也不能有育，非溧也不能有熟。(《春秋繁露·暖燠常多》)

2. 万物相感

由于阴阳的相生，万物各顺阴阳，以致同类相感，而产生感应的作用。董仲舒说：

今平地注水，去燥就湿，均薪施火，去湿就燥。百物去其所与异，而从其所与同。故气同则会，声比则应，其验皦然也。试调琴瑟而错之，鼓其宫则他宫应之，鼓其商而他商应之，五音比而自鸣，非有神，其数然也。美事召美类，恶事召恶类，类之相应而起也，如马鸣则马应之，牛鸣则牛应之。帝王之将兴也，其美祥亦先见；其将亡也，妖孽亦先见。物故以类相召也。(《春秋繁露·同类相动》)

又说：

天有阴阳，人亦有阴阳。天地之阴气起，而人之阴气应之而起，人之阴气起，而天地之阴气亦宜应之而起，其道一也。……非独阴阳之气可以类进退也，虽不祥祸福所从生，亦由是也。无非己先起之，而物以类应之而动者也。(《春秋繁露·同类相动》)

3. 人副天数

不仅阴阳、万物是相生、相感的，因为人秉阴阳，也为万物之一，所以人也是如此。不过董仲舒更进一步，认为人不仅是万物之一，更超于万物，因为人的身体构造以天为本。正如他说：

> 天地之精，所以生物者，莫贵于人。人受命乎天也，故超然有以倚。物疢疾莫能为仁义，唯人独能为仁义。物疢疾莫能偶天地，唯人独能偶天地。人有三百六十节，偶天之数也；形体骨肉，偶地之厚也。上有耳目聪明，日月之象也；体有空窍理脉，川谷之象也；心有哀乐喜怒，神气之类也。(《春秋繁露·人副天数》)

又说：

> 天地之符，阴阳之副，常设于身。身犹天也，数与之相参，故命与之相连也。天以终岁之数，成人之身，故小节三百六十六，副日数也；大节十二分，副月数也；内有五脏，副五行数也；外有四肢，副四时数也；乍视乍瞑，副昼夜也；乍刚乍柔，副冬夏也；乍哀乍乐，副阴阳也；心有计虑，副度数也；行有伦理，副天地也。(《春秋繁露·人副天数》)

三、天人感应的治道

董仲舒由这种相生、相感、相副的理论，创立了天人感应之学。所谓天人感应，就一般意义来说是指天人之间可以交感。也就是说，人做了坏事，会遭天谴，人做了好事，会得天赏。不过，一般的观念乃是把天看作一个会司赏罚的神灵，如墨子的天志，以及一般宗教的观念。董仲舒却以阴阳相生、万物相感及人副天数的理论，把这种交感从宗教的权威性转变为物化的平等性。也就是说，人不是向天求援，而是祸福自召。在这一意义上，董仲舒的思想非但不是荀子所批评的那种天人感应，实际上更偏近于荀子的人为主义。

事实上，我们如果深一层地去研究董仲舒这种天人感应之学，将发现那完全是一种法天的治道。

1. 阴阳相生与治道

董仲舒认为，阴阳不只是两个形而上的元素，而且是可以施之于政治的。如他说：

> 天道之常，一阴一阳。阳者天之德也，阴者天之刑也。(《春秋繁露·阴阳义》)
>
> 天出阳，为暖以生之；地出阴，为清以成之。不暖不生，不清不成。然而计其多少之分，则暖暑居百，而清寒居一，德教之与刑罚犹此也。故圣人多其爱而少其严，厚其德而简其刑，以此配天。(《春秋繁露·基义》)

这是把阳当作德、阴当作刑而施之于政治。另外，董仲舒又把阴阳的作用施之于伦理。如他说：

> 君臣、父子、夫妇之义，皆取诸阴阳之道。君为阳，臣为阴；父为阳，子为阴；夫为阳，妻为阴。阴道无所独行。其始也不得专起，其终也不得分功，有所兼之义。是故臣兼功于君，子兼功于父，妻兼功于夫，阴兼功于阳，地兼功于天。(《春秋繁露·基义》)

2. 万物相感与治道

在董仲舒的运用上，阴阳是宇宙变化的基本原理，而五行是万物及人事变化的应用原理。关于万物相感与治道的作用，董仲舒是通过五行来说明的，如：

> 王者与臣无礼，貌不肃敬，则木不曲直，而夏多暴风。风者，木之气也。……王者言不从，则金不从革，而秋多霹雳。霹雳者，金气也……王者视不明，则火不炎上，而秋多电。电者，火气也。……王者听不聪，则水不润下，而春夏多暴雨。雨者，水气也。……王者心不能容，则稼穑不成，而秋多雷。雷者，土气也。（《春秋繁露·五行五事》）

这是把五行的性能与君主的治道相关联，以敦促君主时时反省。

3. 人副天数与治道

由于人是天的缩影，因此政治上的设施也必须取象于天数。董仲舒说：

> 王者制官，三公、九卿、二十七大夫、八十一元士，凡百二十人，而列臣备矣。吾闻圣王所取，仪金天之大经，三起而成，四转而终。官制亦然者，此其仪与？三人而为一选，仪于三月而为一时也。四选而止，依于四时而终也。三公者，王之所以自持也，天以三成之，王以三自持，立成数以为植，而四重之，其可以无失矣！备天数以参事，治谨于道之意也。（《春秋繁露·官制象天》）

这完全是以天数来施于实际政治，因为按照董仲舒的看法，天是绝对完美的，所以这种模仿天数的政治制度也和天一样完美。

第四节　天人感应之学的检讨

以上，我们根据《春秋繁露》一书，勾画出了董仲舒天人感应之学的轮廓。虽然他的这套学说，以现代眼光来看，有许多地方是不够完满的，可以说只有理论而无根据，但天人感应之学毕竟是汉代思想的一条主流。我们说它是主流，并不是指它的成就伟大，可以作为汉代思想的重心，而是指它的影响之广，不仅谶纬灾异之说、阴阳象数之学，甚至连正统的儒家都受到它的影响。尤其在整个汉代思想界，先秦的儒家、道家思想都只是被沿袭，被曲意运用，没有更好的创见，而真正能够代表汉代，且有点新的看法的，只有天人感应之学。

虽然天人感应之学风靡了整个汉代，但自董仲舒之后，也有些学者逐渐觉醒，对它表示怀疑，甚至予以严厉的批评。

一、天人感应之学的反响

对天人感应之学产生怀疑的学者，以扬雄为代表。扬雄（前53—18），字子云，四川成都人。他在汉代思想界被公认为大儒，一般的哲学史中也都以专章来讨论他。扬雄在思想方面的代表作有二，一是中年时期所写的《太玄》，二是晚年时期所写的《法言》。《太玄》是模拟《易经》而作的，其中掺入了汉代阴阳五行及象数的思想，其风格仍然不脱董仲舒的天人感应之学。《法言》是模仿《论语》而作的，其继承了董仲舒独尊儒学的思想，尊孔子、重"五经"，并批评诸子思想。扬雄自比于孟子，如他说：

> 古者杨、墨塞路，孟子辞而辟之，廓如也。后之塞路者有矣，窃自比于孟子。（《法言·吾子》）

就这些方面来说，扬雄只是顺承了董仲舒以来思想的趋势，并没有值得特别称述的。不过在《法言》中唯一值得一提的，就是他摆脱了阴阳灾异的思想，甚至公开地对其表示怀疑。如：

> 或问："星有甘石，何如？"曰："在德不在星。德隆则晷星，星隆则晷德也。"（《法言·五百》）
>
> 或问："赵世多神，何也？"曰："神怪茫茫，若存若亡，圣人曼（不）云。"（《法言·重黎》）
>
> 象龙之致雨也，难矣哉！曰："龙乎！龙乎！"（《法言·先知》）

这些话都是对阴阳灾异思想的怀疑。但在《法言》中，扬雄只是强调孔孟精神，像孔子的不语怪、力、乱、神一样，对当时流行的灾异思想只是表示怀疑，最多是予以否认，并没有全力地批评。

真正对天人感应之学进行猛烈批评的乃是王充。由扬雄，而桓谭，而王充，这是反对天人感应之学的一支。桓谭和扬雄是好友，他反对谶纬，反对神仙思想。桓谭曾著有《新论》，可惜失传了。王充的思想深受扬雄和桓谭的影响，他赞美扬雄："子云无世俗之论。"（《论衡·案书》）赞美桓谭："论文以察实，则君山汉之贤人也。"（《论衡·定贤》）这都是指他们的文章不像其他学说那样，夹杂了许多阴阳五行、灾异谶纬的思想。

王充（27—约97），字仲任，浙江人。他的政治背景、学术渊源和思想性格与董仲舒完全不一样。董仲舒得君行道，为经学博士，且以弘扬孔孟的道统为己任。王充出身平民，只做过一些管理文书的工作，而且和汉代五经博士的学统毫无关系，他的思想都来自日常的经验。

王充流传下来的著作是《论衡》。他自述该书的旨趣："《诗》三百，一言以蔽之，曰：'思无邪！'《论衡》篇以十数，亦一言也，曰：'疾虚妄。'"事实上，整本《论衡》可说是针对天人感应的思想，建立了一套天人不相应的思想。要证明天人的不相应，在王充看来就要先确立一切本乎自然这一观念。

所以，王充用自然的观念去推翻董仲舒那套具有权威性的天道思想。他说：

> 天地合气，万物自生。犹夫妇合气，子自生矣。万物之生，含血之类，知饥知寒。见五谷可食，取而食之；见丝麻可衣，取而衣之。或说以为天生五谷以食人，生丝麻以衣人，此谓天为人作农夫桑女之徒也。不合自然，故其义疑，未可从也。（《论衡·自然》）

这说明了天不是有灵性的，天不能够生物，物是自生的。但王充提出"气"字，又生怕牵涉到阴阳感应的气化思想中，于是他一方面说明天之出气乃是自然的，如：

> 天之动行也，施气也。体动气乃出，物乃生矣。由人动气也，体动气乃出，子亦生也。夫人之施气也，非欲以生子，气施而子自生矣。天动不欲以生物，而物自生。此则自然也。(《论衡·自然》)

另一方面，他又强调万物的自生，也不是出于阴阳的相感，而是自然的。他说：

> 夫物以春生夏长，秋而熟老，适自枯死，阴气适盛，与之会遇。何以验之？物有秋不死者，生性未极也。人生百岁而终，物生一岁而死，死谓阴气杀之，人终触何气而亡？论者犹或谓鬼丧之。夫人终鬼来，物死寒至，皆适遭也。……风从虎，云从龙，同类通气，性相感动。若夫物事相遭，吉凶同时，偶适相遇，非气感也。杀人者罪至大辟。杀者罪当，重死者命当尽也。故害气下降，囚命先中；圣王德施，厚禄先逢。是故德令降于殿堂，命长之囚出于牢中。天非为囚未当死，使圣王出德令也。圣王适下赦，拘囚适当免死。犹人以夜卧昼起矣，夜月光尽，不可以作，人力亦倦，欲壹休息；昼日光明，人卧亦觉，力亦复足。非天以日作之，以夜息之也；作与日相应，息与夜相得也。(《论衡·偶会》)

在这里我们可以看出，在王充的观念中，自然乃是偶然的意思，正如他说："自然之道，适偶之数。"(《论衡·偶会》)这个"自然之道"和老子的"天法道，道法自然"的思想完全不同。老子是把道抬高到天之上，以道来代替有意志、有权威性的天，然后再以自然来强调"自本"与"无为"。所谓自本，就是指道的自本自根，道之上再没有比它更高的东西来牵制它。所谓无为，就是指道的无私、无欲。可见老子的自然是一个很高的境界。王充的自然，不是往上的提升，而是往下的坠落。他把自然当作偶然，把天完全打破了摔在地上，让其变成一个毫无意义、毫无价值的东西。

王充的思想的致命弱点，就是他对道毫无体认。虽然他赞美黄老，却与真正的道家思想完全不相应。虽然他批评汉代经学之不当，却对真正的儒家思想缺乏了解。因为他只是拾取一些粗俗的经验来加以推论，所以他批评当时流行的天人感应之学，勇气虽可嘉，才力却不够。结果是，他未能深入地把握天人感应之学的漏洞，另外建立一套新的学说体系，反而破坏了人性和道德的必然性。所以他的理论空有论说，而无理境、理趣。

二、天人感应之学的使命及其陷落

以上我们简述了扬雄、王充等人对天人感应之学的回应，但这种回应并没有推翻天人感应之学的流行。天人感应之学的产生，自有其时代背景及学术趋势。

前面我们曾说过，汉代思想的特色是哲学和政治的结合，而汉代的儒生，从陆贾、贾谊到董仲舒，都努力使儒学能够得君行道。可是汉代的君王宗教意识大都非常浓厚，在这样的环境下，儒生们想通过君王来实践他们的理想，只有两条路，一条是正面劝谏君王，使他们服膺于义理，孔子、孟子、荀子等先秦儒家都尝试过这一条路，但是没有效果。另一条是婉转的，先投其所好，设计出一套格式，使他们遵守并不自觉地推行仁政，这就是董仲舒等汉儒所走的路。

以上是就时代的政治背景来说的，下面再从学术发展的趋势来看。在西方哲学史上，是先有素朴的宇宙论，如泰勒斯认为宇宙的根本元素是水等，然后发展到苏格拉底、柏拉图等，才有伦理及政治方面的哲学。在中国哲学史上，却是先有孔子、老子等伦理及政治方面的哲学。尽管伏羲的八卦及六十四卦画得很早，但这赤裸裸的图像很快便穿上了伦理和政治哲学的外衣，直到战国末年以后，才有余暇转到宇宙论上去。由于我们的哲学到了汉代才开始正式地、客观地，而且是大量地研究宇宙论的问题，所以在起步时，有许多不甚合理的推论和欠缺根据的假设，这也是不可避免的。试看西方哲学兼科学之父的亚里士多德的学说，在科学方面不是也有很多不合理的论说吗？而在西方哲学中，从水、气、火、地，再经单子、原子而直到电子，不是也要经过很长一段时间来淘汰旧说、发明新学吗？如果我们以这种心情去看董仲舒等的天人感应之学，我们应该说这是中国哲学尝试从心性道德迈向宇宙天体的一个开始。只可惜，这个开始没有好好地转化、发展成新的成就。

在这方面，我们之所以没有好好地转化、发展，原因相当复杂，主要有以下三点。

一是中国哲学始终以伦理、政治为主体，对纯知识的追求很难成为主流。所以像桓谭和张衡等在科学方面有成就的学者，没有得到应有的重视。

二是由于中国哲学不重视纯知识的追求，所以发展不出一套客观的知识方法。又由于没有客观的知识方法，所以在宇宙论上的探索始终只有出于主观的设计，而没有经过严密考察的证据。

三是这套学说自始便担有政治的使命，再加上又掺杂了宗教意识的因素，这两方面的牵制，使它不能独立地走向天道。

在这里，我们无法详述其他各点，仅从第三点谈谈这套天人感应之学本身的陷落。

对于天道的研究，至少有四个方面：一是科学的，如现代科学的宇宙论；二是哲学的，如希腊哲学家的宇宙论；三是宗教的，如佛教的天道论；四是道德的，如儒家的天道论。当然，这四个方面并不是绝对分隔、互不相融的，如希腊哲学中的宇宙论兼有科学性和哲学性，先秦儒家思想中的天道论兼有哲学性和道德性。这种兼有性如果相融得好，一方面可以互相提携，使其更为完满。《中庸》所谓："诚者，天之道也；诚之者，人之道也。"这个"诚"字，不但是哲学的，而且是道德的。由于它是哲学的，所以才能上达于天之道；由于它是道德的，所以才有实践之功。另一方面也可互相辅助，而发展成新的学说，如希腊哲学中的许多科学研究，由于哲学方面提供了园地、方法及思辨的推论，然后才慢慢发展成今日独立的科学。相反，如果兼容得不当，就会因互相牵制、抵消而走向陷落。董仲舒等人的天人感应之学便犯了这个毛病。虽然它同时兼有这四个方面的性能，但这四个方面不是和谐的相融，而是格格不入的相混，因此它们之间就会互相牵制。如他以阴阳五行的作用来解释宇宙变化的道理，这也自成一套学说。但他为了把这套学说和伦理、政治连成一体，而把阳解作德、阴解作刑，为了和儒家重德轻刑的思想相配合，而非常勉强地说：

> 阳之出，常悬于前而任岁事；阴之出，常悬于后而守空虚。阳之休也，

功已成于上而伏于下；阴之伏也，不得近义而远其处也。天之任阳不任阴、好德不好刑如是。故阳出而前，阴出而后，尊德而卑刑之心见矣！（《春秋繁露·天道无二》）

计其多少之分，则暖暑居百而清寒居一。德教之与刑罚犹此也。故圣人多其爱而少其严，厚其德而简其刑。（《春秋繁露·基义》）

这种牵强附会的理论，就天道上来说，违反了《易经》"一阴一阳之谓道"的基本精神，因为阴阳同为生生原理，岂能有多少轻重之分？可是董仲舒把阳解作德、阴解作刑后，为了重德而轻刑，又回过头去说天道任阳而不任阴，这是以人事上的施为去曲解天道的作用。再就伦理道德来说，他将孝道与五行相配合。如他说：

"'夫孝，天之经，地之义。'何谓也？"对曰："天有五行，木火土金水是也。木生火，火生土，土生金，金生水。水为冬，金为秋，土为季夏，火为夏，木为春。春主生，夏主长，季夏主养，秋主收，冬主藏。藏，冬之所成也。是故父之所生，其子长之；父之所长，其子养之；父之所养，其子成之。诸父所为，其子皆奉承而续行之，不敢不致如父之意，尽为人之道也。故五行者，五行也。由此观之，父授之，子受之，乃天之道也。故曰：夫孝者，天之经也。"（《春秋繁露·五行对》）

他在这里把孝道的意义黏着在五行的机械式的变化上无异于挖掉了孝道在德行上的自觉的基础。试看孔子论三年之丧，强调父母抚育子女之辛劳，这是父母子女之间的情感基础。而董仲舒的这种以孝道附会五行的操作，将孝道物化了，所以说这是天道与伦理思想的陷落。

由上文我们知道，汉代的儒生一方面要为儒家在政治上找出路，另一方面要为儒家思想在天道上找出路。但他们思想本身的黏着与陷落，使这两方面的出路都变成了死路。

要想转死为生，还要等待一段漫长的岁月。

第五节　整体生命哲学论

用整体生命哲学的三角形来看董仲舒的思想，如下图：

```
              天
             ╱ ╲
            ╱   ╲
           ╱     ╲
          ╱       ╲
       阴阳五行 ─── 人
```

董仲舒的天人感应之学，全在《春秋繁露》一书中。该书不是他修养体验的作品，而完全是一种理论的设计。这个理论以阴阳五行为基础。因为它的基础在阴阳五行，所以他的学说是由阴阳五行发展出去的。由阴阳五行去论天，天就是阴阳五行之所聚；再由阴阳五行去看人，人也就是阴阳五行之所集。由于天和人都是阴阳五行，所以天人同一性质，可以相应。至于天的生生的本质、人的伦理道德，则都归纳在阴阳五行中，也就是完全由阴阳五行所控制而没有自体的存在。像这样的一种理论，我们认为由"理"到"道"和由"用"到"道"全是虚线，它不能真正感应，只是一种理论设计而已。

第十五章　玄学清谈的魏晋名士

第一节　什么是玄学

虽然思想的发展在汉代的四百多年间有四层转折，但就整个学术上的表现来说，还是以儒家的经学为主，到了魏晋南北朝时期，却由训诂注疏的经学转变为虚无空灵的玄学。

玄学可以说是魏晋南北朝时期学术上的特色。它是以《易经》《老子》《庄子》的所谓"三玄"为主，做形而上思想方面的探讨。

以"玄学"两字来看，"玄"字在先秦儒家经典中，根本没有哲学的地位。如《论语》中仅出现了两次："羔裘玄冠不以吊。"（《论语·乡党》）"敢用玄牡。"（《论语·尧曰》）《孟子》中也只出现了两次："篚厥玄黄……其君子实玄黄于篚以迎其君子。"（《孟子·滕文公下》）这些"玄"字都是指赤黑色，没有哲学上的意义。可是在道家的书中，"玄"字的地位非常重要，如《老子》屡言"玄之又玄""玄妙微通"，《庄子》屡言"玄天""玄德""玄圣""玄同""玄冥""玄古""玄珠"。所以就先秦儒家的基本精神来说，儒家是不谈玄的，"玄"乃是道家的术语。

汉代的儒家，由于掺入了道家和阴阳五行的思想，才离开了儒家的平实面而走入玄思之途。如扬雄在《太玄赋》中便说："观《大易》之损益兮，览老氏之倚伏。"不过汉代学者的玄和魏晋学者的所谓玄学不同。汉代学者只是把《易经》和阴阳五行混合起来，谈宇宙人生变化的天道，由于这一套学问越出了孔孟的为学方向，所以他们称之为玄，以表示玄远的意思。至于魏晋的玄学，却是将《易经》和老庄的思想混合，而就本体上做玄妙之谈。玄而称为一种学，也是魏晋时期特有的术语，如《晋书·陆云传》中便说他："本无玄学。"

魏晋学者在玄学方面的表现，都是就三玄来作注和论。譬如在注的方面，有王弼的《周易注》（即六十四卦注，《系辞传》为韩康伯所注）、《老子注》，向秀和郭象的《庄子注》。在论的方面，有钟会的《周易无互体论》（已亡佚），阮籍的《通易论》《通老论》《达庄论》，何晏的《道德二论》（已亡佚），孙盛的《易象妙于见形论》（已亡佚）、《老聃非大贤论》，嵇康的《声无哀乐论》，殷浩的《易象论》（残缺），王坦之的《废庄谕》（已亡佚），裴頠的《崇有论》，支遁的《逍遥论》（残缺）等，这些可说是魏晋学者在玄学方面主要的作品。

再说清谈。清谈本是指一种优雅而不落现实的谈论。当然，这种谈论并不限于魏晋。但这一名词的运用是因谈玄而起。也就是说，清谈和玄学是不可分的。清谈的内容都是掇拾玄学上的一些玄理，如《世说新语·文学》篇中所说：

> 旧云：王丞相（导）过江左，止道声无哀乐、养生、言尽意，三理而已。然宛转关生，无所不入。

这种纯理的谈论，有时是两人的促膝而谈，有时是集体参加，不但有裁判，而且是互换主题的辩论会。谈论的地方不限于书房、客厅，有时甚至在宴席上、寺庙内。参加的人不限于学者、名士，甚至还有政府官员、寺庙僧侣。由此可见这种清谈在当时的风靡程度。

我们把玄学限于魏晋，将玄学和清谈结合，是为了对魏晋玄学有一个基本的了解。现代有许多学者把玄学解作哲学，如熊十力在《新唯识论》中便自称其学为玄学，而当时科学与玄学的笔战也把中国的哲学当作玄学，还有些学者把玄学当作形而上学，这都是不甚妥帖的。我们可以称儒家、道家和佛家的思想为哲学，但不能称之为儒家、道家和佛家的玄学；我们也可以称儒家的道学为形而上学，但绝不能称之为儒家的玄学；我们还可以称佛家的性体思想为佛家的形而上学，但不能称之为佛家的玄学。甚至老子和庄子的思想都有这个玄味十足的"玄"字。如果我们说老子和庄子的形而上思想，那是就老子和庄子思想本身来说的。如果我们说老子和庄子的玄学，那便不是老子和庄子本身的思想，而是指魏晋学者对老子和庄子思想的研究。为什么如此？因为一旦扣上

"玄学"二字，便意味着和现实人生离得远远的。事实上，"玄学"总使人联想到魏晋学者们所醉心的那套学问。所以我们把玄学限于魏晋，将玄学和清谈结合，这是还玄学一个本来面目，就像我们可以称宋明的儒学为理学，却不能把理学两字用于先秦的儒家。

第二节　玄学思想形成的原因

一、政治社会的不安定

汉末以来，政治纷乱、民生疾苦带来了种种问题。

一方面，由于汉末宦官的专权、军阀的割据而致董卓、曹操举兵，三国形成；接着是司马炎篡位、贾后之乱、八王之乱，加以北方胡族入侵，怀愍二帝被俘，西晋灭亡；最后王敦、桓玄造反，东晋亡。这是一连串的政治纷争，也是一连串的大屠杀。

另一方面，汉末以来，官商勾结、土地私有、货币贬值，再加上战乱频仍，使得农民起义时起。桓帝时，有陈留李坚称帝，泰山公孙举进兵青、徐、兖三州，以及各地的农民起义。到了灵帝，各地方势力合成了黄巾起义，使得社会陷入一片混乱。到了魏晋，再加上饥荒、瘟疫，使得民不聊生。据统计，从汉桓帝永寿三年到晋武帝太康元年的一百二十多年间，中国人口由五千六百多万减少到一千六百多万，由此可见社会凄惨的情形。

在这样一个动荡不安的环境下，学术自然无法正常地发展。

二、知识分子受摧残

东汉宦官得势，如单超、侯览、曹节、张让等都位列公侯，无所不为。读书人起来反抗，于是形成了党锢之祸。桓帝延熹九年、灵帝建宁二年的两次党祸，前后共杀了九百多知识分子，更株连到他们的亲戚、朋友，不计其数。这是继秦始皇焚书坑儒之后，又一次大规模地公开杀害知识分子，使得当时的郭太、袁闳、申屠蟠等人都远遁山林，而被誉为高士。到了魏晋时期，军阀当权，更有意地摧残知识分子，如孔融、杨修、丁仪、丁廙死于魏，何晏、邓飏、李丰、夏侯玄、许允、嵇康、吕安、钟会、邓艾等被司马懿、司马师、司马昭一家所杀，裴頠、张华、欧阳建、潘岳等被赵王司马伦所杀，陆机、陆云等被成都王司马颖所杀。这是军阀动辄杀害知识分子的一面。

另一面，曹操更有意地破坏读书人的气节。他曾颁布了一封《求贤令》：

> 若必廉士而后可用，则齐桓其何以霸世！今天下得无有被褐怀玉而钓于渭滨者乎？又得无盗嫂受金而未遇无知者乎？二三子其佐我明扬仄陋，唯才是举，吾得而用之。(《三国志·魏书·武帝纪》)

像这种公开标榜唯才是举而不管其"盗嫂受金"的污行，可说是对知识分子人格的一大侮辱，所以当时有气节的士人为苟全性命只能避世。

三、汉代学术的反作用

汉代由于武帝的独尊儒学，使得儒学变成了走上利禄之途的工具。当时的许多儒生不是为了救世救人而研究学问，而是把儒学当作敲门砖，于是讲师承、讲专研于一经，只斤斤于字义的考释，变成了书本的蛀虫。如《汉书》的描写：

> 后世经传既已乖离，博学者又不思多闻阙疑之义，务碎义逃难，便辞巧说，破坏形体，说五字之文，至于二三万言。后进弥以驰逐，故幼童守一艺，白首而后能言；安其所习，毁所不见，终以自蔽。此学者之大患也。(《汉书·艺文志》)

可见当时的这些学者只拘守于一经，不是在文字上爬梳，便是大讲其阴阳灾异的理论，对儒家思想的精神毫无体认，而他们之所以能皓首穷经，利禄的吸引和当时政府的重视所形成的风气是主要原因。可是到了魏晋时期，这些君主和当政者，非但不再推尊儒学，而且还有意地破坏士风。利禄之途一断，学者们自然不再安于"幼童守一艺，白首而后能言"的注经生涯，于是很自然地反对汉代的儒术，而走上了任性逍遥的道家之路。

四、浪漫文学的交互影响

浪漫文学和这一时期的思想是互相影响的。道家思想影响到文学上，自然产生那种不满于现实、超凡出世的浪漫文学。就拿当时文坛的领袖曹植来说，他的《玄畅赋》《释愁文》《髑髅说》都充满了老庄思想，而他的《洛神赋》《升天行》《仙人篇》等，也都抒发着对现实不满的出世思想。不仅当时的文人如此，就连自命为一代豪雄的曹操，也写出了愁肠百结、人生叹苦的《短歌行》。

而浪漫文学的流行，使得当时的思想家们不再像汉儒那样板起脸孔来讲经，那时的思想家们几乎都是文学方面的能手。他们不但善于为文为诗，如阮籍、嵇康等，而且他们的哲学著作都极富文学色彩。就拿王弼的《老子注》和向秀、郭象的《庄子注》来说，虽然都是替别人作注，但抽开来看，都是极有文学价值的作品。譬如王弼的《老子·三十八章注》就是一篇极其出色的文章，向秀、郭象的《庄子·逍遥游注》可以说文学的情调胜过思想的深度。

老庄思想和浪漫文学的结合，影响到人生便成为浪漫的行为。这种浪漫的行为也正助长了清谈之风。

第三节　玄学的两派

如果以玄学来说魏晋思想，一般都分为名理、玄论和旷达三派。其实严格地说，旷达不能自成一派，可看作玄论派的延伸，所以只有名理和玄论两派。如果开放地说，魏晋思想中除了玄学之外，尚有道教的神仙之学（丹鼎派）和佛教的般若思想（般若派）。虽然这两者不以玄谈为主，但是他们的思想都和玄学及清谈有关系。譬如魏伯阳的《参同契》（魏伯阳虽传说是汉代人，但其书《参同契》却被认为是魏晋时期的作品），也是以易学和老学作为炼丹的间架。再如当时的格义之学及僧肇等人的思想，也都融有极浓厚的老庄思想。尤其许多道士、名僧都和玄学家来往，甚至直接加入清谈的行列，如支遁等。

不过由于这两派归属于道、佛两教，所以放到以后再谈，这里我们只以名理和玄论两派为主。

一、名理派

1. 名理派所谈的主题

"名理"两字虽运用于魏晋，但这个"名"字却与先秦的名家有点关系。因为在初期的名理派中，也涉及名学和《墨辩》等的论题。如：

> 爰翰子俞，字世都，清真贵素，辩于论议。采公孙龙之辞，以谈微理，少有能名。(《册府元龟》)
> 论折坚白，辩藏三耳。(《太平御览》四百六十四卷)
> 其(鲁胜)著述，为世所称，遭乱遗失，惟注《墨辩》。(《晋书·鲁胜传》
> 谢安年少时，请阮光禄道《白马论》，为论以示谢。于时，谢不即解阮语，重相咨尽。阮乃叹曰："非但能言人不可得，正索解人亦不可得。"(《世说新语·文学》)

不过这些名学的论题，并没有构成名理派的中心思想。初期的名理派，如刘劭、傅嘏、钟会等人以论才性为主。后期的名理派，如裴頠、孙盛等人却反对玄论派的虚无主张，而提倡实有。这从表面上看似乎极不相关的三种论题名学、才性和崇有，又如何都成了名理派的思想？我们分析这一派的文字和言论，可以得到两点解释：一是广义的名家不限于惠施和公孙龙等人的分析概念，所谓形名家或刑名家也都是名家的流变，因为讲究名实是名家的主题，循名责实是名家在政治上的运用，而在名理派中，品评人物和辩论才性也都属于政治上的考察名实，所以魏文帝的《士操》和刘劭的《人物志》在《隋志》中被列入名家之流；二是名理学家们都擅长文字语言的分析，这是名家的特色，才性论将其用于对人物的分析，崇有论用它来批评玄论派的思想。

2. 初期的名理派

初期的名理派谈论的主题是品评人物，这种情况产生的原因是，东汉光武帝推崇气节，使得名士们互相标榜，品藻次第，从而讲才识，讲风度。譬如汉末有名的才士郭太，由儒入道，善于保身。《后汉书》对他的描写是：

> 身长八尺，容貌魁伟，褒衣博带，周游郡国。尝于陈梁间行遇雨，巾一角垫，时人乃故折巾一角，以为林宗巾，其见慕皆如此。（《后汉书·郭太传》）

说他：

> 善谈论，美音制。……善人伦，而不为危言核论。（《后汉书·郭太传》）

这正是清谈家的典型了。

后来到了魏文帝时，颁布了九品中正制。虽然设官分职本是政治上早就有的事实，但此时九品中正的选拔，不是凭笔试的功夫，而是一方面通过口试看被推举者的容貌、谈吐、才质、器度，另一方面采取公众舆论的品评。虽然这种制度也受到了汉末以来品评人物风气的影响，但一旦其成为制度后，更助长了这种品评人物的风气。当时的几本品评人物的书，如魏文帝的《士操》、姚信的《士纬新书》、刘劭的《人物志》等，都成了入宦指南。

这些品评人物的书之所以入玄，有两个原因：

一个是由于他们的观点可以当作清谈的题材，以及在清谈中作为评判的标准，而且他们也都直接参与清谈。如：

> 傅嘏善言虚胜，荀粲谈尚玄远，每至共语，有争而不相喻。裴冀州释二家之义，通彼我之怀，常使两情皆得，彼此俱畅。（《世说新语·文学》）

《三国志·魏书·荀彧传注》说："嘏善名理。"《魏书》傅嘏的本传说："嘏常论才性同异。"可见傅嘏是名理派的人物，常谈才性问题。而此处所谓"虚胜"，乃指名理方面的抽象原理，这也是清谈的论题之一。

另一个是由于他们的品评人物，并不是以一般知识的眼光，而是涉及许多玄妙的观点。如《意林》一书中辑录了《士纬新书》的一段话：

> 孔文举金性太多，木性不足，背阴向阳，雄俾孤立。

这是以阴阳五行来论才性了。由此可见，才性论也和当时的玄谈有关。如《世说新语·文学》上所载：

> 殷仲堪精核玄论，人谓莫不研究。殷乃叹曰："使我解《四本》，谈不翅尔。"

所谓"《四本》"就是名理派钟会的才性《四本论》。

初期名理派的主要人物以刘劭、钟会为代表。

（1）刘劭

刘劭，字孔才。博学多闻，著作甚丰，有《法论》《乐论》等。唯流传于今者，仅《人物志》一书。该书分析人的性情、才能、气质、神貌，以及各种历史人物的长短得失和知人用人的观察方法，可说是中国学术史上难得的一部专门论人的著作。

《人物志》在思想上并不纯粹，它杂糅了儒、道、法、阴阳五行各家的思想。在讨论到人性本质时，它引用了阴阳五行的思想。如：

> 凡有血气者，莫不含元一以为质，禀阴阳以立性，体五行而著形。（《人物志·九征》）

在讨论到政治问题时，它兼用儒、道、法三家的思想，一方面强调儒家思想，认为圣人是以中庸为德。如：

> 兼德而至，谓之中庸；中庸也者，圣人之目也。（《人物志·九征》）

另一方面，在政术的运用上，它糅合了道、法的观点。如：

> 主德者，聪明平淡，达众材而不以事自任者也。（《人物志·流业》）

就这些方面来看，该书沿袭了汉代杂家的思想，并没有特殊的创见。

本书值得我们特别注意的是它对名理和人物分析的功夫。譬如"中庸"二字，虽然《中庸》一书曾就德行做过深入的发挥，但后来的学者都只是根据《中庸》一书的义理写文章去赞扬而已。唯本书能很具体地列举各种人物气质上的差别来说明中庸之道的过与不及。如它说：

> 夫中庸之德，其质无名。……变化无方，以达为节。是以抗者过之，而拘者不逮。夫拘抗违中，故善有所章，而理有所失。是故厉直刚毅，材在矫正，失在激讦；柔顺安恕，每在宽容，失在少决；雄悍杰健，任在胆烈，失在多忌；精良畏慎，善在恭谨，失在多疑……（《人物志·体别》）

该书不但举出了这些差别得失，而且提出了针砭方法。如：

> 及其进德之日，不止揆中庸，以戒其才之拘抗；而指人之所短，以益其失；犹晋楚带剑，递相诡反也。是故：强毅之人，狠刚不和，不戒其强之唐突，而以顺为挠，厉其抗；是故可与立法，难与入微。柔顺之人，缓心宽断，不戒其事之不摄，而以抗为刬，安其舒；是故可与循常，难与权疑。雄悍之人，气奋勇决，不戒其勇之毁跌，而以顺为恇，竭其势；是故可与涉难，难与居约。惧慎之人，畏患多忌，不戒其懦于为义，而以勇为狎，增其疑；是故可与保全，难与立节。（《人物志·体别》）

这本书之所以值得一提，乃是因为刘劭在这方面的研究，可以说已进入心理学的范围。唯一可惜的是后继无人，未能发展成一套中国哲学化的心理学。

（2）钟会

钟会，字士季，博学多才，善谈名理。在《魏书·钟会传》中关于他在政治舞台上的活动曾介绍得颇为详细，可是关于他在思想上的表现，却只有寥寥数语：

> 会尝论《易》无互体，才性同异。及会死后，于会家得书二十篇，名曰《道论》，而实刑名家也。（《三国志·魏书·钟会传》）

此处所谓"刑名"，事实上即指名理。可惜今天我们都看不到他的这些作品。唯一值得注意的是，他针对才性同异的问题，曾撰有《四本论》，且轰动一时。《世说新语》中记载说：

> 钟会撰《四本论》始毕，甚欲使嵇公一见。置怀中，既定，畏其难，怀不敢出，于户外遥掷，便回急走。（《世说新语·文学》）

钟会为什么"畏其难"？因为嵇康是当时玄论派的名流，而钟会的《四本论》乃是谈才性同异的问题，这是名理派的主要论题，所以钟会遥掷给嵇康的《四本论》，无异于一封挑战书。

关于《四本论》的内容，我们今天也读不到，唯《世说新语》前段文字的《注》中曾引《魏书》说：

> 会论才性同异传于世。四本者，言才性同，才性异，才性合，才性离也。尚书傅嘏论同，中书令李丰论异，侍郎钟会论合，屯骑校尉王广论离。

虽然我们无法确知他们立论的根据，但就《人物志》及当时他们谈论才性问题所留下的片段来看，他们所谓的"性"是指本性，"才"是指才能。至于本性和才能之间是同、是异、是合、是离，这的确是一个值得探讨的问题。因为古代哲学家们一谈到性，不是归之于本然，便是把性和德连在一起，很少考虑到性和才能的关系。如果《四本论》不遗失的话，才性论的问题就能得到系统的探讨，这将对中国哲学上的人性论有极大的贡献。

3. 后期的名理派

后期的名理派是在玄论派发展到高峰之后，他们鉴于玄论派的祖尚老庄落于虚无，而提出批评的看法。他们放弃初期名理派对才性问题的热衷讨论，因为在当时品评人物的得失会有杀身之祸，所以他们把目标转向玄谈，希望以儒家的"有"来补救老庄的"无"。

后期名理派的人物，有裴頠、孙盛等。

（1）裴頠

裴頠是王戎的女婿，他的叔祖是裴徽，堂弟是裴遐。在当时，裴、王两族都是清谈的世家，王族偏于玄论，裴族偏于名理，而裴頠出入于两族清谈的宴席上。他曾和玄论派的乐广及王衍有过激烈的辩论，而被誉为言谈之林薮。他在政治上的地位也很高，曾参与机密，后被赵王司马伦所杀，年仅三十四岁。

他虽参与清谈，但深恶玄论派人物的不遵礼法、放荡无行。所以他著作《崇有论》一文，企图以"有"来制"无"。他说：

> 养既化之有，非无用之所能全也。理既有之众，非无为所能循也。心非事也，而制事必由于心；然不可以制事以非事，谓心为无也。匠非器也，而制器必须于匠；然不可以制器以非器，谓匠非有也。是以欲收重泉之鳞，非偃息之所能获也。隳高墉之禽，非静拱之所能捷也。审投弦饵之用，非无知之所能览也。由此而观，济有者皆有也，虚无奚益于已有之群生哉？（《晋书·裴頠传》）

他这种崇有以贬无的思想，如果以针砭玄论派的陷于虚无的观点来看，是煞费苦心的，但就对老子无为思想的了解来看，却是隔了一层。因为老子的无为乃是针对虚伪弄巧之有立论，而裴頠之有乃指实有，无乃指实无，所以这与老子的有无实在是不相关的。

（2）孙盛

孙盛是东晋名理派的中坚，他与当时玄论派的领袖殷浩对抗。他和殷浩在一次清谈中共论"易象妙于见形"的问题，据说当时只有他孤身一人，而在座的全部玄论派的人物，却奈何不得他。他的《易象妙于见形论》的重点是：

> 圣人知观器不足以达变，故表圆应于蓍龟；圆应不可为典要，故寄妙迹于六爻；六爻周流，唯化所适。故虽一画，而吉凶并彰，微一则失之矣。拟器托象，而庆咎交著，系器则失之矣。故设八卦者，盖缘化之影迹也；天下者，寄见之一形也。圆影备未备之象，一形兼未形之形。（《世说新语·文学》注引《易象妙于见形论》）

这段理论之所以不能为玄论派所接受而引起一场争辩，就是因为孙盛始终强调一画、一形之一，以破玄论派之虚无，所以他的苦心和裴頠的崇有是如出一辙的。

除了这篇《易象妙于见形论》，孙盛还写了两篇直接批评《老子》的文章，一篇是《老子疑问反讯》，另一篇是《老聃非大圣论》。孙盛对《老子》的批评是非常冷静的，从文字语言着手，发挥了名理派对名相解析的才能。譬如他对《老子》第二章"天下皆知美之为美，斯恶已"的批评：

> 夫美恶之名，生乎美恶之实。道德淳美，则有善名；顽嚚聋昧，则有恶声。……然则大美大善，天下皆知之，何得云斯恶乎？

又如对《老子》第十九章"绝圣弃智"的批评：

> 老氏既云绝圣，而每章辄称圣人，既称圣人，则迹焉能得绝？若所欲绝者，绝尧舜周孔之迹，则所称圣者，为是何圣之迹乎？

孙盛的这种批评值得我们注意的有两点。第一点，他能在当时把《老子》

捧得高不可及的玄谈声中，冷静地、逐字逐句地指出《老子》的矛盾，的确是空谷足音。而他这种文字分析的方法和今日用逻辑或语言分析的方法来批评中国哲学是如出一辙的。第二点，他这种批评也和今日以逻辑或语言分析的方法来批评中国哲学犯了同样的毛病，就是只从文字皮毛上看，而摸不到老子思想的真精神。譬如老子所谓的绝圣，乃是从心中绝掉自以为圣的执着，这样才能达到实际上圣人的事功。在《老子》书中，同样的字往往有不同的层次，而文字语言的分析往往只用一个标准，因此他们的批评常会陷于皮相之谈。

二、玄论派

1. 玄论派的特色

玄论派是整个魏晋玄学的主流，可分为前后两个时期。

前期的玄论派是以何晏、王弼等人为主。他们和名理派对立，富于玄想。他们虽尊奉老子，但也不否定孔子。他们注《道德经》，也注《易经》《论语》，在表面上是调和儒、道两家的思想，实际上却是以《道德经》注解《论语》，以道家代替儒家。

后期的玄论派是以阮籍、嵇康、向秀等人为主。他们尊奉庄子，有意于学习庄子的逍遥。这时候的玄论派已完全抛弃了儒家思想，有时他们的所作所为是有意违背礼俗，所以史家又称他们为旷达派。

2. 前期的玄论派

前期的玄论派的中坚是何晏和王弼二人，整个玄学思想就是由他们二人带上高潮的。

（1）何晏

何晏（195—249），字平叔，河南人。他是何进之孙。他的母亲尹夫人为曹操所纳，后来他又娶了曹操与杜夫人所生的金乡公主，所以他和曹氏一家有姻亲关系。在政治上他曲附曹爽，做到了吏部尚书。后来司马懿杀了曹爽，而他也受到了诛杀之祸。

何晏留下来的著作有《论语集解》。虽然该书收集了许多学者的解释，但这正反映出何晏努力的方向，就是以老解儒，使儒家的思想道家化。

《论语》	《论语集解》
为政以德	德者无为
回也其庶乎，屡空	屡犹每也，空犹虚中也
志于道	志，慕也，道不可体，故志之而已
修己以安百姓，尧舜其犹病诸	百姓百品，万国殊风，以不治治之，乃得其极。若欲修己以治之，虽尧舜必病，况君子乎

从这些例子来看，他的《论语集解》与儒家思想是格格不入的，即使他有意要使儒家玄学化，对儒家思想来说，这一努力也是白费的。因为儒家思想在心性修养方面也许可以和老庄的精神相沟通，但要想把这套强调伦理政治的实际学问变成玄谈的题材，那是不可能的。

何晏的思想中值得注意的是他在道家玄学化方面的努力。可惜他没有留下系统的作品，只在《列子》张湛注引中有一些片段的记载。如他说：

> 有之为有，恃无以生；事而为事，由无而成。夫道之而无语，名之而无名，视之而无形，听之而无声，则道之全焉。（《列子·天瑞注》）

又说：

> 夫道者，惟无所有者也。自天地以来，皆有所有矣，然犹谓之道者，以其能复用无所有也。（《列子·仲尼注》）

在《老子》中，虽然"无"字相当重要，但都是就作用来说的。《老子》中并没有直指道就是无，何晏这两段话却直言道就是无。这种把无看作道体的思想，就是玄学清谈的根据。此后不仅整个玄论派认为老子之道为无，就是今天许多学者仍然受此影响，而误认为老子之道为虚无。

虽然何晏在玄学上有带头的作用，但真正在玄学方面有系统研究且奠定基础的，乃是当时比何晏年轻的王弼。

（2）王弼

王弼（226—249），字辅嗣，山东人。他十余岁时就喜欢读《老子》，且极有心得。当时何晏在这方面颇有造诣，王弼以刚弱冠的少年，便加入了清谈的行列，甚至压倒了何晏的声势。《魏书》中曾记载了他们之间的一段清谈：

> 何晏以为圣人无喜怒哀乐，其论甚精，钟会等述之。弼与不同，以为圣人茂于人者神明也，同于人者五情也。神明茂，故能体冲和以通无；五情同，故不能无哀乐之应物。然则圣人之情，应物而无累于物者也。今以其无累，便谓不复应物，失之多矣。（《三国志·魏书·钟会》王弼注）

从这段话中可以看出，何晏的思想着重在"无"字上。他认为老子贵无，有意把老子抬高到圣人的地位，所以说"圣人无喜怒哀乐"。《世说新语》曾说：

> 自儒者论，以老子非圣人，绝礼弃学。晏说与圣人同，著论行于世也。（《世说新语·文学篇》引《文章叙录》）

这是何晏将儒家玄学化的表现，表面上是把老子抬高到圣人的境界，实际上却是把儒学完全归入"无"的境界。王弼的思想就比何晏深刻多了。虽然我们无法确知何晏推论的内容，但从王弼的推论中可以看出，何晏只强调一个"无"字，只做到了绝情断意的地步，这在道家的修养上属于较低层次的功夫，如果只限于此，人便成了槁木死灰，王弼看清了这一点，主张"冲气""应物"，这都是在心性上求中和，求内外沟通。虽然我们也无法确知王弼此论是否与《中庸》里所谓的"喜怒哀乐之未发谓之中，发而皆中节谓之和"有些许关系，但他和何晏不同的地方是，他虽然贵无，但也注意到了有，虽然倡静，但也知道动，并不像何晏那样，只谈本体，他是由有以归无，由动以返静。

由有以归无的思想，王弼得自于《老子》，而由动以返静的思想，乃是王弼以《老子》解《易经》的结晶。

王弼注《老子》，是他使《老子》玄学化的最大贡献。一般来说，玄学化好像指的是祖尚虚无，变成不切实际地谈玄。如果用之于儒家，玄学化可以说是使儒家失去生命力的一种虚脱，何晏的《论语集解》即有此毛病。但用之于王弼的注《老子》，意义却不同。因为《老子》一书本有其形而上的高深境界，可是从战国以来，《老子》一书为法家所用，只当作一种权术的运用，韩非的《解老》《喻老》是如此，汉初的黄老之术也是如此。在这一发展上，王弼的注《老子》，却使《老子》一书回复到形而上的境界，这对老子思想来说反而有一种提升作用。

王弼注《老子》的贡献是他发掘了《老子》性与自然的精义。在他笔下的性与自然是不可分的一体，这是他从有观无，从无体验出的道体。他强调性与自然，一方面纠正了自战国、秦汉至魏以来将《老子》用于任刑任术的歧途，如第三十六章最易被用为权谋术数之学，但王弼的注是：

> 利器，利国之器也。唯因物之性，不假刑以理物。器不可睹，而物各得其所，则国之利器也。（《老子》第三十六章，王弼注）

这是强调治国者必须顺民之性，使万物各遂其所生。另一方面他纠正了一般人对老子所谓"绝仁弃义"的误解。如他在第三十八章中那一大段注的末尾说：

> 仁德之厚，非用仁之所能也。行义之正，非用义之所成也。礼敬之清，非用礼之所济也。载之以道，统之以母，故显之而无所尚，彰之而无所竞……崇本以举其末，则形名俱有而邪不生，大美配天而华不作，故母不可远，本不可失。仁义，母之所生，非可以为母。（《老子》第三十八章，王弼注）

在这段话中，王弼指出老子批评仁义，并非反对仁义，而是认为单单强调仁义是不够的，应该从仁义的根源上着手，这个根源就是道，就是德。老子所谓的道德指的是本性和自然。我们唯有在本性中达到自然无为无欲的境界，才能用仁义，否则仁义反成为一种手段。姑且不论王弼的这种解释是否为儒家所接受，但他对《老子》做的形而上的努力，使得老子思想向上开辟了更辽阔的天地。这是王弼在《老子》玄学化上的最大贡献。

王弼第二本最重要的著作是《易经注》。《易经》在汉代被奉为群经之首，被认为是一切学术思想的依据，也正因为如此，汉代讲《易经》者，一方面讲得非常细化，以致支离破碎；另一方面又有各家师承，门墙高立。而王弼以一介少年，在这样的学风之下，居然能扫尽汉《易》的各派学说，以他自己的玄思妙想去注《易经》，实在令人不得不钦佩他的勇气和魄力。

虽然有谓王弼生长在《易》学世家，自有所传承（焦循《周易补疏》），有谓自汉严遵以来，兼治《老子》《易经》者不乏其人，而王弼之注也有征引前人的注《易经》者（汤用彤《魏晋玄学论稿》），但王弼注《易经》自有其一套理论和方法。他既不是承袭前人的旧说，也不是偶然引用几句道家的话语而已。他在《周易略例》中把他不满于前人的旧说而有意创新的态度说得很明白：

> 义苟在健，何必马乎？类苟在顺，何必牛乎？爻苟合顺，何必坤乃为牛？义苟应健，何必乾乃为马？而或者定马于乾、案文责卦，有马无乾。则伪说滋漫，难可纪矣！互体不足，遂及卦变。变又不足，推致五行，一失其原，巧愈弥甚，纵复或值，而义无所取，盖存象忘意之由也。忘象以求其意，义斯见矣！

这段话无疑是向讲互体、卦变以及掺杂了五行的汉代象数之《易》吹起了挑战的号角。王弼用以批评象数之《易》的就是他强调的"忘象以求其意"。汉《易》之所以流于穿凿附会，就是因为他们刻意地要存象，而忘了意。

那么，什么是王弼所指的意呢？王弼在《周易略例》中一开头就说：

> 夫《彖》者，何也？统论一卦之体，明其所由之主者也。
> 夫众不能治众，治众者，至寡者也。夫动不能制动，制天下之动者，

> 贞夫一者也。故众之所以得咸存者，主必致一也；动之所以得咸运者，原必无二也。
>
> 物无妄然，必由其理。统之有宗，会之有元，故繁而不乱，众而不惑。故六爻相错，可举一以明也；刚柔相乘，可立主以定也。

什么是"主"呢？他又说：

> 品制万变，宗主存焉。《彖》之所尚，斯为盛矣！
>
> 夫少者，多之所贵也；寡者，众之所宗也。一卦五阳而一阴，则一阴为之主矣；五阴而一阳，则一阳为之主矣。夫阴之所求者阳也。阳之所求者阴也。阳苟一焉，五阴何得不同而归之？阴苟只焉，五阳何得不同而从之？故阴爻虽贱，而为一卦之主者，处其至少之地也。

"贞夫一"，原是《易经》的思想，王弼却由"贞夫一"来说明以少治寡，而纳入了道家思想。再由以少治寡，强调阴爻也可为一卦之主，使《易经》走入了道家思想的范畴。这是王弼以道家治《易》的一条路线。这条路线最后很自然地归结到静。其公式如下：

$$ 多 \longrightarrow 一 \longrightarrow 静 $$

因此王弼注《易》的最后归宿点，就是强调一个"静"字。如他在复卦《彖传》的注中说：

> 复者，反本之谓也，地以本为心者也。凡动息则静，静非对动者也；语息则默，默非对语者也。然则天地虽大，富有万物，雷动风行，运化万变，寂然至无，是其本矣。故动息地中，乃天地之心见也。（王弼《周易注》）

由这段话可以看出，王弼所谓"静非对动者也"，就是指静不是和动相对的静，乃是作为动之根本的静。王弼的这个"静"，也许可以在《系辞传上》的"易，无思也，无为也，寂然不动，感而遂通天下之故"中找到根据，不过这个可以见天地之心的"静"，这个寂然至无的"静"，终究是道家思想的产物。也就在这里，王弼替《易经》脱胎换骨而成道家之《易》了。

3. 后期的玄论派

后期的玄论派本应包括何晏、王弼之后的许多人物，如魏晋之际的竹林七贤，以及西晋的王衍、乐广，东晋的殷浩、王导等。但在竹林七贤中，像山涛、阮咸、王戎和刘伶，以及王衍、乐广、殷浩、王导等人都没有重要的著作流传，因为他们的思想没有深度，只留下一些清谈的故事而已，所以后期的玄论派仅以阮籍、嵇康和向秀三人为代表。

（1）阮籍

阮籍（210—263），字嗣宗，河南人。历任司马懿、司马师、司马昭时的给事中，后因步兵尉营人善酿酒，便奏请改任步兵校尉。因为他懂得世故，从不批评人物，所以虽然一直在官场，却能保身。事实上，他本想有所作为，少年时曾向往儒学，后来因为司马氏一家猜忌成性，学士们动辄得咎，惨遭杀戮，所以便转向道家而趋于消极。正如他在《咏怀诗》中所说：

> 一日复一夕，一夕复一朝。颜色改平常，精神自损消。胸中怀汤火，变化故相招。万事无穷极，知谋苦不饶。但恐须臾间，魂气随风飘。终身履薄冰，谁知我心焦。（第三十二首）

当他的思想趋于消极后，他也就由《易经》《老子》，而转向《庄子》，可是未能把握住庄子的真精神，表现出许多反抗礼俗的玩世不恭的行为，而唱言："礼岂为我辈设也。"

他留传下来的有关思想方面的著作有《通易论》和《通老论》。《通易论》乃是以"十翼"的思想来解经，《通老论》旨在调和儒、道两家的思想。如他说：

> 道者，法自然而为化。侯王能守之，万物将自化。《易》谓之太极，《春

秋》谓之元，《老子》谓之道。(《通老论》)

这显然是拿老子之道来沟通儒、道两家。不过这两篇论著都和何晏、王弼的观点相同，而无新见。值得注意的是他的另外两篇文章，一是《达庄论》，另一是《大人先生传》，这两篇文章都是对庄子思想的发挥。虽然阮籍对庄子的真精神并无相契，但是他借庄子寓言的方式发泄了心中对当时社会的不满。如他把那些礼法之士譬作裤裆中的虱子，自以为得意而不知处身的危险。最后他说：

> 今汝尊贤以相高，竞能以相尚，争势以相君，宠贵以相加，趋天下以趣之，此所以上下相残也。竭天地万物之至，以奉声色无穷之欲，此非所以养百姓也。于是惧民之知其然，故重赏以喜之，严刑以威之，财匮而赏不供，刑尽而罚不行，乃始有亡国、戮君、溃败之祸。此非汝君子之为乎？汝君子之礼法，诚天下残贼、乱危、死亡之术耳，而乃目以为美行不易之道，不亦过乎？(《大人先生传》)

这是借批评礼法之士来指责朝廷之腐败。通过这篇文章，我们可以看到阮籍内心强烈的反抗与痛苦的呻吟。

（2）嵇康

嵇康（223—262），字叔夜，安徽人。他娶了曹操的曾孙女长乐亭主为妻，与魏室有姻亲关系，曾做官至郎中，拜中散大夫。但曹爽失败后，他便辞官居家不出。他的个性不像阮籍那样圆通，凡是他瞧不起的人，绝不愿与他们周旋。所以后来山涛劝他出来做官，他便写了有名的《与山巨源绝交书》以示决心，又一再拒绝与当权得势的钟会相交。钟会怀恨他，借吕安一案，陷他于狱而死，理由是：

> 康上不臣天子，下不事王侯。轻时傲世，不为物用。无益于今，有败于俗。昔太公诛华士，孔子戮少正卯，以其负才乱群惑众也。今不诛康，无以清洁王道。(《世说新语·雅量》，注引《文士传》)

虽然这是莫须有的罪状，但他下狱时有太学生数千人为他请命（《世说新语·雅量》篇注引王隐《晋书》），就凭这点，也足以使司马昭深感不安，而要杀之为快了。

嵇康有关思想方面的主要著作有《释私论》《难自然好学论》《养生论》《声无哀乐论》等。综合这几篇文章，我们可以看出他的思想和阮籍有不同。阮籍是先通乎《易》，本要谋儒、道之调和，后来由于环境的不允许，便偏向了庄子的思想。而嵇康的这几篇文章，在本质上都是从庄子思想中变化而出的，其目的都是对儒家礼教做强烈的反抗与批评。譬如《声无哀乐论》一文似有得于《庄子·齐物论》的天籁与人籁之喻，这是嵇康最冷静地谈理论的代表作，因为他本身精通音律，所以谈来颇有深度。该文最主要的一点是将内心与外在之声切断。如他说：

> 然则心之与声，明为二物。二物诚然，则求情者不留观于形貌，揆心者不借听于声音也。察者欲因声以知心，不亦外乎？

这种将内外切断的方法本是道家思想中的一派，嵇康的思想就是以此为基础，一方面对外强调断除物欲及名教礼制的是非执着，另一方面对内保持气静神虚的自然心境。如他在《释私论》中说：

> 夫称君子者，心无措乎是非，而行不违乎道者也。何以言之？夫气静神虚者，心不存乎矜尚；体亮心达者，情不系于所欲。矜尚不存乎心，故能越名教而任自然；情不系于所欲，故能审贵贱而通物情。

这是强调外离名教，而心任自然。在《难自然好学论》中他又说：

> 六经以抑引为主，人性以从欲为欢。抑引则违其愿，从欲则得自然。然则自然之得，不由抑引之六经；全性之本，不须犯情之礼律。故知仁义务于理伪，非养真之要术；廉让生于争夺，非自然之所出也。

这是更进一步连"六经"的儒学也要摒弃了。至于如何才能保本性之自然，才是真正的养真之要术，他在《养生论》中说：

> 善养生者则不然矣。清虚静泰，少私寡欲。知名位之伤德，故忽而不营，非欲而强禁也。识厚味之害性，故弃而弗顾，非贪而后抑也。外物以累心不存，神气以醇白独著。旷然无忧患，寂然无思虑。又守之以一，养之以和，和理日济，同乎大顺。

这种清虚静泰、守一养和的功夫，本脱胎于庄子的思想。不过《庄子·养生主》一文重在心性修养，嵇康此论却糅合了《庄子》外篇、杂篇中的许多修炼之术。这一方面固然由于嵇康和道士相交甚密，受了当时流行的神仙丹道的影响，另一方面由于嵇康对外切断了所有名教礼制，但对内没有把握住真正的德行精神，因此反而掉入了空虚中，而求形骸的长生。

（3）向秀与郭象

向秀，字子期。他和嵇康是好友，嵇康被杀后，他反而到司马昭那里去做官了。他并没有什么政治立场和抱负，也许做官只是为了自保。他曾和嵇康辩论过有关《养生论》的问题，写了一篇《难养生论》，但真正代表他思想的，还是那部闻名的《庄子注》。不过据《晋书》的记载，向秀的注后来经过郭象的补述，郭象便将其据为自己的著作。这件事的是非曲直，很难有定论，所以今天我们将这部《庄子注》视为向、郭合注。

郭象，字子玄。他在宦途上曾做到太傅主簿。他善于清谈，王衍曾说："听象语，如悬河泻水，注而不竭。"但他品行不佳，《晋书·郭象传》说他："为人行薄。"其实向秀和郭象两人在德行方面都非常卑薄，但他们的《庄子注》又是那么文思玄妙，这正是值得我们探讨的线索。

向、郭注的思想路线有两方面，一方面是玄学的路子，另一方面是人生的路子。在玄学方面，自何晏、王弼以"无"为老子的道体以来，整个玄论派都离不开"无"字。向、郭承袭了何晏、王弼的路子，更进一步以"无"为庄子的道体，使庄子的思想玄学化。如他们在《庄子注》中说：

> 无既无矣，则不能生有；有之未生，又不能为生。然则生生者谁哉？块然而自生耳。自生耳，非我生也。我既不能生物，物亦不能生我，则我自然矣。(《齐物论·夫吹万不同而使其自已也注》)

又说：

> 谁得先物者乎哉？吾以阴阳为先物，而阴阳者即所谓物耳。谁又先阴阳者乎？吾以自然为先之，而自然即物之自尔耳。吾以至道为先之矣，而至道者乃至无也。既以无矣，又奚为先？然则先物者谁乎哉？而犹有物无已，明物之自然，非有使然也。(《知北游·有先天地生者物邪注》)

这里更进一步把何晏、王弼之"无"解作"块然而自生"，直认"至道者乃至无也"。这种说法一方面不仅违反了《老子》第四十章中"有生于无"及《庄子·庚桑楚》中"有不能以有为有，必出乎无有"的思想，另一方面也无异于挖掉了道的本体。因为在老子的思想中，尽管"无"是一个很重要的观念，但都是就运用上来说的，所以道才是真正的主体。在庄子的思想中，虽然道无处不在，与万物同流，但道始终有其超越性。可是在向、郭注中，"无"等于没有，道是无，这个道也就等于没有。那么只有万物的自生自灭，而没有道，这岂不成了断灭论、机械论？又哪里是老庄的道、老庄的自然？其实，庄子在《天下》篇中批评慎到等人的"块不失道"，就是因为他们的"块"失了道。所以向、郭注把庄子思想玄学化，结果却使得庄子的形而上境界漆黑一片。

在人生方面，向、郭注正好反映了玄学上的虚无。最明显的一个例子就是，向、郭注错了《逍遥游》的大鹏与斥鷃之喻。如他们的注说：

> 天地者，万物之总名也。天地以万物为体，而万物必以自然为正。自然者，不为而自然者也。故大鹏之能高，斥鷃之能下，椿木之能长，朝菌之能短，凡此皆自然之所能，非为之所能也，不为而自能，所以为正也。(向、郭《逍遥游注》)

无论在老庄或玄学家眼中，"自然"都是最高的境界。自然和道在道家思想中，根本是一体的两面。向、郭的这段注却把自然降落到物理现象上，黏着在本能上，这是因为向、郭的道是无，也就等于没有。

既然这个道向上没有源头，于是便下降变为本能的自然之道。如大鹏之能高，小雀之能下，这便是自然，也就是道。本来在物理界，大鹏之能高翔，小雀之能低飞，是物性之自然，非人为之所能变异。如向、郭注说：

> 苟足于其性，则虽大鹏，无以自贵于小鸟。小鸟无羡于天池，而荣愿有余矣！故小大虽殊，逍遥一也。（向、郭《逍遥游注》）

又说：

> 夫小大虽殊，而放于自得之场，则物任其性，事称其能，各当其分，逍遥一也。岂容胜负于其间哉！（向、郭《逍遥游注》）

如果这里的"足于其性"及"任其性"是针对物性来说的，就没有什么不妥。可是拿这种物性的自然来比喻人性，便会使人性堕落。如向、郭注说：

> 性各有分，故知者守知以待终，而愚者抱愚以至死，岂有能中易其性者也？（向、郭《齐物论注》）

身体的高矮是物性，不是我们所能改易的，因此只有安之若命。可是人智上的贤愚，不是天生限定的，而是后天可以改变的。

按照老庄的思想，贤者虽有智，但不可自恃其智，而要大智若愚。愚者虽无智，但也可通过心性的修炼，虽然不一定能成为圣人、至人、真人，但也不至于终身抱愚。一个智者，不自以为智，这才是真智。而一个愚者，自安于愚，而不以为意，这是自甘堕落。向、郭注的这种思想，如果再进一步地被运用在人生上，往往会造就许多堕落颓废的思想，像荒淫者的耽于声色、贪财者的乐于敛财，他们都自以为不希圣、不羡寿，他们自以为这是自得，这是逍遥。如《世说新语》中描写的许多名士作风：

> 张季鹰纵任不拘，时人号为"江东步兵"。或谓之曰："卿乃可纵适一时，独不为身后名邪？"答曰："使我有身后名，不如即时一杯酒。"（《世说新语·任诞》）
>
> 刘伶恒纵酒放达，或脱衣裸形在屋中，人见讥之，伶曰："我以大地为栋宇，屋室为裈衣，诸君何为入我裈中？"（《世说新语·任诞》）
>
> （谢鲲）邻家高氏女有美色，鲲尝挑之，女投梭，折其两齿，时为之语曰："任达不已，幼舆折齿。"（《晋书·谢鲲传》）

这些都是魏晋名士的自命风流，正如小雀的自以为逍遥。虽然这种放荡的行为并不一定是受了向、郭注的影响，但向、郭的注可以作为他们在理论上的根据。

第四节　玄学清谈的检讨

一、清谈的误国

清儒顾炎武曾说："魏晋以清谈亡国。"历来许多史家都同意这种看法。甚至在当时，桓温和范宁都有此看法。事实上，清谈本为学术的讨论，与国家的灭亡并无直接的关系。当时魏晋之乱乃政治上的斗争所致，因为自汉代这一大王朝被军阀宰割得四分五裂之后，这些军阀争权夺利，无所不为。自三国鼎立之后，便是曹操当权，挟天子以令诸侯，有意破坏法制，摧残士风。接着司马懿一家专权，猜忌成性。到了后来，又有八王之乱。这一连串的斗争与篡夺，是领导政治者本身所造成的灾祸，又怎能把责任完全归于清谈？

虽然我们不能把魏晋亡国的责任完全归于清谈，但这些清谈家身为知识分子，纵然不能在政治上有所作为，至少也应洁身自好，修持品德。可是他们一面深惧政治黑暗，有意逃避，另一面又不甘寂寞，怪言怪行以博虚名。试观此一时期，难得有几位读书人是志行高洁的。王弼二十四岁便过世，当然尚看不出有多少怪行。至于何晏，便是喜欢抹粉、吃五石散的花花公子。后来的竹林七贤，以及西晋的"八达"，过着整天饮酒装疯的颓废生活，就更不用说了。尽管阮籍、嵇康等人也有其不得已的苦衷，但他们那种放荡的行为有意地破坏了礼教，影响了社会风气。

二、玄学的功过

魏晋之学，虽然统名为玄学，但玄学并无独立的园地，都只是《易经》和老庄思想的发挥，而且其发挥，除了几篇简短的论文和一些清谈的内容外，主要的内容都局限在王弼的《老子注》及向、郭的《庄子注》中，所以玄学没有系统的理论和创见。譬如玄学中最主要的论题就是"无"，可是何晏、王弼的"无"都黏着在《老子》的注上，向、郭的"无"也局限在《庄子》的注上，他们并没有为"无"建立一套新的体系。因此，虽然他们以"无"为道体，但是并没有为老庄的道体带来新的意义和精神，相反，却把老子非常灵活的"无"用死了，变成虚无，同时也把庄子的道体"玄杀"了，使其变得窒碍难行。

虽然他们在玄学上本身并没有积极的建树，但他们在形而上方面的研究有铺路之功。就整个中国学术发展史来看，魏晋时期的这段学术尽管很空虚，但自汉末时佛教传入中国之后，逐渐滋长、融合而变成中国文化里不可缺少的中国佛学，其间最主要的媒介就是玄学。而扮演这个媒介主角的，就是玄学里的"无"。它与印度佛学中的"空"字产生了联系。所以我们也可以这样说，玄学最大的成就，乃是使印度佛教很容易地被中国思想所吸收，从而在中国的园地里生根。

第五节　整体生命哲学论

用整体生命哲学的三角形来概括魏晋的玄学清谈之风，如下页图：

```
            道
           /\
          /  \
         /    \
        /      \
       /        \
    名理派――――――用
    玄论派
```

在这个图中，名理派虽然在论"理"，但只是"名"的"理"，而不是"道"的"理"，所以和"道"无缘，不能上达。至于玄论派的王弼注《老子》，向秀、郭象注《庄子》，他们限于玄学，所论的只是文字观念的"道"，不是真参实证的"道"，因此他们的心性也无法提升，所以在"用"上，他们既没有修养功夫，"独善其身"，也没有救世之策，"兼善天下"，所以由"理"入"道"和由"道"入"用"都是虚线。

第十六章　炼丹吃药的神仙梦想之流

第一节　神仙之学的源流

提到"神仙"二字，我们往往会把它和神话或一般的迷信混为一谈。事实上，这个"神"字出现得比较早，在《易经》《老子》《论语》《庄子》等书中都被提到过，有时虽沾上一点神秘的色彩，但多半是指一种精神上崇高的境界。至于"仙"字，则出现得比较晚，在《庄子》书中只出现了一次，"千岁厌世，去而上僊"（《天地》），"僊"即今天通用的"仙"字。但"神仙"二字的结合是秦以后的事，而且都是指通过一种特殊的修炼使得生命延长到非人力所及的境界。

今天所谓神仙之学是指丹道派或丹鼎派的思想，这本属于道教中的一派，但神仙之学的源流比道教更早。

一、神仙之学与阴阳家

虽然神仙之学的最早起源我们已无法确知，但在早期，它和阴阳家有关系是有史实可证的。据《史记·封禅书》中说：

> 驺子之徒，论著始终五德之运，及秦帝而齐人奏之，故始皇采用之。而宋毋忌、正伯侨、充尚、羡门高，最后皆燕人，为方仙道，形解销化，依于鬼神之事。驺衍以阴阳主运显于诸侯，而燕齐海上之方士传其术不能通，然则怪迂阿谀苟合之徒自此兴，不可胜数也。

"驺子"即驺衍。他是齐国人。由于齐地滨海，常见海市蜃楼，同时大海变幻莫测，人们的想象力丰富，这些正是神仙思想的摇篮。驺衍便是在这个摇篮中诞生的人物。他那套大论"阴阳消息"及"怪迂之变"的学说与神仙家的思想有着密切的关系。后来他游燕国时，把他的学说带到了燕国，于是燕齐便成为战国末期阴阳家、神仙之学的发源地。

关于驺衍的学说究竟与神仙思想有着怎样密切的关系，我们无法详知，但阴阳家所论的阴阳两个原理，是后来神仙家们炼丹的最重要的两个元素。

二、神仙之学与道家

道家的一个重要修养功夫是养生。老子曾说：

> 盖闻善摄生者，陆行不遇兕虎，入军不被甲兵。兕无所投其角，虎无所措其爪，兵无所容其刃，夫何故？以其无死地。（《老子》第五十章）

庄子也说：

> 为善无近名，为恶无近刑。缘督以为经，可以保身，可以全生，可以养亲，可以尽年。（《庄子·养生主》）

从老庄思想的本旨来说，养生的重点在无欲。所谓"无死地"，就是没有可以致死的原因，也就是无欲。所谓"无近刑"，就是不要近欲而致刑，也还是无欲。后来的道家却把这种非常素朴而自然的养生思想加以发展，逐渐变成追求长生的思想。在《庄子》外篇、杂篇中便充满了这种思想。如：

> 无视无听，抱神以静，形将自正。必静必清，无劳女形，无摇女精，乃可以长生。目无所见，耳无所闻，心无所知，女神将守形，形乃长生。（《庄子·在宥》）

由养生而追求长生，这是道家思想发展上的一个转折。承继这一转折的便是秦汉间的许多道家人物。他们虽然祖尚老庄之道，却大谈神仙之学，譬如《淮南子》中便充满了这方面的言论。

三、神仙之学与道教

道教可分广、狭二义。狭义的道教是指有宗教的组织与仪式，而广义的道教是在狭义的道教形成之后，把所有神仙之学、方士之术都囊括其中，成为一个较为复杂的兼具宗教性与思想性的混合体。

狭义的道教，其创始人是汉末的张道陵。张道陵在四川鹤鸣山编造了道书二十四篇，自称是张良的八世孙。他成立的团体叫"五斗米道"，因为入道的人必须缴纳五斗米。他死了之后，传位给儿子张衡，儿子再传位给孙子张鲁。他们祖孙三人相继传承，广收教徒，在下层社会打下了深厚的基础，这就是道教史上所谓的"三张"。

三张的组织之所以和道教发生关系，是因为他们把老子抬出来当教主，以《道德经》为圣典，同时还传授一种特殊的方术，即以符水、符咒治病，并劝人行气导引，给人传授房中之术。不过在当时尚有和他们同样性质的组织。方士于吉声言发现《太平清领书》，该书人论阴阳五行及神仙方术，于吉用它来治病。后来张角便以这本书组成了太平道，他自称大贤良师，尊奉老子，招收徒弟，也以符水、符咒治病，十余年间，信徒数十万，后来因被视为"黄巾贼"党而遭平定。

事实上，三张的五斗米道和张角的太平道一样，都是被史家认为"教匪"一类的组织。真正使"教匪"一变而为宗教，使五斗米道一变而为道教的，却是北魏时的寇谦之。

寇谦之虽然曾学过张鲁之术，但他后来自认为跟仙人成公兴游而得道，并假托太上老君从天而降，授给他天师之位，并赐以《云中音诵新科之诫》二十卷。他说：

> 吾此经诫自天地开辟以来，不传于世。今运数应出，汝宣吾《新科》，清整道教，除去三张伪法，租米钱税及男女合气之术。

虽然这些话是寇谦之的自夸，但从他的语气中可以看出，他不满于三张的组织，想取而代之。因为这时佛教已在中土普遍地传播开来，佛教的仪式制度给了他新的启示，再加上北魏太武帝非常信任他，而宰相崔浩又是以张良自命的人，所以在君臣的相互鼓励下，有这样好的条件，寇谦之便很顺利地奠定了道教的宗教基础。同时他更鼓动太武帝排佛，使道教压倒了佛教，第一次赢得了国教的地位。

此后，道教既得君主的爱好，也为学士大夫所推崇，于是一面大兴土木建造道观，以广收教徒，与佛教相抗，另一面编纂经典，网罗各种神仙方术，不仅将道教的书籍搜罗无遗，甚至连儒家的《孝经》及佛教的许多经文也加以模拟。

由张道陵到寇谦之的这段发展，是狭义的道教组织的完成。他们所强调的是符箓咒语，在道教史上称为符箓派。自符箓派完成了道教的宗教组织建设后，便把所有神仙方术之学都拉入了道教的范围。如马端临在《文献通考》中曾说：

> 道家之术，杂而多端，先儒论之备矣。盖清净一说也，炼养一说也，服食又一说也，符箓又一说也，经典科教又一说也。（《文献通考·经籍考》）

这里除了清净一派外，其余都属于道教。炼养和服食，即丹鼎派，在汉初已流行，而符箓派到汉末才形成。至于经典科教更是唐代以后的事。

今天道教的主要派别是丹鼎和符箓两派。虽然以组织来说，符箓派占主要地位，但以思想来说，丹鼎派的神仙之学是整个道教的精神所在。

第二节　神仙之学的理论

神仙之学虽散见于《庄子》外篇、杂篇中，但流行于汉代，大成于魏晋之际。神仙之学虽有浓厚的神秘色彩，但并非寄托于宗教的迷信，其精神乃是借修炼以超凡入圣、超圣入神、超神入化，以达到至人、真人的境界，也就是神仙的境界。所以《汉书·艺文志》描写神仙家说：

> 神仙者，所以保性命之真，而游求于其外者也。聊以荡意平心，同死生之域，而无怵惕于胸中。然而或者专以为务，则诞欺怪迂之文弥以益多，非圣王之所以教也。(《汉书·艺文志》)

这段话说明神仙之学本是一种心身性命的修证，并无迷信的色彩。后代许多道士争奇斗异、玩弄玄妙，才使这一学说变得五花八门，因多方而失道。《参同契》一书中便列举了这些旁门邪道说：

> 是非历脏法，内观有所思。履行步斗宿，六甲次日辰。阴道厌九一，浊乱弄元胞。食气鸣肠胃，吐正吸外邪。昼夜不卧寐，晦朔未尝休。身体日疲倦，恍惚状若痴。百脉鼎沸驰，不得清澄居。累土立坛宇，朝暮敬祭祀。鬼神见形象，梦寐感慨之。心欢意喜悦，自谓必延期。遽以夭命死，腐露其形骸。
>
> 举措辄有违，悖逆失枢机。诸术甚众多，千条有万余。前却违黄老，曲折戾九都。明者省厥旨，旷然知所由。(《参同契·明辨邪正章》)

这里列举了"存想""符咒""房中""行气""导引"及拜神等邪术，这些都是泥于小技异能，拨弄生命精神之术，而不是真正的神仙之学。

真正的神仙之学，乃有理论的依据和修炼的方法。我们可以以一本书，即被奉为丹经鼻祖的《参同契》为代表。

《参同契》的作者相传是魏伯阳。对于其人，我们所知甚少。有人认为他是东汉人，有人却把他和老子混为一谈。至于《参同契》究竟是魏伯阳所作，还是后人的伪托，也是未解之谜。因为据文体及内容来看，它似乎是道教思想较成熟的魏晋时期的作品。

《参同契》在思想上虽然不是一部极有深度的著作，但值得我们注意的是，它的理论结构很奇妙，就是把《易经》和《老子》的思想结合起来，用作神仙炼丹的理论。正如清朝龙门派道士朱云阳在《参同契阐幽》中所说：

> 仙翁（指魏伯阳）悲悯后学，慨然著《参同契》一书。衍《大易》乾坤坎离之象，假丹家龙虎铅汞之名，而归本于黄帝、老子尽性至命之旨。（《参同契阐幽·伏食成功章注》）

要了解《参同契》如何用《易经》和《老子》的理论来炼丹，就必须先知道他们所谓的丹是什么？

所谓"丹"，也称金丹。金丹有内外两种。外丹是指用化学的方法把金砂、水银、五芝、五玉、云母等矿物质，用炉火熔炼，结成金丹。据说服了金丹以后便可羽化成仙。内丹乃是指身体内部精、气、神的结晶，也就是将我们身体中先天禀赋的"金性"加以修炼而结成金丹。凭这点金丹的力量，我们便可以天人合一，逍遥而游。

《参同契》的炼丹虽然也可以作为提炼外丹的指导，但它的主旨是指点我们修炼内丹。因为正统丹家都认为内丹是外丹的基础，必须内丹修炼到炉火纯青以后才能服食外丹。否则，外强中干，内部便消受不了。修炼内丹的功夫在于保精、养气和全神，在这方面它引用老庄的学说，而修炼内丹的境界在于天人相通，在这方面它又采用《易经》的思想。

不过在这里我们必须认清一点，那就是《参同契》所采用的《易》理，已不完全来自素朴的《周易》，而是来自复杂的汉《易》。因为汉《易》除了原有的《易》理外，还掺入了许多方术思想，如阴阳五行、四时方位、五音十二律及天干地支等。所以汉《易》有孟喜的卦气、京房的变通、虞翻的纳甲、荀爽的升降、郑玄的爻辰及《易纬》的象数等派别，虽然这些"易"都脱胎于《周易》，但是它们换了骨。在基本态度上，《周易》的时和位在于卦爻之间，而见几以作，却取决于一心。但是汉代的这些《易》学，离开了心的作用，专谈物理现象，他们把时和位扩大到整个星球的旋转和整个宇宙的间架。《参同契》所采自《易经》的就是这些物理现象方面的理论。

《参同契》的炼丹理论，可以分为三个部分。

一、宇宙的间架和运行

《参同契》的宇宙间架是一个八卦系统。

在宇宙的"位"上，先天八卦代表定位，后天八卦代表动位。先天八卦以乾坤为主，《易经·系辞传》说："天尊地卑，乾坤定矣！"乾坤代表天地，天永远在上，地永远在下。所以天地定位以后，乾坤便固定不动了。至于宇宙的运行，乃是后天八卦的作用。后天八卦以坎离为主，在天上坎代表月，离代表日；在地下坎代表水，离代表火。日月的交替、水火的相克，便支配了整个宇宙的运行。

以上是乾、坤、坎、离四卦的位。至于六十四卦中的其余六十卦，因每卦都有六爻，六十卦便有三百六十爻，这正好是一个圆周的度数，所以整个苍穹内的动静，都可在每一爻中寻到消息。

在宇宙的"时"上，《参同契》的作者认为，一年的期度在于一月，一月的期度在于一日，所以我们只要知道一日的变化，就可以知道一月的变化，也就可以知道一年的变化。一年的变化主要在春夏秋冬的交替，它们分配了十二个月份，成为四个节候，即春秋二分，夏冬二至。春秋二分代表阴阳盈亏的中和，而夏至代表阳之至，冬至代表阴之至。

将"时"配合"位"，将四个节候配合五行、方位及十二干支，可以画成下图：

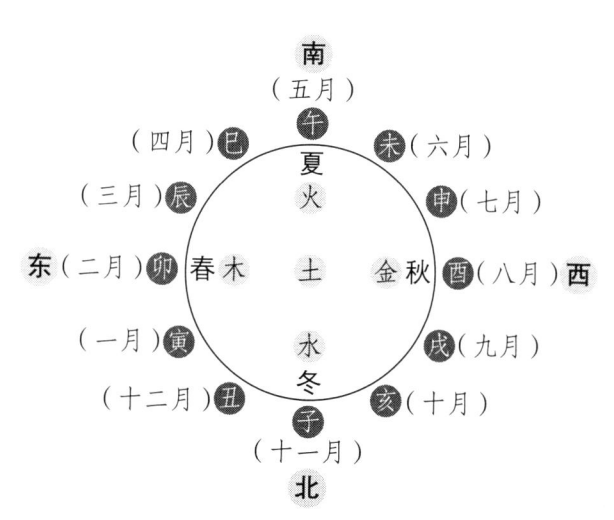

```
              南
            （五月）
      （四月）巳 午 未（六月）
              夏
     （三月）辰 火 申（七月）
   东（二月）卯 春木 土 金秋 酉（八月）西
      （一月）寅 水 戌（九月）
              冬
     （十二月）丑 子 亥（十月）
            （十一月）
              北
```

第十六章　炼丹吃药的神仙梦想之流

至于在宇宙中，"时"和"位"又是如何交感，而有阴阳的变化呢？《参同契》的作者认为，春夏秋冬的交替，主要在于阴阳的升降，而阴阳的升降在于一月的盈亏，一月的盈亏又在于晦朔弦望的变化。

弦是指日和月相去九十余度，我们只看到半边的月光。这时，在每个月的初七、初八之间是上弦，二十二、二十三之间是下弦。望是指日月不相遮，我们可以看到整个圆月，这时是在十五日。至于日光完全被月所遮，我们看不到月色，这时是在月末、月初之间。三十日是晦，初一是朔。

在每一月中，日月的交感就是阴阳的消息。在晦朔之间，阳光为阴魄所包，隐藏不露，这是阴阳未分之时。到了初三，在西南上空，微光始露，这代表一阳初动。到了初七、初八，是为上弦，这时阴阳各半。到了十五，月正圆时，代表阳盛阴衰。接着月渐微缺，到了二十二、二十三，是为下弦，月已缺了一半，而阳也减了一半。到了月末，便不见月影，正是阴盛阳衰。所以自初一到十五，是阳升阴降，自十五到三十，是阴长阳消，这便是一个月的阴阳消息，可以用下图表示：

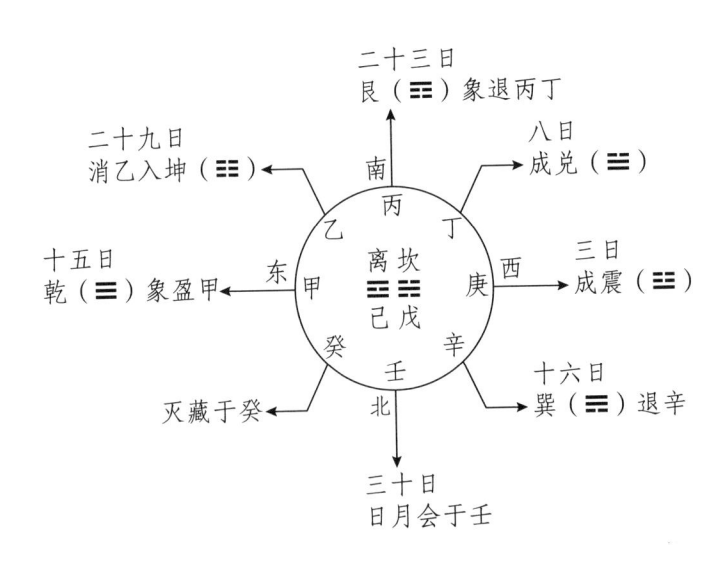

这个图是用汉《易》中所谓纳甲的理论来说明阴阳消长的道理。震是☳，表示一阳初动于下；兑是☱，表示阳转盛；到乾☰，表示阳盛极。而巽是☴，表示

一阴动于下；到艮☶，表示阴转盛；到坤☷，表示阴盛极。而坎☵离☲，则代表乾坤交会之时，是阴阳之所本。

由于阴阳的升降在于日月的作用，且日月每天交替一次，所以阴阳的消息推到根本，可从昼夜中得之。

一天有二十四个小时，以十二支来划分，则有十二个时辰。每个时辰代表两个小时。从子到午是前十二个小时，从午到子是后十二个小时，所以子时正是阴阳未分之际。从子时开始，一阳初动，逐渐转盛；到了寅时，阳光初吐，白昼开始；到了午时，日正当中，阳气盛极，过此以后，阴气转盛；到了申时，日没西山；到了亥时，则阴气盛极。以图来表示如下：

由以上的阴阳消息来看，一年的春秋，应乎一月的震艮（即上下弦），应乎一日的卯酉（即晨昏），而一年的冬夏，应乎一月的朔望，应乎一日的子午。所以说，从一年的消息可以看一月的变化，从一月的消息可以看一日的变化，正如朱云阳在《参同契阐幽》中所说：

> 须知此中作用，俱是攒簇之法。簇年归月，簇月归日，簇日归时，止在一刻中分动静。其中消息全赖坎离橐籥，所谓覆冒阴阳之道者也。（《参同契阐幽·乾坤门户章注》）

由此可见，《参同契》的宇宙间架和运行，是以《周易》的八卦为基础，配合了阴阳、五行、卦气、纳甲之说，综合而成的一种有机体系。八卦的系统是有机的系统，阴阳的作用是有机的作用，而攒簇之法也是有机之法。正因为其有机，所以我们才能偷造化之机以炼丹。

二、修炼的基本原理

《参同契》讲了那么多宇宙变化的道理，其目的就是希望将其用于人事。因为依据道家的思想，天人是相通的，天地是大宇宙，人身是小宇宙，所以宇宙的间架即人身的结构，宇宙的运行即人身的作用，宇宙的有机即人身的生机。

由于这个道理，《参同契》一书便把乾坤坎离譬作首腹耳目，把金木水火土譬作肺肝肾心胃，于是天人便息息相应。我们修炼的原理，就是要把宇宙的变化搬到人身上来运用。例如在宇宙是乾坤定位，坎离交媾，交媾以后才有现象界的一切，所以修炼者必须固定首和腹，然后先制两目，再制两耳，以聚精凝神，回复先天的混沌境界。再如在宇宙是五行相生相克，相生是长，相克是消，所以修炼者必须把五行运之于人身，调和各器官的功能，以培养生机。这样一来，人的精神便和天地的精神相通，我们不但在"位"上能够袖里乾坤，而且在"时"上更能掌握阴阳消息。

然而在运用上必须注意一个原则，这也是修炼之学最重要的关键，即老子所谓"反者，道之动"的"反"字。依据《参同契》的说法，先天的乾坤错综颠倒以后，才成为后天的坎离，正如下图所示：

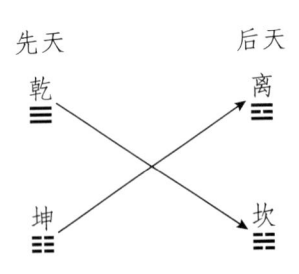

先天　　　　　后天

乾　　　　　　离
☰　　　　　　☲

坤　　　　　　坎
☷　　　　　　☵

这是说乾中的一阳，到了坤中便成了坎；坤中的一阴，到了乾中便成了离。

于是阳中有阴，阴中有阳，阴阳相交而万物生。但我们修炼的目的乃是化物入道，乃是从后天以回复先天，所以必须再把坎离颠倒过来，以回到先天的乾坤。这个颠倒的"反"，便是修炼的关键。《参同契》的作者曾特别强调：

> 反者，道之验。（《参同契·关键三宝章》）

如何"反"？就是以杀机培养生机，以五行相克来炼丹。朱云阳在《参同契阐幽》一书中曾详加发挥说：

> 常道之五行，俱从顺生，如金生水、木生火之类。顺流无制，必至精气耗散，去死不远，生机转作杀机。所谓生者死之根也。丹道之五行，全用逆转，如流珠是木龙，却从离火中取出；金华本是金虎，却从坎水中取出。水火互藏，金木颠倒，方得归根复命，劫外长存。杀机转作生机，所谓死者生之根也。（《参同契阐幽·性情交会章注》）

这段话中所谓的常道，并非老子不可道的常道，而是指现象界中的一切变化。这些变化往往使我们由生至死，使我们心身中的至性金丹漏失。因此我们要起死回生，收还金丹，便必须用逆转的方式，截断变化之流，以返俗归真。

三、炼丹的实际方法

明了宇宙的间架、运行及修炼的基本原理后，接着我们进一步看看炼丹的实际方法。炼丹的初步功夫是**立基**，立基就是要先在心身中把握性命的根本。《参同契》中曾说：

> 将欲养性，延命却期。审思后末，当虑其先。人所禀躯，体本一无。元精云布，因气托初。阴阳为度，魂魄所居。阳神日魂，阴神月魄。魂之与魄，互为室宅。性主处内，立置鄞鄂。情主营外，筑垣城郭。城郭完全，人物乃安。（《参同契·性命归元章》）

这段话说明了性命的根本，乃是精、气、神三宝。立基的重点，就是保精、行气和养神。

所谓保精就是不漏精。"精"字有两种含义，一是指无形的精神，二是指有形的精液。前者是性根，后者是命根。我们要全生保真，性命双修，不仅要保养精神，还要在生理上逆转，以还精入脑。

所谓行气就是运气。"气"字有两种含义，一是指外面的气息，二是指内在的元气。我们平时呼吸的是气息，身内气脉流布的是元气。如我们用鼻呼吸，一窍既开，元气便外泄，所以道家的运气，乃是要学习胎儿，尽量避免用鼻呼吸，以培养元气。

所谓养神就是凝神。"神"字极难领会，勉强解释也有两种含义，一是指感觉的作用，二是指生命的潜能。我们常常因外界无穷的刺激而麻木了神志，漏失了潜能。所以道家的修炼要我们外闭诸邪，心如墙壁，以养神凝神。

保精、行气、养神以后，性命的基础已立，接着便可以开始炼丹了。炼丹的方法，第一步要把握"活子时"。

子时是乾坤未判、阴阳未分、动静未显之时，从子时发动的一刹那，也就是一阳初动的一刹那，就是"活子时"，炼丹者必须把握这一刹那。当活子时一动，便立刻做功夫，这时阳气渐盛，正是炼丹的好时辰。

炼丹时，应注意火候。火候就像煮饭时炉火的大小，以炼丹来说就是功夫的缓急。从子时到巳时，这时阳气渐盛，须进火，从午时到亥时，这时阴气渐长，须退火。同样，在一月来说，从朔到望，须进火，从望到朔，须退火。在一年来说，从冬至到夏至，须进火，从夏至到冬至，须退火。在身心未合之前，不是进火就是退火，所以用的是武火。至于在卯酉、两弦及春秋两分，因为阴阳和合、神气既凝，所以用的是文火。武火的作用在进退，文火的作用则在温养沐浴。

炼丹的功夫在火候，火候一差，丹便不成。火候的进退系于阴阳消息，消息一差，非但丹炼不成，而且有伤身心。

然而要如何进火，如何退火？这是一套实际的功夫，不是文字语言所能表达的，所以《参同契》的作者以为天机不宜泄露太多，没有做进一步的说明。

事实上，其中充满了神秘色彩，我们在文字上爬梳，只是隔靴搔痒而已。

《参同契》的这套说法，虚虚实实，姑且不论其是否真有价值、真见功效，但就其学说本身来看，却是非常新鲜、非常动听的。作者能把《易经》和《老子》的理论，如此巧妙地加以运用，可见其思想具有创造性。而且把这套玄妙的功夫说得如此有条有理，更可见其头脑的缜密，尤其他把神仙的追求寄托在心身的实际修证上，更在宗教思想上别开生面。

第三节　神仙之学的发展

自魏伯阳的《参同契》之后，神仙之学有了系统的理论基础，成了道教思想的主流。更有不少的神仙家在丹道方面贡献了心智，其中最具代表性的有四人，即东晋的葛洪、南朝梁时的陶弘景、唐代的吕洞宾和宋代的陈抟。

葛洪自少便熟读"六经"，所以他的《抱朴子·外篇》多儒家之言。而他在丹道方面则另有师承。他的从祖葛玄是著名道士左慈的弟子，葛玄传给郑隐，郑隐就是葛洪的老师。《抱朴子·内篇》谈的完全是丹道思想。不过该书和《参同契》不同的是，《参同契》偏于内丹，所言比较神秘，而《抱朴子》兼及外丹的提炼，所谈比较具体。就境界来说，《抱朴子》要比《参同契》浅显，但它在神仙之学的各方面都建立了理论。譬如葛洪用很多历史故事和物理现象去证明神仙存在的可能，分析道教中所谓断谷、刀剑不入、隐身、轻身、前知及避疫的方法，并提出神仙之学的三套实际功夫，即保精、行气、服一大药。对于用金、汞、云母等矿物炼丹，他做了很多介绍。最后，他也批评了当时只讲祈祷、符水治病和巫祝等功夫的不当。虽然他的许多理论经不起逻辑的推敲，但是该书在道教中是第一部，也是把神仙之学建立在理论体系上的最重要的一部著作。

陶弘景也是一位博学而多识的才士，深通阴阳五行、医药、地理之学。在齐高帝时，他曾做过左卫殿中将军，后来入梁，隐居于茅山，潜心于道家思想及丹道医学的研究。梁武帝屡次请他出仕，他都婉言相拒，可是梁武帝遇到许多朝廷大事时，都会派人去请教他，所以当时的人都称他为"山中宰相"。在当时，道教的宗教组织已渐趋完备，道士们一方面纷纷模仿佛经的体裁与内容，编写各种道经，另一方面也塑造道教的神像，建立道观。这些道士中，著名的有北魏时的寇谦之，北周时的张宾，南朝宋时的陆修静、顾欢，南朝齐时的孟景翼、张融，南朝梁时的陶弘景。其中学问最高、对神仙丹道方面贡献最大的就是陶弘景。

吕洞宾，今天已成为家喻户晓的神仙人物。他本有意于功名，两次举进士不第，直到六十四岁浪迹江湖，遇钟离权学得长生之术。后来在黄龙禅师处悟道，并写了一首诗：

弃却瓢囊摵碎琴，如今不恋汞中金。
自从一见黄龙后，始觉从前错用心。

可见他后来由道教转入了禅宗。就今日所传《吕祖全集》来看，除了道教思想的作品外，他还有《金刚经注解》，可谓儒道同源、禅宗正旨，这正显示了他思想的融合性。他在道教思想发展上的重要地位是，在他之后神仙丹道东西南北各宗都奉他为祖师。其中最主要的是南北两宗。南宗有张紫阳、石杏林、刘永年、薛紫贤、陈泥丸、白玉蟾、彭鹤林七真，北宗有王重阳及马丹阳、谭长真、刘长生、邱长春、王玉阳、郝广宁、孙清静七真。由于王重阳自题所居为全真，所以他所传的北宗被称为全真教。后来，张紫阳所传的南宗和全真教混而为一。全真教自宋代发展，到了元代已达巅峰，成为当时思想的主流。全真教主张性命双修，这固然受到宋儒性命之学的影响，但他们的修性主要是来自禅宗的明心见性之学。在吕洞宾的思想中，已可看出他对传统道教的不满，企图掺入禅宗思想而加以革新。他的这一努力，到王重阳时才达到大成。所以在道教的发展中，全真教的诞生，不仅是对专讲符箓咒语的正一教的反抗，同时，他们由修性以延命的思想，也是对强调服食的丹鼎派的一种改革。

陈抟，在宋初被誉为活神仙，著有《指元篇》。他对宋初理学有直接的影响。《宋史·儒林传·朱震传》中说：

陈抟以《先天图》传种放，放传穆修，穆修传李之才，之才传邵雍。放以《河图》《洛书》传李溉，溉传许坚，许坚传范谔昌，谔昌传刘牧。穆修以《太极图》传周敦颐。

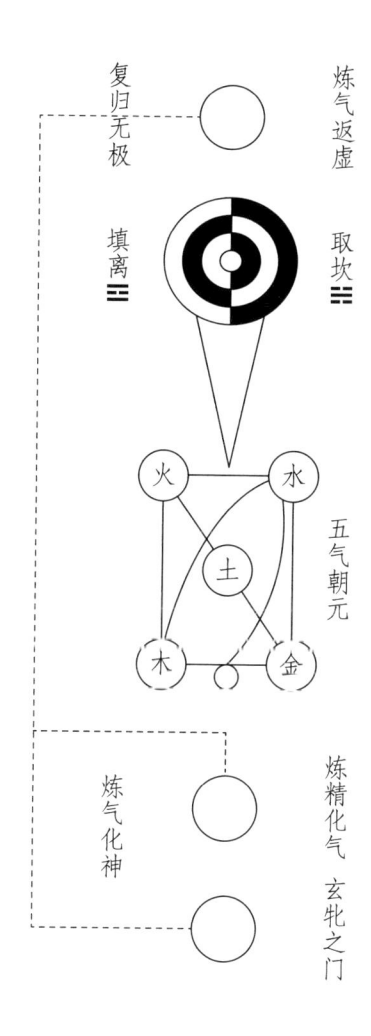

（图：太极图，标注有"复归无极"、"炼气返虚"、"填离"、"取坎"、"五气朝元"、"炼气化神"、"炼精化气 玄牝之门"，包含火、水、土、木、金五行及坎离卦象）

邵雍（康节）和周敦颐（濂溪）两人正是宋初理学的开山鼻祖，而陈抟所传的《先天图》《太极图》，正和邵康节及周濂溪的思想产生了极密切的联系。陈抟的《太极图》根据黄宗炎在《太极图辩》和朱彝尊在《太极图授受考》中所描述，如上图。

第十六章　炼丹吃药的神仙梦想之流

由该图可知，陈抟的《太极图》是引用老子"玄牝之门""复归无极"的思想，加上《参同契》"取坎""填离"及"三五至精"的方法而成的。虽然我们找不到绝对可靠的证据来证明周濂溪的《太极图》就是来自陈抟的《太极图》，但将两图相比，则能看出周濂溪的思想受到了陈抟等道士的影响，这是不容否认的。

第四节　神仙之学的评价

神仙之学，常被认为怪诞不经，不能列入哲学之林，但在中国思想史上，我们不能完全抹杀它的存在。尤其道教是中国本土特有的宗教，对作为道教主要思想的神仙之学，我们也不能不予以适当的地位。

对神仙之学的评价，可以从三个方面来看。

一、从理论来看

在优点方面，神仙之学把《老子》《易经》和古代的天文、地理、医药、矿冶等学说，杂糅成一套心身修炼的理论。其构思不可谓不奇妙，其体系不可谓不庞大。所以它也可视为某一形态的形而上学或玄学，比起某些专作观念游戏的学说来毫不逊色。

在缺点方面，神仙之学的体系太过庞大，因而在推论和证明方面有很多破绽。譬如《抱朴子》一书对神仙是否存在，只从万物寿命的有长有短，而推出有寿命无限长的神仙的存在。另外，证明服金丹的长生效果，只以譬喻的方式说明人吃米饭，因为米饭易腐，所以人身易腐，由此而推证吃金属所制的金丹，人身也会和金属一样不朽。

二、从事实来看

在优点方面，神仙家多通医药及医理，因此他们对内丹的修炼颇有成效。虽然我们今天看不到神仙的存在，却可以看到许多修道者养生延寿的事实。

在缺点方面，神仙之学对外丹的提炼缺乏科学的常识，因此产生了很多流弊。我们从历史上可以看到，汉唐两代有许多君主都因吃丹药而暴毙，至于暗地里服丹药而死的道士和信徒更不知有多少。

三、从影响来看

在优点方面，神仙之学的这套方术，就内丹的修炼来说，他们要窃天地之机，要转杀机为生机，要乘阴阳之化，要把长生的理想变为人可以控制的事实，这是一种科学的精神。就外丹的提炼来说，他们研究金属、矿石的性能，研究医药、生理的作用，研究天文、地理的现象，这是一种科学的探索。所以今天我们在诸子百家中，真正能找到一点与科学有关的学理和研究，还是在道藏之中。

在缺点方面，尽管在道藏中有许多与科学有关的探讨，但这部分的研究一直掩盖在神秘的外衣下，没有被发掘出来。尤其令人痛心的是，许多心术不正和知识浅陋的方士，往往把这方面的理论引入旁门左道，非但延寿不成，反而有害心身。譬如神仙之学修炼的基本原理是，自然是一个大宇宙，人身是一个小宇宙，自然界的阴阳和人身上的气脉息息相关。这种理论往科学方面去研究，就是今日所谓生态学和环境学，因为今日我们周遭的一切，诸如辐射、空气污染、噪声以及物价的波动等，随时随地都在影响我们的生命。这种理论往神秘方面去探索，其中一种就是古来所谓的风水之学。本来风水也就是讲环境和我们身心的关系，但有许多江湖术士拿风水之学来敛财，这便与科学的精神完全背道而驰了。

第五节　整体生命哲学论

道教的神仙丹鼎派，在整体生命哲学的三角形中，有如下页图：

```
        神仙
         /\
        /  \
       /    \
      /      \
   丹药------人
```

按照道教神仙派的理论，人是可以借吃丹药而成神仙的。他们的丹药知识都是他们自己闭门造车设计的理论。在历史上，我们看不到有哪个人因吃了丹药而长生不老，相反，却看到很多人因吃了丹药而暴毙。

在三角形的顶端是"道"，是虚的，是"神"，也是虚的。可是神仙家把这个虚灵的"神"实体化了，于是便成为实而不虚不灵了。他们用神仙的理想来代替"神"或"道"，这违反了"神"或"道"的转化作用，由"理"入"道"和由"道"入"用"都是虚线，正如王阳明所说："长生在求仁，金丹非外待，谬矣三十年，于今吾始悔。"

第十七章　印度佛教的传入与风靡一代的隋唐佛学

第一节　汉末佛教的传入

佛教究竟是在什么时候传入的，历史上众说纷纭，莫衷一是。大致来说，一般都公认为是在东汉明帝永平十年，蔡愔等人奉旨出使印度，回国时，随同印度僧人竺法兰和迦叶摩腾以白马负经到洛阳，因而建造了白马寺，这两位僧人便在该寺内译经。这是史传上记载的中国有佛教僧寺的开始。

虽然在明帝以前中国已有佛教，但是真正有印僧来华，从事译经工作，是以明帝为始。自此以后到了桓帝时，有安世高和支娄迦谶等人来华，大量译经，印度佛教才正式传入了中国。

自汉末到魏初，佛教的传入有两件事情值得我们注意。

一、道教与佛教之间的冲突

据《集古今佛道论衡》记载，在竺法兰和迦叶摩腾抵达洛阳后，五岳十八山的道士曾联合起来，于永平十四年正月一日上奏，请与佛僧论理斗法。明帝便遣尚书令宋庠传谕，令佛、道两众于十五日集合于白马寺比法，当时参加的道士有六百九十人。由两方各置经典与佛像焚烧，结果道士们烧毁了黄老等经书，佛像的舍利却发五色光，迦叶摩腾也飞升天空，显现种种神怪，于是道士费叔才羞愤而死，其余道士吕惠通等六百二十八人都出家事佛。这段戏剧化的故事，完全是一面之词，不足征信。不过在这里反映了两点事实。

其一，印度佛教以外来文化的方式进入中国，最先产生排斥性并反击的乃是道教。

其二，这时阴阳、谶纬等方术盛行，佛教想在中国流行，必须投合当时的思潮，以同样的方术传教。

二、禅观与方术的结合

由于以上事实，当时传入的印度佛教都为小乘佛教，而传教者都兼有方术的神通。如安世高译经三十余部，主要有《安般守意经》《阴持入经》《大十二门经》《小十二门经》《地道经》《禅行法想经》《阿毗昙五法行经》等，这些经都属于小乘佛教的禅观修行。以《安般守意经》来说，安般就是呼吸，安般守意就是用呼吸的方法使心意集中而达到禅定的境界，这和道士们呼吸吐纳及神仙家保精、行气的修炼如出一辙。再以安世高本人来说，《高僧传》中曾描写他说："七曜五行、医方异术，乃至鸟兽之声，无不综达。"可见安世高是用禅观等特殊功夫和当时的神仙方术相互会通，以达到佛教深入民间的目的。汤用彤在《汉魏两晋南北朝佛教史》中曾说：

> 佛教在汉代纯为一种祭祀，其特殊学说为鬼神报应。王充所谓不著篇籍，世间淫祀、非鬼之祭，佛教或其一也。祭祀既为方术，则佛徒与方士最初当常并行也。

这段话中所说的佛教与方士并行，当是事实。但佛教在汉代并非纯为一种祭祀，而且当时的方术也不是一种祭祀。我们可以说佛教在当时的推行有两个方向。

其一，讲鬼神报应，这是佛教的宗教面。在这方面佛教投合了汉代君民祈神的所好，同时与天师道的符箓祈祷相一致，这是他们以宗教的面目深入民间的一条路线。

其二，讲安般守意，这是佛教的修持面。由安世高传给陈慧，陈慧再传给康僧会，这是佛教传入中国最早的毗昙宗。他们主张行安般（即呼吸）可以入神，这与神仙家注重呼吸吐纳的思想是一致的，这是他们以理论实践的方式进入中国学术的一条路线。

第二节　魏晋佛学的发展

汉代佛教以鬼神报应和方术神通为号召，赢得君主和一般民众的信仰，其形态和五斗米道、太平道的流行差不了多少。印度佛教本身有源远流长的文化基础，而中国文化更有深刻而成熟的思想精神。因此印度佛教要想在中国文化上生根，单靠以方术神通向君主争宠、以鬼神报应慑服一般民众是不够的，它必须走进中国的学术界，和中国传统文化的思潮共流。譬如在当时从印度来的高僧佛图澄，本是以神通为号召，使得君主们信仰，可是到了他的中国徒弟道安和慧远手中时，便不再夸大神通，而注重思想。由于这个原因，魏晋的佛教以般若思想为主，其发展有以下三个过程。

一、大乘经典的翻译

汉代安世高所翻译的佛经都属小乘经典，稍后的支娄迦谶所翻译的多半为大乘经典，所以佛学史上以支娄迦谶为大乘传华的始祖。自汉末魏晋以来，小乘的思想没有发展，代之而起的完全是大乘思想。

在大乘佛经翻译初期，有四种最重要的翻译：一是，鸠摩罗什翻译的般若诸经，以及与般若有关的《大智度论》《中论》；二是，鸠摩罗什翻译的《法华经》；三是，昙无谶翻译的《大般涅槃经》((即《涅槃经》))；四是，觉贤翻译的《华严经》。

在这四大翻译中，有关般若诸经的思想，最先与魏晋玄学思想发生交流，而形成了南北朝佛学的重心，也开启了印度佛学中国化的先声。其余三大翻译却形成了隋唐时期除了禅宗之外的两派最重要的中国佛学，即天台宗和华严宗。

从魏晋以后小乘思想不振、大乘思想崛起的这一趋势来看，我们可以得到以下两点事实。

其一，小乘重在个人的修炼，是印度宗教的意识流。而大乘重在救世救人，和中国的人本精神相通，所以大乘思想适合于中国传统文化。

其二，大乘佛学中的般若思想讲空和色，这正与魏晋玄学中的讲无和有相通，所以般若和玄学思想非常接近，容易会通。

二、格义之学的兴起

格义是指用佛教以外的学术名词来比较佛学义理，这种方法据《高僧传》所载是起于竺法雅。

> 竺法雅……少善外学，长通佛义，衣冠仕子，咸附谘禀。时依雅门徒，并世典有功，未善佛理。雅乃与康法朗等，以经中事数，拟配外书，为生解之例，谓之格义。及毗浮、昙相等，亦辨格义，以训门徒。雅风彩洒落，善于枢机。外典佛经，递互讲说。与道安、法汰每披释凑疑，共尽经要。(《高僧传·竺法雅》)

这段话中所谓"外书"，事实上是《老子》《庄子》等书。虽然格义之学创自竺法雅，但用《老子》《庄子》的名词来诠释佛学的义理并非始于竺法雅，而是汉末到魏晋时期佛学翻译的一个共同特色。如：

> 佛乃道德之元祖，神明之宗绪，佛之言觉也，恍惚变化，分身散体，或存或亡，能小能大。(《牟子理惑论》)
> 心之溢荡，无微不浃，恍惚仿佛，出入无间，视之无形，听之无声。(康僧会《安般守意经序》)
> 夫体道为菩萨，是空虚也。斯道为菩萨，亦空虚也。何等法貌为菩萨者？不见佛法有法，为菩萨也。吾于斯道，无见无得，其如菩萨不可见。(《大明度经》支谦译)

这种现象也是非常自然的，因为要介绍和翻译印度佛学到中国，必须用和印度佛学相近的专门术语。在这方面儒学的术语不是讲伦理便是讲政治，完全和佛理风马牛不相及，只有道家那套抽象的玄言，正适合于做媒介。所以格义之学以老庄为主，也是势所必然。

三、般若思想的玄学化

在两晋时期所流行的般若思想完全走上了玄学的路线。据刘宋昙济的归纳，当时般若各派可分为六家或七宗。所谓六家即本无（以道安为主）、即色（以支道林为主）、识含（以于法开为主）、幻化（以道壹为主）、心无（以竺法温为主）、缘会（以于道邃为主）。六家之外，又加上本无异（以竺法深为主），称为七宗。这七宗如果以他们思想的相近程度大概可分为四组。

1. 第一组为本无宗和本无异宗

（1）本无宗

如来兴世，以本无弘教。故方等深经，皆备五阴本无。本无之论，由来尚矣。何者？夫冥造之前，廓然而已。至于元气陶化，则群像禀形，形虽资化，权化之本，则出于自然。自然自尔，岂有造之者哉！由此而言，无在元化之先，空为众形之始，故称本无。（《名僧传钞·昙济传》）

（2）本无异宗

《二谛搜玄论》十三宗中本无异宗，其制论曰："夫无者何也？壑然无形，而万物由之而生者也。有虽可生，而无能生万物。"（日人安澄《中论疏记》）

由以上两段话来看，本无宗和本无异宗都强调万物的本体是无。他们说的"无在元化之先""无能生万物"，都是继承了魏晋玄学家对老子"无"的看法。

2. 第二组为即色宗和缘会宗

（1）即色宗

夫色之性也，不自有色。色不自有，虽色而空。故曰色即为空，色复异空。（《支道林集·妙观章》）

（2）缘会宗

《玄义》云："第七，于道邃著《缘会二谛论》云：'缘会故有是俗，推拆无是真。譬如土木合为舍，舍无前体，有名无实。故佛告罗陀，坏灭色相无所见。'"（安澄《中论疏记》）

从这两段话可以看出，这两宗都认为外界的一切色相都是空无的，这一方面和本无宗及本无异宗的思想相通，另一方面色空和缘会也是传统佛学的理论，所以这一组是把佛学的观念和老庄的思想融合起来运用的。

3. 第三组为识含宗和幻化宗

（1）识含宗

《山门玄义》第五云："第四，于法开著《惑识二谛论》曰：'三界为长夜之宅，心识为大梦之主。若觉三界本空，惑识斯尽，位登十地。今谓以惑所睹为俗，觉时都空为真。'"（安澄《中论疏记》）

（2）幻化宗

《玄义》云："第一，释道壹著《神二谛论》云：'一切诸法，皆同幻化。同幻化故，名为世谛。心神犹真不空，是第一义。若神复空，教何所施？谁修道？隔凡成圣，故知神不空。'"（安澄《中论疏记》）

这两宗和前面两宗的不同是，虽然这两宗也认为外物是虚幻不实的，但他们主张心神是真实不虚的。

4. 第四组为心无宗

《二谛搜玄论》云："晋竺法温为释法琛法师之弟子也。其制《心无论》云：'夫有，有形者也。无，无像者也。然则有像不可谓无，无形不可谓有，是故有为实有，色为真色。经所谓色为空者，但内止其心，不滞外色。外色不存，余情之内，非无而何？岂谓廓然无形而为无色者乎？'"（安澄《中论疏记》）

这一宗认为外物的存在就是实有，只要我们的心不执着于外物，便是心无。

如果我们把以上四组再以物和心的关系做一归纳，可以说第一组是物和心本无，第二组是物无，第三组是物无心有，第四组是物有心无。

从以上当时最流行的般若学说来看，我们可以得到以下两点认识：

首先，无论这六家七宗的主张如何，他们都采用当时玄学最基本的模式"无"和"有"来推论。本无、本无异、即色、缘会、识含、幻化各宗和玄论派的主无路线相似，而心无宗和名理派崇有的路线相当。

其次，这种般若玄学化的思想，仍然未脱格义之学那种生硬而不深入的比附。譬如他们以玄学的"无"来释佛家的"空"，似是而非。因为佛家的空，是指外物由四大假合，没有自性，也就是当体即空。但他们说："无在元化之先，空为众形之始。"这种为众形之始的空，或为万化之本的空，非但不是佛家的空，而且还完全违背了佛家说空的真意。

第三节　印度佛学中国化的两位先锋

般若思想的玄学化，只是印度佛学传到中国后，与中国学术界的第一次接触，彼此的扞格不入是必然的现象。但由此次接触再进一步，便走上了印度佛学中国化的路子。在这一融会转化的过程中，值得注意的有两位思想家，即僧肇和道生。

一、僧肇以老庄思想融会印度佛学

在僧肇之前，虽然有六家七宗以及慧远等高僧的努力，但他们都是以老庄思想来诠释印度佛学，真正提出独创性的看法并对后来中国佛学思想有深远影响的，则首推僧肇。

僧肇（384—414），长安人。他从小便酷爱老庄的玄理，后来因读《维摩经》才决心出家，宣扬佛学。他二十岁左右便名震关内，后来拜鸠摩罗什为老师，在逍遥园中，帮助鸠摩罗什译经。可惜，他在三十一岁时便不幸去世了。

僧肇留下来的不朽杰作《肇论》共有四篇文字，即《物不迁论》《不真空论》《般若无知论》《涅槃无名论》。就这四篇文字来看，僧肇一面在《不真空论》一文中批评当时般若三派（心无、即色和本无）的思想，另一面则在其他三文中呼应庄子的思想，以建立一套中国的佛学。

1. 对般若三派的批评

虽然僧肇批评的是般若三派的学说，但事实上可以包括当时六家七宗的思想。值得注意的是，僧肇是在《不真空论》中提出批评的，可见他的不真空的观念正是针对当时的般若思想而发的。

先看他对这三派的批评：

> 心无者，无心于万物，万物未尝无。此得在于神静，失在于物虚。
> 即色者，明色不自色，故虽色而非色也。夫言色者，但当色即色，岂待色色而后为色哉？此直语色不自色，未领色之非色也。
> 本无者，情尚于无，多触言以宾无。故非有，有即无；非无，无亦无。寻夫立文之本旨者，直以非有非真有；非无非真无耳。何必非有无此有，非无无彼无。此真好无之谈，岂谓顺通事实，即物之情哉？（《不真空论》）

从这三段话来看，他对心无派的批评是，认为这一派虽然使心不执着于物，但他们不了解万物自虚的道理。他对即色派的批评是，认为这一派主张万物的色相不是它本身所有，乃是因人而起，但他们不了解当前所显现的色相就是一种色相，只是这种色相的本体是虚空不实的。他对本无派的批评是，认为这一派把一切都归之于无，而流于断见，殊不知"无"只是一种文字表达的意义，而不是指道的本体。

由以上僧肇对般若三派的批评来看，他一方面肯定真心的存在，另一方面强调物虚的道理，所以他是把以上般若各派加以调和并运用。诚如他所说：

> 是以圣人乘真心而理顺，则无滞而不通；审一气以观化，故所遇而顺适。无滞而不通，故能混杂致淳；所遇而顺适，故则触物而一。如此，则万

> 象虽殊，而不能自异。不能自异，故知象非真象；象非真象，故则虽象而非象。然则物我同根，是非一气，潜微幽隐，殆非群情之所尽。（《不真空论》）

这是以真心去即物的自虚。在这里，僧肇的真心显然承袭了庄子所谓的"真君""真宰""灵台"的思想。至于他的即物自虚的功夫，正如他所说：

> 是以圣人乘千化而不变，履万惑而常通者，以其即万物之自虚，不假虚而虚物也。故经云："甚奇世尊，不动真际为诸法立处。"非离真而立处，立处即真也。然则道远乎哉？触事而真。圣远乎哉？体之即神。（《不真空论》）

这种"不假虚而虚物""触事而真"的思想，乃是以真心去体现万物，从万物的自虚中以证真。这是僧肇融合老庄与般若思想，而建构出的一套新佛学的理论基础。

2. 建立即物即真的理论

在僧肇的其他三篇文字中，《般若无知论》和《涅槃无名论》都是用老庄的思想术语来发挥佛学的理论，尽管理境超逸，但也是中国佛学上不可多得的作品。然而真正奠定僧肇思想基础而对中国佛学有深远影响的，却是《物不迁论》一文。

就印度佛学来说，认为万物是迁流不息、没有自性的，所谓"诸行无常，诸法无我，涅槃寂静"的三法印，便是说一切行、一切法都是变迁不住的。他们认为只有佛性才是真相，才是真如，一切外物都是假相，都是虚幻的。所以在佛家学说中，只有真如而没有物如（"物如"是指物自体），他们对物始终不重视，只把它当作"四大"的假合而已。僧肇却不然，他说：

> 近而不可知者，其唯物性乎。（《物不迁论》）

这是他对物性的正视。他认为万物只有在时和空的交错之流中，才有变迁的现象。如果把时空分离开，每一物在它所存在的当时，是真实的，也是永恒的。他说：

> 求向物于向，于向未尝无。责向物于今，于今未尝有。于今未尝有，以明物不来；于向未尝无，故知物不去。覆而求今，今亦不住，是谓昔物自在昔，不从今以至昔；今物自在今，不从昔以至今。(《物不迁论》)

也就是说，过去的事物不能留存到今天，好像过去的事物衰灭破坏了，其实过去的事物在它所属的过去仍然是实实在在的存在。譬如说孔子不能活到今天，我们说孔子死了，但如果跳出目前的时间之流，我们将发现孔子仍然活在他所属的春秋时代，在那里成长，在那里教学，在那里周游列国。

僧肇再从物不迁，进一步推论因果的不迁。他说：

> 果不俱因，因因而果。因因而果，因不昔灭。果不俱因，因不来今。不灭不来，则不迁之致明矣！复何惑于去留，踟蹰于动静之间哉！然则乾坤倒覆，无谓不静，洪流滔天，无谓其动。苟能契神于即物，斯不远而可知矣！(《物不迁论》)

这是说，依照一般迁流的观念，因会产生果，等到果产生后，因便消灭了，或因已在果之中了。但僧肇认为，果只是一个迁流的现象，事实上都只是一连串因的相续存在而已。譬如说，我们从幼儿园受教育开始，经过小学、中学、大学……直到自己变成了大学问家、大教育家。照一般因果的法则来说，幼儿教育是因，大教育家是果，但这个因果的关系非常淡薄。过去幼儿园老师的言教，在今日大教育家的思想中究竟还存有多大的作用，实在令人怀疑。可是依据僧肇的理论并不然。幼儿园老师的言教对当时身为幼儿园学生的作用，是全部的、永远存在的。在当时，这个因是永远不会消灭的，小学、中学、大学……每一个阶段都是如此。按照僧肇的说法，在宇宙中任何事件的存在都是真实而永恒的。

由物不迁而因果不迁，僧肇的这种即物即真的思想，虽然未挣脱般若和玄学的影响，但通贯了庄子思想的精神，为中国的禅宗开了先路。因为庄子思想的精神，乃是重视万物个体的真实存在，所以有"天地与我并生，万物与我为一"之言。僧肇的思想即重视万物当体的真实性。他说：

> 玄道在于妙悟，妙悟在于即真。即真则有无齐观，齐观则彼己莫二。所以天地与我同根，万物与我一体。(《涅槃无名论》)

此后中国的禅宗讲即心即佛，讲烦恼即菩提，讲重视自性的本来面目，也讲重视物性的本地风光。这与僧肇的思想可说是前后呼应的。

二、道生以儒家精神革新了印度佛教

僧肇的努力，功在建立了独创性的理论，把老庄思想的精神融入了佛学之中。而道生的成就，是以儒家的精神，一方面扬弃了印度佛教中某些不合中国文化的教义，另一方面开启了中国禅宗的顿悟之门。

道生（355—434），河北人。七岁便随高僧法汰出家，后来曾到庐山慧远大师处学法。七年之后，又和慧叡、慧严等人投拜鸠摩罗什门下，所以他又和僧肇是同门弟子。在当时慧远创立白莲社的念佛法门，持守戒律甚严；鸠摩罗什进行大规模的译经，对大乘佛学的传播极有影响力。照理说，道生应该兼有慧远的苦修和鸠摩罗什的译经两方面的特点，但事实不然。道生以他独具的悟力，通过中国文化，尤其是儒家思想，不以苦修和译经为已足，不以印度佛教的教义为一成不变的标准，而勇于改变既定的仪式和思想范畴，以适应中国的环境。可见他的努力比僧肇更进一步，直接从生活实践中完成了中国佛学的建立。他的成就可以从以下两个方面来看。

1. 变通印度佛教的教义

身为宗教僧徒，往往要持守传统的经义教行，除非有特殊的悟力和勇气，否则很难谈革故鼎新。在道生的一生中，有三件事情可以看出他在这方面的努力。

第一件是宋武帝刘裕设宴邀请京城里所有的和尚。当时由于宴会的延迟，过了正午才开饭。因为印度佛教有过午不食的规矩，所以所有的和尚都不敢动筷，只有道生照吃不误，打破了这个规矩。这在表面上看虽是偶发的事件，但对道生来说，正是思考已久，早就想要改革的传统。这也正说明了他在庐山七年，对于慧远等人严守戒律的苦修，非但始终不能接受，而且还要加以扬弃。

第二件是直接讨论印度戒律的问题。当时，慧义、慧严、慧观等人都主张吃饭的时候，应遵守印度踞坐而食的方式，但这种方式为中国人所不习惯，所以道生和他的施主范泰主张印度佛教既然已传入中国，就应按照中国的民情风俗，改为方坐而食。这次事件由于双方争执不下，曾反映到宋文帝处，宋文帝还派了司徒王弘和郑道子去帮助道生说服慧义等人，结果这场辩论仍然不了了之。这件事情，可说是印度佛教和中国文化在生活习惯上的一点小冲突，但就辩论的激烈和朝廷大臣的参与来看，这在中国佛教史上也是一件重要的事情，而道生是站在了中国文化的立场上。

这两件事，使得道生和当时的僧人们发生了很大的争执。

第三件即道生对法显所译的六卷《泥洹经》（即六卷《涅槃经》）中"一阐提人不能成佛"的说法提出质疑，主张一阐提人皆得成佛。这时昙无谶所译的《大般涅槃经》还没有行世，所以当时的和尚都认为他离经叛道，将他赶出了佛寺。等到后来《大般涅槃经》译出后，才发现道生所说的和经义相合，即一阐提人有佛性，也可成佛。从这件事可以看出，虽然道生曾参与鸠摩罗什的译经，但对于经典的义理，并不是盲目地接受，而是批判性地理解。《大般涅槃经》还没传到中国时，当时佛经教义上的通解认为，一阐提人恶根极重，无法成佛，道生却甘冒大不韪，而提出相反的看法。这一方面是由于他独具的悟力，能透彻理解大乘思想的精神，另一方面也由于他深契于儒家思想。因为他在庐山东林寺讲解《大般涅槃经》时，便公开引证《中庸》里"天命之谓性"的思想和孟子性善的学说，所以他提出一阐提人皆有佛性，也正是他通过中国思想去印证大乘般若的自然结果。

2. 揭开了顿悟成佛之门

道生的著作虽不少，但除了《妙法莲华经疏》外，都已失传。《高僧传》中曾描述他的思想著作说：

> 生既潜思日久，彻悟言外，乃喟然叹曰："夫象以尽意，得意则象忘。言以诠理，入理则言息。自经典东流，译人重阻，多守滞文，鲜见圆义。若忘筌取鱼，始可与言道矣。"于是校阅真俗，研思因果，乃言"善不受报""顿悟成佛"。又著《二谛论》《佛性当有论》《法身无色论》《佛无净土论》《应有缘论》等，笼罩旧说，妙有渊旨。而守文之徒，多生嫌嫉，与夺之声，纷然竞起。（《高僧传·道生》）

这段文字中所提到的各篇论著只有标题，而无内容。虽然我们无法确知他所论的究竟，但从这些标题中我们可以看出，具有独创性见解且与当时佛学产生冲突的，乃是顿悟成佛、善不受报和佛无净土各条。其中顿悟成佛论为核心，善不受报和佛无净土是批评传统佛学、支持顿悟成佛的理论支柱。

佛无净土论在表面上似乎是针对庐山慧远的净土念佛而发，实际上，却是把宗教上寄托于外在的净土世界搬到心中来。善不受报论乃是直接批评传统佛教中的所谓因果轮回之说。本来任何宗教都强调善恶报应的观念，道生是佛教僧徒，断无否定善德之理。虽然我们无法确知他所论的内容，但如果看看之后禅宗的"不思善、不思恶"（六祖惠能语），就可以理解道生此论的用意了。

佛无净土论要我们不执着于净土，善不受报论要我们不迷恋于果报，这都是顿悟成佛的功夫。顿悟之所以为顿，就在于要打破外在的偶像和果报的轮回，能在自心中去当下悟入。

至于道生顿悟成佛论的真正内容，虽然他没有留下详细资料可征，但慧达《肇论疏》中曾引述他的顿悟成佛论说：

> 竺道生法师大顿悟云："夫称顿者，明理不可分，悟语极照。以不二之悟，符不分之理。理智恚释，谓之顿悟。见解名悟，闻解名信。信解非真，悟发信谢。理数自然，如果就自零。"

慧达这段话所指道生的大顿悟，是和支道林等人的小顿悟相比来说的。慧达曾在《肇论疏》中介绍小顿悟说：

> 小顿悟者，支道林师云："七地始见无生。"弥天释道安师云："大乘初无漏慧，称摩诃般若，即是七地。"远师云："二乘未得无生。始于七地，方能得也。" 法师云："三界诸结，七地初得无生，一时顿断，为菩萨见地也。肇法师亦同小顿悟义。"

这里所谓的"七地"，是指成就大乘菩萨的十个阶段（即十地）中的第七个阶段。支道林等人认为修行到了七地之后，已达无生的境界，自能悟其全面。可是在七地之上还有三地，对于剩下的三地，究竟是靠修，还是靠悟？如果靠修，那么在七地的悟便不是顿悟；如果靠悟，那么这三地的悟才是大悟，以前在七地的悟便不够究竟。所以慧达认为，他们所讲的悟乃是小顿悟。

至于道生论顿悟是"不二之悟，符不分之理"，所谓"不二""不分"是指绝对，是指没有阶段。这比起支道林等人的小顿悟来，显然简明直接多了。不过今天我们没有他论顿悟的进一步论据，就以前所述来看，虽然他已打开了顿悟之门，为此后禅宗思想的形成铺了路，但离中国禅宗所讲的顿悟还有一段距离。这段距离不只是在历史上还需培育、发展好几百年的时间，而且最重要的乃是还需要从理论建设到实际功夫上的一段努力。

第四节 佛学各宗的传承与中国佛学的建立

一、佛学各宗的传承

自魏晋直到隋唐，相传有十三宗。日本学者凝然将其分为：毗昙、成实、律、三论、涅槃、地论、净土、禅、摄论、天台、华严、法相、真言十三宗。梁启超先生在《论中国学术思想变迁之大势》一文中曾加上俱舍宗而删掉毗昙宗，并做了一个系统表如下：

宗名	开祖	印度远祖	初起时	中盛时	后衰时
成实宗	鸠摩罗什	诃梨跋摩	晋安帝	六朝间	中唐以后
三论宗	嘉祥大师	龙树、提婆	晋安帝	六朝间	中唐以后
涅槃宗	昙无谶	世亲	晋安帝	宋齐	陈以后入天台
律宗	南山律师	昙无德	梁武帝	唐太宗	元以后
地论宗	光统律师	世亲	梁武帝	梁陈间	唐以后入华严
净土宗	善导大师	马鸣、龙树、世亲	梁武帝	唐宋明	明末以后
禅宗	达摩大师	马鸣、龙树、提婆、世亲	梁武帝	唐宋明	明末以后
俱舍宗	真谛三藏	世亲	陈文帝	中唐	晚唐以后
摄论宗	真谛三藏	无著、世亲	陈文帝	陈隋间	唐以后入法相
天台宗	智者大师		陈隋间	陈隋间	晚唐以后
华严宗	杜顺大师	马鸣、坚慧、龙树	陈	唐武则天后	晚唐以后
法相宗	慈恩大师	无著、世亲	唐太宗	中唐	晚唐以后
真言宗	不空三藏	龙树、龙智	唐太宗	中唐	晚唐以后

梁先生这张表对于各宗思想的盛衰和发展，虽然可供参考，但对于开祖及印度远祖等不无商榷之处。蒋维乔先生便有不同的看法，如他说：

此种问题，大可研究。盖隋唐以前，实尚未有所谓宗派，喜研三论者，可谓为以三论为宗，然非可称为三论宗也。当时讲经之人，尚有以讲四论为主者，讲演《成实论》者有人，玩索《涅槃经》者有人，专心《法华经》而说之者有人，宣扬《维摩经》者有人，弘传《地论》《摄论》者有人，凡此皆限于探究一种经典，非如后世所谓宗派宗旨也。（蒋维乔《中国佛教史》）

这段话颇合乎事实。在隋唐以前，都只是翻译某经论、讲述某经论，或弘扬某经论的思想，并没有宗派的显著对立。这就如同春秋时期，无所谓儒、道、法家的派别，到了战国，各家之间的对立才逐渐形成，而直到汉代，才有司马谈、班固等学者将他们分家分派。同样在佛教史上，真正形成宗派的时期是隋唐时期。宗派形成了对立后，再推溯上去，而认为两晋时即有该宗的流传。

譬如在梁先生的表格中，净土宗的开宗祖师是善导大师。善导是唐代人，因为当时天台、华严等宗讲的理论非常深奥，而净土宗专主念佛的名号，易为群众所接受，所以在当时大为盛行。所以善导可说是净土宗的集大成者。但是远在梁武帝时的昙鸾，就从菩提流支习净土法门，著有《往生论注》，大弘净土思想。如果再往前推，后汉时，安息国沙门安世高译《无量寿经》二卷，以及晋慧远的念佛修行，也可看作此宗的先河。

再说在梁先生的表格中，三论宗以嘉祥大师为开宗祖师。因嘉祥大师著的《中观论疏》《百论疏》和《十二门论疏》为研究三论的重要典籍，所以在嘉祥手中，三论宗达到了全盛。可是印度本没有三论宗之名，当时没有这一宗派的存在。因《中观论》《十二门论》为龙树所造，《百论》为提婆所造，所以推他们为印度远祖。这三论传到中国后，提婆三传弟子鸠摩罗什一手翻译了该三论，因此鸠摩罗什也被视为该宗的祖师。鸠摩罗什的门人，如僧肇、道生、昙济等八杰都是三论的高手，而当时各派般若学者也都离不了三论的范围。事实上，在当时也无三论宗之名，乃是嘉祥大师弘扬此宗后，再推溯上去，而把鸠摩罗什等都归为三论宗的祖师。

今天，我们不必为这十三宗去详加考究，因为许多宗派后来都归入了其他宗派之中，如毗昙宗后来归入了俱舍宗，三论宗归入了天台宗和禅宗，涅槃宗归入了天台宗，地论宗归入了华严宗，摄论宗归入了法相宗。另外，像成实宗和俱舍宗属于小乘，在唐代以后便消失了，而且在中国佛学史上，也没有产生大的影响。所以剩下的只有律宗、净土宗、法相宗、真言宗、天台宗、华严宗和禅宗。其中律宗、净土宗、真言宗都专注在宗教的修持上，在哲学史上的地位并不重要。所以真正在思想上有影响的，乃是所谓教下的三宗，即法相、华严和天台，以及教外别传的禅宗。

至于法相宗，又名唯识宗，在印度极盛，前有无著、世亲兄弟，后有护法、戒贤师徒。玄奘游印度时，曾拜戒贤为师，回国后专注译经，介绍唯识思想。他的弟子窥基论述宗义，确立了该宗在中国的法统。不过这一宗在佛学上属于有宗，和般若思想的空宗对立。其讨论法相和八识的作用非常深奥且烦琐，纯粹是印度哲学的思维方法。而且玄奘回国后专门译经，共译了一千三百余卷，在译经史上固然是第一人，但他并没有独创的著作。他只是杂糅各经论，译编《成唯识论》一书，这是法相宗的中心思想，而窥基也只是根据《成唯识论》写了《成唯识论述记》《成唯识论掌中枢要》等书。所以这一宗的思想都是直接来自印度的哲学思想，并没有融入中国的思想，也没有扎根于中国文化，没有和中国人的生活信念打成一片。因此当这一宗兴盛时，也只是对印度哲学做深入的研究，当它衰微时，在中国思想发展史上也没有留下深远的影响。

由以上所述可见，今天在中国思想上，真正由中国的心灵所灌溉而成长的纯粹的中国佛学，只有华严、天台和禅这三宗。

二、中国佛学的建立

在印度，根本没有华严、天台和禅这三宗的宗名。虽然华严宗主《华严经》，天台宗主《法华经》，但这两宗所倡导的理论和思想已越出了印度佛教的范围，多为中国人的智慧所灌注。至于禅宗，虽然在源头上与《楞伽经》和《金刚经》有着密切的关系，但到了后来，完全是从中国人自己的文化思想中吸取活泉。

在这三宗里，华严和天台还是把印度的佛学转化为中国的佛学，这两宗承袭了自魏晋以来长期的般若和老庄思想，然后又交错影响到纯粹中国佛学的禅宗思想。

在这里，我们先介绍华严和天台两宗的思想。

1. 华严宗与法藏的思想

（1）法藏与华严宗的成立

华严宗的开宗者贤首法藏大师（643—712），祖籍龟兹，后来移居长安。法藏十七岁时，曾拜智俨为师，修习《华严经》，后来曾参加玄奘的译场，从事翻译工作。由于不满法相唯识的思想，便根据《华严经》创立了华严宗。不过法藏为智俨的弟子，智俨又为杜顺的弟子，所以传统上都把杜顺当作华严宗的始祖。另智俨又学《华严经》于智正，因此也有人认智正为华严宗的始祖。但智正的著述已不可考，杜顺曾著《华严五教止观》《法界观门》二书，这正是后来华严宗所讲五时判教和十玄缘起的端绪。后智俨又著《搜玄记》《孔目章》《华严五十要问答》《华严一乘十玄门》等书，发挥了十玄缘起和六相圆融的道理。法藏著有《华严经探玄记》《华严五教章》《游心法界记》《妄尽还源观》《金狮子章》《法界无差别论疏》《十二门论宗致义记》《大乘起信论义记》等六十余部书，《华严经》的义理至此可说洋洋大观。法藏之后传澄观为四祖，再传宗密为五祖。宗密著有《原人论》和《禅源诸诠集都序》等书，也为禅宗神会一系的传人。这也可证华严宗到后来和禅宗的关系。

（2）法藏所建立华严宗的思想体系

在华严宗的思想里，有四个重要的理论，即五教、四法界、六相和十玄门。虽然这四大理论所谈的方面不同，但其目的都是通向华严宗的最高理想境界，即所谓一真法界。

所谓五教，乃是法藏根据佛教经典的内容而判为小乘教、大乘始教、大乘终教、顿教和圆教。判教不是印度佛学的创作，而是因为印度佛经错综复杂，有时呈现出矛盾的思想，所以中国的僧人便将它们分类，认为不够完满的是佛陀最先说的，最深刻的乃是佛陀最后说的。这种判教完全是根据理论来分析的，无关乎宗教的信仰，因为就宗教信仰来说，佛陀所说的任何一部经典都是完美的，都是真理，只要能实践，都可入道。判教却把主要的佛经加以深浅层次的分类，如法藏把《阿含经》和《俱舍论》《成实论》等论划为小乘教，把《般若经》

及三论划为大乘始教中的空始教，把《解深密经》和《唯识》等论划为相始教，把《楞伽经》《密意经》和《起信论》等划为大乘终教，把《维摩经》划为顿教，把《法华经》《华严经》划为圆教。可是《法华经》为天台宗的宝典，于是再在圆教中分同教一乘圆教和别教一乘圆教来安置《法华经》和《华严经》。

这样的分法当然不是完全合乎事实而无漏洞的。第一，这种分法没有确实的证据。第二，三论宗和法相宗会抗议把他们的经典只列为大乘始教，而顿教这个名词如果是法藏有意为当时逐渐兴盛的禅宗安排的一个位置，禅宗祖师当然会反对在他们之上还有一个圆教。不过我们暂且不谈这种分法是否恰当，法藏的五教在他为华严宗所建立的整个体系中却是非常重要的。因为在印度佛学中，只有小乘、大乘之分，既没有顿教，也没有圆教。尤其这个圆的观念，可说来自中国思想，即《易经·系辞传上》所谓的"蓍之德圆而神"。法藏为了确立其圆教的地位，先以《华严经》为五教的最高层次，从印度佛学来论，这也说得过去。然后再以《华严经》中的思想来建立圆融无碍的华严宗的教旨，这是法藏判教的苦心。

判教之后，法藏又根据杜顺、智俨等祖师的思想而加以组织，提出四法界、六相和十玄门等华严宗的主要教义。这些教义都是发挥圆融无碍的思想的。如：

所谓四法界，即：

事法界，指现象界。

理法界，指本体界。

理事无碍法界，指本体和现象之间的融合无碍。

事事无碍法界，指现象界中每一事物间可以彼此圆融无碍。

所谓六相，即：

总相，指全体。

别相，指个体。

同相，指同一根本。

异相，指个别的功能特色。

成相，指因缘和合。

坏相,指因缘分散。

所谓十玄门,即:

同时俱足相应门。这打破了时间界限,表明万事万法都可以在同一时间内圆满俱足。

广狭自在无碍门。这打破了空间界限,表明大小、广狭可以相融无碍。

一多相容不同门。这打破了数目的差异,表明一和多既可以兼容,又能保持其不同的殊相。

诸法相即自在门。这打破了万法的隔阂,表明万法可以兼容相即。

秘密隐显俱成门。这打破了显与密之间的不同,表明显密可以相辅相成。

微细相容安立门。这打破了精与杂之间的不同,表明精杂可以兼容而互摄。

因陀罗网境界门。因陀罗网是帝释天宫殿里的一个宝珠网,其中的宝珠像镜子一样重重反映。这打破了现象界的差别,表明现象中的每一事物都可以互摄而无碍。

托事显法生解门。这打破了事和理的差别,表明事理的无碍。

十世隔法异成门。这打破了古、今和未来三世的差别,表明三世各法的相融相成。

主伴图明俱德门。这打破了主客之间的相异,表明主和客两者的相辅相成。

以上六相和十玄门,只是较为详细而具体地说明各种观念事物之间的无碍相融罢了。所以法藏建立华严宗的这套理论,约归来说,只是表明一个理事无碍和事事无碍的华严世界。这个华严世界,就是他们所理想的一真法界。

一真法界,说穿了就是真心的显现。法藏在《修华严奥旨妄尽还源观》一文中说:

> 《经》云:"森罗及万象,一法之所印。"言一法者,所谓一心也。是心即摄一切世间、出世间法,即是一法界大总相法门体,唯依妄念而有差别,若离妄念,唯一真如,故言海印三昧也。

关于海印三昧，他解释说：

> 言海印者，真如本觉也。妄尽心澄，万象齐现，犹如大海，因风起浪。若风止息，海水澄清，无象不现。《起信论》云："无量功德藏，法性真如海。所以名为海印三昧也。"

这是说外界事物的千差万别、扞格不通，只是因为我们以差别观念的妄识去看。如果我们除去了差别的妄识，使真心显现，那么所照出的这个世界就都是绝对至真、互相辉映、圆融无碍的。

然而如何除妄识以显真心？法藏在《修华严奥旨妄尽还源观》中曾提出五止六观的方法。

所谓五止，即：

照法清虚离缘止。这是指了解外境的空无。

观人寂怕绝欲止。这是指使五蕴不执着于物欲。

性起繁兴法尔止。这是指顺万法之自然。

定光显现无念止。这是指修无念的禅定。

理事玄通非相止。这是指性相俱泯，大智独存。

所谓六观，即：

摄境归心真空观。这是指观一切唯心，心外无法。

从心现境妙有观。这是指观由体起用，具修万行。

心境秘密圆融观。这是指观如来报身与所依净土，圆融而无碍。

智身影现众缘观。这是指观众缘，缘相本空，而真如独存。

多身入一境像观。这是指观如来十身可以互用，以明自身与其他众生各身可以相融。

主伴互现帝网观。这是指观以己为主，以他为伴，以一法为主，以一切法为伴，而观其重重无尽，以明事事无碍。

由上述法藏的思想，我们可以得出以下五点结论。

其一，虽然法藏和华严宗的思想都是来自《华严经》，但《华严经》是一部印度佛教的经典，其内容不仅充满了宗教色彩，而且叙事说理冗长反复，漫无头绪。可是法藏根据《华严经》所写的这些文字，提要钩玄，精细组织，不但有功于华严义理的阐发，而且也为中国的华严学奠定了基础。

其二，法藏为华严宗所建立的这套思想体系，从纵的方面来看，超越了小乘、大乘，而归本于一乘的圆教，这即意味着超越了印度佛学的大小乘思想，而归本于中国哲学，因为这一乘圆教，乃中国思维的所得。从横的方面来看，法藏所谈的这些四法界、六相、十玄门和五止六观的理论，都是以义理为主，而无浓厚的宗教色彩。所以说他这套思想体系完全是中国思维的佛学。

其三，法藏由四法界、六相、十玄门，而归本于一真法界的一心，这是从烦琐玄奥归于简易。他似乎已把握住中国思想的精神，可是在如何显发真心的方法上，他所谈的五止和六观法门，又重返烦琐玄奥的路子上，所以他这套思想体系彻头彻尾是一种奥妙的玄学。我们也可以说他是顺着魏晋南北朝般若学的路线，更进一步地建立了一套构思奇巧、体系庞大的玄学。

其四，法藏的这套玄学化的中国佛学，就思想的复杂和奥妙来说，可以和印度的法相宗比美，这也正是法藏不满意法相唯识的思想而要建立一套唯心哲学的初衷。但也因为它过于玄理化，在实践方面没有简易的路子可走，所以它只能表现出中国思维"致高明"的一面，而不能发挥"道中庸"的另一面。因此尽管它在唐代曾盛过一时，但终究不能和中国哲学平易的精神相合并发展开来。

其五，尽管华严宗不能像之后的禅宗那样蓬勃发展，但毕竟经中国智慧灌溉过，所以它那种"一切即一，一即一切"和"事事无碍"的思想，一面流入禅宗思想里，另一面也影响了宋明的理学。

2. 天台宗与智颛的思想

（1）智颛与天台宗的成立

天台宗的开创者智颛（538—597），号称智者大师，俗姓陈，字德安，河南人。智颛十八岁出家，曾师从慧旷学唯识，二十岁受戒，潜心于《法华经》，之后投奔慧思门下，学心观之法。后来居天台山的国清寺，又号天台大师。他所建立的宗派，也就因此而称为天台宗。

天台宗虽因他而立宗，但他的思想中，除一念三千相传为他所创外，其余一心三观、三谛圆融之说，乃传自慧文和慧思。所以佛学史上，以慧文为初祖，慧思为二祖。慧文没有著述，慧思则有《大乘止观法门》《法华经安乐行义》和《诸法无诤三昧法门》流传于世。智𫖮著作极丰，主要有《法华玄义》《法华文句》《摩诃止观》《观音玄义》《金光明玄义》《释禅波罗密次第法门》《六妙法门》《金刚般若经疏》《维摩经玄疏》《阿弥陀佛经义记》《法界次第初门》《四教义》《四念处》《观心论》《净土十疑论》等。

从以上书目中可以看出智𫖮所研究的范围极广，除了天台宗所主的《法华经》外，旁及般若及净土诸经。这也就决定了他为天台宗所开创的思想，包括了《法华玄义》和实践方面的禅观法门。智𫖮的著作很多出自他的大弟子天台四祖灌顶的笔录。灌顶著有《大般涅槃经玄义》《观心论疏》《天台八教大意》等书，他也是继承智𫖮成立天台宗的主要人物。

（2）智𫖮所建立的天台宗的思想体系

在天台宗的思想里，有两个重要部分，一是非常严密的判教论，二是匠心独运的心观论。

判教虽非始于天台宗，但判得最完备的首推天台宗。天台宗的判教，主要在五时八教。

所谓五时，乃是把佛陀教导的时期分为五个阶段，即：

华严时。这是佛陀最初的说法，以《华严经》为主，对象是大乘根机较深者，这是试探性的说法。

阿含时，或以其说法的地名称为鹿苑时。为了适应众生的需要，佛陀在这一时期讲小乘的四部《阿含经》，这是诱导式的说法。

方等时。方等是一切大乘经的通称。这时广说大小二乘的教法，并弹呵小乘，使听众能由小乘而入大乘。

般若时。在这一时期专说大乘的《般若经》，以排除众生的一切执着，而入中道实相之门。

法华、涅槃时。这是最后阶段，佛陀以《法华经》来宣说实相的一乘教，并以《涅槃经》来对法华时所遗漏的其他根机者说法，使他们都能共证实相。

所谓八教，又分为化仪四教和化法四教。化仪四教是指佛陀说法的形式，化法四教是指佛陀说法的内容。

化仪四教，即：

顿教。指对利根的人直接授以大乘顿超之法。

渐教。指用渐进的方法由小乘而大乘。

秘密教。指在宣教时，由默示或其他举动，在秘密中使对方了悟。

不定教。指在宣教时，听众以其本身根机的不同，而获不同的益处。

化法四教，即：

藏教。指小乘的经、律、论三藏，使钝根众生明四谛、十二因缘和六度等道理。

通教。指针对三乘共同的说法，其教义可以通用于声闻、缘觉和菩萨等三乘，也可通于前面的藏教和后面的别教及圆教。如《般若经》和一般大乘诸经。

别教。指别于前面藏、通两教和后面的圆教，这是对钝根菩萨所说的法。

圆教。这是佛陀一代说法最高的境界，是讲圆融的原理。

就以上五时八教的判释来说，显然天台宗的判教要比华严宗更为丰富而详尽。天台宗以五时八教把所有的大小乘的佛经和所有错综复杂的教义都归纳而分类，这就如同图书的目录，给予后人研究佛学以极大的方便。不过五时八教之说并非智顗一人的创作，在他之前，早在鸠摩罗什门下的慧观，就有五时之说，只是名目和天台宗的五时稍有差异。慧观分有相、抑扬、无相，而天台则为阿含（鹿苑）、方等、般若。至于八教，以性质内容来分，早在慧光时便讲四教，自轨讲五教，法凛讲六教。天台的化法四教可能是参考以上诸说而成的。

五时八教的判释，反映的只是智顗整理佛经和教义的功夫，真正代表智顗思想的，乃是气象万千的心观论。

智顗心观思想的重点，就是他所悟出的一念三千的观法。要了解智顗一念三千的思想，我们必须先了解他的三谛圆融和一心三观的思想。关于三谛和三观的理论，在各经论中早有相似的说法。如《仁王护国般若波罗蜜经》中说：

> 以三谛摄一切法，空谛、色谛、心谛故，我说一切法不出三谛。(《仁王护国般若波罗蜜经·二谛品》)

《璎珞经》中也说：

> 三观者：从假名入空二谛观，从空入假名平等观，是二观方便道。因是二空观，得入中道第一义谛观。(《璎珞经·贤圣学观品》)

后来慧文、慧思进一步发挥了三谛圆融和一心三观的思想，智𫖮继承了这一渊源而加以阐扬。所谓三谛，即世谛、真谛和第一义谛。所谓三观，即假观、空观和中道观。世谛是指一切现象的差别之相，真谛是指一切现象的平等之性，第一义谛是超越了差别和平等的中道。我们观看万物，只见其差别之相的叫作假观，只见其平等之性的叫作空观，至于能洞悉假不离空、空不离假而假空双遣的乃是中道观。所以就境来说有三谛，就心的观想来说有三观。三谛之理本是圆融的，因此一心三观自应圆融而无碍。智𫖮在《法华文句》中曾说：

> 若迷此境，即有六界相性，名为世谛。若解此境，即有二乘相性，名为真谛。达此非迷非解，即有菩萨佛界性相，中道第一义谛。(《法华文句·卷三》)

> 分别者，但法有粗妙。若"隔历三谛"，粗法也。"圆融三谛"，妙法也。(《法华文句·卷一》)

智𫖮乃是本于这三谛圆融和一心三观的思想，再推衍而悟出一念三千的理论。

一念三千的思想，在印度的佛经和前人的论述中都没有渊源，可说是智𫖮一人的独创。所谓一念三千，据智𫖮在《摩诃止观》中说：

> 夫一心具十法界，一法界又具十法界、百法界。一界具三十种世间，百法界即具三千种世间。此三千在一念心，若无心而已；介尔有心，即具

三千。(《摩诃止观·卷五上》)

要理解这段话,必须先认清十法界。

所谓十法界,即地狱界、畜生界、饿鬼界、阿修罗界、人间界、天界的六凡,以及声闻界、缘觉界、菩萨界、佛界的四圣。在所有经论中并没有这十界的名目,智𫖮把它们连在一起后,认为这十界不是个别存在的,而是其中任何一界都可以含摄其他九界。也就是说,置身任何一界中,都有立即转往其他九界的可能,这叫十界互具。所以,十界互具,便有百界。这是就外在的层次来说的。

另外,就诸法的本质功能来说,一界有十如是。这十如是即"如是相",指形相;"如是性",指本性;"如是体",指实质;"如是力",指功能;"如是作",指作用;"如是因",指原因;"如是缘",指间接原因;"如是果",指直接后果;"如是报",指间接后果;"如是本来究竟",指前面九如是的全部过程。由于一界有十如是,再加以三种世间,即五阴世间、众生世间和国土世间,所以一界就有三十世间,那么百界就有三千世间。

在智𫖮的这套思想中,如何构成三千这个数字并不重要,因为在中国文字中,经常以有限代表无限,所以一念三千,也可说一念三千万,或一念无限多。总之,关键在于一念。这一念向上,可以为声闻,为缘觉,为菩萨,为佛;这一念向下,也可以为人,为阿修罗,为饿鬼,为畜生或入地狱。

然而如何修此一念?智𫖮又提出了一套严密的止观法门。他在《摩诃止观》中详论五略、十广及十乘观法,其中以十乘观法为重心。所谓十乘观法,即:

观不思议境。不思议境是指一切法的性相。

起慈悲心。

巧安止观。指把心安住于体性之理而修止观。

破法遍。指遣除一切妄执。

识通塞。指检讨修行得失。

修道品。指从三十七道品中选择适合自己的法门修行。

对治助开。指借所修的道来对治自己的迷妄。

知次位。指了解自己所证的果位，而不致有"未得认为已得，未证认为已证"的毛病。

能安忍。指能安处于顺逆诸境。

无法受。指不执着于十信相似位，即六根清净位，而能进一步修"初住位"，以便契入中道。

从以上智𫖮为天台宗建立的思想体系来看，我们将有以下五点认识。

其一，天台宗和华严宗一样，都是判圆教为最高境界，一主《法华经》，另一主《华严经》。而这两本经都强调圆融之理，同属玄妙，虽分上下，天台唱一念，华严唱一心，也都能返本还源，共证心地，但不同的是，华严宗彻头彻尾是一套讲圆融无碍的玄学体系，天台宗除圆融的法华体系之外，更吸收了禅观思想。因天台宗也有一套严密的实践法门，故被称为"教观双美"。

其二，当智𫖮提出一念三千这一念时，显然他已冲破了印度佛学宗教的樊篱，因为这一念操之在我，成佛、成人或变畜生、变饿鬼，完全取决于一念。在这里不讲三世业报，没有佛力加被，就同儒家所谓的"君子喻于义，小人喻于利"一样，为君子或为小人，完全在于义利之间这一念的抉择。所以智𫖮这一念的提出，显然已触及中国哲学思想的核心。

其三，虽然智𫖮提出这简易直接的一念，但他论述实践的止观法门，流于琐细而繁杂。譬如他不但讲五略、十广和十乘观法，而且十广里的方便一项中又有二十五方便，即所谓"具五缘""诃五欲""弃五盖""调五事""行五法"，这些都是进入正观的先决条件。像这些繁杂的过程，又岂是一念所能穿透的？如果真能穿透，那么，一念三千岂不变成了一种虚设的理论或玄谈？所以天台宗的"教观双美"，美则美矣，却是双离之美，而不是一贯之美。

其四，智𫖮主张一念有十法界，而十法界可以互具，因此在饿鬼界、畜生界即潜有成佛、菩萨的可能，同时在佛界、菩萨界，亦潜有变为饿鬼、畜生的可能。这一可能性就导致性中有善、恶因子的存在。如在《观音玄义》中记载：

> 问："阐提与佛，断何等善恶？"
>
> 答："阐提断修善尽，但性善在。佛断修恶尽，但性恶在。"

这种说法显然是主张性恶的存在。在这点上，智𫖮的思想是极为大胆的，他不仅完全违背了印度佛教的教义，同时也越出整个佛学的性论思想。本来一念三千是一个非常自由而玄妙的观法，可是涉及性善和性恶，却使他踏入极为纠结而不易解决的知识难题之中，使他的学识平添了许多葛藤。

其五，天台宗自智𫖮建宗以后，一传灌顶，再传智威，三传慧威，四传玄朗，五传湛然。在湛然之后，也就是唐武宗会昌毁佛以后，天台宗便衰微不振，以致经典散佚，甚至连天台宗奉为最主要宝典的三大部，即《法华玄义》《法华文句》《摩诃止观》都不存于中国。直到宋代，吴越王钱俶遣使到韩国，才把许多散佚了的典籍访求回来，自此天台宗才有转盛之机。可是此后的天台宗，都在智𫖮所讲《金光明经玄义》的广本与略本上争真伪，演变到后来更有法统上的山家、山外之争，同时有性善、性恶的论辩。从这一发展趋势来看，智𫖮虽提出了一念三千，可是他所论观行的烦琐，使得天台宗也未能完全和中国人的思想信仰打成一片。不过他这简易直接的一念，在对其他宗的影响方面有着深远的意义，尤其是对净土宗和禅宗的影响。关于净土宗，由于重在念佛，我们略而不论。在天台宗和华严宗以后独霸天下的禅宗，融会了天台宗和华严宗的优点，接下天台宗和华严宗的棒子，而创造了中国佛学的奇葩。

第五节　整体生命哲学论

由印度佛教的传入，到隋唐一代的佛学的大盛，这是一个非常繁杂的演变过程。从印度文化到中国文化，从偏于出世的印度宗教到重视入世的中国佛教，用整体生命哲学的三角形来表达，有相当的难度，我们只能概括性地加以说明，如右图：

```
           佛性、真如  道
              /\
             /  \
            /    \
           /      \
          /_____\
    印度佛教           用
    中国佛学
```

虽然印度佛教很复杂，但传来中国的印度佛教后来都属大乘佛学，其最高的理境都是佛性和真如，而这两者都是"空"，不过这与"道"的"虚"不同。"空"是性相的"空"，就是一切为因缘所生，没有真体。而中国的"道"的"虚"并不是说它没有存在，而是它的存在不是物质性的，不是因缘所生的，因此不为因缘所灭而流于"空"。它只是以"虚"为用，我们称它为"道"也只是运用它的"虚"的作用，这种作用就是"转化"，即把我们所谈的"理"转入"用"，转入人生日用。在中国佛学里，有的派别仍以印度佛学为主，如法相宗等，有的已在逐渐由佛性和真如转入中国的"道"，如华严宗讲一真，天台宗讲一心，直到禅宗讲自性。所以在这个三角形中，我们要注意从印度佛教到中国佛学的转变，是由佛性、真如的"空"走向以"虚"为用、为转化的"道"。

第十八章　建立人性的中国佛学的惠能

第一节　禅学的渊源

依照传统的说法，中国禅宗的渊源要推到释迦牟尼。在《大般涅槃经》中曾记载：

> 尔时，佛告诸比丘，汝等不应作如是语。我今所有无上正法，悉以付嘱摩诃迦叶。（《大般涅槃经·哀叹品》）

这是在印度佛经中有关释迦传法给迦叶的故事，并没有涉及传禅。可是到了禅宗的文献里，如《六祖坛经》（简称《坛经》）、《景德传灯录》（简称《传灯录》）等书中，便把迦叶奉为印度禅宗初祖，阿难是二祖，马鸣是十二祖，龙树是十四祖，直到菩提达摩是二十八祖。后来的许多禅宗公案和《传灯录》中，更是把这段故事描绘得极富禅味。如在《指月录》中曾记载：

> 世尊在灵山会上，拈花示众。是时，众皆默然，唯迦叶尊者破颜微笑。世尊曰："吾有正法眼藏，涅槃妙心，实相无相，微妙法门，不立文字，教外别传，付嘱摩诃迦叶。"（《指月录》卷一）

其实，这段拈花示众的故事，不见于印度佛经之中。虽然从迦叶到菩提达摩这二十八位祖师都是印度高僧，但并没有被连成这一法统，譬如马鸣是所有大乘佛学的中坚，龙树更被中观宗、三论宗、天台宗、华严宗、净土宗、密宗等奉为祖师，然而他们都不专属于禅宗。近代许多学者如胡适，根据这些事实而认为印度禅宗的法统有问题，甚至认为这二十八祖的传法故事也是中国僧人所附会编造的。

印度没有禅宗的宗名和传承，这是事实，但并非说印度没有禅，因为禅宗的"禅"字便是沿袭了梵文"禅那"一词。禅那就是禅定，在《奥义书》中称为瑜伽。可见禅定乃是印度宗教的共法，也是所有大小乘佛教所共有的基本法门。不过在印度佛教中讲四禅八定，自有它的一套系统，到了中国的禅宗讲明心见性，却是另一套系统。所以我们可以说，今天所谓的禅宗，已不是印度佛教中的那一套禅定，而是在中国发展成熟的一套心学。

不过这套心学毕竟生长在佛学的园地上，因此它和印度佛学也有渊源。我们可以说禅宗是印度大乘佛学到了中国之后，和中国思想融合变化而成的中国佛学。这一融合变化的过程，有三条路线，一是大乘佛学的中国化，二是菩提达摩传禅，三是惠能的明心见性之学。

关于大乘佛学中国化的路线，我们在前一章已介绍过，这是中国佛学通向禅学的一条大路。在这条大路上，就佛学家来说，从道安、慧远、僧肇、道生、慧思、智顗，直到惠能的出现，这是中国佛学家一个接着一个的自然发展。就佛学宗派来说，三论宗在中国禅学的源头上曾注入大量的血轮，法融、惠能和他的许多门徒都精于般若三论的思想，而天台宗和华严宗又交互地影响了禅学的发展。所以我们可以说禅学是大乘佛学中国化的最高潮，也是最伟大的结晶。

菩提达摩传禅，是被传统佛学所公认的印度禅传入中国的开始。

菩提达摩在印度的事迹非常隐晦。道宣在《续高僧传》中描写道：

> 菩提达摩，南天竺婆罗门种，神慧疏朗，闻皆晓悟。志存大乘，冥心虚寂，通微彻数，定学高之。悲此边隅，以法相导。初达宋境南越，末又北度至魏，随其所止，诲以禅教。于时合国盛宏讲授，乍闻定法，多生讥谤。（《续高僧传二集》卷十六）

从这段记载中可以看出，达摩本来是婆罗门教，后来转学大乘思想，以禅定之学著称。不过他这种禅定之学与当时安般数息的禅观不同，所以引起了教界对他的讥谤。今天我们对他那套特殊的禅定之学没有详细的资料可证，据《续高僧传》介绍，他传授了一套壁观的安心法门。这套法门有两个进口，一是"理入"，二是"行入"。所谓理入就是彻悟真理以入道。

> 借教悟宗，深信含生同一真性，客尘障故。令舍伪归真，凝住壁观，无自无他，凡圣等一，坚住不移，不随他教，与道冥符，寂然无为，名理入也。（《续高僧传二集》卷十六）

从这段话中可以看出，达摩提出真性以代替佛性，这显示了他对心性问题的重视。他主张"无自无他，凡圣等一"，这已是禅学思想的路子。而他的"凝住壁观""坚住不移"，类似于禅定的意念集中，不像后代中国禅学的重视自然、放下心念。

行入分四种。即：

> 初，报怨行者。修道苦至，当念往劫，舍本逐末，多起爱憎。今虽无犯，是我宿作，甘心受之，都无怨诉。《经》云："逢苦不忧，识达故也。"此心生时，与道无违，体怨进道故也。二，随缘行者。众生无我，苦乐随缘，纵得荣誉等事，宿因所构，今方得之，缘尽还无，何喜之有？得失随缘，心无增减，违顺风静，冥顺于法也。三，名无所求行。世人长迷，处处贪着，名之为求。道士悟真，理与俗反，安心无为，形随运转。三界皆苦，谁而得安？《经》曰："有求皆苦，无求乃乐也。"四，名称法行。即性净之理也。（《续高僧传二集》卷十六）

从这四种行入来看，达摩的思想也完全是心性上的功夫，比起当时流行的安般守意的禅法来，空灵多了，比起华严宗和天台宗的庞大体系来，也简易多了。虽然他用作教本的《楞伽经》的义理也非常复杂，但他毕竟不重宣教，不重注疏，他之所以用《楞伽经》，乃是为了"借教悟宗"。

自他以后，传慧可为二祖，传僧璨为三祖，传道信为四祖，再传弘忍为五祖。这四位中国祖师的传承，在道宣的《续高僧传二集》中没有详细记载，只在《法冲传》中有"可禅师后，粲禅师"一语。而僧璨传给道信，在《续高僧传二集》中根本没有记载，仅在《道信传》中说："又有二僧，莫知何来，入舒州皖公山静修禅业，（信）闻而往赴，便蒙授法。"（《续高僧传二集》卷二十六）据此以推，其中一僧可能就是僧璨。由于这个原因，近代学者如胡适等人，便认为由达摩到道信这几位祖师都只是修头陀的苦行，和以后禅宗的发展没有多大关系，而后来的许多禅师，高推圣境，拉上了这个渊源。

虽然达摩是以《楞伽经》教慧可等人，但惠能在弘忍处所悟的却是《金刚经》。虽然达摩等人所修的是类似头陀苦行的禅定，但惠能以后的禅学却是极为开放自由的心性功夫。但达摩这一系统毕竟和惠能以后的禅学有渊源上的某些关系，如：

一是虽然达摩重视的《楞伽经》不像《金刚经》那样空灵超脱，符合以后禅学者的口味，但也有和禅学相通的地方。如：

> 大慧，我等诸佛及诸菩萨，不说一字，不答一字，所以者何？法离文字故。非不饶益义说。言说者，众生妄想故。大慧，若不说一切法者，教法则坏。教法坏者，则无诸佛、菩萨、缘觉、声闻。若无者，谁说？为谁？是故大慧，菩萨摩诃萨，莫著言说，随宜方便，广说经法。以众生希望烦恼不一，故我及诸佛为彼种种异解众生而说诸法，令离心、意、意识故，不为得自觉圣智处。（《楞伽经》卷四）

这一段话中对语言文字的看法，与惠能在《坛经》中对"不立文字"的态度完全相同。虽然我们不能据此就说惠能的思想受到这方面的影响，但我们要了解达摩的方法是"借教悟宗"，他深契于《楞伽经》之理，而不执着于《楞伽经》，因此他不重注疏，而重实际的修证。同样，惠能的方法也是"借教悟宗"，他融会《金刚经》《涅槃经》等经之理，而不重文字解释，他要我们一超直入去明心见性。所以在这一做法上，惠能和达摩是遥相呼应的。

第十八章　建立人性的中国佛学的惠能

二是达摩这一系的发展，到了道信手中，是一个很重要的派系。据净觉在《楞伽师资记》中的描述：

> 信禅师再敞禅门，宇内流布，有《菩萨戒法》一本，及制《入道安心要方便法门》，为有缘根熟者说。我此法要，依《楞伽经》"诸佛心第一"，又依《文殊说般若经》"一行三昧"，即念佛心是佛，妄念是凡夫。

从这段记载中可以看出，道信的思想除了《楞伽经》外，又加入了《般若经》的一行三昧。就师承上说，道信在达摩、慧可、僧璨这一《楞伽经》传授的系统外，更融入了般若思想，也就是接上了两晋以来佛学中国化的路子。再就发展上来说，道信传弘忍，再传惠能，而般若的一行三昧也正是《坛经》的主要思想。

再就道信的思想来看，他在《入道安心要方便法门》一文中，一方面有一套实际的禅定功夫，这是承袭了达摩的路子。如他说：

> 略而言之，凡有五种：一者，知心体，体性清净，体与佛同。二者，知心用，用生法宝，起作恒寂，万感皆如。三者，常觉不停，觉心在前，觉法无相。四者，常观身空寂，内外通同，入身于法界之中，未曾有碍。五者，守一不移，动静常住，能令学者明见佛性，早入定门。（《楞伽师资记》）

另一方面，他有一套特殊的安心功夫。在这方面，道信和惠能的思想是一致的。如他说：

> 夫身心方寸，举足下足，常在道场，施为举动，皆是菩提。（《楞伽师资记》）

> 离心无别有佛，离佛无别有心。念佛即是念心，求心即是求佛。所以者何？识无形，佛无形，佛无相貌，若也知此道理，即是安心。（《楞伽师

资记》）

由道信的这套思想可以看出，他是承袭了达摩的教法，却又广开大门，接纳了般若思想，为惠能的禅学开了先河。所以把达摩和惠能以后的禅学拉上关系，并非后代禅宗僧徒们的攀龙附凤，而是有师承和学术演变上的线索的。

不过，佛学的中国化和达摩等人的传承虽为禅学铺了路，但如果没有六祖惠能的出现，恐怕也不会有今日所谓的禅学。如果没有惠能，弘忍的法统就势必传给神秀。就神秀的思想来说，他似乎只固守达摩"坚住不移"的禅定功夫的一面，不像惠能即使承继了达摩这一源流，却能以他完全开放的心灵，跳出达摩的系统去开创新的顿悟法门。所以，在中国禅学的发展上，惠能的出现是一个决定性因素。

第二节　惠能与中国禅学的完成

一、从惠能生平看中国禅学的形成

惠能（638—713），俗姓卢，祖籍河北范阳（约在今北京市和河北省保定市北部交界一带），后来因父亲迁居而诞生于广东的新州。他三岁丧父，由母亲抚育成人。二十四岁那年，在卖柴时因听人诵《金刚经》而有所感悟，便到黄梅山的东禅寺拜弘忍为师。他世俗的生平就是如此平凡。可是出家之后，他在中国佛学上所掀起的浪潮，是波澜壮阔的。

惠能之所以能形成一代禅风，绝不是偶然的，主要有两个原因。

其一，就他本身来说，完全是由于他具有天赋的智慧。他在承接衣钵之前根本不识字，也没有受过任何佛学的训练，要不是他具有特殊的悟力，又如何能胜过在当时已成为教授师的神秀，而为弘忍所赏识？

这种特殊的悟力，一方面使他能不借任何外在的知识而直透心性的本真，如他第一次听人诵《金刚经》，"心即开悟"；看到神秀的偈语，即能了悟"本来无一物，何处惹尘埃"的禅理；遇到两僧辩论，便能造出"不是风动，不是幡动，仁者心动"的公案。另一方面，使他能摆脱传统佛学观念和方法的束缚，而直证本有的佛性。如他在离开黄梅山时，听弘忍第一次传授他《金刚经》，到"应无所住而生其心"一句，便悟出"一切万法，不离自性"，而这句"应无所住而生其心"，便是他以后开展出中国禅学的血脉所在。又如他的弟子法达曾念《法华经》三千遍而不解经义，惠能因不识字，便叫法达念给他听。当法达念到《譬喻品》时，惠能便止住他说：

此经元来以因缘出世为宗，纵说多种譬喻，亦无越于此。何者因缘？《经》云："诸佛世尊，唯以一大事因缘故，出现于世。"一大事者，佛之知见也。

世人外迷着相，内迷着空。若能于相离相，于空离空，即是内外不迷。若悟此法，一念心开，是为开佛知见。（《坛经·机缘品》）

由这段故事可以看出，惠能虽没有读过《法华经》，却能从法达的口诵中了解《法华经》的真义。他这种了解并不是因对《法华经》的理论做过详细的分析而来，相反却是由他本具的智慧去印证《法华经》中的道理。

其二，就外在的环境来说，惠能辞别了弘忍后，依照弘忍的指示往南行。这一方向的抉择，与中国禅学的盛行关系极大。我们试看在惠能初见弘忍时，弘忍知道他是南方人后，即说："汝是岭南人，又是獦獠，若为堪作佛。"这也许是一句考验的话，但在中国历史上，南方一向被视为蛮荒之地，文化重镇都在北方。就思想来说，讲政治、重文化的儒、法等家都在北方，而讲自由、重自然的道家思想才流行在南方。就佛学在中国的流传来说，宣教的重心也在北方。因为在古代，佛教的弘传多赖君主的推动，而当时所有重要的译经场所都在京城，如长安、洛阳。像鸠摩罗什、玄奘等人都出入宫廷，所以北方的佛教可以说是贵族的佛教。至于南方佛教的传入，显然较北方晚。虽然早期像支谦和康僧会曾在南方传教，后来慧远更和鸠摩罗什形成了南北两派佛教对立的中心，但慧远地处庐山，俨若隐士，与北方佛教之热闹完全不同。至于禅宗，自达摩到弘忍这段时间，传教的范围都在北方。在弘忍之后，神秀仍然传教于北方,出入武则天的宫廷。而惠能承接了衣钵,渡江之后,才逐渐使禅学盛行于南方。

惠能在南方的传禅,和北方佛教大异其趣。他在离开弘忍之后,先在广东曹溪的宝林寺住了几个月,接下来的十五年间,隐匿在猎人队伍中。这时他所传法的对象都是猎人和农民。后来,他结束隐居的生活,先到广州的法性寺,后来又回到曹溪的宝林寺弘法。他所传授的弟子和传教的对象多半是平民。试看惠能以后法统中的主要禅师,除了临济义玄出生于山东,在河北弘法外,其余都是南方人,都在湖南、江西、福建、浙江、广东等地行化。因为他们之中很少有人出身贵族和博通经史及浸淫于传统佛学,所以惠能使禅宗南传,无疑是开展了一派朴实力行的大众佛教。假使惠能滞留北方,他受到重文学、贵传统的烦琐佛学的影响,便很难发展出这样一种极度自由的禅风。可见素朴而开放的南方,实是中国禅学发育滋长的一块最好的园地。

二、惠能与大乘般若思想的关系

惠能除了本身独具的智慧之外,他的思想的主要来源是大乘般若思想,而他承接大乘般若思想的最重要媒介就是《金刚经》。他不但因《金刚经》而出家,因《金刚经》而悟道,而且在《坛经》一书中一再地强调:

> 持诵《金刚般若经》,即得见性。当知此经功德无量无边。(《坛经·般若品》)

为什么惠能与《金刚经》如此相契?原因有二。

一是《金刚经》的说法简易直接。佛学的许多重要经典如《华严经》《法华经》《涅槃经》等,叙事说理都非常繁杂,而且带有宗教的神话色彩。可是《金刚经》不然,其叙事平易近人,其说理简而不繁。比如,以上诸经对于佛陀登坛讲法都极尽描写之能事,单单讲法的会场,动辄便铺陈几万言。《金刚经》却不然,开端只有几句话描写佛陀在城中乞食之后,洗净手脚,端坐讲法,这是何等朴素、平易!也正因为如此,才容易为朴实无华的惠能所接受。

二是《金刚经》对语言文字的态度是超越的、不执着的。在《金刚经》中屡言如来说法四十九年，却没有说一法。事实上，整部《金刚经》都是要我们离一切相，而最根本的就是先要离语言相、文字相。这种态度正投合惠能的心理，因为惠能本人不识字，所以对《金刚经》的这种说法自然容易产生共鸣。

惠能就是通过《金刚经》吸取大乘般若的思想的。因为《金刚经》是六百卷《般若经》的精华，所以能抓住《金刚经》的精神，便可以融会所有般若的思想。而在《金刚经》中，"应无所住而生其心"一语乃是全经的命脉，如果能把握住这条命脉，就可以贯通全经的思想。如整部《金刚经》都是这种思想法式：

> 如来所说法，皆不可取，不可说。(《金刚经·无得无说分》)
> 所谓佛法者，即非佛法。(《金刚经·依法出生分》)
> 庄严佛土者，即非庄严，是名庄严。(《金刚经·庄严净土分》)
> 佛说般若波罗蜜，即非般若波罗蜜，是名般若波罗蜜。(《金刚经·如法受持分》)
> 所言一切法者，即非一切法，是故名一切法。(《金刚经·究竟无我分》)

这些语句，归根来说，都是要我们念念不落于"有"，不落于"无"。惠能在《坛经》一书中所描写的般若正是如此：

> 般若三昧，即是无念。何名无念？知见一切法，心不染着，是为无念。(《坛经·般若品》)

心不染着，就是无所住，即不住于"有"，如：

> 心量广大，犹如虚空，无有边畔，亦无方圆大小，亦非青黄赤白，亦无上下长短，亦无嗔无喜，无是无非，无善无恶，无有头尾，诸佛刹土，尽同虚空。世人妙性本空，无有一法可得，自性真空，亦复如是。(《坛经·般若品》)

但也不住于"无",如:

> 莫闻吾说空,便即着空。第一莫着空,若空心静坐,即着无记空。(《坛经·般若品》)

这种不落于"有"也不落于"无",是般若的胜义、《金刚经》的重心,也是惠能在《坛经》中整个理论的基础。

三、惠能思想的特色

惠能既然吸收般若思想,以不落于"有""无"为其理论基础,那么他就只是般若之学的承继者,又何关乎中国禅宗的开创呢?事实上,般若的不落于"有""无",只是其思想法式,而惠能一方面把这种法式运用在生活上,使其成为启发顿悟的一种接引方法,这就是他一再强调的"对法相因"的法门;另一方面,他用这种法式去掐断对外在的任何执着,再回光返照,去"明心见性"。现在我们就看看惠能在这两方面的创见。

1. 对法相因

所谓对法相因,乃是把般若思想不落于"有""无"的观念,用之于实际的问答中。如:

> 若有人问汝义,问有将无对,问无将有对,问凡以圣对,问圣以凡对。二道相因,生中道义,如一问一对。余问一依此作,即不失理也。设有人问:"何名为暗?"答云:"明是因,暗是缘,明没则暗。"以明显暗,以暗显明,来去相因,成中道义。余问悉皆如此。汝等于后传法,依此转相教授,勿失宗旨。(《坛经·付嘱品》)

惠能这种问答的方式,不仅和般若的"色即是空""空即是色"的思辨有关,而且也和道家"有无相生"的思想有渊源。当然,中国般若之学早就经过了道家思想的洗礼，所以这也不足为奇。不过惠能不只限于思辨的方式，他还把这种问答变成了一种教门。如果对方问这一面的问题，他便用相反一面的概念来回答，使对方打破这一面的执着。这一方法惠能在《坛经》中曾使用过。如：

> 一僧问师（惠能）云："黄梅意旨，什么人得？"师云："会佛法人得。"僧云："和尚还得否？"师云："我不会佛法。"（《坛经·机缘品》）

当僧徒问："和尚还得否？"这表明这位僧徒眼中的惠能是会佛法的人，理应洞悉黄梅山五祖弘忍的思想。惠能却回答："我不会佛法。"这是借否定的方法打破对方的看法，使他了解"会佛法"不是只懂得一些佛学名词，或能诵读几本经书而已，而是要有真正明心见性的功夫。惠能回答的"我不会佛法"，并不是描述惠能本人是否了解佛法的事实，而是借这一否定的方式，使对方了解"会佛法"的真正意义。

惠能这种问答的方式，不是一种知识传授的对话，而是一种说明心性开悟获得智慧的法门。这就是惠能所谓的顿教法门。这种方法到了后来便演变成禅宗公案中的最基本对话方式，即所谓机锋转语。如：

> 僧问："如何是佛法大意？"
> 石头希迁回答："不得不知。"
> 僧问："如何是佛？"
> 洞山守初回答："麻三斤。"

2. 明心见性

"对法相因"乃是一种教法，因为惠能只是借这种教法以明心见性，所以明心见性才是惠能思想的最终目标。惠能在《坛经》中一开始便说：

> 菩提自性，本来清净。但用此心，直了成佛。（《坛经·自序品》）

"见性"的"性"，就是指的自性。在惠能的运用上，这个自性相当于一般佛学上所谓的实相、真如或佛。但惠能之所以喜欢用自性，乃是因为实相、真如或佛等名词往往带有外在的、高高在上的意味，常引起人向外或向上的追求之心。惠能的顿教是着重于内心的实证，因此他用自性把实相、真如或佛搬到人的心性之中。如他说：

> 三世诸佛，十二部经，在人性中，本自具有。(《坛经·般若品》)

这个自性，既然指的是本体，当然是就境界来说的，因此功夫在于见性的"见"字。至于如何去"见"这个自性，关键就在"明心"上。所以"明心见性"一语，就理论次序来说，先要明心，明心而后能见性，见性而后就能成佛。但就顿教的法门来说，明心就是见性，见性就是成佛。如惠能所说：

> 若起正真般若观照，一刹那间，妄念俱灭。若识自性，一悟即至佛地。(《坛经·般若品》)

从"起正真般若观照"到"妄念俱灭"，就是明心。由明心、见性到成佛，完成于一刹那间，也就是在一悟之间。因此在明心之后的见性成佛上，是一刹那间和一悟之事，不容我们做任何思想上的分析。所以我们能够讨论的乃是明心，乃是如何起般若观照。

在惠能的思想中，"心"和"性"不同。性指的是体，是绝对的、超善恶的，而心指的是用，是相对的、可善可恶的。如他说：

> 心量广大，遍周法界。用即了了分明，应用便知一切。(《坛经·般若品》)

这里说明了心在于用。又说：

> 菩提般若之智，世人本自有之。只缘心迷，不能自悟。(《坛经·般若品》)
>
> 若开悟顿教，不执外修，但于自心常起正见。烦恼尘劳，常不能染，即是见性。(《坛经·般若品》)

这里说明心之用可善可恶，有时迷，有时悟。也正由于心的可善可恶、或迷或悟，所以功夫的关键也就在于心。

依照一般佛学的看法，心是念念的相续，有善念也有恶念，因此我们修行时必须除去恶念，培养善念。但依惠能的见解，这种做法仍然是在念上打转。纵然能舍一念恶得一念善，可是前念既逝，后念又来，这样下去，疲于奔命，也不是办法。同时，执着于一念之善，自以为是，有善念，便有恶念做比较，所以恶念也就随之而生，永远也不能见性体之真。正如惠能所说：

> 若见一切人恶之与善，尽皆不取不舍，亦不染着。(《坛经·般若品》)
>
> 般若三昧，即是无念。何名无念？知见一切法，心不染着，是为无念。(《坛经·般若品》)

在这里，惠能所用的方法乃是同时超脱善恶之念，以复返心体清净的境界，这就是明心。在大庾岭上，惠能曾对惠明说：

> 不思善、不思恶，正与么时，那个是明上座本来面目？(《坛经·自序品》)

"不思善、不思恶"是明心，"本来面目"就是自性。明心之后便能见性。

由明心到见性，并不是一段长时间的修持，而是一念之间的转变。惠能说：

> 凡夫即佛，烦恼即菩提。前念迷即凡夫，后念悟即佛。前念着境即烦恼，后念离境即菩提。(《坛经·般若品》)

由于这一念之间的转变非常迅速，非常彻底，所以又称顿悟。

四、惠能为中国禅学所树立的标准

惠能的重要性，不但在于他开创了中国的禅学，而且在于他的思想纯朴深切，可以作为禅学的标准。他之后禅学的发展，可谓奇说竞起，各行其是。

1. 对文字的态度

"不立文字"常被认为是禅学的一大特色。惠能以后的许多禅师常夸大这一特色，制造了许多有趣的公案。其实在当时，已有许多人误解了惠能"不立文字"的真意。惠能在《坛经》中曾批评说：

> 执空之人，有谤经直言不用文字。既云不用文字，人亦不合语言。只此语言，便是文字之相。（《坛经·付嘱品》）

这段话说明惠能的看法是，既不拘泥于文字，整天在纸堆中摸索、推敲，也不故意抛弃经书、毁谤文字。所以按照惠能的意思，"不立文字"并非不用文字，而是不执着于文字。

2. 对禅定的新解

既然禅学由梵文"禅那"两字得名，而达摩的壁观和神秀的渐修功夫都以禅定为特色，那么禅学与禅定之间有着密切关系。事实上，在以后禅学的发展上，许多禅师的功夫仍然和禅定有着极为深切的关系。

关于禅学对禅定的看法，惠能早就有非常中肯的论断。他和神秀之间的主要区别，就在于对禅定的态度不同。如：

> 师（惠能）曰："汝师（神秀）若为示众？"（志诚）对曰："常指诲大众，住心观净，长坐不卧。"师曰："住心观净，是病非禅。长坐拘身，于理何益？听吾偈曰：'生来坐不卧，死后卧不坐，一具臭骨头，何为立功课。'"（《坛

经·顿渐品》)

由这段话可以看出，惠能对神秀一派最不满的就是他们过分执着于坐禅。惠能对"坐禅"两字有他的新解释：

> 何名坐禅？此法门中，无障无碍，外于一切善恶境界，心念不起，名为坐；内见自性不动，名为禅。(《坛经·妙行品》)

在这里惠能把执着于坐相的禅定，转变为明心见性的功夫。事实上，他并非完全反对禅定，只是认为真正的禅定乃是彻悟自性，不为外在的境界所束缚。这种无障无碍、来去自由的禅境，乃是禅宗特殊的修心之法。

3. 对顿悟的看法

"顿悟"两字已变成惠能以后禅学的招牌。在佛学史上，人们往往以南顿北渐来区分惠能和神秀两派的不同。其实虽然惠能重视顿悟，但并没有否定渐修之功。如他说：

> 本来正教无有顿渐，人性自有利钝，迷人渐修，悟人顿契。自识本心，自见本性，即无差别，所以立顿渐之假名。(《坛经·定慧品》)

依惠能的看法，如果能见性，则顿悟和渐修只是成道迟速的不同而已。他之所以批评渐修，并非否定了日渐的修行，而是批评那种只执着于外修而不向内反观自性的做法。同样，他强调顿悟，也并不是完全在夸大功夫的快速，而是重在其能明心见性。可见惠能对顿悟的正解，完全在于是否能明心见性。

第三节　中国禅学的发展和得失的检讨

自惠能之后，到了晚唐，中国的禅学分成五宗，即沩仰、曹洞、临济、法眼、云门，这是中国禅学的黄金时代。尤其自会昌毁佛之后，其他佛学各派都渐趋没落，只有禅学一枝独秀，可说独占晚唐以后的整个佛学界、思想界。到了宋代，临济宗又分裂为黄龙、杨岐二派。虽然比起其他各佛学宗派来，禅宗仍然如日中天，盛极一时，但它在这段发展中已远离惠能禅的朴素平实，逐渐失去惠能禅的本来面目，而要借助于外力来引发顿悟。所以自宋以后，中国禅学也走上了衰退之途。

一、五宗的传承和禅风

惠能的弟子不少，最主要的有菏泽神会、南岳怀让和青原行思三人。神会的功劳是替惠能的南宗争道统，以压倒神秀的北宗。而他自己学识渊博，四传到圭峰宗密手中，著有的《禅源诸诠集都序》奠定了禅学的理论基础。不过禅学的精神不在理论，所以神会的系统常被视为别派。真正被认为禅学正统的乃是由怀让和行思所开出来的整个禅学五宗的法统，其传承见下页图。

这五宗的分派并非在基本精神上有什么不同，也不是因意见上相左而形成了门户。事实上是几位领导大师特殊人格的感召，使慕道的人云集门下，形成各个中心。更由于大禅师们性格不同，接引方法便各有特色，从而形成了不同的宗风。

沩仰宗的创始者首推沩山灵祐，他的弟子仰山慧寂贡献也很大。这一宗开始得最早，灵祐和慧寂都是晚唐人，他们主张顿悟不废渐修，如灵祐说：

> 若真悟得本，他自知时，修与不修，是两头语。如今初心虽从缘得一念顿悟自理，犹有无始旷劫习气未能顿净，须教渠净除现业流识，即是修也。（《景德传灯录》卷九）

可见灵祐也强调悟后之修。这一派的思想比较圆融，体用兼顾，因而有"方圆默契"(《法眼禅师宗门十规论》)之誉。但也许由于他们过分平和，反而使其法统不能发展，只经历了三四传便衰绝了。

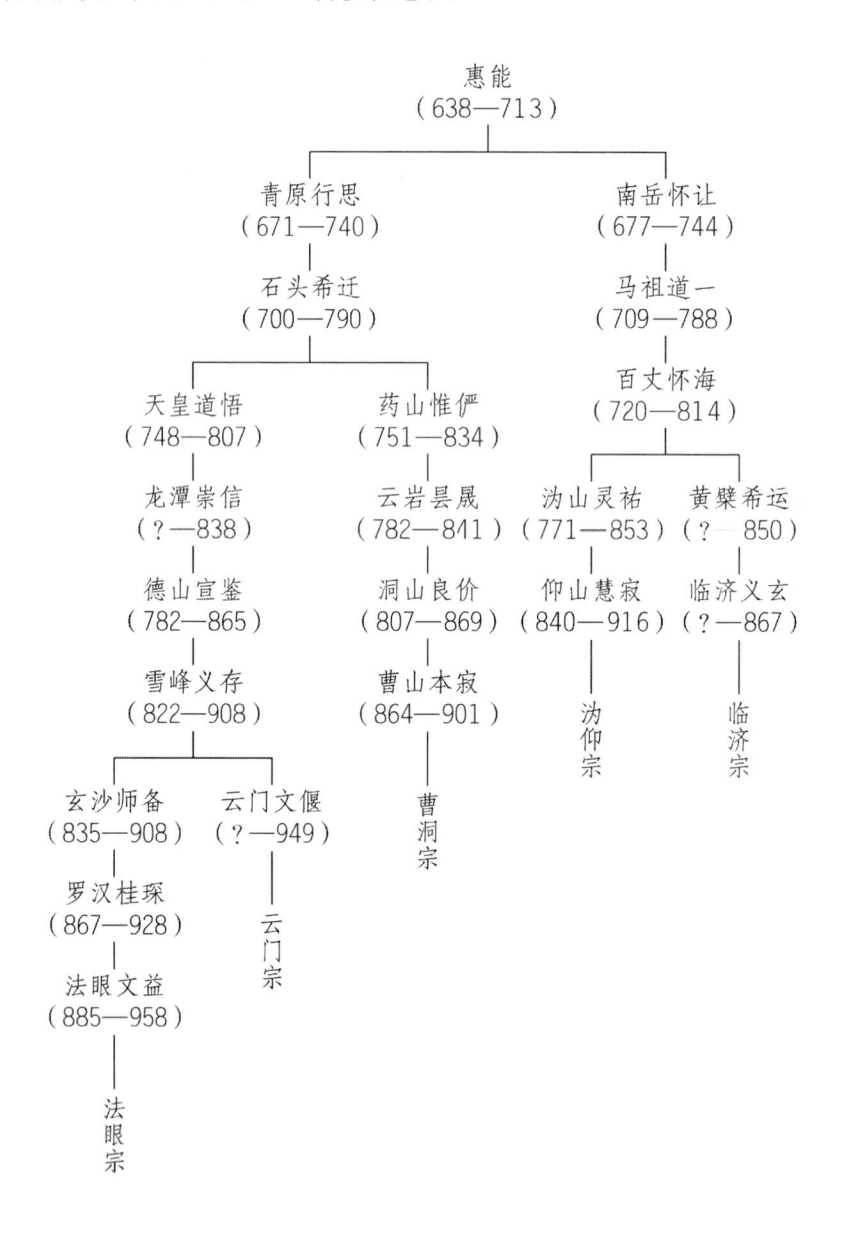

```
                        惠能
                     (638—713)
              ┌─────────────┴─────────────┐
          青原行思                      南岳怀让
        (671—740)                    (677—744)
              │                            │
          石头希迁                      马祖道一
        (700—790)                    (709—788)
              │                            │
      ┌───────┴───────┐              百丈怀海
   天皇道悟        药山惟俨          (720—814)
  (748—807)      (751—834)                │
      │              │              ┌─────┴─────┐
   龙潭崇信        云岩昙晟      沩山灵祐    黄檗希运
   (?—838)      (782—841)    (771—853)   (?—850)
      │              │              │            │
   德山宣鉴        洞山良价      仰山慧寂    临济义玄
  (782—865)      (807—869)    (840—916)   (?—867)
      │              │              │            │
   雪峰义存        曹山本寂        沩仰宗      临济宗
  (822—908)      (864—901)
      │              │
  ┌───┴───┐       曹洞宗
玄沙师备  云门文偃
(835—908) (?—949)
   │         │
罗汉桂琛   云门宗
(867—928)
   │
法眼文益
(885—958)
   │
  法眼宗
```

临济宗的创始者临济义玄也是晚唐人。他出生于山东，得法之后又回到北方，这是南禅北传之始。义玄受到黄檗希运的影响，喜欢用棒喝来接引学生，有机锋峻烈之称。这一宗传灯最盛，到北宋时分为杨岐、黄龙二派。

曹洞宗的创始者洞山良价也是晚唐人。这一宗由良价和他的弟子曹山本寂共同努力而成。虽然这一宗由青原行思、石头希迁一脉而来，但云岩昙晟参百丈怀海，洞山良价参沩山灵祐，所以也和南岳怀让的法统有关。这一宗一方面承袭石头希迁《参同契》[1]的思想，强调师徒之间的相互叮咛，另一方面也受沩仰宗机用圆融的影响，所以他们的特色是思路绵密、应机亲切。这一宗在北宋时曾一度单传不盛，到了南宋才大为盛行。

云门宗的创始者云门文偃是五代人。文偃的思想有他师祖德山宣鉴的遗风，应机接物，孤危耸峻，有如流水突止，非常急切。因他常用一个字或一个词回答僧徒的问题，而有"一字关"之称。这一宗在宋初时大盛，可是后来便逐渐衰微，到了宋末，几乎已没有大师值得记载了。

法眼宗的创始者法眼文益是五代人。这一宗成立得最晚。文益的思想较为平实，注重善巧方便，因此这一宗的思想多融合佛教其他各宗，这一宗的人物也多由他宗中转来，如念佛，或兼修《法华经》《华严经》《首楞严经》《圆觉经》等经，所以这一宗特别富有禅教合一的思想。文益之后，传天台德韶，再传永明延寿，延寿著有《宗镜录》一书。这一宗一方面熔唯识、天台、华严思想于一炉，集禅理之大成；另一方面融合净土宗思想，开以后禅净一致之风。在佛学思想上，法眼宗虽有这种伟大的成就，但就禅学本身的发展来说，其法嗣只有几传而绝。不过这一宗虽然早绝于中国，后来却繁衍于韩国。

二、中国禅学得失的检讨

对于这个自晚唐以来几乎席卷整个中国佛学界的禅学思想，要谈谈它的得失，自然是非常复杂而且困难的。现在我们就从它的贡献和流弊两个方面来做一个简单的分析。

---

1. 编者注：石头希迁参照《周易参同契》撰写了佛教的《参同契》。

1. 从贡献上来看

（1）返本归元于中国文化

自印度佛学传入中土以来，到了禅学可说已发展到佛学中国化的巅峰。这里所谓的中国化，已不是用中国的名词和观念来诠释印度佛学，而是完全植根在中国文化的土地里所生长出来的成果。试看惠能的《无相颂》：

> 心平何劳持戒？行直何用修禅？恩则孝养父母，义则上下相怜。让则尊卑和睦，忍则众恶无喧。若能钻木取火，淤泥定生红莲。苦口的是良药，逆耳必是忠言。改过必生智慧，护短心内非贤。日用常行饶益，成道非由施钱。菩提只向心觅，何劳向外求玄？听说依此修行，天堂只在目前。（《坛经·疑问品》）

在这首偈颂中，惠能重视孝养父母、上下相怜、尊卑和睦的伦理关系，他把菩提拉入心中，把天堂下降到人间。这种思想没有一点宗教色彩，可以说完全来自中国的人本哲学。

（2）心性直证的方法

心性的问题，无论在印度佛学还是在中国哲学里，都是一个非常复杂的主题。就印度佛学来说，虽然认为人人都可成佛，但是总把心性和佛性分开。而心性也常被视为欲念或意识，因此要把心性变为佛性，必须经过一连串复杂而艰苦的修行。就中国哲学来说，在古代虽然已有心性问题的热烈讨论，或主性善，或主性恶，或认为心是欲，或认为心是知，但都是把心性当作一种客观的问题来讨论。而这个问题由于依附在成见上，也都是见仁见智，得不到结论，后来便不了了之。

至于惠能，他既不把心性看作欲望，也不把心性当作知识，而是以一超直入的顿悟方法去明心见性。这种方法乃是以我们的心性为主体，把佛搬入我们的心中。这种方法扬弃了烦琐的知识讨论，使我们接触到活泼的心体。尽管有许多重视知识性的学者认为惠能这种顿悟方法不属于哲学的范畴，但就中国哲学的发展来看，由先秦哲学中对心性问题的讨论，转变到宋明理学中讲究心性的功夫，我们绝不能抹杀惠能这套明心见性的方法的贡献。

2. 从流弊上来看

（1）不立文字的过失

虽然惠能当时已看出过分强调"不立文字"的毛病，但是在他之后的禅学者仍然走上了这条路子。我们要了解，惠能以一个不识字的柴夫而能开创一代禅学，除了其本身的智慧外，最重要的还是由于其时代性。面对魏晋六朝以来骈俪的文风以及烦琐的佛理，惠能的"不立文字"的主张无疑是一剂清凉散，使大家从知识迷宫的梦魇中惊醒过来，发现自己的存在。可是在惠能以后，禅师们长时期地束书不观，而空谈明心见性，这样便使得禅学园地愈来愈贫瘠。尽管自性与文字无关，顿悟不依赖于知识，但这一学派的生存与发展，却依靠禅师们吸取前人的智慧，以及注入自己的智慧，这些都需要文字来传达。否则单凭几位大禅师的当面印证学生，一旦没有大禅师，这条血脉便要断绝。所以禅学发展到后来，便走入了空疏放诞的路子。

（2）参公案的执着

禅学由于主张"不立文字"，所以在禅学的发展中，没有留下很多有系统的著作。可是禅师和徒弟之间的对话，机锋转语，却留下了不少公案。这些公案，就本质来说乃是禅师们用最精简、最灵活的文字语言来印心、传道。所以每一个公案都有高度的智慧，而且都有其特殊性。

同时，由于禅学者没有经典著作以承接前代禅师们所留下的智慧，所以这些公案便成了他们探索的唯一资料。本来公案只是师徒之间的对答，在惠能的《坛经》中便写明了这种对答是以"对法相因"的方式来显明中道的，但是后来师徒之间的对答越来越离奇，令人难以捉摸。天下的事就是那么奇怪，越难以捉摸，就越能刺激人去琢磨，于是到了后来，参公案便成为禅学的一个重要方法。

日本学者铃木大拙认为，在惠能以后的二三百年，禅学失去了原有的创造力，因此禅师们为了刺激学生能在瞬间得到悟的经验，便借参公案去帮助学生

（铃木大拙《禅学论丛》第二集一〇一页）。虽然参公案这一方法的运用，也许使惠能之后的禅学变得更多姿多彩，但禅学的本质在明心见性，公案毕竟外在于心性，是另一种特殊的语言。如果禅学者不能在他们的自心中去寻求活的源泉，而寄托于参公案上，这对禅学的精神无疑是一大讽刺。尤其到了后来，过分重视公案，以能否了解公案来衡量见道之深浅，甚至许多并未悟道的禅者，也制造了不少公案，鱼目混珠地掺入了禅学的公案中，使得后人把参公案当作猜谜语，这无异于走火入魔。所以大慧宗杲烧掉了师父佛果圆悟所编的且传诵一时的《碧岩录》，以免后学者只拾前人牙慧，只往公案的迷宫中去摸索，而忘了向自己的心性中去真参实证。中国的禅学发展到这一地步，可说是夕阳无限好，只是近黄昏了。

第四节　整体生命哲学论

对于惠能《坛经》的重要性，我最近有新的评定。我认为他的思想彻底地把印度佛教和佛学改变成了中国的哲学。他把印度佛教中最高理想的"佛"拉下来与人并列，把佛性转为自性，把佛学的"空"转为中国思想的明心之学。用整体生命哲学的三角形表达，如下图：

```
            自性
           /  \
          /    \
         /      \
        /        \
       /          \
      /            \
    明心————————————人
```

惠能的思想重简易直接，这个图也非常简洁，重点就在"明心"上，这是理论，是理，也是功夫。"明心"的"心"在《坛经》中有正反两方面的意思，负的心，即邪心、妄心；正的心，即本心、智慧心。"明心"乃是显明本心或智慧心，如《大学》中的"明明德"。"明心"是由"理"提升入"道"的。

其实惠能的思想还要简洁,"明心"的"本心"就是自性。"自性"在三角形中就在"道"的层次,实际上就是"道"以虚为体,且有转化的作用。

一般的佛学,其最高的层次是佛性。但佛性和自性的最大不同是,佛性在这个顶点上是屹立不动的,因为佛性体空,它既然是空,就会如如不动,而"自性"正由于它是"自"的,它不能空掉,它应用这个"虚"的特色,能转化而入"用",即进入"我"中,和"我"打成一片。"自我"即"真我","自我"就是"自性"。

第十九章 新儒学的三位先锋

第一节 新儒学的形成

在中国思想的流变中，虽然儒家被公认为主流，但自先秦以后，它的发展几经挫折。在春秋战国时期，它便受到其他各派思想的挑战，以致遭到法家及秦始皇的迫害。到了汉代，虽然它为汉武帝、董仲舒所推崇，但是俗儒充斥，它真正的精神不彰。接着从魏晋六朝直到隋唐，道、佛两教风靡天下，儒家好像已遁迹空门，不见踪影。不过，尽管自秦汉以后儒家思想走入低潮，但整个中国文化的根深植在儒家的思想中。尽管佛、道两教为君主及知识分子所喜好，但一般人的生活风尚，仍然是接受儒家礼乐教化的指导。这就如同大地中的种子一样，一旦时机到来，便会萌芽而开花结果。

新儒学便是在儒家经历长期挫折、低潮和冲击之后，所发展出来的一种新思潮。这种思潮的形成有两个原因。

一、儒家的觉醒与其新使命

自先秦之后，汉代的儒家不是固守在经典上，埋首文字疏证，便是杂于阴阳方术中，大谈天人感应之学。当时的儒家之所以如此，也是环境使然，因为儒家的使命本来就和政治社会的发展结合成了一体。虽然汉武帝独尊儒学，但当时的国势非常安定繁荣，只需要儒家的制度来维持，所以当时的儒家都偏于经典的研究。再加以其他各家都被罢黜，因此儒学没有对手来砥砺激发，自然易流于墨守成规。到了魏晋南北朝，政治环境的恶劣，使儒家动辄遭杀戮之祸，无法有作为，且道、佛两家弥漫流行，使得知识分子竞趋于玄谈。在这样的环境下，儒家思想只有埋头酣睡了。这一酣睡，就睡到了唐代。唐代的君臣们运用儒、道两家的学理来治世，又开创出一个媲美于汉代的大国。这时国富民安，只要一套儒家的礼乐制度就可以守成，于是知识分子仍竞趋于诗赋取士的宦途，而在思想方面，道、佛两家却各霸天下。

从以上陈述中我们可以发现两个重要的事实，一个是汉唐儒学的空疏，另一个是道、佛两家的风靡。这两个事实刺激了儒家知识分子的觉醒，最先有此觉醒的人便是韩愈。

韩愈（768—824），字退之，河南人。他在文学上的地位远超他在哲学上的地位。他是古文运动的中坚。古文运动就是要扬弃汉赋和六朝的骈俪文，回到先秦时期朴实的散文。他把这一文学复古运动的精神用于思想上，便是儒学的复古，也就是道统的继承。如他说：

"斯道也，何道也？"曰："斯吾所谓道也，非向所谓老与佛之道也。"尧以是传之舜，舜以是传之禹，禹以是传之汤，汤以是传之文、武、周公。文、武、周公传之孔子，孔子传之孟轲。轲之死，不得其传焉。（《原道》）

在这段话里，他除了提出尧、舜、禹、汤、文、武、周公、孔、孟的道统外，一方面指明在孟子之后这个道统便失传了。也就是说，在孟子之后，所有的儒家都不够纯正，这表现的是韩愈要恢复孔孟之道的复古思想。另一方面，他强调这个道统和道、佛两家所讲的道不同，这表现的是韩愈借孔孟之道以排斥道、佛两家思想的卫道精神。

韩愈在思想上的表现，除了《原道》之外，尚有《原性》和《谏迎佛骨表》二文。在《原性》中，他提出"性三品"之说，在《谏迎佛骨表》中，他批评佛教乃夷狄之法，不合中国文化。虽然这些文字并不深入，但他这种排佛、老而倡道统的思想，是儒家在长期沉睡中的一种觉醒，觉醒到了外来文化的冲击，觉醒到了孔孟精神的重要。

值得我们注意的是道统观念的提出。"道统"两字不同于学统。如果讲学统，先秦时期的诸子百家各有其统，而汉代学者研究一经和讲师承也自有其统。这种统都只是学说的传承而已，可是韩愈所说的从尧、舜、禹、汤直到孔、孟，

第十九章　新儒学的三位先锋

并不只是一种狭窄的学统。虽然韩愈在文中没有明确指出"道统"两字，却指明了先王之教、修齐治平之道。这乃是中国文化内圣外王的思想，并非一家之言。

韩愈提出这一道统的重要性，不是因为他对孔孟思想的了解和发挥，而是因为觉醒到了儒家思想有站出来领导群伦的必要。这一觉醒，虽然在当时并没有形成气候，但这种思想一方面因文学复古运动的成功，另一方面由于韩愈文章的影响，逐渐地为知识分子所接纳，到了一百多年之后，便形成宋儒尊孔孟、重道统的新儒学的怒潮。譬如集理学大成的朱熹，便继承了韩愈的道统论，在他所著的《中庸章句序》中说：

> 盖自上古圣神，继天立极，而道统之传有自来矣。其见于经，则"允执厥中"者，尧之所以授舜也。"人心惟危，道心惟微，惟精惟一，允执厥中"者，舜之所以授禹也。

又说：

> 自是以来，圣圣相承，若成汤、文、武之为君，皋陶、伊、傅、周、召之为臣，既皆以此而接夫道统之传。若吾夫子，则虽不得其位，而所以继往圣、开来学，其功反有贤于尧舜者。然当是时，见而知之者，惟颜氏、曾氏之传得其宗。及曾氏之再传，而复得夫子之孙子思。

最后又说：

> 自是而又再传以得孟氏，为能推明是书，以承先圣之统，及其没而遂失其传焉。则吾道之所寄，不越乎言语文字之间，而异端之说日新月盛，以至于老佛之徒出，则弥近理而大乱真矣。然而尚幸此书之不泯，故程夫子兄弟者出，得有所考，以续夫千载不传之绪；得有所据，以斥夫二家似是之非。盖子思之功于是为大，而微程夫子，则亦莫能因其语而得其心也。

朱子这段话很显然和韩愈的道统论如出一辙，只不过韩愈说孟子之后不得其传，朱子却在孟子之后接上了程明道和程伊川两兄弟，也就是认为宋儒乃是孔孟道统的继承者。他们的任务就是重建儒家思想的精神堡垒，以对抗佛、老思想的冲击。这种道统的使命感，可以说是整个新儒家一贯相承的精神。

二、方法上的应变求新

既然新儒家扬弃秦汉以来空疏的儒学，而直接上承孔孟精神，那么他们和先秦儒学一样，又何必称为新儒学呢？显然新儒学之所以为新，自有其新的理由。这个新不是在思想本质上有什么改变，而是在方法上的应变求新。

任何思想学说如果被奉为一派独尊，都会趋于墨守固旧，而在与新的学派竞争中，则不得不寻求新的方法以应变。这种应变大致有两条途径，一是在自己本有的思想中推陈出新，加以理论化。譬如孟子虽然继承了孔子的思想，但为了适应战国各家思想的竞辩，便把孔子的思想加以理论化，提出性善的学说。另一是吸收其他各派思想，尤其是吸收其方法，融合成一个新的体系。譬如荀子虽然也继承了孔子的思想，但他生于战国末年，很自然地融合了其他各派的思想，如道家和法家。他的天论和性恶的学说，都显现了吸收其他学派的异彩。

新儒家面临着在中国思想界产生了深广影响的佛、道两家，为了使儒家重新走上领导地位，也选取了以上两条途径。

第一条，他们在原有的儒家思想中去推陈出新。佛、道两家之所以风靡，儒家之所以收拾不住，乃是因为先秦儒家思想重视伦理，偏于政治，较为平实，而佛、道两家喜谈形而上的问题，极富玄理。因此新儒家为了对抗佛、道，便在先秦儒学经典中发掘出形而上的问题，并加以理论化、系统化。例如《易经》一书，在汉代只重视象数的占卜之术，新儒家却就《易传》而发展出一套儒家的形而上理论。再如《中庸》一文，在秦汉以来的儒家中并没有得到特别重视，新儒家却把《中庸》一文从《礼记》中提出来，发挥其儒家的天道思想。所以新儒家要恢复孔孟的思潮，便把《易经》和《中庸》当作经典的中心。我们试观宋初的重要儒者，如胡瑗、孙复、欧阳修、范仲淹、邵康节、周濂溪、张载、程伊川等，他们对《易》学都有新的看法，而胡瑗、范仲淹、周濂溪、张载等又特别精于《中庸》。

第二条，虽然这些新儒家高唱道统以对抗佛、老，但事实上他们都和佛、老有关，譬如周濂溪和佛家鹤林寿涯、黄龙慧南、晦堂祖心、庐山佛印、东林常聪都有来往，而他的《太极图说》据考证是来自道教。张载曾和周濂溪共学于东林常聪，同时又常和程明道讲学于兴国寺，程明道也自认"出入于老释者几十年"。程伊川曾问道于黄龙灵源，且和晦堂祖心也有来往。从这些事实来看，新儒家和佛、老的思想有着深厚的关系，他们力排佛、老，并非门户之争，也非意气用事。他们比韩愈更进一步，因为韩愈对佛、道的了解并不深入，他们却与佛、道两家相交，而且自己又深入其中，摸清楚了佛学的究竟，所以他们能吸取佛学在方法上最特殊的地方，铸成新儒学的理论，一方面消融佛家思想，另一方面为儒学开展新机。

儒学和佛学最显著的不同是，儒学是伦理的，佛学是宗教的，儒学谈现实的社会政治问题，佛学讲出世的精神修养功夫。如果儒家只看到这一面，而以伦理或社会政治的观点批评佛学，固然可以言之凿凿，但未必能使佛家心服。这就同墨子以功利的立场谈非命、非乐一样，韩愈对佛家的批评便是只及于这一层次。可是与他同时期的李翱（772—841），已经能进一步融会佛家和儒家的思想，他一方面从韩愈习文，另一方面又和药山惟俨禅师往来，所以他与这两家的思想都有渊源。李翱曾著《复性书》一文，他采取佛学对情的看法，认为"情者，妄也，邪也"，主张灭情以复性，要恢复到《中庸》和《孟子》书中所讲的性上去。他这种思想显然已注意到把佛家思想转变到儒家上来，可是他只是展现了这一曙光。至于继承这一曙光，把儒家思想带入一个新天地的，乃是宋明儒家。

在这个新天地中，有两条主要的路线。

1. 理的提升

宋明儒家又被称为理学家，可见"理"是他们的招牌。但这个"理"并非宋儒新创的字，早在先秦时期便已通用，如：

易简而天下之理得矣！天下之理得而成位乎其中矣！（《易经·系辞传上》第一章）

心之所同然者何也？谓理也，义也。（《孟子·告子上》）

知道者必达于理。（《庄子·秋水》）

辞让之节得矣，长少之理顺矣。（《荀子·正名》）

就这些征引来看，"理"字在先秦时期便很普遍，但都作一般性的道理、原理、物理来解释，其本身并没有特殊的哲学意义。到了新儒家手中，"理"字被提升上来，被赋予了生命，它的重要性似乎凌驾在"道"字、"仁"字之上，它的作用也似乎比"道"字、"仁"字更为广泛。新儒家们拿"理"字去一统天人，一统内外，一统心性，一统德知。所以，新儒学又称为理学。

为什么新儒家们特别重视"理"字呢？因为经过新儒家的提炼，"理"一方面具有和佛家的"法"同样的性能，新儒家们用它来解释宇宙人生的形而上问题，以代替佛家所讲的"法"；另一方面，"理"字具有条理、规范的意义，可以和儒家的礼、义相通，新儒家用它来治佛家谈空之病。所以新儒家提出"理"字，显然是受到佛家思想冲击之后而产生的一个新理念。

2. 心的扩大

心在先秦时期已是一个重要的观念，孟子由恻隐之心而建立性善的理论。荀子也认为心是主宰，有征知的作用，可以改变性的不善。但他们所说的心都偏于内在的知觉、情感或理性。到了新儒家手中则扩大了心的范围，使它变成了宇宙的本体，无所不包。如：

大其心，则能体天下之物。（张载《正蒙·大心》）

心之全体湛然虚明，万理具足，无一毫私欲之间。其流行该遍，贯乎动静，而妙用又无不在焉。（《朱子语类》卷五）

宇宙便是吾心，吾心即是宇宙。（《陆象山全集》）

可见新儒家们不是把心搬到了外面，与物同体，便是把一切物理都纳入了心中。

新儒家既然创造了理的新境界，为什么又抬出了一个心？显然这更是受到了佛家尤其是禅学的影响。理由有三。

其一，虽然理无所不在，但它是客观的、静态的，要如何去穷理，不得不有关于心，所以对心的重视乃是在强调理之后自然的结果。

其二，天台宗和华严宗都讲一心，禅宗更是要去证心、传心，可见在当时的佛学界，心是一个重要的研究课题。新儒家为了吸收佛家思想也好，为了对抗佛家理论也好，都必须在心上下功夫。

其三，禅学所证的心，是自性或本来面目。什么是自性或本来面目？虽是不可思讲、无法形容的，但就禅学文献所记述的来看，乃是超越语言、超越思辨、超越是非的。因此在新儒家的眼中，禅学的心无异于空。为了避免落于空，新儒家便把所有的理都搬入了心中。

从以上所述来看，新儒学中理和心这两个最重要的观念，乃是受到佛学影响之后，吸收佛学在这方面的特色而融合成的一套新体系。新儒家就是借这套体系来对抗佛学，取代了佛学自宋以后在中国哲学史上的地位。

第二节　宋初的三位新儒学的先锋

虽然新儒学有韩愈和李翱等人的努力，但是真正形成气候、百花怒放，要等到宋代。

宋朝之所以能开启一代新儒学，有其客观环境的因素。因为宋朝承接五代十国之乱，人心思治，所以宋太祖自黄袍加身之后，积极地励精图治。他为了敦崇风教以固人心，在即位的第二年，便亲自巡视太学，诏令增修祠宇，塑造先圣先贤之像。他又亲写赞书于孔子、颜回的像旁，以表明自己努力于文教，并对随侍近臣说："朕欲尽令武臣读书，知为治之道。"

因为宋太祖提倡文治，所以当时在朝执政的都是一些大儒。他们的辅助，使得重文风气更为普遍。《宋元学案》中曾以胡瑗、孙复、范仲淹、欧阳修等为宋代儒家的前期人物，他们都是当时的大教育家和大政治家。如范仲淹和欧阳修两人兼理政教，欧阳修精通《易》学，门下的传承有苏洵父子、王安石等人。范仲淹精通《易》和《中庸》，一方面传授《易》给胡瑗和孙复，另一方面传授《中庸》给张载。后孙复精通《易》和《春秋》，传承者有石介、刘牧、文彦博、朱长文，由朱长文传胡安国，再传胡宪，再传朱熹。胡瑗精通《易》与《春秋》，曾掌太学，门下学生一千七百余人，重要者有程伊川、范天成、范尧夫、徐积等人。

这些儒生站在政教的重要位置，推波助澜，终于开启了一代新儒学。

在初期的新儒家中，最具代表性的有三人，即邵雍、周敦颐和张载。

一、邵雍

邵雍（1011—1077），字尧夫，号康节，河北范阳人。他家世清苦，终身未仕。年轻时，曾遇李之才，承受图书先天象数之学，这是他一生为学的基础。他晚年住在洛阳，与司马光往来，同时又和二程父子相交。他的重要著作有《皇极经世》一书。

康节的思想学说有两个重点。

1. 先天象数之学

象数之学本是汉代《易》学的主流，而所谓先天，乃是指先天八卦等图像，这是来自道教的思想。如朱熹说：

> 此图（先天图）自陈希夷（抟）传来，如穆（修）、李（之才），想只收得，未必能晓。康节自思量出来。（《太极通书后序》）

这是说康节的先天象数之学是参照道教的先天图，再加上他自己的思想发展出来的一套学说。

其实，自汉以来的《易》学早就与阴阳五行学说混在一起，而创造了一种特殊的宇宙论和天人之学。尤其许多道士更用它来作为修炼的依据。康节这套先天象数之学乃是沿袭了这条路子，不过他制作了更多的图表，建构了更庞大而细密的象数体系。

一方面，康节承袭《易传》中"《易》有太极，是生两仪"的说法，认为这两仪即阴阳，由阴阳动静的变化而生四象，在天为日月星辰四象，在地为水火土石四象，由这八个具体的基本元素而形成万物。如他说：

> 日为暑，月为寒，星为昼，辰为夜，暑寒昼夜交而天之变尽之矣。水为雨，火为风，土为露，石为雷，雨风露雷交而地之化尽之矣。暑变物之性，寒变物之情，昼变物之形，夜变物之体，性情形体交而动植之感尽之矣。雨化物之走，风化物之飞，露化物之草，雷化物之木，走飞草木交而动植之应尽之矣！（《皇极经世·观物内篇》）

这是他由《易》理而进一步去说明自然万物的化生、具体事物的形成，显然充满了牵强附会。

另一方面，他用"元会运世"的先天之数，去配合日、月、星、辰，以推衍时间的变化。如他说：

> 日经天之元，月经天之会，星经天之运，辰经天之世。（《皇极经世·观物内篇》）

这是说元当日，会当月，运当星，世当辰。十二会为一元，这象征一年有十二个月；三十运为一会，这象征一月有三十日；十二世为一运，这象征一日有十二个时辰。所以一元统十二会，一会有三十运，也就是一元统三百六十运。而一运有十二世，因此一元也就统四千三百二十世。康节基于这个时间的数字表再推衍下去，也就是以十二与三十交相为用，于是一世有三十年，所以一元就有十二万九千六百年。这是一元的始终，是天地的一个开合。

在一元的开合中，康节一方面描写这个世界由生成、发展、变异而毁坏，接着又重新开始，产生第二个循环，这样由生灭而循环不已，以至无穷；另一方面他配合了自尧、舜以来到五代的历史年表、治乱兴废的事实以及律吕音声和动植飞走的现象，来说明象数与人事以及自然万物之间的关系。

从康节这套先天象数之学来看，他除了承袭汉《易》和阴阳家的学说外，还有两点值得我们注意。

第一，他用"元会运世"来代替普通计时的单位岁、月、日、时，以及用"元之又元"的循环论来推衍宇宙和历史的发展，不但表现了他惊人的想象力和创造力，而且比起传统阴阳五行的学说来，更能解释宇宙发展的现象。

第二，据说他这种"元会运世"的算法是根据唐僧一行所作的《大衍历》而来的，因此这种方法可能受到了印度历法的影响。又据说他对世界生灭的看法受到了宗密引《俱舍论》讲世界之成住坏空的影响。事实上，康节生在佛学思想鼎盛之后，受佛学影响也是必然的。不过我们要注意的是，康节在这套庞大的体系中所包含的内容，既不是道家的无，也不是佛家的空，而是儒家的理。他一方面放开去说宇宙万物阴阳消长之理，另一方面又收归来讲圣人治世大中至正之理。

2. 观物之理的功夫

单就康节的先天象数之学来说，其儒学的思想并不浓厚，除了被后代《易》占家当作"邵子《易》数"来运用外，在宋代思想界并没有产生重要的影响。而他能成为新儒学的先锋之一，主要赖于他这套观物之理的功夫。

康节之所以特别强调要观物，是因为他根据无穷的宇宙论，把所有的人都看作了物。如他说：

> 然则人亦物也，圣亦人也。有一物之物，有十物之物，有百物之物，有千物之物，有万物之物，有亿物之物，有兆物之物。为兆物之物，岂非人乎？有一人之人，有十人之人，有百人之人，有千人之人，有万人之人，有亿人之人，有兆人之人。为兆人之人，岂非圣乎？是知人也者，物之至者也；圣也者，人之至者也。(《皇极经世·观物内篇》)

虽然就整个宇宙来看人也是物，但是就其性能功用来说，人是物中的最特出者；

虽然圣人也是人，但就其德行功业来说，圣人又是人中的最特出者。康节把圣人和人都放在物的行列中，这并不是把人拉下来和物同流，而是扩大了人的范围，使人可以下通于物而上达于圣人。由于人能够下通于物，所以人和物的交感有更深厚的基础。先秦儒家讲爱物，只是仁心的一种广被，人仍然是站在高一层次去爱惜物，康节这一说法却使人和物在本体上可以相通相成。此后新儒家讲一体之仁，便是依照康节这条路子展开的。至于人能够上达于圣人，这本是遵循先秦儒家讲"人皆可以为尧舜"的旧路，但康节更把这个基础建立在观物上。如他说：

> 圣也者，人之至者也。……谓其能以一心观万心，一身观万身，一物观万物，一世观万世者焉。（《皇极经世·观物内篇》）

又说：

> 夫所以谓之观物者，非以目观之也。非观之以目，而观之以心也；非观之以心，而观之以理也。……圣人之所以能一万物之情者，谓其圣人之能反观也。所以谓之反观者，不以我观物也。不以我观物者，以物观物之谓也。既能以物观物，又安有我于其间哉！（《皇极经世·观物内篇》）

在这两段话中，他一面说"以一心观万心"，另一面又说"非观之以心，而观之以理"，表面上好像不一致，事实上，他所谓"以一心观万心"，并非以私心成见观万物，而是用心中之理以观万物之理。所以观心和观物所观的都是理。

纵观康节这套天人之学，他是放开去讲宇宙的阴阳消长之理，然后又收归来讲心中观物之理，这也就是他之所以为新儒家的原因。不过他对"理"的概念，只是点出而已，并未做理论性的探讨。

二、周敦颐

周敦颐（1017—1073），字茂叔，号濂溪，湖南道县人。幼孤，由舅父教养成人，屡任官职。在他出任南安军司理参军期间，二程的父亲程珦非常赏识他，命二程向他学习。关于他和二程之间的关系，据吕希哲的看法，二程的思想和濂溪无关，但朱熹认为二程思想出自濂溪。关于这一争论，值得我们注意的是，程伊川很少推崇濂溪，这是事实，原因可能是濂溪的《太极图说》道家色彩太浓。但程明道屡次明言自己受学于濂溪，对濂溪的人格修养赞叹备至。至于朱子拉拢二程和濂溪之间的关系，原因是朱子自己的思想便与濂溪的《太极图说》有关。

濂溪的思想得力于《易》和《中庸》。他的著作不多，最具影响力者为《太极图说》和《通书》。

1. 从无极到主静以立人极

濂溪《太极图说》所讲的太极图也传自道教。据说由陈抟传种放，再传穆修，后由穆修传给李之才，再传给康节，这是"先天图派"。另外，由穆修传给濂溪，这是"太极图派"。关于这个图像的传承并不重要，值得我们注意的是关于这个图像的解释。因为陈抟的原图非常简单，如果濂溪只是运用这个图，并不足以说明他的思想与道家或道教有多么密切的关系。所以他的《太极图说》才是我们了解这个关系的主要根据。现在先谈谈《太极图说》：

> 无极而太极，太极动而生阳，动极而静，静而生阴，静极复动。一动一静，互为其根。分阴分阳，两仪立焉。阳变阴合，而生水火木金土，五气顺布，四时行焉。五行，一阴阳也。阴阳，一太极也。太极，本无极也。五行之生也，各一其性。无极之真，二五之精，妙合而凝。乾道成男，坤道成女，二气交感，化生万物。万物生生而变化无穷焉。惟人也，得其秀而最灵。形既生矣，神发知矣！五性感动而善恶分，万事出矣。圣人定之以中正仁义而主静（自注云：无欲故静），立人极焉。故圣人与天地合其德，日月合其明，四时合其序，鬼神合其吉凶。君子修之吉，小人悖之凶。故曰："立天之道，曰阴与阳；立地之道，曰柔与刚；立人之道，曰仁与义。"又曰："原始反终，故知死生之说。"大哉《易》也，斯其至矣！

这段话从宇宙论说到人生论，从太极生动静而强调立人极，这种体系正投合朱子的胃口，因为朱子的思想重视太极，讲"继天立极"（《中庸章句序》），所以朱子推尊濂溪为新儒学的先锋。

《太极图说》的内容是以《易传》的思想为主，虽然夹杂五行之说，但也是汉儒宇宙论的旧说，不足为奇。值得我们注意的有两点。

第一，他在太极之上安了个无极，而说"无极而太极"，并且在文中一再强调说"太极，本无极也""无极之真，二五之精，妙合而凝"。在《易传》思想中，太极已是最高境界，根本没有提到"无极"两字。"无极"两字最早见于《老子》第二十八章："复归于无极。"所以在太极之上安了个无极，这显然是道家思想的色彩。

第二，他在"圣人定之以中正仁义"和"立人极焉"之间插上了"而主静"三字，并自注说"无欲故静"，很显然，"主静"两字不仅是中正仁义的功夫所在，也是"立人极"的根本所在。这种"主静"的思想为老庄所倡，而不见于先秦儒家。儒家只有无欲则刚的说法，没有无欲则静的说法。濂溪拎出一个"静"字来，正是呼应了前面的"无极"两字。很明显，他在儒家的《易传》思想里又夹杂了一套道家思想的体系。

在斤斤计较门派思想者的眼中，濂溪这套思想也许不够纯粹，但如果就思想发展来看，濂溪的学说正为新儒家在功夫上铺了一条大路。后来宋明儒家重视静坐，也都承袭濂溪的主静思想而展开。

2.以诚贯通道体与功夫

《通书》原名《易通》，可见该书是以《易传》的思想为主。濂溪在第一章中便说：

> 诚者，圣人之本。大哉乾元，万物资始，诚之源也。乾道变化，各正性命，诚斯立焉，纯粹至善者也。故曰："一阴一阳之谓道，继之者善也，成之者性也。"元、亨，诚之通；利、贞，诚之复。大哉《易》也，性命之源乎！

濂溪特别提出"诚"字来作圣人之本、《易》道之原。这种观念除了《中庸》一书以外，其他以前的儒家经典中都没有。《易经》中只有两处提到"诚"字，即"闲邪存其诚"（乾《文言》）、"修辞立其诚"（乾《文言》），但这两处都没有把"诚"当作道体。所以濂溪在《通书》中所强调的诚，显然是来自《中庸》。因为《中庸》强调"诚者，天之道"，正可以做此处"圣人之本"的根据。

"诚"字在《通书》中的地位，完全取代了"仁"字在先秦儒家中的地位。如《通书》中说：

圣，诚而已矣。诚，五常之本，百行之源也。（《通书·第二》）

诚，无为；几，善恶。德爱曰仁，宜曰义，理曰礼，通曰智，守曰信。（《通书·第三》）

这是把诚当作仁、义、礼、智、信的根本。所谓"诚，无为"的"无为"和《太极图说》里的"无极"正好呼应，是指道体或性体的绝对无为。所谓"几，善恶"，是指动念之后而有善恶，这是太极动了以后的事。而他接着所说的仁、义、礼、智、信，显然是在分善分恶之后，而落在相对性的层面上。也就是说，诚是道体，仁、义、礼、智、信只是道之用，只是德行罢了。在《通书》中，除了用"诚"去一贯《易》道之外，其余所谈都属于道德修养方面的内容，如讲"纯心"（《通书·第十二》）、"务实"（《通书·第十四》）、"改过"（《通书·第十五》）、"静虚"（《通书·第二十》）、"惩忿窒欲"（《通书·第三十一》）、"诚心"（《通书·第三十二》），并没有特殊的创意。

值得我们注意的是，为什么濂溪在《太极图说》中强调"无极"，而在《通书》中又特别推重"诚"？陆梭山和陆象山兄弟便曾因《太极图说》与《通书》的不相类，而怀疑《太极图说》不是濂溪所作。他们的理由就是《通书》中没有"无极"两字，关于这个问题，我们有三点推论。

第一，《太极图说》本是针对太极图的解说，而这个太极图，实际上来自无极图。据黄宗炎、朱彝尊所考，陈抟居华山时，曾将无极图刊于石壁。其图最下一圈名为玄牝之门。稍上一圈名为炼精化气，炼气化神。中层左为木火，右为金水，中为土，相连的一圈名为五气朝元。又其上中分黑白相间杂的一圈，名为取坎填离。最上一圈名为炼神返虚、复归无极。从这张图中可以看出，道教的修炼之术是采取逆转的方式，一步步向上归于无极。可是濂溪只借用了这张图，采取顺承的方式，顺着宇宙发生的次序，要立人极。所以，道教无极图的重点在上一截的无极，而濂溪的《太极图说》的重点乃在下一截的立人极。从这里我们可以看出，濂溪的苦心乃是要把道教的无极图，转变成儒家的太极图。虽然他在解说上仍然袭用了"无极"两字，但是他的真正目的是由主静以立人极。

第二，濂溪写《通书》和写《太极图说》的意义不同。因为《通书》的目的是由《易》道建立儒家的一套道德修养功夫，他不必像《太极图说》那样要依据宇宙发生的次序来解说，所以他直接从道体的本源上将性体和功夫打成一片。最合乎这个条件的就是"诚"字。在《中庸》中诚不但是"天之道"，而且是"人之道"。《太极图说》中讲无极是就源头上来说的，而《通书》中讲诚是就性体上来说的，其间非但没有冲突，而且还可以相连，因为无极之真就是一个"诚"字。所谓：

> 寂然不动者，诚也；感而遂动者，神也；动而未形、有无之间者，几也。

（《通书·第四》）

这个寂然不动的诚，不就是无极的境界吗？所以在《通书》中是用诚来写无极的充实面。

再就《太极图说》的"主静""立人极"来看。主静虽为道家所倡，但濂溪的用意乃是把道家的静转为儒家的功夫，所以他在自注中已说明"无欲故静"，就是生怕被人误解为道家的虚无和佛家的寂灭。到了《通书》中，濂溪便进一步用"诚"字代替"静"字去立人极了。濂溪的以诚代静，在《通书》中还可以找到痕迹。如：

"圣可学乎？"曰："可。"曰："有要乎？"曰："有。""请问焉。"曰："一

为要。一者无欲也。无欲则静虚、动直。静虚则明，明则通；动直则公，公则溥。明通公溥，庶矣乎！"(《通书·第二十》)

这里所谓"一"，指的就是精诚。精诚即无欲，无欲则心能虚静，虚静则心能宣明。如《通书》中又说：

诚精故明，神应故妙，几微故幽。诚、神、几，曰圣人。(《通书·第四》)

静只是负面地表现心的无欲，而诚则是正面地强调心由无欲而明通公溥。所以濂溪为了在《通书》中建立一套道德实践的功夫，便把《太极图说》中的主静转变为诚精、诚心的儒学功夫。

第三，道家或道教的形而上学是讲无，佛家的形而上学是讲空，濂溪的这套形而上学是讲诚。这是濂溪为了对抗道、佛两家的空虚，而建立的一套至诚不息的儒家形而上学。在这一方面，濂溪被朱子列为新儒家的开山，实在是当之无愧。

三、张载

张载（1020—1077），字子厚，号横渠。自幼丧父，曾立志从军，上书谒范仲淹。仲淹赏识他，教他读《中庸》，这时他才转变兴趣，立志求道。他先研究道、佛两家，后来在京师遇二程兄弟，共同讨论才幡然醒悟，于是便专心于儒学。他的思想得力于《易传》《中庸》，而他的精神直追孔孟。其著作主要有《正蒙》《易说》《经学理窟》等。

1. 民胞物与的儒家胸襟

横渠有一篇传诵千古的文字，叫作《西铭》。它本是《正蒙·乾称》篇里的一段，横渠因它正可作为自己理想的表白，所以把它提出来贴在书房中做座右铭。后来二程非常称誉它，专以它来教导弟子。《西铭》的内容是：

> 乾称父，坤称母，予兹藐焉，乃浑然中处。故天地之塞，吾其体；天地之帅，吾其性。民，吾同胞；物，吾与也。
>
> 大君者，吾父母宗子；其大臣，宗子之家相也。尊高年，所以长其长；慈孤弱，所以幼其幼。圣，其合德；贤，其秀也。凡天下疲癃、残疾、惸独、鳏寡，皆吾兄子之颠连而无告者也。
>
> 于时保之，子之翼也，乐且不忧，纯乎孝者也。违曰悖德，害仁曰贼，济恶者不才；其践形，惟肖者也。
>
> 知化则善述其事，穷神则善继其志。不愧屋漏为无忝，存心养性为匪懈。恶旨酒，崇伯子之顾养；育英才，颍封人之锡类。不弛劳而底豫，舜其功也；无所逃而待烹，申生其恭也。体其受而归全者，参乎！勇于从而顺令者，伯奇也。
>
> 富贵福泽，将厚吾之生也；贫贱忧戚，庸玉女于成也。存，吾顺事；没，吾宁也。

这段文字不但是横渠整个思想精神的缩影，而且可当作宋代儒学的一篇宣言。其重要性有如下四点。

第一，《西铭》可以和一向被视为儒家理想社会的《礼运·大同》互相发明。《大同》就社会和政治的问题立论，而从《西铭》更进一步从整个宇宙本体上来立论的前后呼应之中，不仅可以看出儒家思想的一贯之处，还可以看出新儒家比起先秦儒家来更注意形而上学的问题。

第二，《西铭》一开头便把乾当作父，坤当作母，也就是视天地为父母，把天地之间的一切人和物都当作自己的同胞手足。这是把整个宇宙看作如同一家的一个有生命、有亲情的组织。这种看法比起汉儒寄托于阴阳的天人感应来，显然更为有血有肉。

第三，《西铭》接着从"长其长""幼其幼"的儒家道德谈到许多孝道的事实。因为《大同》和《西铭》发挥天下为公和民胞物与的情怀，所以自来有很多学者看到它们的博爱，而认为它们和墨子的兼爱思想无异。其实就《西铭》的精神来看却正好相反，因为它是奠基于孝道之上，将儒家的孝道加以扩充而成为大孝。在这里,《西铭》的精神可以说是纯儒家的。

第四,先秦儒家谈孝道都限于父母子女之间,如再扩而充之,也只及于五伦。《西铭》却把这种孝道更加扩大,而及于天地万物。这不仅使孝道的范围更为扩大,而且加深了孝道的哲学基础。

2. 气一分殊的宇宙理论

《西铭》本是《正蒙》中的一段,《西铭》之所以有如此的成就,完全和《正蒙》所建构的整个思想体系有关。

《正蒙》一书共分十八篇,其主要思想是集合了《易传》和《中庸》而成的。但该书的整个间架是建立在横渠所创造的气一分殊的宇宙理论上的。

《正蒙》第一句话便是"太和所谓道",在这里所谓太和,就等于太极。但横渠之所以不用太极,一方面是为了避免太极图的间架,另一方面是为了建立气的一元化。太极图说太极生阴阳,但太极如何动、如何生阴阳,却缺乏适当的理论说明。横渠用太和来代替太极便没有这种毛病,因为太和是指气的一种大和谐,也就是阴阳不分、动静合一的浑沦无间的状态,这是性之体。但这个性体中含有相感的作用。如他接着便说:

> 中涵浮沉、升降、动静相感之性,是生细缊相荡、胜负屈伸之始。其来也几微易简,其究也广大坚固。起知于易者乾乎?效法于简者坤乎?散殊而可象为气,清通而不可象为神。(《正蒙·太和》)

这里说明了太和之中因相感而有象者为气,不可象者为神。

有了气后,气必须有所附丽,横渠便提出了一个太虚的境界。所谓:

> 太虚无形,气之本体。(《正蒙·太和》)

太虚就是指天地。但不言天地而言太虚者,是因为太虚比天地较为抽象,且不受时空的限制。气在太虚中凝聚而为万物,如:

> 太虚不能无气，气不能不聚而为万物，万物不能不散而为太虚，循是出入，是皆不得已而然也。(《正蒙·太和》)

这说明宇宙之间都是这一气的聚散。聚则有物有生，散则归于太虚，归于自然。《西铭》中所谓"存，吾顺事；没，吾宁也"，正是建立在这种自然气化论上的一种超然的心境。

横渠提出这套气化的宇宙理论，主要是针对佛、道两教而立。如他明确地说：

> 然则圣人尽道其间，兼体而不累者，存神其至矣。彼语寂灭者，往而不反；徇生执有者，物而不化。二者虽有间矣，以言乎失道则均焉。(《正蒙·太和》)

"语寂灭者"是指佛教的视生命为空幻，"徇生执有者"是指道教追求长生的贪执。在这里横渠把生死有无看作气的聚散，看作自然的必然现象，一方面要我们超然于生死而不执着，另一方面则教我们尽人事以发挥人在宇宙之间的功能。

3. 变化气质的修养功夫

横渠的气化的宇宙理论，虽然有他的创见，但只是他对抗道、佛两教的形而上学所建立的一套体系。真正能够代表他为儒家本色的，乃是他根据这种体系所强调的一套变化气质的修养功夫。所谓：

> 为学大益，在自求变化气质。(《经学理窟》)

因为气聚而成万物，所以人也为气所成。所谓：

> 游气纷扰，合而成质者，生人物之万殊。(《正蒙·太和》)

可是气有清浊之分。如：

> 太虚为清，清则无碍，无碍故神；反清为浊，浊则碍，碍则形。凡气，清则通，昏则壅。(《正蒙·太和》)

清气形成我们的精神，浊气形成我们的躯体。我们有了躯体便有了欲望，便产生了恶。精神的气本来清明，可是由于一入形体，便为形质所拘，因此也就混浊不清了。所谓：

> 形而后有气质之性，善反之则天地之性存焉。故气质之性，君子有弗性者焉。人之刚柔、缓急、有才与不才，气之偏也。天本参和不偏，养其气，反之本而不偏，则尽性而天矣。(《正蒙·诚明》)

横渠认为"气之不可变者，独死生，修夭而已"，反过来说，气之清浊是可以变的。但要如何改变这个气质之性呢？他曾说：

> 德不胜气，性命于气；德胜其气，性命于德。穷理尽性，则性天德，命大理。(《正蒙·太和》)

这是说功夫要立于德上。如果德能支配气，气便跟着德走，使我们的性命自然地合乎天理。

至于如何以德来改变气质之性，综观《正蒙》全书，横渠特别强调的就是一个"诚"字。如他说：

> 诚明所知，乃天德良知，非闻见小知而已。天人异用，不足以言诚；天人异知，不足以尽明。(《正蒙·诚明》)

> 性与天道合一，存乎诚。天所以长久不已之道，乃所谓诚。仁人孝子所以事天诚身，不过不已于仁孝而已。故君子诚之为贵。(《正蒙·诚明》)

第十九章 新儒学的三位先锋

因为诚是天德良知，所以诚能使性与天道合一，同时也能"因事亲之诚，以明事天之道"（朱子注《西铭》语）。横渠一面从太和的气化上说下来，由气一而分殊，产生万物；另一面又强调诚的功夫，变化气质，而复其本性的中和。这是把《易传》和《中庸》的思想融成了一套相当完整的儒学体系。

第三节　宋初三哲思想的检讨

综观康节、濂溪和横渠三人的思想，我们得到以下三点认识。

第一，康节和濂溪的思想，都是一面受道家的影响，另一面又有意要转化道家思想为儒学的功夫。他们两人都表现出新儒家在初期那种儒、道混杂的色彩。虽然他们建立的那套体系是有意要对抗佛家庞大复杂的形而上学，但是他们对佛家思想的批评并没有明朗化。到了横渠手中，他直接从《易传》和《中庸》之中建立了一套从形而上到人生的体系。他的思想比起康节和濂溪来，在儒学成分上可说纯粹多了，而且他在《正蒙》一书中屡次公开批评道、佛两家的思想，可见他卫护道统的立场也更加明显而尖锐。

第二，康节得力于《易》学，濂溪和横渠得力于《易传》和《中庸》，他们都是由《易》和《中庸》建立了他们的整个学说体系。这是因为道、佛两家都有严密的形而上学体系，他们为了对抗道、佛，也必须为儒家建立一套形而上学的体系。在先秦儒家典籍中，虽然《论语》《孟子》是儒家最主要的经典，但是它们都偏于现实的伦理、政治，只有《易传》和《中庸》多谈性与天道等形而上学的问题。所以宋初的新儒家建立他们的学说体系，都得力于这两本书。

第三，在新儒学中有两个最主要的观念，一个是理，另一个是心。康节的观物，虽然是观物之理，但并没有将这个理单独提出来特别讨论。濂溪的主静、立诚，横渠的讲气、重变化气质，虽然都是新儒学中的问题，但并没有专题来讨论理和心。所以他们三人都只是新儒学的开路先锋。真正把新儒学带入高潮，还有待于程朱和陆王等哲人的努力。

第四节　整体生命哲学论

这三位新儒学的先锋，各有特色，我们勉强把他们归在一起，用整体生命哲学的三角形来表达，如下图：

```
        道
       /\
      /  \
     /    \
    /      \
   /_____\
  气        用
```

在这个图中，我们只用了一个特别的"气"字来概括这三位哲人。张载的《正蒙》一书，完全是在讲一个"气"字。邵雍的先天象数之学，象数讲的也是气的表现和运行，所以也是讲气。周敦颐虽然强调一个"诚"字，但他解释"诚"字采取了乾卦的"诚元"（诚元一气），所以也是主张气的变化，如他有名的《太极图说》，在太极图中从太极、阴阳到五行，完全是气的运行。那么我们把这三位哲人的思想归结在一个"气"字上，又代表什么呢？这有两种意义：第一种，就"气"通乎"用"来说，是很自然而容易的，因为在"用"上的人生日用是不离"气"的。但如果只有这平面的发展，便是气化、物质化。今天我们强调科技，讲究能量的知识，就是走的这一路线。第二种，就"气"向上提升入"道"来说，又有两种意义，一种是"气"入"道"之后，才能由"道"的"虚"而使"气"虚，如老子讲的"冲气以为和"的冲虚之气，即虚灵之气，也即张载所指的"气"上升而为精神。另一种是"气"提升入"道"，必须先通过"理"。因此，这三位哲人之后的程朱学派就开始大论"理"和"气"了。

第二十章　理学思想的大师——程朱

第一节　二程和朱子之间的关系

北宋初期的康节、濂溪和横渠三人，虽然已开启了新儒学的运动，但他们都是分别在自己所研究的范围内发展，他们所注意的只是太极、诚和气而已。横渠书中虽多言"理"字，但只是泛说，至于真正把"理"字作为中心概念，形成有宋一代特殊的学风，使得此后的新儒家都投入其中，并影响今后几百年学术潮流的，乃是二程和朱子。

新儒学又称为理学，这是因为二程的门人极多，程明道死后，他的学生都归于程伊川门下。伊川特别注重"理"字，由他的弟子们一直传到朱子。朱子乃集理学之大成，而使有宋一代几乎成为理学的天下。他们之间这一传承关系如下图：

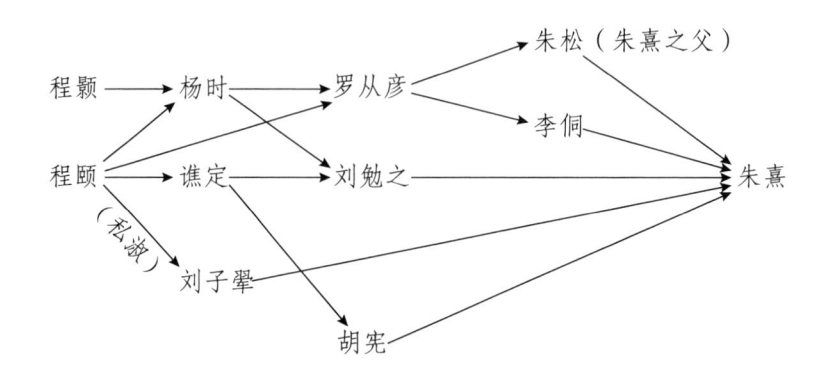

```
程颢 ──→ 杨时 ──→ 罗从彦 ──→ 朱松（朱熹之父）
                          ──→ 李侗
程颐 ──→ 谯定 ──→ 刘勉之 ─────────────→ 朱熹
   （私淑）
        ──→ 刘子翚
        ──→ 胡宪
```

这张图只列出了二程的门人中与朱子有直接关系者。明道的门人之中很多也是伊川的门人，其中最重要的是杨时。杨时的弟子很多，其中罗从彦也直接向伊川问学。罗从彦传李侗，李侗便是朱子的老师。另外，刘勉之是杨时的弟子，同时又是伊川的门人谯定的弟子，刘勉之又传朱子。从这两条线来看，朱子同时承受了二程的学统。谯定的弟子胡宪是朱熹父亲朱松的学友，也传朱子。还有伊川的门人刘子翚，亦是朱松的学友，朱松死时，曾把朱子托付给刘子翚照顾，因此刘子翚也和朱子有直接关系。

在这张图中，只列出了从二程到朱子的直接师承关系。事实上，二程的门人极多，如谢良佐、游酢、吕大忠、吕大钧、吕大临、吕希哲、尹焞、邵伯温等，他们共同努力发扬二程学说，为理学建立了一个广阔的园地，到了朱子才集理学之大成。

第二节　二程之间的异同

在学术史上常将二程并提，这不仅因为他们是兄弟，一起传学，形成了所谓洛学，还因为他们的门人互相问学，许多语录只提"程子"两字，分不清究竟是明道的还是伊川的。

事实上，明道和伊川之间有显著的不同，这一点朱子已体验到，我们试观朱子对他们两人的评论：

>明道语宏大。
>明道说话，一看便好，转看转好。
>明道所见甚俊伟，故说得较快。
>明道言语尽宽平。
>明道可比颜子。
>明道说话超迈，不如伊川说得的确。
>伊川气质刚方，文理密察。
>伊川语亲切。
>伊川言语初难看，细读有滋味。
>伊川之言，即事明理，质悫精深，尤耐咀嚼。
>伊川之言，乍见未好，久看方好，非久于玩索者，不能识其味。（以上

录自熊赐履《学统》卷八）

这是朱子对研读《二程语录》文字的感受。其实在语录文字的背后，他们之间有着显著的不同：明道着重在修心的功夫上，由内而外，所以他主张体贴天理，讲定性，讲觉悟；伊川着重在为学的功夫上，由外而内，所以他主张格事物之理，讲致知，讲主一。

这一不同主要是方法的不同，不是思想本身上的差别。在朱子所撰的《伊川先生年谱》中曾引伊川告诉张绎说：

> 我昔状明道先生之行，我之道尽与明道同，异时欲知我者，求之于此文可也。

这句话一方面表现了伊川认为他和明道所求之道是相同的，另一方面也暗示了他们之间的差别，否则也无须有此表白。由于明道五十四岁便去世，伊川比他多活了二十二年，明道的学生又多归入伊川门下，所以我们看不到明道思想在以后的发展，却可以看到伊川的学说在弟子们的推波助澜下，而影响了有宋一代的理学。

然而，在这里值得我们注意的是，有些学者认为明道的思想虽与陆象山没有师承关系，但似乎是一条路线上的，因此明道之于伊川，正犹象山之于朱子，所以明道的思想可说是开陆王心学之先河。对于这一问题，我们仅从思想上去推论，还缺乏事实上的根据。不过，如果从明道的几位主要学生的思想中去考察，仍然可以发现许多有趣的线索。明道有两位主要的弟子，谢良佐（即上蔡）和杨时（即龟山）。虽然上蔡的学说兼采二程的长处，一方面讲仁体与觉悟，另一方面也讲格物穷理，但是他思想的精要处，却都在发挥明道所讲的"天理""心虚气平"。朱子批评他说："上蔡说仁说觉，分明是禅"。清代学者全祖望更说：

> 谢（上蔡）杨（龟山）二公，谢得气刚，杨得气柔。故谢之言多踔厉风发，

> 杨之言多优柔平缓，朱子已尝言之，而东发谓象山之学原于上蔡，盖陆亦得气之刚者也。(《上蔡学案》)

以气刚去连接上蔡和象山之间的思想关系，并不恰当。但朱子批评上蔡说仁说觉为禅，其实说仁说觉的祖师乃是明道。由于朱子推尊二程，所以不直责明道而拿上蔡开刀。

朱子的这种批评是以伊川和他自己所主张的格物穷理的路子为立场，后来程朱派批评陆象山近禅也是同一立场。所以就这种近禅的批评可以看出，明道与象山的路线是相近的。至于杨龟山，他事伊川非常恭敬，有"程门立雪"的美谈。他的弟子罗从彦和刘勉之又都是伊川的弟子和再传弟子，所以他和伊川理学的关系远比上蔡紧密。他的门人直接影响了朱子，所以他在理学路线中的地位也非常显著。可是他晚年喜佛理，曾说："《维摩经》云：'直心是道场。'儒佛至此，实无二理。"他主张："人性上不可添一物，尧舜所以为万世法，亦只是率性而已。所谓率性，循天理是也。"这是他得之于明道的，后代学者更以此而视他为心学的先驱。

虽然我们不能据以上的例子断定明道和象山之间学说影响的关系，但我们至少可以说明道的思想和陆王心学有着相同的旨趣与功夫。这一点我们可从下面所谈明道的思想境界中得到证明。

第三节　程颢的思想境界

程颢（1032—1085），字泊淳，号明道。十五岁那年，他的父亲程珦带他和弟弟伊川向濂溪问学。后来他便一直在朝廷中做官，因反对王安石的新政，所以未能发挥自己的抱负，但他的治绩很好，常悬"视民如伤"四字为座右铭，以警示自己。

明道留下来的著作，除了五卷《文集》外，便是由门人记载的《语录》。明道的思想有两个要点，正可以用他的两篇文章为代表，那就是《识仁篇》和《定性书》。

一、识仁

先秦儒家注重行仁，明道此处强调识仁。仅一个"识"字，已可看出理学家眼中仁的特殊意义。他说：

> 学者须先识仁，仁者浑然与物同体。义礼智信，皆仁也。识得此理，以诚敬存之而已。不须防检，不须穷索。若心懈，则有防；心苟不懈，何防之有？理有未得，故须穷索，存久自明，安待穷索。此道与物无对，"大"不足以明之，天地之用，皆我之用。孟子言"万物皆备于我"，须"反身而诚"，乃为大乐。（《宋元学案·明道学案》）

明道自谓曾出入老、释几十年，从这段话里可以看出，他是用道、佛的思想来诠释儒家的"仁"字。所谓"仁者浑然与物同体"正是庄子"万物与我为一"的思想，所谓"不须防检，不须穷索"也正是禅宗的功夫。如果用这种道家的本体和佛家的功夫来实践孔孟那种直接参与经世济民的仁道，恐怕是扞格不通的。所以明道把"仁"字一变而成"理"，也就是把实际的行为变为抽象的理，于是才用得上"识"字。接着明道要强调"不须防检，不须穷索"的功夫，因此又须把"理"搬入心中。如此"识"便不是向外穷索的研究和认识，而是心中的体验。所以"识"字事实上乃是觉的意思。明道曾说："觉悟便是信。"所谓识仁也就是觉悟内心的仁。

至于如何识仁，也就是如何觉悟内心的仁，明道曾说：

> 吾学虽有所授受，"天理"二字却是自家体贴出来。（《宋元学案·明道语录》）
> 观天地生物气象。（《宋元学案·明道语录》）

所谓天理，即天地生物的气象。他不用"穷理"两字，而用"体贴"，可见完全是心中的一种觉悟的功夫。所谓天理，也就是指仁。如他说：

> 天地之大德曰生，天地絪缊，万物化醇。生之谓性，万物之生意最可观，此元者善之长也，斯所谓仁也。(《宋元学案·明道语录》)

体贴天理，也就是识仁。张横渠曾描写明道的生活说：

> 明道书窗前有茂草覆砌，或劝之芟，曰："不可，欲常见造物生意。"又置盆池蓄小鱼数尾，时时观之，或问其故，曰："欲观万物自得意。"(《宋元学案·明道学案》)

这里所谓"造物生意""万物自得意"，都是明道所谓的天理或仁。但明道是在心中先有了生意，有了自得意，然后再与窗前的茂草相应，然后再置小鱼于池中而静观其自得。并不是他心中毫无体验，就客观地去研究茂草、细察游鱼，得出个生意和自得意的结论。所以明道的这种识仁，乃是从心中去体悟天理。

二、定性

识仁之后，以诚敬存之，而后便能达到定性的境界。所谓定性，依明道的解释是：

> 所谓定者，动亦定，静亦定。无将迎，无内外。苟以外物为外，牵己而从之，是以己性为有内外也。且以己性为随物于外，则当其在外时，何者为在内？是有意于绝外诱，而不知性之无内外也。(《宋元学案·明道学案》)

所谓定性就是性达到定的境界。这种定不分动静，不分内外，是顺天理、合自然的意思。前面明道讲识仁，是用心去体悟理，因此犹有觉知的作用，犹有义礼的分辨功能。而此处讲定性，则是超脱了觉知和义礼，使此心和外物融合，所以不再言心，而要言性。明道又说：

>夫天地之常，以其心普万物而无心；圣人之常，以其情顺万物而无情。故君子之学，莫若廓然而大公，物来而顺应。(《宋元学案·明道学案》)

>与其非外而是内，不若内外之两忘也。两忘，则澄然无事矣。无事则定，定则明，明则尚何应物之为累哉。(《宋元学案·明道学案》)

这里谈无心、无情、无事，讲廓然、顺应、两忘，很显然是兼用了道、佛两家的思想。所以就定性的境界来说，明道的思想始终"出入于老释"。

从以上所述识仁和定性的比较来看，识仁犹有儒家的血脉。如果真能识得仁体，而能用义理来实践，所谓：

>学者识得仁体，实有诸己，只要义理栽培。(《宋元学案·明道语录》)

也就是说，真能体悟到天道生生的功用，而行之于实际政治，去为生民立命，这样就仍然有外王之业。如明道为官，"视民如伤"，体恤民情，注重民生，治绩甚佳。如果由识仁而往定性方面发展，这便走入了道、佛两家的思想天地，也就构成了新儒家特有的一种心性之学。

在心性之学上，明道比起康节、濂溪和横渠三人来，要更为纯熟，更有成就。我们把他看作陆王心学派的开山也不为过，试看他告神宗的一段话：

>先圣后圣，若合符节。非传圣人之道，传圣人之心也；非传圣人之心也，传己之心也。己之心无异圣人之心，广大无垠，万善皆备。欲传圣人之道，扩充此心焉耳。(《宋元学案·明道语录》)

这不是陆王心学派最好的一篇宣言吗？

第四节　程颐的为学功夫

程颐（1033—1107），字正叔，号伊川。和明道不同的是，他一生都没有做过官。当时胡瑗掌太学，曾出了个题目"颜子所好何学论"，他便是以这篇文章赢得胡瑗的激赏，进入太学的。此后他都在学术上发展，曾在朝廷上为哲宗讲经。可是他生性谨严，疾恶如仇，常得罪当朝的君臣，被贬到四川涪州。后来徽宗即位后，把他召回来时，他的气色反而更好。别人问他原因，他笑说这是他为学的功劳。

伊川留下的著作，有《易传》《经说》《文集》和《语录》等，其中《易传》是一本不朽之作。他对《易》的研究有很深的渊源。在他十四岁时，父亲曾带他和哥哥明道到洛阳向濂溪问学，这时康节也在洛阳，因此他很自然地接触到濂溪的《太极图说》和康节先天象数之学，不过他对这两方面似乎都不甚相契。后来横渠也在洛阳讲《易》。因为横渠是他表舅，所以他在《易》学方面受到横渠的影响很大。横渠的《易》学，不走濂溪的道家《易》，不走康节的象数《易》，纯是用儒家的思想来解《易》，这一特色正是《伊川易传》的精神。这一精神左右了此后整个宋代对《易》学的研究。朱子《易经集注》便是本于《伊川易传》。直到今天，要谈儒门《易》，《伊川易传》便是最主要的一本经典之作。

伊川的思想重在为学的功夫。黄宗羲在《宋元学案》中曾说：

> "涵养须用敬，进学在致知。"此伊川正鹄也，考亭守而勿失。其议论虽多，要不出此二言。(《宋元学案·晦翁学案》)

可见"用敬"和"致知"两点，不但是伊川思想的重点，而且直接影响到朱子，也是程朱理学的中心思想。

一、用敬

"敬"字在先秦儒家中已谈得很多，不过都用于对长上的尊敬和对事物的慎重态度。如：

> 其事上也敬。(《论语·公冶长》)
> 敬事而信。(《论语·学而》)

到了伊川手中，"敬"字不仅被加深了哲学意义，提升上来成为主德，还变为理学家修养为学的入手功夫。元代理学家吴草庐曾说：

> 夫"修己以敬"，吾圣门之教也。然自孟子之后失其传，至程子乃复得之，遂以"敬"之一字为圣传心印。程子初年受学于周子，周子之学主静，而程子易之以敬，盖敬则能主静矣。(《宋元学案·伊川语录》)

这段话说出了伊川主敬的用意，就是要针砭佛、道两家空虚之失。因为敬是必有其事，而不是一种空思冥想。

伊川的用敬有三个重点：一是存诚，二是集义，三是主一。

所谓存诚，是对内而言，对意而言。宋儒常以诚敬连言，明道也谈诚敬。不过明道谈诚敬，偏重在"诚"字上，而伊川谈诚敬，是把诚敬看成一体，如他说：

> 闲邪则诚自存，不是外面捉一个诚，将来存着。今人外面役役于不善，于不善中寻个善来存着。如此，则岂有入善之理？只是闲邪则诚自存，故孟子言性善皆由内出，只为诚便存。闲邪更着甚功夫？但惟是动容貌、整思虑，则自然生敬。(《宋元学案·伊川语录》)

闲邪则诚自存，闲邪则生敬，所以诚和敬是一体的。也就是说，敬在内而言，就是诚。能诚则能敬，不敬也就无诚。

所谓集义，是由内而发于外，是对事而言。《易经》中说"敬以直内，义以方外"(坤卦《文言》)，伊川更把敬与义连成一体而说：

> 敬只是持己之道，义便知有是有非。顺理而行，是为义也。若只守一个敬，不知集义，却是都无事也。且如欲为孝，不成只守着一个孝字。须是知所以为孝之道，所以侍奉当如何，温凊当如何，然后能尽孝道也。(《近思录》卷二)

这是说敬必有其事。可是在事上便有是非，有宜与不宜，因此敬必须合义，才会敬其所当敬。

至于如何存诚、集义，其一贯的功夫就是主一。他说：

> 敬只是主一也，主一则既不之东，又不之西，如是则只是中。既不之此，又不之彼，如是则只是内。存此则自然天理明，学者须是将敬以直内涵养此意，直内是本。（《近思录》卷四）

又说：

> 闲邪则固一矣，然主一则不消言闲邪。有以一为难见，不可下功夫。如何？一者无他，只是整齐严肃，则心便一。一则自是无非僻之干，此意但涵养久之，则天理自然明。（《近思录》卷四）

"一"字在中国哲学里所扮演的角色犹如千面人，有时指道（老庄），有时指仁（孔孟），有时指诚（《中庸》），有时指无欲（濂溪）。但在这里，伊川并没有明言"一"是什么，它只是一种整齐严肃之心。这与《尚书》中所谓"人心惟危，道心惟微，惟精惟一，允执厥中"的"一"相似，是指一种纯粹专精的心态。它比道、仁、诚、无欲更实际一点，是对事的一种合乎义理的择善而固执之心。

伊川这种主一的用敬功夫，虽然不像濂溪主静、明道定性那样洒脱，但代表了理学家们格物穷理、专精不二的精神。

二、致知

"致知"也不是一个新名词，《大学》中就提到了"格物致知"，可是并没有说明什么是格物，什么是致知，甚至连"物""知"都没有具体的定义。到了伊川手中，才把格物致知联系在理上，而开展出理学家们讲格物穷理的一套学说。

伊川的致知有两层含义，一层是格物理，另一层是明事理。在伊川的眼中，万物都有理。他说：

> 一草一木皆有理，须是察。（《近思录》卷三）

这是指观察物理。但如何观察，要察些什么理，伊川并没有说明。但就此处以一草一木为譬喻来说，要格一草一木之理，只有二途，一是观察它们的生机、作用，二是研究它们的组织、结构。关于后者，多属于今日生物科学的路子。伊川的格物，似乎并没有暗示着这方面的研究。关于前者，虽然也为今日生物学或生态学所谈及，但这方面的观察可以和心产生观照作用，从而使人走入体察天理的哲学路子。伊川的很多话都体现了这方面的关联，如他说：

> 须是今日格一件，明日又格一件。积习既多，然后脱然自有贯通处。（《近思录》卷三）
>
> 观物理以察己，既能烛理，则无往而不识。天下物皆可以理照，有物必有则，一物须有一理。（《宋元学案·伊川语录》）

这种格了不同之物而有贯通处，这种可以由物理以察己，无往不识的理，显然不是局限于专题研究的物理知识，而是具有普遍意义的原理。

伊川在物理方面的观察讲得不多，他所谓致知的重心还是在于明事理方面。他说：

> 凡一物上有一理，须是穷致其理。穷理亦多端，或读书讲明义理，或论古今人物，别其是非，或应接事物，而处其当，皆穷理也。（《近思录》卷三）

所谓"读书"，论古今人物都是从知识上去明理。所谓"应接事物"，乃是在实践中去明理。

伊川格物所穷的理从表面上看似乎是外在的，可是由穷理所致的知是转向内在的。如他说：

> 致知在格物，非由外铄我也，我固有之也。因物而迁，迷而不悟，则天理灭矣，故圣人欲格之。（《宋元学案·伊川语录》）
>
> 随事观理，而天下之理得矣！天下之理得，然后可以至于圣人。君子之学，将以反躬而已矣！反躬在致知，致知在格物。（《宋元学案·伊川语录》）

伊川这种由格物、致知到反躬的过程，是循着《大学》中的格物、致知、诚意、正心而发展的。伊川对格物致知的发挥固然补足了《大学》在这方面的欠缺，可是依循着《大学》的路子，势必把格物穷理转入诚意正心，也就是把知识的研究转入道德体验的范围。这往好的方面说，是把知识向上提升，使其成为德性之知。而往坏的方面说，知识的研究变成道德体验的附庸之后，便失去了客体研究、独立探讨的精神，成为主观道德意识的反映。譬如他说：

> 格，犹穷也；物，犹理也。犹曰穷其理而已矣。穷其理，然后足以致知，不穷则不能致也。物格者，适道之始与？欲思格物，则固已近道矣！是何也？以收其心而不放也。（《宋元学案·伊川语录》）

这是把格物解作穷理，把物直接看作理。试想哪里还有物体本身的存在？所以尽管伊川强调格物穷理，却建立不出真正知识方面的客观研究。这也就注定了新儒学的理，始终是一种心性之理。

第五节　朱熹集理学大成

朱熹（1130—1200），字元晦，号晦翁。父亲朱松是罗从彦的学生。朱熹十四岁时朱松去世，他遵从父亲的遗训，问学于胡宪、刘勉之及刘子翚。十九岁登进士，二十二岁授同安县主簿，这时他颇醉心于释、老之学。二十四岁，拜父亲的同学李侗为师，奠定了学术的基础。二十八岁时便罢官不做，专心以讲学为务。但他不忘朝政，曾屡次上书向孝宗直谏强国富本之道，并反对和议。可是由于党祸，其学非但不能见用，反而被斥为伪学，使他备受打击。

他和吕东莱（即吕祖谦）关系很好，曾合编《近思录》一书。由吕东莱介绍，朱熹与陆象山兄弟相会于信州鹅湖寺，讨论彼此间学术方法异同的问题。后来他在四十九岁那年，又接任南康军，并修复白鹿洞书院，订定学规，曾请象山至此讲学。

朱子著作极多，主要有《四书集注》《周易本义》《书集传》《诗集传》《仪礼经传通解》《太极图说解》《通书解》《西铭解》《正蒙解》《伊洛渊源录》《程氏遗书》《谢上蔡语录》《近思录》《周易参同契考异》以及其他文学方面的作品和语录等。从以上书目中可以看出他用功之勤和研究范围之广。他对中国文化发扬的功劳，以及对后世影响之深远，可说是孔子之后第一人。

朱子之所以有这样大的贡献，除了他的思想非常开放，像大海一样能容纳过去与当时各家各派的思想外，还有一个最重要的因素，就是他把《大学》《中庸》与《论语》《孟子》合编成"四书"，并且花了毕生的精力为它们作注解。这部书一方面因为《大学》《中庸》的加入，使得本来偏于伦理、政治的《论语》《孟子》更体系化、理论化，而有形而上学的支持，以对抗在这方面有专长的佛、道两家思想，另一方面由于朱子以理学的见解来作注，所以这部书成为当时理学思想的宝典，其地位几乎取代了"五经"。不仅在当时，而且一直到今天，几乎每位读过"四书"的人都多多少少受到了朱子思想的影响。

朱子所研究的范围非常广，他的见解又都分散在各种不同的注解中，因此他的思想讨论起来比较复杂。但我们概括出他整个思想的精要，只在一个"理"字。他所构搭的只是一个理的世界。我们可以从三个方面来看他这个理的世界。

一、以太极为本的理气论

朱子关于这方面的理论，多见于他对濂溪《太极图说》的注解和讨论中。虽然从表面上看他是就《太极图说》而发挥的，但濂溪的太极图是根据道教而来的，《太极图说》的文字非常简单，朱子的解说却极为详尽。尤其值得我们注意的是，他把充满道家色彩的《太极图说》转变为以儒家思想为主轴的太极理论。

在濂溪的《太极图说》中，第一句话便是"无极而太极"，但没有说明无极的境界及无极与太极之间的关系。不过从道家和道教的观点来说，无极显然是在太极之上的一个境界。朱子的注却把无极拉了下来，当作对太极境界的一种描写。如他说：

> 上天之载，无声无臭，而实造化之枢纽，品汇之根柢也。故曰："无极而太极。"非太极之外，复有无极也。(《周子全书》卷一)

"上天之载，无声无臭"，这是《中庸》里引的《诗经》的话，在《中庸》里是指天道至诚的一种境界。朱子以此来说无极，显然是把本为道家和道教的无极转变成了儒家的思想。他这样做主要就是为了强调太极。接着濂溪《太极图说》中谈到化生万物时，只说"无极之真"，而不言太极，朱子却为此辩解说：

> "无极之真"，已该得太极在其中，"真"字便是太极。(《朱子语类》卷九十四)

在这里我们已很明白地看出，朱子是有意用"太极"两字取代濂溪"无极"两字的地位。与其说是朱子为濂溪作注，还不如说朱子是借濂溪的《太极图说》建立他自己的一套以太极为本的理气论。

在朱子这套理论中，有三个重要的环节。

1. 太极与理

"太极"两字初见于《易经·系辞传》中。所谓：

> 是故《易》有太极，是生两仪，两仪生四象，四象生八卦。(《易经·系

辞传上》第十一章）

这是在《易经》中，"太极"两字出现的唯一一次，可见《易经》并没有特别重视太极这一概念。但到了朱子手中，太极不仅是源头，还是万物的总原理。如他说：

> 太极图只是一个实理，一以贯之。（《朱子语类》卷九十四）
> 极，是道理之极至……总天地万物之理，便是太极。（《朱子语类》卷九十四）

所谓"一以贯之"乃是指太极不但是一个抽象的总原理，而且是万事万物个别的理。如他说：

> 太极只是个极好至善的道理，人人有一太极，物物有一太极。（《朱子语类》卷九十四）

至于太极如何一方面是总原理，另一方面又是万事万物个别的理呢？朱子另有一段话说得较为明白：

> "事事物物皆有个极，是道理之极至。"蒋元进曰："如君之仁、臣之敬，便是极。"先生（朱子）曰："此是一事一物之极。总天地万物之理，便是太极。太极本无此名，只是个表德。"（《朱子语类》卷九十四）

这也就是说，太极只是理的总名，每一事物都有其理，所以就理来说，每事每物都有它的太极。因为理是真真实实的存在，所以太极虽无形体，但也是真真实实的存在。每件事物虽有变化，但其本质也是真真实实的存在。

2. 理与气

太极是总原理，是形而上的。虽然万物也都具有太极，具有理，但是需要形体的支持。因此除了理之外，还要有物质的气。朱子说：

> 天地之间，有理有气。理也者，形而上之道也，生物之本也。气也者，形而下之器也，生物之具也。是以人物之生，必禀此理然后有性，必禀此气然后有形。其性其形，虽不外乎一身，然其道器之间，分际甚明，不可乱也。（《朱子文集·答黄道夫书》）

这也就是说，在形而上只有太极，到了形而下便有理和气的对立。不过理气虽然对立，理仍然是形而上的，气乃是形而下的。所以按理论来说，理在先，气在后，但就现象界的事实来说，理和气同时存在，没有无理之气，也没有无气之理。如朱子说：

> 有理而后有气，虽是一时都有，毕竟以理为主。（《朱子语类》卷三）
> 天下未有无理之气，亦未有无气之理。气以成形，而理亦赋焉。（《朱子语类》卷一）

朱子这种理气并存的学说，乃是糅合了伊川的理和横渠的气而成的。横渠主张气一分殊，伊川在解《西铭》时把横渠的气一分殊改为理一分殊。虽然朱子承袭了伊川的思想，但他在形而上方面，用太极来说明理一分殊的作用，在形而下方面，却把分殊的理和气合在一起，构成了现象世界。

3. 气与物

既然气是生成万物的直接的材料，那么气又是怎么来的？气又是怎么生物的？

朱子在这方面的理论，虽仍然根据濂溪的《太极图说》，但朱子的解释自成一套体系。如濂溪说：

第二十章 理学思想的大师——程朱

> 太极动而生阳，动极而静，静而生阴。静极复动，一动一静，互为其根。分阴分阳，两仪立焉。(《太极图说》)

阴阳是气，可见气是由太极之动静而来的。朱子同意这种说法，并认为气是由理而生的。如他说：

> 太极生阴阳，理生气也。阴阳既生，则太极在其中，理复在气之内也。(《周子全书》卷一朱子《注》)

可是太极如何生阴阳？在这里我们要特别注意，濂溪直接说"太极动而生阳，动极而静，静而生阴"，好像太极有动静的作用。但朱子认为动静是形而下的，太极之有动静，乃是太极有动静之理。他说：

> 天地之间，只有动静两端，循环不已，更无余事，此之谓易。而其动其静，则必有所以动静之理，是则所谓太极者也。(《周子全书》卷一朱子《注》)

又说：

> 动静阴阳，皆只是形而下者。然动亦太极之动，静亦太极之静，但动静非太极耳。(《周子全书》卷一)

动静只是一气的循环，而阴阳也并非二气，乃是一气的流行。如他说：

> 阴阳只是一气，阴气流行即为阳，阳气凝聚即为阴。非直有二物相对也。(《周子全书》卷一朱子《注》)

由这一气的动静，而有阴阳；再由阴阳的变化，而有五行；再由五行的运转，而有万物。阴阳是气，到了五行便凝然而有质。如他说：

> 阳变阴合，而生水火木金土。阴阳，气也，生此五行之质。天地生物，五行独先。地即是土，土便包含许多金木之类。天地之间，何事而非五行？五行阴阳，七者滚合，便是生物的材料。(《周子全书》卷一)

朱子这套气化生物的理论，与横渠气一分殊的思想是一致的。也就是说，在形而下的发展方面，朱子采取了横渠气的学说。

二、以理性为重的修养论

朱子这套把太极一直下贯到万事万物的思想，不是一个空洞的理论，他的主要目的是使我们的人心可以上承太极，使我们的人性从根本上可以向上提撕。也就是我们每个人心中都有太极，都可以走向绝对至善的境地。这种思想就是朱子在《中庸章句序》中所说的"继天立极"，这是以太极将天和人打成了一片。这也正是中国哲学里所谓"天人合一"思想的理论根据。

如何"继天立极"？朱子把太极的理纳入人心之中成为性之理，而构成他那套以性理为主的修养论。这套思想有三个要点。

1. 性与理

在朱子的理论中，既然太极下贯于万物，万物都各有一太极，那么人心中也各有一太极，这个人心中的太极就是性。正如他所说：

> 性犹太极也，心犹阴阳也。太极只在阴阳之中，非能离阴阳也。然至论太极，自是太极，阴阳自是阴阳。惟性与心亦然，所谓一而二，二而一也。(《宋元学案·朱子语录》)

这是说太极在人心中就是性，而太极就是理，所以性也是理。在这方面，朱子与伊川一样，都主张"性即理"。他在《中庸章句集注》中说：

> 性即理也。天以阴阳、五行化生万物，气以成形，而理亦赋焉，犹命令也。于是人物之生，因各得其所赋之理，以为健顺五常之德，所谓性也。……性道虽同，而气禀或异，故不能无过不及之差。

在这里，朱子虽然主张"性即理"，但这个性就其禀受和所依存来说，有两层含义。一层就其所禀受于天理而言，性是纯粹至善的，这是指本然之性。另一层就其依存于心、为气禀所拘而言，性却是千差万别、有善有恶的，这是指气质之性。如他说：

> 论天地之性，则专指理言。论气质之性，则以理与气杂而言之。（《朱子语类》卷四）
>
> 气质之性，只是此性堕在气质之中，故随气质而自为一性。（《朱子文集·答徐子融书》）

事实上，朱子并不是说有两种不同的性。所谓气质之性乃是性在气质之中，这个性还是一样的太极，一样的理，只是因为它在气质之中，所以显现出来便有不同的景色。在朱子眼中，这种本然与气质之性，不仅可以补孟子性善说的不足，还可以纠正荀子性恶说的错误。如：

> 道夫问："气质之说，始于何人？"（朱子）曰："此起于张、程，某以为极有功于圣门，有补于后学，读之使人深有感于张程，前此未曾有人说到此。如韩退之《原性》中说三品，说得也是，但不曾分明说是气质之性耳。性那里有三品来？孟子说性善，但说得本原处，下面却不曾说得气质之性，所以亦费分疏。诸子说性恶与善恶混。使张程之说早出，则这许多说话自不用纷争。故张程之说立，则诸子之说泯矣！"（《续近思录》卷一）

2. 心与情

这种气质之性之所以有善有恶，乃是因为心中有情。朱子说：

> 性是未动，情是已动，心包得已动未动。盖心之未动则为性，已动则为情，所谓"心统性情"也。欲是情发出来底，心如水，性犹水之将，情则水之流，欲则水之波澜。但波澜有好底，有不好底。欲之好底，如"我欲仁"之类；不好底，则一向奔驰出去，若波涛翻浪。大段不好底欲则灭却天理。（《续近思录》卷一）

在这里，朱子认为在我们的心中有性和情的对立，性就是理。可是因性在人心之中，所以它必然受到情的限制，而且也时时通过情表现出来。情发出来便是欲。虽然欲有好有坏，但好的欲受理的提撕，往上发扬，如欲仁、贤贤易色等；坏的欲却是人欲，往往不受理的管束，即往下坠落。

由于天理是向上的，人欲是向下的，这向上向下的分驰，都在一心之中，所以朱子认为修心养性最重要的功夫就是灭人欲、存天理。然而如何灭人欲、存天理，关键就在一个"敬"字。

3. 主敬的功夫

朱子继承了程子主敬和致知的两条路线，而说：

> 主敬者，存心之要；致知者，进学之功。二者交相发焉。（《续近思录》卷四）

又说：

> 人之心性，敬则常存，不敬则不存。（《续近思录》卷四）

所谓存心，就是存天理，存道心。他说：

> 道心为主，即人心自不能夺，而亦莫非道心之所为矣。然此处极难照管，须臾间断，即人欲便行矣！（《续近思录》卷四）

道心存，人欲便无法泛滥。所以朱子的灭人欲，并非一个个地去扑灭人欲，而是持一个"敬"字，使天理自存，人欲便产生不了作用。

至于如何主敬，朱子说：

> 持敬之说，不必多言，但熟味"整齐严肃""严威俨恪""动容貌，整思虑""正衣冠，尊瞻视"此等数语，而实加工焉。则所谓"直内"，所谓"主一"，自然不费安排，而身心肃然，表里如一矣！（《续近思录》卷四）

所谓"整思虑"，是敬的内在功夫，即他所说："毋不敬，是正心诚意之事。"（《续近思录》卷四）而"严肃"等便是敬的外在表现，即他所说："敬者何？不怠慢、不放荡之谓也。"（《续近思录》卷四）所以在朱子手中，一方面和伊川一样，用"敬"字代替了濂溪的主静之说，而且把"敬"字和"诚"字连接起来，作为一种存天理的功夫。另一方面把"敬"字用于日常生活中，是一种处事不乱的功夫。正如他所说：

> 敬字，须该贯动静看方得。夫方其无事而存主不懈者，固敬也；及其应物而酬酢不乱者，亦敬也。（《续近思录》卷四）

三、以穷理为主的方法论

理学之所以为理学，不只是理学家们都强调万事万物皆有其理，而是他们特别注重向外穷理。虽然在宋代以前，"理"字早就存在，但都当作道理的泛称。到了宋儒，却把理和事物结合在一起，变成一个客观研究的对象，而构成新儒学的一套特殊的知识体系。朱子在这方面的思想也有三个重点。

1. 理与物

朱子对理和物之间关系的看法，大致和伊川的见解相同。他所指的物，也包括一切事和物，他也认为每一物都有其理。不过他和伊川稍有一点不同，那就是，伊川只说物都有其理，而朱子既说物皆有理，又说物物一太极。虽然太极也是理，但朱子把理和太极同时纳入物中，乃是表明万物所具的理，由于其本身气质的不同而有其特殊的表现，但其理的究竟是殊途而同归的，共为一太极。正如他所说：

> 天下之理万殊，然其归则一而已矣，不容有二三也。知所谓一，则言行之间，虽有不同，不害其为一。不知其一而强同之，犹不免于二三。(《续近思录》卷三)

譬如就物性来说，水就下、火燃上，这虽是不同的物理现象，但它们同为天道的流行，共同参与维持自然均衡的作用是相同的。再就人事来说，父慈、子孝，虽然各有其不同的伦理规范，但都属于天理。

朱子认为物物各有其理，物物各有一太极，因此只要格物，便能穷理，便能见道。

2. 物理与人心

然而物理是外在的、客观的，而且是无尽的，研究物理也许可以得到该物的知识，但又如何使人心能得到真知，进而由致知而诚意正心呢？即心与物之间如何交感呢？朱子在《大学章句集注》中曾说：

> 盖人心之灵莫不有知，而天下之物莫不有理，惟于理有未穷，故其知有不尽也。是以《大学》始教，必使学者即凡天下之物，莫不因其已知之理而益穷之，以求至乎其极。至于用力之久，而一旦豁然贯通焉，则众物之表里精粗无不到，而吾心之全体大用无不明矣。此谓物格，此谓知之至也。

朱子认为，人心有能知的作用，知识的发展，就是由已知而推求未知，此即朱子所谓了解"万殊之理"。但万物的变化何止万数！我们不可能一一去格，一一去穷。由于人类的心灵有融会贯通的能力，所以在我们格物穷理的功夫达到某一程度时，便能豁然而贯通，由特殊的理而悟出一贯的理。这时知识提升成智能，外物的理和内心的知便能相互发明。也就是说，外物的理可以促使吾心反躬自省，能诚意正心，而吾心观外物，也能看破表象，透彻领悟其最根本的意义。

从这里可以看出，在朱子思想中，外物与人心之间交感的媒介就是"理"，而促成这种交感、使内外贯通的，乃是穷理的功夫。

3. 穷理的功夫

朱子穷理的功夫在于格物，而朱子所谓格物虽然兼有格物理和格事理两义，但事实上朱子所谈的都属于事理方面。如他所说：

> 日用之间，随时随处，提撕此心，勿令放逸，而于其中，随事观理。讲求思索，沉潜反复，庶于圣贤之教渐有默相契处，则自然见得天道性命，真不外乎此身，而吾之所谓学者，舍是无有别用力处矣！（《续近思录》卷三）

朱子这种随事观理的穷理功夫，乃是不放过眼前所见的任何事物，一一去穷。如他说：

> 凡遇一事，即当且就此事反复推寻，以究其理。待此一事融释脱落，然后循序少进，而别穷一事。如此既久，积累之多，胸中自当有洒然处，非文字言语之所及也。（《大学或问》）

这种一事一事去穷的，乃是要求得事物的真是。如他说：

> 学者功夫，只求一个是。天下之理，不过是与非两端而已。从其是则为善，徇其非则为恶。事亲须是孝，不然，则非事亲之道；事君须是忠，不然，则非事君之道。凡事皆用审个是非，择其是而行之。圣人教人，谆谆不已，只是发明此理。（《续近思录》卷五）

所以朱子穷理的功夫，也就是实事求是的精神。

综观朱子这套理学思想，其主要结构有三个路向。一是他从太极说到理、气、万物，也就是把太极下贯到万物，以说明万物都有理，都秉承了太极，而确立他"继天立极"的思想。二是他从理说到情和主敬，也就是要用主敬的功夫使情归于理，使人性从人欲方面走向天理，这是人性向上的发扬。三是他从物理、人心说到穷理，也就是要用穷理的功夫，从研究万物的事理而至心中的真知，由真知而明天理，这是从内外的沟通，而使人智向上的发展。在这三个路向中，无论上下、内外，朱子都用理去贯穿。朱子之所以被视为集理学之大成者，就是由于他继承了邵、周、张、二程的思想脉络，用"理"建构了一套完整的求道、修养、为学体系。

第六节　理学家对佛学的批评

这里所谓理学家，不是泛指宋明所有的新儒家，而是指程朱这一系统的哲学家。虽然他们同时排老也排佛，但他们对道家的批评较佛家轻。如朱子曾说：

> 禅学最害道，庄老于义理绝灭犹未尽，佛则人伦已坏。至禅，则又从头将许多义理扫灭无余。从此言之，禅最为害之深者。（《朱子语类》卷一百二十六）

事实上，几乎所有新儒家都处于一种看起来非常矛盾的状态中，他们一面与佛家周旋，吸收了大量的佛学思想，另一面基于孔孟的主要精神，又不得不划清界限。在这方面的表现是新儒家所面临的最主要的一个课题，而程朱一系的理学家和陆王一系的心学家对这个问题，也有不同的态度、不同的方法。

关于程朱理学家对佛学的批评大致可分为两个方面。

一、伦理教化

理学家们从伦理教化的角度来批评佛学，这是循着韩愈等排佛运动的旧路。如明道说：

> 道之外无物，物之外无道，是天地之间无适而非道也。即父子而父子在所亲，即君臣而君臣在所严，以至为夫妇，为长幼，为朋友，无所为而非道。此道所以不可须臾离也。然则毁人伦、去四大者，其外于道也远矣！（《近思录》卷十三）

朱子也说：

> 佛老之学，不待深辨而明。只是废三纲五常这一事，已是极大罪名，其他更不消说。（《续近思录》卷十三）

这方面的批评可能会遭受两种反驳。一是佛家认为在家的弟子仍然注重伦常之教，只有少数出家人才超脱三界之外。二是儒家的思想是以伦理、政治、教育为基础，自然注重伦常之教，而佛家是一种纯宗教，其思想自然以出世为主。无论理学家的这种批评是否为佛家所信服，或佛家的反驳是否为理学家所接受，总之，在这方面理学家只是站在儒家的立场来批评佛学，尚未真正进入佛学思想的核心去检讨其得失。

二、心性思想

理学家们都受到了佛学思想的影响，这种影响不属于宗教信仰和仪式，而是在心性方面。因此理学家们在这方面的批评是经过长期的体验和消化的。如朱子说：

> 尝见龟山先生引庞居士说神通妙用运水搬柴话，来证孟子徐行后长义。窃意其语未免有病。何也？盖如释氏说：但能搬柴运水，即是神通妙用。此即来喻所谓举起处其中更无是非。若儒者则须是徐行后长方是，若疾行先

长即便不是。所以格物致知便是要就此等处微细辨别，令日用间见得天理流行，而其中是非黑白各有条理，是者便是顺得此理，非者便是逆着此理。胸中洞然无纤毫疑碍，所以才能格物致知，便能诚意正心，而天下国家可得而理，亦不是两事也……凡古圣贤说性命，皆是就实事上说。如言尽性，便是尽得此君臣父子三纲五常之道而无余；言养性，便是养得此道而不害。至微之理、至著之事，一以贯之，略无余欠，非虚语也。（《续近思录》卷十三）

在理学家们的批评中，这段话是最深刻、最具代表性的。朱子在这里指出，佛家论心性只讲超是非，儒家却只要辨个是非。佛家之学在起步时便要超是非，等达到超是非的境界时，更无是非可言。儒家却在起步时便必须辨个是非曲直，等达到圣人境界时，虽然心胸开阔，但是非曲直仍然十分分明。换句话说，佛家的心性是空，儒家的心性却充满了理。在这里，我们更可以看出理学家们所建立的这套理学体系，在对抗佛学思想上的意义和作用。

第七节　整体生命哲学论

用整体生命哲学的三角形来看程朱的理学思想，如下页图：

```
           道
          /  \
         /    \
        /      \
       /        \
      /          \
     理—————————用
     气
```

按照这个三角形的作用，这里的"气"属于理论，它如果通过"理"，便可以提升入"道"，转化入"用"。但程朱派的学者把"理""气"当作两个概念来讨论，如"理"和"气"孰先孰后、孰重孰轻。这样的研究，只是理论。也就是说，把"理"下降而与"气"并列。于是他们在"用"上的修养是"理气"直接平面地运用，如他们讲的穷理功夫，今日格一件，明日格一件，却很少谈到由"理"入"道"，再转化入"用"的修养功夫。

第二十一章　心学思想的大哲——陆王

第一节　朱陆之间的对立

朱子和陆象山之间的争辩，在中国哲学史上是一件颇为人瞩目的事。就学术的发展来看，当时几乎是程朱学派的天下，而陆象山除了哥哥们的支持外，可以说是孤军奋战。

朱陆之间的争辩，公开化的有两次，一次是有关太极和无极之争，另一次是鹅湖会谈。

关于《太极图说》的辩论，先是象山的四哥梭山与朱子争辩，但梭山的文稿没有留存下来。后来象山接着与朱子争辩，往来的书信共有五篇。其争辩的主题就在"无极"两字。象山认为"无极"两字出于道家，不能放在太极之上。朱子则以为"无极而太极"的"无极"乃是形容太极之上没有更高的境界，所以这个无极与老子的"无"的无极不同。

至于鹅湖会谈，在当时更是一件轰动文坛的事。主要原因是吕东莱想调和朱子和象山之间的争论，于是便约了象山和他的五哥陆九龄，与朱子在江西的鹅湖寺共同讨论彼此学术的观点。在这次会谈中，他们主要的论点是有关治学方法的问题。朱子承袭了伊川的思想，主张致知和用敬两条路子。致知好像是道问学，用敬好像是尊德性。虽然朱子认为德性和问学必须双管齐下，但在他的教学中似乎把道问学当作起步的功夫，也就是他在穷理致知方面的功夫偏重了一点。可是象山大不相同，他认为古圣教人只是要存此心、求放心，所谓穷理也就是要穷心性之理。在鹅湖会谈时，他曾写了一首和陆九龄的诗：

> 墟墓兴哀宗庙钦，斯人千古不磨心。
> 涓流积至沧溟水，拳石崇成泰华岑。
> 易简工夫终久大，支离事业竟浮沉。
> 欲知自下升高处，真伪先须辨古今。

在鹅湖会谈三年之后，朱子也写了一首和陆九龄的诗：

> 德义风流夙所钦，别离三载更关心。
> 偶扶藜杖出寒谷，又枉篮舆度远岑。
> 旧学商量加邃密，新知培养转深沉。
> 却愁说到无言处，不信人间有古今。

从这两首小诗可以看出，象山批评朱子的致知方法过于支离破碎，失去了圣人所欲存的本心。朱子却认为如果没有致知的功夫，不讲读书为学，所欲存的心更是空洞而不切实际的。在这里可以看出，他们之间观念的不同，不但使得鹅湖会谈流于意气之争，而且在他们以后的学术发展上似乎仍然是各走各的路。

就这两次公开的辩论来看，他们所涉及的并不是思想本质的问题，而是为学功夫的问题。本来他们之间的距离是可以拉近的，因为在为学上每位哲人都有其不同的重点，纵然有不同，也是殊途而同归。可是由于他们当时流于意气，所以始终未能平心静气地来检讨。虽然事后他们有时也发觉各自都有点偏差，但他们的门人和后学者却往这个偏差方面任意地发展下去了，从而造成了南宋以后理学和心学间的门户之争。甚至到了今天，还有许多学者为此而强调谁是孔孟的正统，谁是孔孟的歧出。

在这里我们提出他们之间的争辩，并不是要讨论孰是孰非、孰优孰劣，而是说明在程朱理学风靡北宋之后，有另一股新儒学的潮流在逐渐孕育、发展而形成气候，这就是陆象山首创的心学思想。

第二节　陆九渊与心学的开端

陆九渊（1139—1192），字子静，又称象山先生。江西人，比朱子小九岁。他家有兄弟六人，他排行最小。他的四哥九韶（号梭山）、五哥九龄（号复斋），都是当时有名的学者。象山从小就很独特，读《论语》时便感觉有子的话支离。听别人念诵伊川的话时，便质疑为什么不像孔孟的话。后来在十三岁时，读到"宇宙"两字便说：

宇宙内事，乃己分内事；己分内事，乃宇宙内事。（《宋元学案·象山学案》）

可见他从小便有敏锐的内心和悟力。

象山的一生，就像他的思想一样，非常精简。他在三十四岁那年，中了进士，便与当时的考官吕东莱成了好友。后来经吕东莱的介绍，与朱子有了鹅湖会谈。虽然这次会谈没有结果，但朱子对他的为人和学识仍然非常钦佩，所以六年之后又请他到白鹿洞书院讲学，留下了那篇有名的"君子喻于义，小人喻于利"。

象山在政治上的活动时间虽然简短，表现却很突出。他自四十三岁后的五年间，曾做过国学的教授、敕令的删定官以及崇道观的主管，后来又辞职回家讲学。五年之后，他又奉命治理湖北荆门军。在他生命的最后两年，他一面筑城池、修武备，把荆门治理得井井有条；另一面更开学堂，讲学不辍，直至耗尽最后一点元气。陆象山死时只有五十四岁。他留下来的作品不多，只是一些书信、讲义和语录，后被编成了《陆象山全集》。

象山本无师承，据全祖望说：

程门自谢上蔡以后，王信伯、林竹轩、张无垢（九成）至于林艾轩，皆其前茅，及象山而大成。（《宋元学案·象山学案》）

这段话虽然不是谨严的学统考证，也没有指出他们之间的师承关系，但象山和明道及其门人的思想是前后呼应的。如象山曾公开征引明道、赞美明道。他说：

> 塞宇宙一理耳。学者之所以学，欲明此理耳。此理之大，岂有限量？程明道所谓"有憾于天地"，则大于天地者矣，谓此理也。（《陆象山全集·与赵咏道书》）
>
> 元晦似伊川，钦夫似明道。伊川蔽固深，明道却通疏。（《陆象山全集·语录》）

所以朱陆之间的对立，也被后人视为伊川与明道之间思想差异的扩大与鲜明化。（钱穆《宋明理学概述》）

象山的思想有两个重点。

一、宇宙即吾心、吾心即宇宙

象山曾说：

> 四方上下曰宇，往古来今曰宙。宇宙便是吾心，吾心便是宇宙。千万世之前，有圣人出焉，同此心同此理也。千万世之后，有圣人出焉，同此心同此理也。东南西北海有圣人出焉，同此心同此理也。（《陆象山全集·杂著》）

在这里，一方面象山把宇宙纳入吾心。而宇宙是外在的山河大地，如何能纳入吾心？他强调"塞宇宙一理耳"，即把宇宙化为一理而搬入心中，这是打破了空间的隔阂。另一方面他又把吾心化为宇宙。而吾心存于此时此刻，又如何能和宇宙同流？于是他强调"心皆具是理"（《陆象山全集·与李宰书二》），由心即理而沟通此心与千万世前及千万世后之圣人的心，而打破了时间上的局限。

象山这种把宇宙和吾心打成一片的思想与程朱派的学说显然不同。伊川和朱子虽然认为万物都有理，人心也有理，但他们认为万物之理存在于外，人心可以通过穷理致知的功夫，了解万物的理，以反躬自省。至于说人心有理，乃是说人心中的性是理，但人心中还有气质，还有情，它们却不是理。所以程朱只说理在万物，而不说吾心即宇宙；只说性即理，而不说心即理。

象山这套思想，值得注意的有两点。

首先，他把宇宙纳入吾心，这显然是一种形而上化的做法。事实上，所谓心学，或任何偏向于唯心倾向的思想，都多多少少偏重于形而上学。因为要想排去物质，就必须先使物质形而上化。同样，象山须先把宇宙化为理，然后才能纳宇宙于吾心。

其次，象山虽然形而上化了宇宙，但他的思想绝不是一套概念的或空虚的形而上学。甚至于他比程朱一系的理学家还更活泼，因为理学家讨论到心和理的关系时，犹落于概念式的分析，象山却直指吾心。我们要特别注意他拎出吾心的"吾"字，说明了他所指的心，乃是此时此刻实实在在、生动活泼的心。如他说：

> 心只是一个心。某之心，吾友之心，上而千百载圣贤之心，下而千百载复有一圣贤，其心亦只如此。心之体甚大，若能尽我之心，便与天同。(《陆象山全集·语录》)

象山的心学虽有唯心倾向，但与西方的唯心论不同，因为西方的唯心论乃是概念的分析，而象山的心学有实证的功夫。

二、先立乎其大者

象山曾说：

> 吾之学问，与诸处异者，只是在我全无杜撰。虽千言万语，只是觉得他底在我不曾添一些。近有议吾者云："除了'先立乎其大者'一句，全无伎俩。"吾闻之曰："诚然。"(《陆象山全集·语录》)

他所谓"全无杜撰""觉得他底",就是指他的学问完全发自本心,而他所谓"先立乎其大者",就是要先立本心。在这方面他是直承孟子尽心、收放心的思想。

象山自认他除了"先立乎其大者"一句,全无伎俩,事实上这一句虽简,却大有文章。以这句话中的两个关键字来看,一个是立,另一个是大。

什么是立?第一步就是立志。本来讲立志,只是老生常谈,可是象山把立志当作他教学和为学的起点,也是一个最重要的功夫。他说:

> 夫子曰:"吾十有五而志于学。"今千百年无一人有志,也是怪他不得。志个甚底?须是有智识,然后有志愿。(《宋元学案·象山语录》)

象山说千百年无一人有志,虽然有点偏激,但在这里也可看出他对"立志"两字的陈义甚高,并不是泛泛地立一个普通的志愿而已。他又说:

> 学者须是有志。读书只理会文义,便是无志。(《陆象山全集·语录》)

可见他视那些讲文义、重注疏的知识不是真正的学问。他所谓志,在那篇"君子喻于义,小人喻于利"的演讲中说得很明白,就是志于义。

立的第二步,也就是所谓的自立。如他说:

> 大凡为学,须要有所立。《论语》云:"己欲立而立人。"卓然有不为流俗所移,乃为有立。须思量天之所以与我者是甚底,为还是要做人否?理会得这个明白,然后方可谓之学问。(《宋元学案·象山语录》)

所谓自立,就是人在立志之后,便应一切本于志而行,不为外界任何情势所动。立志做圣贤固然很好,但所做的乃是圣贤的事,而非圣贤的名。如果斤斤于圣贤之名,便是附于物,并不是自立。如他说:

> 今人略有些气焰者,多只是附物,原非自立也。若某则不识一个字,

亦须还我堂堂地做个人。(《宋元学案·象山语录》)

"堂堂地做个人",这就是立志,这就是自立。

可是"堂堂地做个人"又与"立乎其大"有什么关系?原来象山所谓大是指人的心,"堂堂地做个人"就是要堂堂正正地尽一个做人的心。

这个心之所以能称为大,是因为对内来说,它是人的本心,也为一切义理是非的所出。《宋元学案》中曾有一段论本心的故事:

四明杨敬仲(即杨简)……问:"如何是本心?"先生(象山)曰:"恻隐,仁之端也;羞恶,义之端也;辞让,礼之端也;是非,智之端也。此即是本心。"对曰:"简儿时已晓得,毕竟如何是本心?"凡数问,先生终不易其说,敬仲亦未省。偶有鬻扇者讼至于庭,敬仲断其曲直讫,又问如初。先生曰:"闻适来断扇讼,是者知其为是,非者知其为非,此即敬仲本心。"敬仲大觉,忽省此心之无始末,忽省此心之无所不通。(《宋元学案·象山学案》)

这种能知是非之心,也就是良知。

这个心对外来说,为宇宙之理。如他说:

万物森然于方寸之间,满心而发,充塞宇宙,无非此理。(《宋元学案·象山语录》)

这是说心中的理,可以充塞整个宇宙,这也就是心之所以为大。象山要"先立乎其大者",就是要先在心中去体认这个理。所以象山不说穷理,而说明理。如:

伯敏云:"如何样格物?"先生云:"研究物理。"伯敏云:"天下万物不胜其繁,如何尽研究得?"先生云:"万物皆备于我,只要明理。"(《陆象山全集·语录》)

要明什么理？所明的是天理，是仁义礼智。如他说：

> 仁即此心也，此理也。求则得之，得此理也。先知者，知此理也。先觉者，觉此理也。爱其亲者，此理也。敬其兄者，此理也。见孺子将入井而有怵惕恻隐之心者，此理也。可羞之事则羞之，可恶之事则恶之者，此理也。是知其为是，非知其为非，此理也。宜辞而辞，宜逊而逊者，此理也。敬此理也，义亦此理也。内此理也，外亦此理也。（《陆象山全集·与曾宅之书》）

可见象山所要明的理，是德行的理。这个理充塞于宇宙之间，宇宙也就是一个德行的宇宙。所以象山开启的心学，实际上是一套心性修养之学。

第三节 自南宋到元明的思想发展

在朱子和陆象山之外，还有几位重要的学者，如陈亮（龙川）、叶适（水心）和吕东莱等。他们都是浙江人，虽都和朱子相识，但思想不相投。他们主张功利，而不愿高谈性理之学。虽然吕东莱曾有意调和朱子与象山之间的争论，但这并不表示他承袭了这两方面的思想。事实上，他们之所以讲功利，就是因为不满朱陆讲理、讲心的偏于空谈。不过，在当时朱陆两大系统的遮盖下，他们的思想并未能得到很好的发展，直到清代的颜习斋等人出来，才能得到呼应。

在朱子之后，门人有蔡元定、蔡沈（元定之子）、黄榦、陈淳、辅广、詹体仁等。詹体仁传真德秀，再传王埜，三传王应麟。辅广传余端臣，再传王文贯，三传黄震。黄榦传饶鲁，再传程若庸，三传吴澄（草庐）。另外由何基传王柏，再传金履祥，三传许谦，四传宋濂。由此可见朱子的门人承传之广。不过他们的思想都沿袭了程朱理学的路线，并没有特殊的成就。

在象山之后，门人有杨简（慈湖）、袁燮、舒璘、沈焕等，但其承传都衰弱不振。唯杨慈湖把握了象山所传的本心，著有《己易》一书，直说"易者，己也，非有他也""在天成象，在地成形，皆我之所为也""天地我之天地，变化我之变化，非他物也"，变成了极端的唯我论、唯心论。他的弟子钱时，数传而到元代，有郑玉（师山）、赵汸（东山）。然这一脉犹盛，但比起程朱学派来则逊色多了。

到了元代，蒙古族入主中原。在这九十年中，虽然他们对中原文化也非常推崇，他们尊孔子，封二程，重用南宋遗老，但许多讲气节的学者不愿为朝廷所用。再加以元朝信佛，以喇嘛教为主，所以儒家思想即使被尊崇，也始终无法成气候。

在这期间，程朱学派有赵复、姚枢、许衡、刘因等人，象山学派有李纯甫、陈苑、赵偕等人。但真正值得一提的是采取调和折中论的吴草庐和郑师山。吴草庐为朱子的四传弟子，属于程朱学派，可是他同时也推崇象山的思想。至于郑师山则出于象山的系统，但也尊崇程朱的思想。他们两人都执折中的看法，希望调和朱陆两家的争论，这是元代思想的一个特色。

到了明初，由于太祖光复汉统，重整中国文化，于是研究经典的程朱学派俨然成了官学。当时，主要的儒者，如宋濂、王祎、方孝孺、薛瑄、吴与弼、胡居仁等，都属程朱学派。

可以说，由南宋到明初的这段时期，似乎都是程朱学派的天下，象山的思想始终未能扩大，其主要原因是程朱学派承继了北宋五子（即邵雍、周敦颐、张载、程颢、程颐）的思想，到朱子而集大成。他们提倡主敬与致知并行，重经典的研究，适合朝廷设科取士的需要，所以容易变成官学而大为流行。相反，象山学派属异军独起，前无师承，虽然和明道的思想相呼应，但是他们的思想、功力都在于自己的体悟。尤其是象山所倡的思想，偏重直观，境界过高，如果后学没有极高的才分，就很难发扬光大。这也是自南宋到明初程朱学派独盛的原因。

第四节　明代心学的先驱

明初诸儒虽然都属于程朱学派，但是明太祖猜忌成性，滥杀功臣，且明代的君主们大多昏庸无能，导致奸宦当权。因此一方面真正的鸿儒硕学都不愿干预朝政，另一方面程朱学派的儒生为了避免祸患，都走入了烦琐的路子。在这样的环境下，学者们都把思想的探照灯转向内心，这正是心学发展最有利的时机。

明初以后，整个学术界一变而为心学的天下。在这一转变中，有位重要的心学先驱，一面承接象山，另一面开启阳明，他就是陈献章。

陈献章（1428—1500），字公甫。广东新会白沙里人，因而被称为白沙先生。他曾问学于程朱学派的吴与弼，发愤读书，足不出户。他不仅遍读儒学经籍，还旁涉佛、老及稗官小说。可是后来他发现这样的博览与自己的身心毫不相涉，觉得"夫学贵乎自得也"，于是便筑一台，取名为阳春，终日静坐其中去体验心中之理。这是他一生思想转变的关键。

他的一生非常平淡，曾屡次参加会试而不及第，没有做过一天官，可是他在发展心学上的功劳很大。他的弟子湛甘泉（若水）、林光（缉熙）都在心学上有极大的贡献，尤其是湛若水和王阳明是好朋友，两人之学虽有不同，但在当时的学术界除了阳明的姚江学派外，湛若水的甘泉学派虽不如姚江学派的声势浩大，但也是源流不断的。

不过湛若水虽为白沙的弟子，继承了"随处体认天理"的思想，可是若水的思想后来走入了程伊川的路子，他不主张静而主张敬，这已溢出了白沙思想的范畴。所以真正继承了白沙思想的路子，往前更迈进一步的，乃是阳明。阳明虽与白沙并无师承关系，但他们在思想发展上的步调是一致的。所以白沙的思想可以说是阳明思想，或有明一代心学的先导。

白沙的思想有两个重点。

一、宇宙在我

陆象山说："宇宙便是吾心。"杨慈湖说："天地我之天地。"白沙承继了这一思潮而说：

> 此理干涉至大，无内外，无终始，无一处不到，无一息不运。会此，则天地我立，万化我出，而宇宙在我矣。得此把柄入手，更有何事？往古

来今，四方上下，都一齐穿纽，一齐收拾，随时随处，无不是这个充塞。(《南川冰蘖全集·与林缉熙书》)

把整个宇宙搬入心中，这是心学派共同的特色。不过象山虽然认为这个理在心中，也充塞宇宙，但象山所讲的理，是指仁义礼智的理，有分辨是非的特性。而白沙所讲的理，用他自己的话说是"滚作一片，都无分别"(《与林缉熙书》)，他所谓"无内外，无终始"的理，似乎带有浓厚的禅学色彩。

二、静中养出端倪

白沙为学的功夫，完全在于他所说的：

> 为学须从静中养出个端倪来，方有商量处。(《白沙子全集·与贺克恭黄门》)

这句话有两个重点，一是静，二是端倪。

所谓静，就是指静坐。他曾自描为学经过说：

> 比归白沙，杜门不出，专求所以用力之方。既无师友指引，惟日靠书册寻之，忘寝忘食，如是者亦累年，而卒未得焉。所谓未得，谓吾此心与此理未有凑泊吻合处也。于是舍彼之繁，求吾之约，惟在静坐。久之，然后见吾此心之体，隐然呈露，常若有物。日用间种种应酬，随吾所欲，如马之御衔勒也。体认物理，稽诸圣训，各有头绪来历，如水之有源委也，于是涣然自信曰："作圣之功，其在兹乎！"有学于仆者，辄教之静坐。(《白沙子全集·复赵提学佥宪》)

白沙的自学和教人都叫人静坐。不过他的静坐与程朱学派及禅宗的静坐又略有不同，程朱学派的静坐是叫人静下心来专主一事，禅宗的静坐乃是要见本来面目，白沙的静坐却要养出个端倪来。

所谓端倪，就是善端。如他说：

夫养善端于静坐，而求义理于书册，则书册有时而可废，善端不可不涵养也。(《南川冰蘖全集·与林缉熙书》)

而他的弟子林缉熙在《明故翰林院检讨白沙先生墓碣铭》中也说：

先生教人，其初必令静坐以养其善端。

至于什么是善端，他又说：

大意只令他静坐，寻个端绪，却说上良知良能一节，使之自信，以去驳杂支离之病。(《南川冰蘖全集·与林缉熙书》)

在这里我们可以看出，他所讲的心之理虽然滚作一片，有如佛家，他所讲的静坐，其方法虽然和佛家的禅定相似，但他所养的端倪，是善端，是良知良能，在这一点上他又超出了佛家。而在这方面继承他的步伐，变得更为明朗而切实，且有功夫理论可循，构成心学的一个最重要的思想的，乃是王阳明。

第五节　王守仁在心学上的伟大成就

王守仁(1472—1529)，字伯安，又称阳明先生。浙江余姚人。他少时曾从吴与弼的门人娄谅问学，专心于格物，对着竹子一连格了好几天，格得身体出了毛病，于是便放弃了程朱学派的格物穷理之说。接着他又学兵法，学诗文，想做英雄，做文豪。后来他又对道教产生了兴趣，筑室阳明洞中，苦练导引之术，结果发现这只是玩弄精神而已，于是便决心求圣人之学。

在三十五岁那年，他因上疏而得罪宦官刘瑾，被贬谪为贵州龙场驿丞。在那偏僻的蛮荒地带，外在的挫折与环境的闭塞，促使他转向内心去下功夫，终于在某日深夜，大悟格物致知的道理，了解向外求理的错误，至此奠定了他一生学说的基础。

自此以后，他不但在心学的发展上一步步形成了体系，而且在事功上更有惊人的表现。在被贬后的第三年，他又调升为江西庐陵的县令。刘瑾伏诛后，他受召回京，升任为吏部主事、太仆寺少卿、鸿胪寺卿等职。后来由于贼寇横行于湖南、江西、福建、广东等省，兵部尚书王琼推荐阳明为右佥都御史巡抚南赣。于是阳明从一介书生一变而为马上英雄。在十几年间，他屡建奇功，先是剿清了湖南等地的流寇，接着又平定了宁王朱宸濠的反叛。最后，也是他生命最终的两年，他征服了广西的土酋，安定了南疆。在五十五岁时，他病倒而逝。征战十几年，他不但没有气馁，反而留下了那句不朽的名言：

> 破山中贼易，破心中贼难。（《与杨仕德薛尚谦书》）

阳明的著作有《王文成公全书》，其中最能代表他思想的是《传习录》一书和《大学问》一文。

阳明一生思想精要，可概括在《大学问》一义之中。他在龙场驿所悟的就是《大学问》中所谈的格物致知的问题，后来所提倡的致良知和知行合一的思想，也即《大学问》中所谈良知的实践。据记录《大学问》一文的钱德洪说：

> 《大学问》者，师门之教典也。学者初及门，必先以此意授，使人闻言之下，即得此心之知，无出于民彝物则之中，致知之功，不外乎修齐治平之内，学者果能实地用功，一番听受，一番亲切。（《王文成公全书·大学问》）

现在我们根据《大学问》和《传习录》中所谈的主要问题，可以概括出阳明思想的两条重要路线。

一、从心即理到一体之仁

这是阳明对宇宙、本体及心与理的看法。

1. 心即理

本来"心即理"的思想是心学派共同的特色。象山讲心即理，白沙讲心即理，阳明也讲心即理。从表面上看，他们讲的心即理与程朱学派讲的性即理不同，事实上，程朱学派把心分作情和性，认为心中之性是理，心中之情因为有欲所以不是理。可是心学派，对于心中是否有情的问题不谈，他们把欲排除在心之外，把情纯化为性，因此他们所指的心就是性。如阳明说：

> 心即理也。天下又有心外之事、心外之理乎？……此心无私欲之蔽，即是天理，不须外面添一分。以此纯乎天理之心，发之事父便是孝，发之事君便是忠，发之交友、治民便是信与仁，只在此心去人欲存天理上用功便是。（《传习录》上）

他说"此心无私欲之蔽，即是天理"，那么有人欲之蔽的是什么呢？他没有说明。但以他的理论来看，人欲是欲，而不是心，因为心是性。如：

> 或问："晦庵先生曰：'人之所以为学者，心与理而已。'此语如何？"曰："心即性，性即理。下一'与'字，恐未免为二。此在学者善观之。"（《传习录》上）

可见阳明所谓心就是性，因为性是理，所以心就是理。在这方面，陆王学派的心即理与程朱学派的性即理似乎没有什么差别。但问题是，程朱学派把性收敛在心之内，与外界的一切形成了隔离的现象，这也就是陆王学派批评他们支离的原因。陆王学派乃是把心无限扩大，融合了性和物而为一。如阳明说：

> 心外无物，心外无事，心外无理，心外无义，心外无善。(《王文成公全书·与王纯甫书》)

他对于心外无物，还有具体的说明：

> 先生游南镇，一友指岩中花树问曰："天下无心外之物，如此花树，在深山中自开自落，于我心亦何相关？"先生曰："你未看此花时，此花与汝心同归于寂；你来看此花时，则此花颜色一时明白起来，便知此花不在你的心外。"(《传习录》下)

又说：

> 可知充塞天地中间，只有这个灵明，人只为形体自间隔了。我的灵明，便是天地鬼神的主宰。天没有我的灵明，谁去仰他高？地没有我的灵明，谁去俯他深？鬼神没有我的灵明，谁去辨他吉凶灾祥？天地鬼神万物离却我的灵明，便没有天地鬼神万物了。我的灵明离却天地鬼神万物，亦没有我的灵明。如此，便是一气流通的，如何与他间隔得？(《传习录》下)

从这两段话来看，阳明思想似乎是彻底的唯心论。如果再走下去，便会变为极端的唯我论或极端的虚无论。可是阳明在说了"我的灵明离却天地鬼神万物，亦没有我的灵明"之后，把这个问题拉了回来，转入了另一个方面。这一方面，就是他在《大学问》中所提出的一体之仁。

2. 一体之仁

就心即理的说法来看，这犹是一个观念理论上的问题，尚没有触及活泼的心。那么，这个心又是什么样的心呢？阳明在《大学问》中有一段最精要的说明：

> 大人者，以天地万物为一体者也。其视天下犹一家，中国犹一人焉。若夫间形骸而分尔我者，小人矣。大人之能以天地万物为一体也，非意之也，其心之仁本若是，其与天地万物而为一也。岂惟大人，虽小人之心亦莫不然，彼顾自小之耳。是故见孺子之入井而必有怵惕恻隐之心焉，是其仁之与孺子而为一体也……见瓦石之毁坏而必有顾惜之心焉，是其仁之与瓦石而为一体也。是其一体之仁也，虽小人之心，亦必有之，乃根于天命之性，而自然灵昭不昧者也，是故谓之明德。(《王文成公全书·大学问》)

这是说人与万物是一体的，这不是缘于理论的虚构，也不是缘于不实的想象，而是来自灵昭不昧的心体，来自天地万物为一的仁心。这种一体的仁心，在《大学》中称为"明德"，在新儒学中就称为"天理"。在这里阳明把心即理的问题，带入孔孟思想的仁心中，这是阳明思想能超出唯心论的范围，成为真正儒家思想的原因。

二、从良知到致良知

前面阳明思想由心即理发展到一体之仁，这是就本体上来说的。至于由体起用，如何去实践这一体之仁，这就是他所谓的致良知的功夫。

1. 良知与知行合一

"良知"两字早见于《孟子》，是指心的善端。象山所要"先立乎其大者"，白沙所要"从静中养出个端倪来"，指的都是善端，也就是良知。不过象山和白沙对于"良知"两字没有多谈，阳明却大论良知。良知可说是阳明心学思想中的关键。

根据《阳明先生年谱》记载，他三十七岁在龙场的一悟，悟出了格物致知的道理。《阳明先生年谱》中说：

> 忽中夜大悟格物致知之旨……始知圣人之道，吾性自足，向之求理于事物者误也。(《阳明先生年谱》三十七岁)

这段话虽然没有说明他悟道的内容，但从他一生为学的经历中可以看出，在此之前他接触的都是程朱学派向外格物穷理的学说，因此始终无法了解的乃是向外求物理。所得的是外在的知，又如何能与自己的心相关涉？如果依照程朱学派的穷理方法，《大学》一文中所说的格物致知和诚意正心，便变成了外在和内在、知识和德行两套不相贯穿的功夫。所以他批评说：

> 朱子所谓格物云者，在即物而穷其理也。即物穷理，是就事事物物上，求其所谓定理者也。是以吾心而求理于事事物物之中，析心与理为二矣！（《传习录》中）

阳明所悟的乃是致知的"知"，不是心外的知，因此格物的"物"，也不是心外之物。如他说：

> 致知云者，非若后儒所谓充广其知识之谓也，致吾心之良知焉耳。良知者，孟子所谓"是非之心，人皆有之"者也。是非之心，不待虑而知，不待学而能，是故谓之良知。（《王文成公全书·大学问》）

又说：

> 格者，正也。正其不正，以归于正之谓也。正其不正者，去恶之谓也。归于正者，为善之谓也。夫是之谓格。（《王文成公全书·大学问》）

在阳明把格物的"格"解作去恶，把致知的"知"解作良知后，格物致知便是向内的明理，与诚意正心连成了一套功夫。

在阳明悟出了格物致知的道理后，根据《阳明先生年谱》所载，第二年他便提出了知行合一的学说。如：

> 始席元山书提督学政，问朱陆同异之辨。先生不语朱陆之学，而告之

以其所悟，书怀疑而去；明日复来，举知行本体，证之五经诸子，渐有省，往复数四，豁然大悟。(《阳明先生年谱》三十八岁)

这里所谓"知行本体"，就是指知行的本体是合一的。如后来阳明和徐爱讨论知行合一的问题时说：

> 徐爱因未会先生知行合一之训，决于先生。先生曰："试举看。"爱曰："如今人已知父当孝、兄当弟矣，乃不能孝弟，知与行分明是两事。"先生曰："此被私欲隔断耳，非本体也。圣贤教人知行，正是要人复本体。故《大学》指出真知行以示人曰：'如好好色，如恶恶臭。'夫见好色属知，好好色属行，只见色时已是好矣，非见后而始立心去好也；闻恶臭属知，恶恶臭属行，只闻臭时已是恶矣，非闻后而始立心去恶也。又如称某人知孝、某人知弟，必其人已曾行孝行弟，方可称他知孝知弟，此便是知行之本体。"(《阳明先生年谱》三十八岁)

这个"本体"就是良知，所以阳明是就良知上说知行合一的。他在《大学问》中曾说：

> 天命之性，粹然至善，其灵昭不昧者，此其至善之发见，是乃明德之本体，而即所谓良知者也。至善之发见，是而是焉，非而非焉，轻重厚薄，随感随应，变动不居，而亦莫不自有天然之中。(《王文成公全书·大学问》)

"粹然至善""灵昭不昧"是良知的知，而"至善之发见，是而是焉，非而非焉"是良知的行，可见知行在良知上是合一的。阳明之所以在良知本体上说知行合一，乃是把行拉入心中，使行完全归属于知，自然而成心学上的一套功夫。如果行外在于良知，也就是外在于心的话，便不是必然听命于知，知行就变成了两截。如果知行变成两截，心就软弱无能，失去了作用，而陆王学派所讲的心学就成了空中楼阁、不切实际的玄谈了。所以阳明由良知说到知行合一，这是由体起用，发挥心的功能，以支配一切行为。

2. 致良知的心法

《阳明先生年谱》中记载，阳明五十岁那年，"始揭致良知之教"。这离他三十七岁悟出良知后，已有整整十三年之久。事实上，他在悟出致知的"知"是良知时，已经含有致良知的意义，而他在强调知行合一时，也已经关涉到致良知的运用，可是为什么在十三年后，始揭致良知之教呢？《阳明先生年谱》中曾记载他写信给门人邹守益说：

> 近来信得"致良知"三字，真圣门正法眼藏。往年尚疑未尽，今自多事以来，只此良知，无不具足。譬之操舟得舵，平澜浅濑，无不如意；虽遇颠风逆浪，舵柄在手，可免没溺之患矣！（《阳明先生年谱》五十岁）

可见他早就有致良知的观念，只是尚未完全成熟。后来经过十几年政治上的经历、战场上的磨炼及生活上的体验，终于参透致良知的道理，而把致良知当作教导学生唯一的心法。

虽然致良知只有三个字，但运用起来，既可作内圣的修养，也可成外王的功业。如：

> 彼此但见微有动气处，即须提起致良知话头互相规切。凡人言语正到快意时，便截然能忍默得；意气正到发扬时，便翕然能收敛得；愤怒嗜欲正到腾沸时，便廓然能消化得：此非天下之大勇者不能也。然见得良知亲切时，其功夫又自不难。缘此数病，良知之所本无，只因良知昏昧蔽塞而后有，若良知一提醒时，即如白日一出而魍魉自消矣。（《王文成公全书·与黄宗贤书》）

这是对内的心性修养。他又说：

> 世之君子，惟务致其良知，则自能公是非，同好恶，视人犹己，视国犹家，而以天地万物为一体，求天下无治，不可得矣！古之人所以能见善不啻若己出，见恶不啻若己入，视民之饥溺犹己之饥溺，而一夫不获若己推而纳诸沟中者，非故为是而以蕲天下之信己也，务致其良知，求自慊而已矣！（《传习录》中）

这是推己心而成就外王的功业。

在这里我们可以看出，阳明提出致良知，不但为他的心学建立了一套最简易直接的功夫，而且也使心学的发展达到了登峰造极的境界。

第六节 陆王心学与禅学的关系

陆王心学常被程朱学派视为禅学而加以非议。关于这个问题，我们可以从三个方面来探讨。

一、陆王心学与禅学的相似

1. 理论上的相似

禅学有两个最基本的特色，就是不立文字和明心见性。前者是对传统佛学的超越，后者是禅学精神的所在。陆王心学似乎在此和禅学是同一步调。

就不立文字这点来说，陆王的心学没有极端到不用语言文字的地步，事实上纯正的禅学家也不反对用语言文字，只是不执着而已。在这方面陆王心学显然是受到禅宗的影响的，因为传统的儒家都是以儒家经典为唯一的依据，只有陆象山首发其难而说：

> 学苟知本，六经皆我注脚。（《陆象山全集·语录》）

接着陈白沙说：

> 抑吾闻之，六经，夫子之书也，学者徒诵其言而忘味，六经一糟粕耳，犹未免于玩物丧志。(《白沙子全集·道学传序》)

王阳明也说：

> 夫学贵得之心，求之于心而非也，虽其言之出于孔子，不敢以为是也，而况其未及孔子者乎？(《传习录》中)

他们这种重视心而不重视经典的思想，可说和禅学家的作风如出一辙。这种态度固然是在经典注疏太过烦琐之后的一种解放，但禅宗的尝试在前，不能说禅学对陆王心学没有很大的启示。

再就明心见性来说，这也正是心学之所以为心学。以前的儒家都注重经典的言教，只有孟子讲求本心。不过孟子的思想乃是重在扩充仁心而为仁政，他论性善也只是为了提出仁政的理论依据而已。陆王心学却不然，他们完全是拿心当作唯一的目标来做功夫。他们的整个思想都是集中在心上，去讲涵养，去求体悟。他们认为做学问只能向心中做，心之外无物、心之外无理、心之外无道义，这种思想与禅学的只求明心见性是前后呼应的。

2. 方法上的相似

禅宗悟道的路子有两条，一是禅定，二是顿悟。禅定的主要方法是坐禅。虽然惠能对于坐禅并不赞成，且对禅定有特殊的解释，但禅师们的日常生活仍然离不了坐禅，只是在坐禅时他们不像传统坐禅那样重视数息和观想，而是用参话头的方式来求悟。陆王心学也都重视静坐。如陈白沙说：

> 老拙每日饱食后，辄瞑目坐竟日。(《白沙子全集》)

王阳明也说：

"……兹来乃与诸生静坐僧寺，使自悟性体，顾恍恍若有可即者。"既又途中寄书曰："前在寺中所云静坐事，非欲坐禅入定也，盖因吾辈平日为事物纷拿，未知为己，欲以此补小学收放心一段功夫耳。"(《阳明先生年谱》三十九岁)

在这方面，陆王学派和程朱学派可说都受到了佛家坐禅的影响。不过程朱学派对静坐的看法是静下心来，使精神集中于事上，也就是做主敬主一的功夫，而陆王学派在静坐时，则专门在心上做功夫。显然陆王学派比程朱学派更近乎禅学了。

禅学最大的特色是顿悟。陆王学派向内心求悟，重视简易直接，类似于顿教，尤其是王阳明更公开表明运用顿悟之法来教导学生。譬如他在天泉桥曾对钱德洪和王汝中（王畿）两个学生说：

二君之见，正好相资为用，不可各执一边。我这里接人，原有此二种。利根之人，直从本原上悟入，人心本体原是明莹无滞的，原是个未发之中。利根之人，一悟本体即是功夫，人己内外，一齐俱透了。其次不免有习心在，本体受蔽，故且教在意念上实落为善去恶，功夫熟后，渣滓去得尽时，本体亦明尽了。(《传习录》下)

这完全是禅学的顿悟，而致良知便变成参悟的话头了。因为阳明曾自认说："彼此但见微有动气处，即须提起致良知话头互相规切。"

二、陆王心学与禅学的不同

1. 从本质上来看

禅学与传统佛学一样，其本质是建立在空寂上的。尽管禅学讲自性，求本来面目，但说来说去仍然脱不了"本来无一物"的空的境界。陆王心学却不然，他们讲心即理，这个理是实实在在的。如象山说：

> 千虚不博一实，吾平生学问无他，只是一实。(《陆象山全集·语录》)

阳明说：

> 夫心之本体，即天理也。天理之昭明灵觉，所谓良知也。(《王文成公全书·答舒国用书》)

可见陆王心学所指的本体是实理，是良知，也即孔孟的仁义礼智之端，这和禅学所讲的"本来无一物"绝不相同。

2. 从作用上来看

由于禅学的本质是建立在空寂上的，因此他们悟入空寂的境界都是走破执的路，也就是摧破两边的执着，要无是无非、无始无终、无自无他、无圣无凡。而且他们走的几乎都是单线道，也就是都在返本还源上用功夫。虽然陆王心学也讲向心内去悟，但是他们所讲的都是把理实践出来，他们的功夫都用在实际的事务上。如象山说：

> 万物皆备于我，只要明理。然理不解自明，须是隆师亲友。(《陆象山全集·语录》)

阳明更说：

> 凡可用功，可告语者，皆下学。上达只在下学里。凡圣人所说，虽极精微，俱是下学。学者只从下学里用功，自然上达去，不必别寻个上达的功夫。(《传习录》上)

所谓"理不解自明"，就是要我们不必在理上下功夫，而要把功夫放在"隆师亲友"的实际事务上。所以禅学是要绝弃下学，他们所谓"茶来喝茶，饭来吃饭"也只是求不起心造作，而不是下学。陆王心学却是要在实际的伦理关系中，去学习，去磨炼，喝茶有喝茶的礼仪，吃饭有吃饭的规矩。

三、从中国哲学发展上来看它们之间的关系

中国哲学自先秦以来，以儒家为主流。儒家的思想完全是一种内圣外王之学。其他各派的思想虽然在方法上各有不同，但都朝着内圣外王之学的方向走，所以他们的思想也或多或少地可归入这一主流。儒家的内圣外王之学是具体表现在理论上的，这就是《大学》的八目，即格物、致知、诚意、正心、修身、齐家、治国、平天下。整个宋明新儒家们最大的努力与贡献，就是把这八目构搭成一套内圣外王之学的体系，以消除佛学在中国文化上所造成的一些不良影响。在这个方面，不仅程朱学派的理学家，尤其还有陆王学派的心学家，可以说都是纯粹的儒家。

再就印度佛学传入中国之后的发展来看，由于佛学是一种心性修养之学，在魏晋时期，先是道家思想和佛家思想调和折中，使印度佛学的心性之学转变成中国佛学的心性之学。到了隋唐时期，有华严宗和天台宗的一真法界和一念三千的思想，我们可以称它们为中国佛学里的心学。后来在唐代，禅宗崛起，首先便以"即心是佛"为宗旨，接着惠能的"明心见性"更开拓了此后中国禅宗数百年的历史，所以禅宗实际上可称为中国哲学上的心学。到了宋明时期，陆王学派出现，承接孔孟的精神，也高举心学的旗帜。虽然在维护儒家的思想上，他们公开排佛，但因承接着一连串心学思潮的运动，所以他们融合了中国佛学的思想。就拿王阳明来说，我们可以说他是标榜儒家的心学以排佛，也可以说他是运用佛家的思想以建立儒家的心学。无论我们如何看他，有一点事实却是千真万确的，那就是自王阳明心学完成以后，整个明代便是心学的天下，这时禅宗的法统已奄奄一息，衰弱不振。这里似乎暗示了王阳明已把禅宗的精神活用在儒家思想中，取代了禅宗在中国哲学史上的地位。

第七节 整体生命哲学论

用整体生命哲学的三角形来看陆王心学思想，如下图：

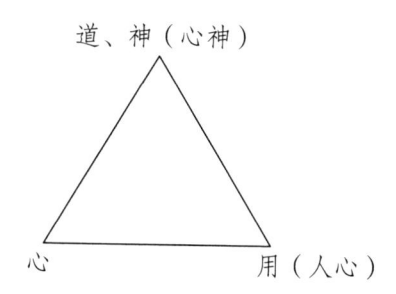

```
            道、神（心神）
              /\
             /  \
            /    \
           /      \
          /_____\
        心         用（人心）
```

虽然陆象山与王阳明也谈"理"，我们统称他们的思想为宋明理学，但陆、王两人的中心思想仍是一个"心"字。常有人以唯心论来看他们的学说，但这和西方的唯心论不同。西方唯心论的"心"是观念，而陆王的"心"是用我把"心"分为四个层次，即形体心、意识心、理智心和精神心（心神），是属于精神的"心"，即在三角形顶端的"道"或"神"。他们的"心"是最高的精神境界，是把理智心和人心打成一片。尤其王阳明受禅宗顿悟和明心见性的影响，所以他的"心"也是直接的，是以道、理、用为一体的。

第二十二章　在转向中展望中国哲学

第一节　自阳明以后中国哲学的转向

一、明末思想的消沉

虽然阳明把心学带上了高潮，影响了此后明代的整个学术界，但他也使心学走上了绝境，使得他之后的心学走入了空疏的路子。因为阳明既天资聪颖，又切实好学，他的致良知学说可说凭着一生的思想体验和生活实践而证得。可是自他开创致良知之教后，只是三个字的心传，他的弟子们天资聪颖的固然可以由此而悟入，不过他们缺乏阳明悟道前那段痛苦的经历，只是捡了现成的话头，因此容易只在观念上把捉，而流于空疏。如阳明就曾告诫学生：

> 吾与诸公讲致知格物，日日是此，讲一二十年，俱是如此。诸君听吾言，实去用功，见吾讲一番，自觉长进一番。否则只作一场话说，虽听之亦何用。（《传习录》下）

即使他的弟子能在生活上去实践，也只是在致良知的运用上去下功夫，并不能在致良知之外有所创新、发展。如不能在生活上实践，而徒然在心中下功夫，便很容易走入禅学的路子。

事实上正是如此。在阳明之后，他的弟子虽然很多，但都在致良知上打转。除了王艮重视实学实行外，其他弟子如邹守益、钱德洪讲无欲，聂豹倡归寂，罗洪先主静，王畿重无念，可说都只注重心上的功夫，而走向了禅学的一边。尤其王畿更在公开征引了惠能"不思善，不思恶"的思想后而说：

> 夫良知不学而知，即一念起，千里失之。此孔孟同归之指，而未尝整于《诗》《书》者也。会须大彻大悟，始足以破千古之疑而析毫厘之辨也。
>（《龙溪全集·答南明汪子问》）

象山、白沙、阳明所讲的心中之理，乃是善端，也是一念的善心，而王畿连一念也要绝灭，岂不是一派禅家的论调？本来阳明所生的时代，正是禅宗走入狂禅之途，而流于没落的时代。阳明思想的产生，也正是以儒家心学取代了狂禅的地位，但不幸的是王学末流又转入禅学之途，这岂不是要和禅学遭遇同一命运？

在阳明及其弟子之后，虽然有阳明再传弟子及其流派的胡直、罗汝芳、何心隐、李贽、焦竑等人，另外程朱学派有罗钦顺、陈建等人，但他们在心学和理学上都没有更新的发现和较大的建树。接着到了明末，有顾宪成、高攀龙、刘宗周和黄道周等人，他们之中除了顾宪成为阳明三传弟子，刘宗周与甘泉学派有关，其余二人都是受程朱学派的影响。但他们都有一个共同的特色，就是深感王学末流走入空疏狂放之途，希望借程朱学派的思想加以修正、调和。

二、清代思想的转向

到了清代，满族入主中原之后，须以中原文化为他们统治的凭借。可是他们自己又没有适当的人才来领导群伦、驾驭读书人，所以只有运用权术。他们一面设科取士，笼络读书人；另一面屡兴文字狱，钳制读书人的思想。在这样一个政治干扰学术的环境下，又哪里容许真正接续孔孟的道统，去做内圣外王的功夫？因此整个清代三百余年中，在学术上的贡献，只是对古书的整理和考据。至于思想方面的表现，比起宋明的理学和心学来，显然沉寂多了。不过在沉寂中却萌发着新的转向，就是转向于知识，转向于实用，转向于科学。而清代之所以有这个转向，主要原因有三点。

首先，自宋代以来，长期的理学与心学的发展，以及理学与心学之间的争论，已把理学和心学的发展推到最高潮，使清代的学者不可能再向前迈进，再有所斩获，所以被宋明儒家垄断了几百年的理和心，留给清代学者唯一的出路就是转向实用一途。

其次，宋明儒家提出这套理学和心学的思想，主要原因之一是受佛、道的刺激，希望也建立一套儒家的学说体系，以对抗佛、道在形而上方面的势力。可是经过宋明理学和心学的长期发展之后，他们自己也像佛、道一样走入了形而上的象牙塔内，流于空谈。清代学者为了避免流于空谈，对理学和心学的批评犹如对佛、道一样，已是没有修正、调和的余地，只能放弃而另求新途。

最后，明末清初以来，西方的传教士与军事侵略夹杂着他们的科学知识一并席卷而来。由于内忧外患、国势积弱，清代学者们深深地感觉到在理与心之外，还有更为重要的知识天地。他们大悟格物致知的知，既不是良知的知，也不是伦理的知，而是外在物质的知识，是实用实利的知识。

这些原因使得本来相当消沉与混乱的清代哲学界，在实用思想方面终于露出了一线光芒。

现在，我们就顺着这一线光芒，看看整个有清一代思想的发展。一般来说，清代思想变迁可以分为三期。

1. 清初由不满王学末流而趋于经世致用

清初由于政治转变，许多明末遗老，如孙夏峰（奇逢）、黄梨洲（宗羲）、李颙（二曲）、顾亭林（炎武）、王船山（夫之）等，他们深感亡国之痛，都不愿出仕于朝廷，而过着隐居的生活。同时，他们也都认为明朝之亡，是由于读书人未能尽到他们应尽的责任，而归咎于王学末流的空疏，所以他们在学术上都偏向于程朱，在精神上都着重于经世致用。后来，颜元（习斋）和他的学生李塨（恕谷）更连程朱也一起加以排弃，而建立了实用的功利主义思想。

2. 清朝中期由排斥程朱、陆王而形成汉学和宋学的对立

到了清朝中期，因为清初诸儒的弃程朱、排陆王，而转向经世致用，再加上清廷屡兴文字狱，所以逼得他们无法真正去做经世致用的事业，而偏向于名物训诂的汉学，形成汉学和宋学之间的争执。所谓宋学就是走宋明儒家的路线，以经义为主；所谓汉学就是走汉代儒家注疏的路线，注重史实的考证训诂。在

这一时期的学者，多半兼有这两方面的才能，如方苞、全祖望、章学诚、戴震（东原）等。不过自此以后，汉学逐渐占了压倒性的优势，形成清代学术上的一大特色，即所谓考据的朴学。

3. 清末由于西潮入侵而转向科学实用的知识

到了清末，西方的坚船利炮摧毁了清廷闭关锁国的政策，也惊醒了士大夫们沉睡在象牙塔内的美梦，于是知识分子们纷纷要求改革、更新。这时他们不再徘徊于程朱、陆王之间，他们所谈的是中西学说调和的问题，如张之洞的"中学为体，西学为用"，康有为那充满科学想象的《大同书》，以及谭嗣同那杂糅中国哲学、科学及基督教思想的《仁学》。

综观以上三个时期的发展，无论是经世致用之学、史实考据之学，还是科学实用之学，其共同特色都是转向实用的知识、转向外界的物质。尽管他们所知所见非常有限，但在近代这个即将来临的实用知识的大思潮中，他们毕竟带动了一个最初的转向。

三、清代几位和实用思想有关的学者

清代的思想界很复杂，有许多学者是在政治上贡献了他们实用的思想，也有许多学者是在科学的园地上从事他们的实用研究。在下文，我们所举的几位学者则在哲学上转变了风气，促成了实用思想的发展。

1. 顾炎武的实事求是的精神

顾炎武（1613—1682），字宁人，又称亭林先生。江苏昆山人。少年时受母教，研读儒家经典。明亡后，也接受母训，不为清廷所用。他厌恶王学末流的空谈，思想偏于程朱的学说。虽然他很尊重朱子，但比理学家们更为切实，更注重实际事务。他到处游历，访察民情风俗，写下了《日知录》《天下郡国利病书》等主要著作。

顾炎武对于王学末流的空谈心性是深恶痛绝的。他说：

> 刘石乱华，本于清谈之流祸，人人知之。孰知今日之清谈，有甚于前代者。昔之清谈谈老庄，今之清谈谈孔孟。未得其精而已遗其粗，未究其本而先辞其末。不习六艺之文，不考百王之典，不综当代之务。举夫子论学论政之大端，一切不问。而曰一贯，曰无言。以明心见性之空言，代修己治人之实学。（《日知录·夫子之言性与天道》）

顾炎武说这段话时的心情是沉痛的。

他一生为学，以"博学于文，行己有耻"为目标。"行己有耻"，是他为学的精神，虽然这话是因亡国之痛而发，但"行己有耻"的深一层含义是指，一个读书人必须担负起救世救民、移风易俗的责任，这才是孔孟思想中内圣外王的道统。"博学于文"，是他治学的方法，他所谓的博学并不是指泛览辞章，而是重创造、贵博证。他一面博读古书，勤做笔记；一面游历访问，以求事实参证。江藩曾说：

> 炎武留心经世之术，游历所至，以二马二骡载书自随。至西北厄塞、东南海陬，必呼老兵退卒询其曲折。（江藩《汉学师承记》）

顾炎武这种为学的态度，使他所研究的领域非常广泛，对诸如社会、政治、经济等问题都有研究，对经学、史学和音韵学方面也都有杰出的贡献，只是他一生不谈心性。可以说，他是一位实用思想的开路先锋。他真正的成就是在史学、哲学方面，不过，不如和他同时期的王夫之。

2. 王夫之的实有而动的理论

王夫之（1619—1692），字而农，又称船山先生。湖南衡阳人。船山幼承家学，博通经史、音韵之学。二十四岁时中举，次年，张献忠陷衡阳，以他父亲为人质，试图招降他。他自毁其身企图交换其父，后来两人终于伺机脱险。明亡时，他曾在衡山举兵相抗，战败。又投靠桂王，因不满王化澄弄权，上疏弹劾，反而被降罪，最后投靠瞿式耜。式耜殉难后，他复明的希望完全破灭，便决定退隐。在此后的四十年中，他杜门著书，希望从文字上去延续中国文化的生命。他的著述极多，有二百八十八卷，总为《船山全书》。在哲学方面，有《张子正蒙注》《读四书大全说》《周易内外传》《思问录内外篇》《老子衍》《庄子解》和《庄子通》等书。

船山的思想，批评佛家、老庄和陆王，而推尊程朱。如他说：

> 有儒之驳者起焉……以收显名与厚实也，于是取《大学》之教，疾趋以附二氏之涂，以其恍惚空冥之见，名之曰此明德也，此知也，此致良知而明明德也。体用一，知行合，善恶泯，介然有觉，颓然任之，而德明于天下矣。乃罗织朱子之过而以穷理格物为其大罪……天理无存，介然之觉不可恃，奚怪其疾趋于淫邪，而莫之救与。（《船山全书·格物致知补传》）

这是批评陆王思想像老庄、佛学一样空虚不实，欠缺程朱学派格物穷理的实际功夫。在这方面，船山特别推崇朱子格物穷理的思想。不过他对朱子的学说仍然时有微词，如他认为朱子所谓"一旦豁然贯通"（朱子《大学补传》）有点类似于禅宗的顿悟。他对朱子把《易经》看作占卜之书，常有讥评。他不走朱子承袭濂溪"无极而太极"的思想路子，而赞同横渠由太极而气化的思想。他把朱子的理和横渠的气结合在一起，而说："气外无理，理外亦不能成其气。"（《读四书大全说》）他之所以这样做，乃是使理不落于虚无，不至于走上老庄和佛学的路子。理与气的合一，因为气是物质之所本，所以理也就言之有物，而不致虚脱。

于船山思想最有益的是《易传》和横渠的《正蒙》。船山接受《正蒙》一书影响的是气化的思想，不过他更进一步强调太虚不是空无，而是充满了气的实有。如他说：

> 夫其所谓太虚者，吾不知其何指也。两间未有器耳，一实之理，洋溢充满，吾未见其虚也。故张子曰："由太虚有天之名。"天者理也，气之都也，固非空而无实之谓也。（《船山全书·礼记章句》）

第二十二章　在转向中展望中国哲学

这是说太虚中充满了气,气是实有的,所以太虚也是实有的。气凝聚而为器,就其凝聚之后而言,太虚就是天地,所以在天地之间充满了器。有了器,就有形,就有了变动。在这里,船山将这种实有论与《易传》中生生不息的观点相配合,而构成了一个动变的宇宙观。如他说:

> 盈天地之间皆器矣。器有其表者,有其里者,成表里之各用,以合用而底于成。则天德之乾,地德之坤,非其缊焉者乎?
> 是故调之而流动以不滞,充之而凝实以不馁,而后器不死而道不虚生。器不死,则凡器皆虚也;道不虚生,则凡道皆实也。(《船山全书·周易外传》)

这是说在宇宙之间的器是变动不居的,由虚而实,由实而虚,但整个器世界是不虚的。譬如一朵花,虽然有开有谢,但这个世界中永远有花。也就是说,器物有生灭,而构成器物之道是永远实有的。所以就器物的观点来看,这个世界是交替变化、日新月异的。如他说:

> 质日代而形如一,无恒器而有恒道也。江河之水,今犹古也,而非今水之即古水;灯烛之光,昨犹今也,而非昨火之即今火。水火近而易知,日月远而不察耳。爪发之日生而旧者消也,人所知也;肌肉之日生而旧者消也,人所未知也。人见形之不变,而不知其质之已迁,则疑今兹之日月为邃古之日月,今兹之肌肉为初生之肌肉,恶足以语日新之化哉!(《思问录外篇》)

船山建立的这套实有的本体论和动变的宇宙观,显然是针对当时陆王学派空疏的心学体系和佛、道的虚无思想而发。为了配合这套体系,船山又建立了一套格物致知的修养功夫。虽然他在这方面是走程朱学派的路子,但是由于他主张动,而动不离人欲,所以他和程朱学派不同的是,他不重视静坐,也不主张废人欲。宋明儒家,无论是程朱学派还是陆王学派,似乎都强调静坐,而他们静坐的目的就是去人欲。但船山对人欲有一套积极的、正面的看法。如他说:

> 礼虽纯为天理之节文，而必寓于人欲以见，虽居静而为感通之则，然因乎变合以彰其用。唯然，故终不离人而别有天，终不离欲而别有理也。（《读四书大全说》卷八）

又说：

> 孟子承孔子之学，随处见人欲，即随处见天理。学者循此以求之，所谓不远之复者，又岂远哉。（同上卷）
> 天理充周，原不与人欲相为对垒。（《读四书大全说》卷六）
> 人欲之各得，即天理之大同。（《读四书大全说》卷四）

这种正视人欲、把人欲和天理相连接的思想，可说是宋明儒家前所未有的观念。

船山这套实有的本体论、动变的宇宙观和重视人欲的理论，正是构成实用思想最重要的基础。

3. 颜元的实践的功利主义

颜元（1635—1704），字易直，号习斋。河北博野人。四岁时，父亲被清兵掳去，死于沈阳，母亲改嫁。他寄养于朱家，自幼习武，后来又精研医术，曾开馆授徒。他最初好道家言，后来又遍读性理学方面的著作，曾有志继承程朱之学。可是在五十岁以后，他逐渐对程朱学派产生反感，而形成反对理学的实践思想。他的主要著作是所谓存性、存学、存治、存人的《四存编》。

习斋对程朱理学的反感有一段自述。他说：

> 予未南游时，尚有将就程朱、附之圣门支派之意。自一南游，见人人禅子，家家虚文，直与孔门敌对，必破一分程朱，始入一分孔孟，乃定以孔孟、程朱判然两途，不愿做道统中乡愿矣。（《颜习斋先生年谱》）

自此以后，他对整个理学的反对非常激烈，毫无妥协的余地。习斋的思想就是建立在对宋明理学和佛、道的批评上，我们可以将他的实用思想归纳为两点，一是实践，二是功利。

所谓实践，就是起而行。由于重视实行，他反对主静、主敬之学。如他说：

> 吾游北京，遇一僧敬轩，不识字，坐禅数月，能作诗，既而出关，则仍一无知人也。盖镜中花，水中月，去镜水则花月无有也。即使其静功绵延一生不息，其光景愈妙，虚幻愈深，正如人终日不离镜水，玩弄其花月一生，徒自欺一生而已，何与于吾性广大高明之体哉！故予论明亲有云："明而未亲，即谓之明，非《大学》之明也。"盖无用之体，不惟无真用，并非真体也。有宋诸先生，吾固未敢量，但以静极有觉为孔子学宗，则断不敢随声相和也。（《四存编·存学》）

这是说，主静之功，最多只能做到明心见性，如果不能亲民，则所见的心性就不是儒家真正的明德。他又批评主敬说：

> 敬字字面好看，却是隐坏于禅学处。古人教洒扫，即洒扫主敬；教应对进退，即应对进退主敬；教礼、乐、射、御、书、数，即度数、音律、审固、磬控、点画、乘除莫不主敬。故曰："执事敬。"故曰："敬其事。"故曰："行笃敬。"皆身心一致加功，无往非敬也。若将古人成法皆舍置，专向静坐、收摄、徐行、缓语处言主教，乃是以吾儒虚字面做释氏实功夫，去道远矣！（《四存编·存学》）

这是说，主敬应该就事上去实际做，而不是在心上去空体验。

接着，他甚至反对读书著作。他说：

> 远溯孔孟之功如彼，近察诸儒之效如此，而垂意于习之一字；使为学为教，用力于讲读者一二，加功于习行者八九，则生民幸甚，吾道幸甚。仆受诸儒生成覆载之恩，非敢入室操戈也。但以人之岁月精神有限，诵

说中度一日，便习行中错一日；纸墨上多一分，便身世上少一分。(《四存编·存学》)

这里所反对的读书，并非指读孔孟等重要的经典，而是指读后代许多只在文字上堆砌、义理上玩弄的文字。这里所反对的著作，乃是指后代学者对古代经典作烦琐的注疏，以及许多玄之又玄的性理学的作品。在这里，习斋不仅攻击宋学，同时也厌弃汉学。总之，他对于在文字上下功夫的一切学术，都一笔抹杀。

由此可见，习斋所谓的实践，是注重实际上的功利。如他说：

宋元来儒者却习成妇女态，甚可羞。无事袖手谈心性，临危一死报君王，即为上品矣。岂若真学一复，户有经济，使乾坤中永享治安之泽乎！(《四存编·存学》)

又说：

古人是读之以为学，如读琴谱以学琴，读《礼经》以学礼。博学之，是学六府、六德、六行、六艺之事也。只以多读书为博学，是第一义已误，又何暇计问、思、辨、行也？(《四存编·存学》)

可见习斋所讲的实践是指经世济民的事业，所求的知识是限于应用的知识，这体现为他极端的功利思想。他为了实践自己的功利思想，曾写了一卷《存治编》，其中谈到王道、井田、治赋、学校、封建、官刑、济时、重征举、靖异端等问题。正因为他不愿在笔墨上多作文章，所以写得非常简单，有点语焉不详。

四、转向中的挫折

以上我们介绍了三位与实用思想有关的学者，当然，有清一代与这方面有关的学者还有很多，但他们的思想大致都可以归纳入以上三位学者的思想中。譬如近代学者特别关注的戴东原，他真正的成就是在朴学方面。虽然他的《原善》和《孟子字义疏证》在哲学上也有相当的分量，但他最主要的思想观点是"血气心知，性之实体也"（《孟子字义疏证》）与"理在欲中"（《与段玉裁论理欲书》），因为这方面的思想在船山的学说中已有源头，所以我们没有对戴东原特别加以介绍。不过值得注意的是，东原生于炎武、船山和习斋之后，他对宋明理学家的全盘反对和习斋是同一步调的，但他在实用思想方面并没有继习斋而发挥，而是走入习斋所反对的注疏考证的朴学路子。这说明清初煽起的这一实用思想的转向受到了挫折，没有转出一片更广更新的天地来。检讨其原因，大致不外以下三点。

1. 理论方面没有深度

就以上所谈的三位学者来说，炎武注重实事求是，他的功力似乎都用在史实的求证上，对于实用思想的理论没有深入地研究。习斋主要的努力似乎是对宋明儒家及佛、道两家的批判，消极的破坏性极大，积极的建设性很少。唯一对实用思想的理论有贡献的是船山，他那种动变的宇宙观和科学思想是可以衔接的，他对人欲的肯定也是实用思想的一个重要基础，可惜他的思想后继无人。虽然东原在对人欲的肯定上和船山相继，但东原在实用思想的理论上没有系统的建树，而把心力用在声韵文字的考证上。所以有清一代虽有实用思想的这一转向，却没有深厚的理论体系支持他们的发展。

2. 方法方面没有基础

这些实用思想的学者虽然口口声声喊实行，但他们所谓的实行最多也只是希望把孔孟的言教在生活中或政治上实践出来而已。其实程朱的主敬如果没有和主静连在一起，也会是一种很好的实践方法。阳明的致良知如果没有像王学末流一样流于空疏，也会是一种很有效的实践方法。所以就生活的伦理实践来说，程朱、陆王强调的"下学而上达"和清代这些实用思想家所强调的并没有两样。至于在政治方面，虽然程朱、陆王并没有在这方面做出更多的贡献，但清代的实用思想家也没有提出多少具体而有效的方法来。

3. 知识方面未能开新

既然要谈实用，就必须承认进化的事实，就必须追求新的知识境界。虽然在船山的学说中已提及进化的观念，而且他对政治制度之因革也有新的看法，但未能有体系地发展出来。到了习斋手中，他那种近乎狂热的实践论、否定读书与著作，其反作用就是连知识的研究也被一笔抹杀。

由于以上原因，虽然清初已涌动了实用的思潮，但学者仍然局限在传统的学术中。他们反对宋明儒家的空疏，他们讲实用却没有新的知识和方法，因此也就只能在名物训诂、历史考证上去找实证。这是实用思想受到挫折的原因。不过这一转向已是时代的需要，是思想发展的必然趋势，只是在时间上还未成熟，要一直等到清末民初，西方的新知识、新方法大量地叩关而入，这一转向才有了新的转机。

第二节　西方新潮影响下中国哲学所遭受的冲击

一、西方新思潮带来中国哲学的转机

清末以来，中国历史上出现了一个未曾有过的大变局。清政府被推翻，并不意味着改朝换代，而是结束了几千年来的君主专制政体。随着君主专制政体的结束，整个传统文化思想必然会在根本上产生动摇。再加上这时正好西方思潮挟着科技进步的优势，突然大量地闯关而入，于是造成了传统文化与新思潮的冲突。这一冲突固然给清代的实用思想带来了转机，但也给中国哲学的前途带来了不小的危机。

所谓转机，是指清代的实用思想虽然扬弃了宋明儒学，但由于仍然局限于旧学术而缺乏新知识，导致逐渐走上歧路。但是清末以来，西方的科学知识、哲学新方法源源不断地输入，使得实用思想有了更广阔的天地。

所谓危机，一方面是因为他们对传统文化的怀疑甚至厌弃，他们不但反宋

明儒学，反佛、道，而且还反孔孟，试图对中国的文化思想做彻底的摧毁。另一方面由于对西方文化的认识不够深入，因此对西方思想的吸收是表面的、肤浅的、囫囵吞枣的。他们把船山等人所提出的从人欲以见天理的修养方法，一变而为只讲人欲而忽视天理。这是二十世纪初中国哲学由于青黄不接而落入了混乱、冲突的境地所遭遇到的危机。

二、在西方新思潮冲击下的两位关键性人物

1. 胡适对西方知识方法的介绍

胡适（1891—1962），字适之。安徽绩溪人。二十岁考取清华公费留学生，获得美国哥伦比亚大学哲学博士学位。他所提倡的新文学运动，使白话文成为当时通行的文字，而他所鼓吹的新文化运动，却功过参半。一方面他对传统文化思想的排弃，非但没有达到预期目的，而且产生了许多不良影响；另一方面他对西方思潮的介绍，固然对中国有所帮助，可是由于当时急功近利，走向了偏锋。他的著作在哲学方面有《中国哲学史大纲》、《先秦名学史》（英文本）、《戴东原的哲学》、《淮南王书》、《中国中古思想小史》、《中国中古思想史长编》、《胡适文存》等。

胡适是新思潮初期对中国学术思想界很有影响的学者，对于他的努力和成就，可以分三方面来看。

（1）对传统文化的攻击

胡适不但反对佛家，反对道家，反对宋明儒家，而且也反对孔孟，甚至连整个传统中国文化也一起反对。胡适之所以如此，是因为他认为中国的传统文化与西方的新知识不能并存，唯有彻底破除中国传统文化，才能输入西方的新知识。因此，他对中国传统文化的攻击是不遗余力的。他说：

>   现在有一些妄人要煽动你们的夸大狂，天天要你们相信中国的旧文化比任何国高，中国的旧道德比任何国好。还有一些不曾出国门的愚人鼓起喉咙对你们喊道："往东走！往东走！西方的这一套把戏是行不通的了！"
>
>   我要对你们说：不要上他们的当！……我们必须承认我们自己……不但

> 物质机械上不如人，不但政治制度不如人，并且道德不如人，知识不如人，文学不如人，音乐不如人，艺术不如人，身体不如人。（《介绍我自己的思想》）

这是胡适攻击中国传统文化的一个例子。他列举了许多历史上的事实，如太监、小脚、酷刑、贞节牌坊等来说明中国传统文化的一无是处。因为他当时为新文化运动的领袖，而文笔又非常犀利，富于煽动性，所以他的影响非常大，几乎使新文化运动变质为"打倒孔家店"的运动。

（2）对新思想的介绍

胡适曾自述他所受西方思想的影响说：

> 我的思想受两个人的影响最大：一个是赫胥黎，一个是杜威先生。赫胥黎教我怎样怀疑，教我不信任一切没有充分证据的东西。杜威先生教我怎样思想，教我处处顾到当前的问题，教我把一切学说理想都看作待证的假设，教我处处顾到思想的结果。这两个人使我明了科学方法的性质与功用。（《介绍我自己的思想》）

赫胥黎教胡适的是拿证据来，杜威教胡适的是找证据去。所以他们两人的影响归结起来，也就是科学方法的只讲证据。胡适在美国时曾为杜威的学生，后来又请杜威到中国讲学，所以他介绍杜威思想对于当时学术界的影响很大。但在这里，我们不得不注意的一点是，杜威的实验方法乃是他整个思想体系的基础，在这一套方法之上还有他对宗教、道德、艺术、宇宙的积极的看法，可是胡适介绍杜威思想，只截取他的这套方法，而且主要目的还是拿他这套方法来打击中国传统文化。于是在这套方法的运用下，凡是拿不出证据的都一笔抹杀，影响所至，便造成了反宗教、反伦理甚至反中国哲学的逆流。

（3）新方法的运用

胡适受西方思想影响而提出的一套科学的方法，就是"大胆地假设，小心地求证"。不过他没有把这套方法用在科学研究上去发明新知识，而是用在了文学、史学和哲学上。在哲学方面，他那本《中国哲学史大纲》便是这种方法运用下的产物。这本书有其历史地位，因为在他之前没有系统的中国哲学史的著作，像《宋元学案》《五灯会元》等都是摘录式的编纂，而不是用一贯的方法来写的，所以胡适的这本书还是开路之作。

就这本书的内容来说，他在史实考证和名学研究方面，的确下了大功夫，这是这本书的亮点和特色。可是由于他过分黏着在他的方法上，结果是倒果为因，不是以他的方法去研究，而是从各派哲学中截取某一部分来适应他的方法。譬如写老子便替他戴上"革命家"的帽子，写孔子便把"忠恕"两字解作推理的方法，写庄子便大谈生物进化论和名学，这不是有意曲解了前哲的思想，便是夸大了前哲思想的某一个小问题，而忽略了他们的真精神。胡适在哲学方面的研究经常会有这种毛病，这是因为他信守不渝的所谓科学方法，只能在名词上找证据，而无法在形而上或道德精神的天地中去体验。也正是这个原因，使他在秦汉以后的哲学上遇到了困难，因为佛学和中国禅宗以及宋明儒家里面有太多拿不出证据的思想，所以胡适的中古和近代哲学史，由难产而变成了未完成的遗著。

尽管胡适的这套方法在哲学的园地上没有为我们开发出多少成果，但它在文学和史学上有颇多贡献。如同清初的实用思想到了戴东原手中，一变而为汉学，一变而为考证的朴学一样，胡适晚年的路线正是如此。

2. 熊十力对传统哲学的复兴

熊十力（1884—1968），字子真。湖北黄冈人。他早年从事革命运动，对科学很有兴趣，到三十五岁时，才转变而醉心于哲学。熊十力曾在欧阳竟无所创办的南京内学院研究唯识，后来他发现唯识思想空疏，不像儒家思想正大，于是转佛入儒。此后他的思想融合佛学，旁采西方哲学，构搭成一套以儒家传统哲学为本的体系。他的主要著作有《新唯识论》《佛家名相通释》《十力语要》《读经示要》《原儒》等。

正当胡适等人借西方思想的威势大力推行新文化运动之时，仍有许多学者醉心于传统文化，如吴宓、刘伯明、柳诒徵、梁启超、王国维、章太炎、陈寅恪、梁漱溟、钱基博、钱穆等。他们之中，有的兼通西方哲学，有的专心于史学，但他们对中国传统学术的研究与贡献，平衡了当时来势汹汹的新文化运动。

在这股平衡的势力中，我们以熊十力为代表，不仅是因为他纯粹地在哲学上奋斗，也不仅是因为他的著作具有代表性，而是因为他的门人及学友顺着他的路子走，一直影响到今天的哲学界。

熊十力的思想大致可以从以下两方面来探索。

（1）援释入儒以建立新的玄学体系

熊十力的成名作是《新唯识论》，这本书体现了他援释入儒的心路历程。但从书名来看，很显然，他的一只脚仍然跨在佛学的天地里，因为真正的儒家没有兴趣去谈唯识。

自唐宋以来的儒家，他们建立思想体系的主要目标是对抗佛学，代替佛学。可是在他们建立了体系去代替的时候，因为他们的目的是代替，所以很自然地受到佛学的影响。譬如宋明儒家，其主要的对象是当时最流行的禅学，因此他们建立的体系又处处都和禅学有关，尤其是阳明的致良知，实在和禅学有似孪生。同样，熊十力正处于欧阳竟无弘扬唯识的时期，他自己曾深研唯识，所以他的《新唯识论》虽然企图以儒家的思想来纠正唯识的错误，但却处处黏着在唯识上。如果是真正纯粹的儒家，就根本不会在唯识上求新。

这本《新唯识论》，熊十力自称为玄学，可见他是以本体论为主。为了批评唯识论的本体，就必须提出儒家的本体来。唯识论的本体是种子。他说：

> 他们肯定有现象，又推求现象底根本的因素，才建立种子。殊不知，所谓心和物的现象，并非实有的东西，而只是绝对的真实显现为千差万别的功用。他们见不及此，却把我所谓用看作实有的东西，又虚构所谓种子，来作这些实物的因素。（《新唯识论》第四章）

这说明唯识论所建立的本体是虚构的、不实的。他为了纠正这种错误，便到儒家的思想里找到了这个本心，以这个本心为宇宙万物的本体。但他要谈儒家的本心，不能只谈陆王，而必须推本于孔孟。可是《论语》中没有谈到本心，因此他认为仁就是本心。他提出证明说：

> 仁即本心，而治《论语》者顾不悟，何耶？孔子答门下问仁者，只令在实事上致力。易言之，即唯与之谈功夫，令其由功夫而自悟仁体（即本心或本体），却不曾克就仁体上形容是如何如何，一则此非言说所及，二则强形容之，亦恐人作光景玩弄。孔子苦心处，后人固不识也。（《新唯识论》第八章）

接着他用"本体即功夫""功夫即本体"（《新唯识论》第八章）把孔子在《论语》中不谈仁体或本心的问题解决了。但《论语》中不谈，他又如何去谈？于是他便把注意力集中到《易经》上，因为《易经》多谈天道，也即本体。为了强调《易经》，他肯定地说，不仅"十翼"是孔子所作，甚至连爻辞、卦辞也是孔子所作（见《原儒》），于是他便将《易经》的思想当作孔子论仁体或本心的根据。这也是他整个思想的根源所在。由于《易传》中所提到的易的本体是生生不已的，因此《新唯识论》的本体也是生生不已的；由于易的作用是通过乾坤或阴阳而一翕一辟，因此《新唯识论》中所说的本体的作用也是一翕一辟的。不过，《易传》中所谈变化的作用非常简要，而且只讲阴阳，并未谈到气化成物的作用，《新唯识论》却和宋儒一样大谈理气的问题。他认为理是本体，有其真实的存在，而气是一种生生的动势，气和理是不可分的。如他说：

> 我以为理和气是不可截然分为二片的。理之一词，是体和用之通称；气之一词，但从用上立名，气即是用。（《新唯识论》第六章）

他讲理、讲气，是顺承着横渠和程朱的路子，而他强调理气合一，又兼采了船山的思想。这个理是本体，本体又是本心。就本心上来讲，他兼采了阳明的思想。本心是天地万物的本体，尽管他认为本心即孔子的仁，但孔子不谈，而孟子的心又都是就仁义礼智的发用上来说的。到了明道和陆王一派才大谈仁者与万物同体，尤其是阳明更特别强调心之仁与天地万物为一体，所以在本心上，《新唯识论》可说是直承了阳明的思想。

从以上分析来看，熊十力在《新唯识论》中的援释入儒乃是根据《易经》而兼采程朱、陆王以及船山的思想。因为他具有丰富的创造力、想象力、悟力和分析力，所以建构了一套非常庞大的心学体系。就哲学思辨来说，这的确是近代一部划时代的巨作。就儒家思想的精神来说，这本书却暴露了两个缺点，第一个，在体系上他处处对照唯识论来谈，对于本心，既谈转变，谈功能，又谈成物，使人感觉到这个心也变成了种子。第二个，他明知孔子不谈仁体，是因为非言语可及和深恐后人玩弄光景，但该书所论岂不是正犯了这个毛病？谈得愈细，离本心也就愈远。这也正是熊十力在书中提及有人怀疑他不是援释入儒而是援儒入释了。

（2）维护儒家以宣扬内圣外王之学

自熊十力写了《新唯识论》之后，他的思想逐渐挣脱了印度佛学的樊篱，而归于儒家的学统。他不像宋明儒家那样，或偏于程朱，或偏于陆王，他也不像清代某些儒家那样将程朱和陆王一起攻击，他是把中国儒家的学统一起加以维护。如他说：

> 若尧、舜、禹、汤、文、周、孔子，以及程、朱、陆、王、船山、亭林之在中国，其精神永远普遍贯注于一般人。尽未来际，无有断绝。……吾国自清世汉学家，便打倒高深学术，至今犹不改此度，愚且殆哉！又自清儒以来，实用本领全不讲求，迄今愈偷愈陋，中国哲学注重经世，所谓内圣外王是也。今各大学文科学子，稍读西洋哲学书，便只玩空理论，不自求真理。(《读经示要》卷二)

为了维护儒家思想，他写了一本《读经示要》。这是为了鼓舞当时与西化潮流对抗的读经运动而写的，可说是一本最好的儒家哲学概论。该书特别在前面提出《礼记》中《大学》篇的首章和《儒行》一文，加以强调，由此可以看出，他一开始便抓住了儒家血脉。宋明儒家特别重视《大学》篇的首章，这暂且不论，至于《儒行》一文却长期埋没在《礼记》一书中，很少被人注意，但该文活生生地写出了一位儒家特立独行、不亢不卑的节操。熊十力推重此文，可见他对儒家精神的深契。

熊十力晚年时本准备写两部巨著，一部是讨论知识方法问题的《量论》，另一部是发挥儒家思想的《大易广传》。因为年老体弱，所以都没有完成。但关于《大易广传》一书的精义，他写了一本《原儒》。这本书以《易经》为主，贯穿《春秋》《礼运》和《周礼》等经的思想，建构了一套儒家内圣外王之学。

在内圣方面，他强调天人不二、心物不二和体用不二的功夫。如他说：

> 七十子相承之明训曰："善言天者，必有验于人（汉人虽有曲解此言，以说灾异，而其本义确非汉人所可假借。盖七十子亲承孔子之说，而其后学辗转传授也）。"此言天人不二。（《原儒·原内圣》）

> 心物皆本体固有之妙用，貌对峙而实统一，名相反而实相成。心物二者，不可缺一。缺其一，即不可成用。（《原儒·原内圣》）

他所谓的天人不二和心物不二是奠基于体用不二的基础之上的。因为用就是体，所以验人可以证天。因为心物都是本体的妙用，所以就体上说，心物本是一体。

在外王方面，他认为汉儒把孔子思想当作拥护君主统治的工具，以及许多激进派诋毁孔子为皇帝的护符，都是极大的错误。孔子外王的思想乃是：

> 同情天下劳苦小民，独持天下为公大道，荡平阶级，实行民主，以臻天下一家、中国一人之盛。（《原儒·原外王》）

由于这本书写于他年老多病之时，常叹构思乏力，所以就体系的严密程度来说不如《新唯识论》，但这本书已摆脱了佛学的色彩，完全是从"六经"中去发挥孔子内圣外王的思想，可说是有体有用，非常纯粹。

三、在冲击中的危机

前面我们介绍新思潮初期的思想，以胡适和熊十力二人为代表，当然不能完全概括当时学术的错综复杂。但他们二人代表了当时在思潮冲突中的两种不同的态度，一崇洋，一复古。

胡适和熊十力正好站在相反的两面。胡适所吸收的是当时西方的新思潮，他的所谓科学方法只适用于看得见的经验界，他对形而上的价值是一笔抹杀的，不过他本人在整理古籍、史实考证方面尚有很多贡献。而站在和他同一路线的人士，有的更有意走向极端，尽情地摧毁中国传统哲学，破坏固有的伦理道德，使当时的人心流于虚空。

熊十力则不满于这种趋势，于是大力鼓吹复兴中国传统的哲学，但他又矫枉过正，只偏于本体界。虽然他也承认科学知识对人生有益，但是由于他建立的玄学要笼罩一切，以至于强调一切科学都包括在《易经》之中。如他说：

《易》之为书，名数为经，质力为纬，自然科学，靡不包通。（《读经示要》卷二）

尽管他的这种见解另有说辞，但他所言的用都是即体而言的，是一种形而上的用，或传统的经世之用，非常欠缺新的科学知识和哲学方法。因此他的努力只是一种回响，在当时并没有产生可以扭转整个思想界的影响力量。

第三节　中国哲学的展望

在这里，我们不能空谈未来的中国哲学，也无法预料其发展。我们只能就过去及目前在中国哲学研究上的一些问题加以检讨，以作为中国哲学未来发展的一点借鉴。

一、对中国哲学精神的把握

我们谈中国哲学，最基本的态度便是应该认定中国哲学里有许多好的思想必须加以保存和发扬，如果像某些学者一味地否定中国哲学，那么这样的研究还有什么意义可言？

因此，我们谈中国哲学，必须抓住中国哲学的精神。当然，关于中国哲学的精神，前代学者各有其看法，但归纳起来，还是不离"内圣外王"四个字。不仅儒家完全讲内圣外王之学，就是道家也自有其内圣外王的思想，甚至连"内圣外王"四个字最早还是见于《庄子·天下》篇中。

中国古代哲学家们谈内圣外王，往往都偏重于内圣方面，虽然他们也重视外王，但是他们在内圣方面谈得太多，把内圣的功夫讲得太深，目标提得太高，因此，即使用一辈子去实践内圣都不易达到理想，又何论外王？至于他们谈外王，还是从内圣上发挥出来的一点见解，欠缺详细的内容、具体的办法。殊不知，外王的事业必须有广博的知识作基础，且这些知识都是随时代的变迁而有所损益的。可是古代的许多学者谈外王都只是依承前代的学说，缺乏切中时弊的实际办法，这使得他们谈内圣外王形成了头重脚轻、只能想不能行的大毛病。

这种头重脚轻的毛病，使得近代有些学者怀疑内圣外王思想的不一贯。也就是说，做内圣功夫的不一定能外王，而做外王事业的，不必要内圣，其实这都是把内圣过分玄学化了。就孔孟的精神来说，内圣就是仁心，外王就是仁政。内圣并不是指对内一定要达到圣人的境界。前人往往高推圣境，把这个境界树得高高的，远不可及。在这里我们应想起惠能思想的意义，因为当时一般的佛学把佛看得太高了，使成佛之路显得太遥远，以致困难重重而不易实践，所以他才讲明心见性、一念顿悟。同样，内圣外王的内圣就其简单的意义来说，是指内在的，有一念为圣之心，也就是一念的仁心。这个仁心当然也不是像某些玄学家那样，把它解作微妙的本体，简单地说，乃是恻隐之心，是恕道。用现在的话来说，就是要有人性。至于外王，简单地说就是仁政。在儒家，仁政的理想是《礼运·大同》中讲的大同社会。

在过去讲内圣外王，总是寄托于一位特殊的人物，他能在内圣方面做到极致，同时又能兼善天下，成就伟大的外王事业，像这样的人物历史上又有几位？再说古人只把《大学》里格物、致知、诚意、正心、修身、齐家、治国、平天下的这种功夫，寄托在训练个别人物的身上，试想历史上又有几位天纵之圣能够把这八项功夫集于一身？由于求之不易，于是有人怀疑格物致知与诚意正心是两套功夫，不能一贯，又怀疑齐家和治国是两回事，不能相提并论。其实这个毛病就出在将这八目要求于一身，而依其次序加以训练，这当然是难之又难了。

如果我们今天换一种新的看法，把这八目看作政治上的八个重要项目，格物是注重科学研究，致知是强调知识教育，诚意是心理建设，正心是精神修养，修身是道德训练，齐家是巩固家庭，治国是注重内政，而平天下是追求世界和平，那么这八目便变成了全民所需要并与全民息息相关的问题，而且是每个人都能参与的问题。如果一个领导者能同时推行这八目，使得每个人都受到影响，这也就等于每个人都参与了这八目的训练而实受其益。这比起把一个人从格物、致知，一步步地训练到治国、平天下来，不是更为简易直接而又有普遍性吗？

今天我们要把握中国哲学的精神，就是要把有价值的理论实践出来，而不是把它的学说讲得越来越玄，以至于变成了绝学。

二、对西方思想方法的消融

中国哲学对外来思想的消融，已有过一次深刻的经验，就是从汉末印度佛教的传入直到隋唐中国佛学的大盛，这一消融足足有六七百年的历史，其间也经历了不少冲突、排拒、生吞活剥、消化不良的阶段。直到中国禅宗的产生，宋明理学的兴起，印度佛学才真正被中国哲学所消融。如果以此历史事实来看中西哲学的触碰，我们相信今天还只是一个开始，还有待我们耐心地、勿忘勿助地去耕耘、灌溉。

自清末以来，中国哲学便不断地遭受西方思想的冲击。前面我们曾提到胡适和熊十力二人，这只是举出中国的学者对西方思潮的两种不同态度而已。

自此以后，曾有不少学者一面迎接西方的思想，一面徘徊于中国传统，一面又应变求新，为中国哲学寻觅新的出路。但由于他们生于当代，有的学说尚未接受考验和产生深远的影响，有的学说还在成长、发展中，因此我们无法加以定论。

在这里，只能就对西方思想方法的消融这一点上来检讨缺失，展望未来。

检讨我们过去对西方思潮的吸收，最主要的有两个缺点，一是执于一偏的破坏性，二是玩弄名词的肤浅病。

所谓执于一偏，就是对西方思潮的吸收，只认定一家一派，或执着于一种方法，忽略了时代性、全盘性以及其对中国文化的适应性。像胡适介绍杜威的思想强调科学方法，这本来是很好的，但如果认定这种方法是唯一的尺度，这种思想是唯一的真理，而以它来论断、取舍中国的哲学，便会造成一种偏执，即只见中国哲学的史实，而不见中国哲学的精神。不仅杜威如此，还有像康德、黑格尔、尼采、萨特、胡塞尔等人，如果加以偏用，都会走入偏执之途。主要原因是，这些学者的思想在西方哲学上都只是一派，他们有其他各派思想加以调和折中，尚不致产生偏锋的发展，可是我们的学者把它们搬入中国往往只强调一家，而没有其他各派的调和，如果加以偏用，便会产生破坏性。

所谓玩弄名词，并非完全是西方哲学上特有的毛病，中国传统的学者也常犯。譬如"道"字，在先秦哲学中都是活泼的，可是到了汉代，学者们尽在"道"字上大做文章，弄得玄妙莫测，不知所云。这种毛病最容易发生在介绍外来的思想时，由于学术背景的不同、语言文字的迥异，而产生格格不入的比附。譬如印度佛学传入中国的初期，所谓格义之学，是以道家的名词来翻译佛学，用无去释空，用无为去描写涅槃的境界，甚至用道去代替佛，这在当时是言之凿凿的，但在今天看来，显然是风马牛不相及。同样，在介绍西方哲学时，我们最先遇到的便是一大堆的西方术语。这些术语在西方哲学上都有其源远流长的历史，如果我们只把这些名词囫囵吞枣地搬到中国哲学上，便会张冠李戴，不知所云。譬如冯友兰在《中国哲学史》中拿黑格尔的辩证法来描写老子的思想，便犯了上述错误。再如"宇宙论"一词，在西方哲学上有其特殊的范围，它是研究宇宙的生成、发展和结构的学说，和中国哲学里所谓的天道大有出入。因此如果贸然地把宇宙论扣在中国哲学的天道思想上，便显得扞格而不通。当然，在中西哲学触碰的初期，这种错误是不可避免的，也是可以原谅的。严重的问题乃在于一些学者大量运用西方非常艰涩的术语，同时，在自己转译时又制造许多不易为人所了解的名词，以此来大论中国哲学。这样的结果，一方面偏离了吸收西方思想的正途，另一方面也歪曲了中国哲学的形象，同时更使得后学者望而却步，影响了中国哲学的发展。

为了避免以上两种缺失，我们在吸收西方思潮时，至少要有两点最基本的认识，一是观念力求清晰，二是方法兼互运用。

所谓观念清晰，这本是西方哲学的特色。尽管他们过分讲究，变成了观念的游戏，但他们发展出的这套逻辑方法，毕竟讲究语言清晰，而有助于知识的研究。至于中国哲学，虽然在源头上便强调简易之教，但是到了后来被玄学家们谈得玄之又玄，再加上后来印度佛学的融入，更走上了观念混杂的路子，所以才有中国禅宗的不立文字。今天我们吸收西方思潮，便应采取他们对知识研求的方法，把中国哲学里真正有价值的思想很鲜明地呈现出来，使它们有助于现代人的思考，有益于现代人的生活。譬如中国禅宗到了后来，造公案、讲棒喝，弄得非常玄奥，而成了绝学。可是日本学者铃木大拙通过西方思想的方法，把它介绍给西方人，使得今日佛学在西方盛传。今天我们运用西方的思想方法来治中国哲学，便应把握住这条使观念清晰的路线。否则拿西方的形而上学来谈中国的玄学，越谈越玄，岂不是用西方的汽油在中国开倒车，越开越远了吗？

所谓方法兼互运用，其中有两个重点，一是兼互，二是运用。今天一些学者过分强调西方的方法，以西方的方法来宣扬中国哲学的精神，其实这仍然是沿袭张之洞所谓的"中学为体，西学为用"的理论。事实上，中国哲学自有其方法，只是这种方法都用在心性上或人事上，和西方的知识方法路线不同而已。譬如"恕"字（吾师张起钧教授便主张以恕道来推行世界性的大同之学），毫无疑问是中国哲学最重要的精神之一，而如何实践恕道，在中国哲学上也自有其一套"己立立人""己达达人"的方法。至于今日如何在社会上推行恕道，一方面我们固然要用中国哲学的方法，从伦理方面去达到"老吾老以及人之老，幼吾幼以及人之幼"的理想；另一方面我们也需借鉴西方思想去制定制度，发展社会福利事业。所以说，我们要解决今日的问题，便必须中西方法兼用。这是讲兼互。

所谓运用，自有其运用的对象，这个对象必须是现代的、实际的问题。吸收西方思潮来治中国哲学，并不是要研究中国古代的哲学，而是要解决今日和未来的问题。只把哲学看作提出问题，不负责解决问题，这是过去某些哲学家的梦魇。只在书本上谈中西哲学的交流，始终是纸上谈兵。所以今后我们要求中西哲学思想的交融，必须先在事上做起。如果未能把中国的孝道思想变成一种适应现代人生活的必要途径，再多拿几个西方的术语去高推儒家哲学的圣境，也是徒然的。

今天在吸收西方思想方法方面，我们还只是一个播种者。但我们必须了解，播什么样的种便会有什么样的果。在这条路上，实有赖于我们的学者，自觉地、开放地，尤其同心协力地去奋斗。不求以一人之力去完成，而有待于未来的开花结果。

三、当前哲学教育的检讨

中国过去并无"哲学"两字，这两个字是由近代翻译英文的"Philosophy"而来。虽然今天我们已通用"哲学"两字去指孔孟、老庄、程朱、陆王等所讲的各门学问，但是由于这两个字与西方哲学的"血缘"关系，近代一些学者在意识形态上以西方的哲学为标准，不仅希望把中国哲学谈得和西方哲学一样，而且更有意地要把中国哲学建立成一套和西方哲学一样的体系。殊不知中国哲学和西方哲学有其不同的理境。中国哲学重内圣外王，重生命情趣；西方哲学重知识的研究，重概念的分析。当然，吸收西方哲学这方面的特长来弥补中国哲学的不足，也正是中国哲学未来发展的一个方向。但如果完全抹杀了中国哲学的精神，生吞活剥地拿西方哲学的术语概念横加在中国哲学身上，这便无异于用英文唱评剧，不知所云。

今天我们的哲学系本来应该是研究和发扬中国哲学的中心，可是由于为西方哲学的形态所影响，也变成了只讲知识、概念的场所。而且许多知识都是西方哲学史上争论不绝的意见，都不是新的、活的知识。因为在西方哲学的发展上，许多学科都分离了出来，如心理学、社会学以及逻辑学，所以今天剩下来的西方哲学的知识也变成了概念的游戏。而我们拿这些概念的游戏来谈中国哲学，岂不是又变成了西方式的清谈？顾炎武曾说："昔之清谈谈老庄，今之清谈谈孔孟。"那么我们二十一世纪的清谈，岂不是又变成了谈康德、谈萨特吗？

要使我们的哲学系肩负传承和发展中国哲学精神的使命，便必须使学生们不但懂得运用思考的法则，而且要运用这种法则去向科学、政治、社会等各方面进行探索。老实说，我们中国的哲学在内圣方面已谈得太多了，而且也被前哲们谈得太高明了，我们在这方面实在没有太多可以发挥的余地，即使再谈一些道德自我论或孝的本体论，也只是换换名词，增加清谈的情趣而已，并无补于事。不过我们在外王方面非常欠缺，今天在科学、政治和社会各方面从事探索而有成就的，很少是哲学系训练出来的人才。这也就是说，哲学系仍然是把学生们紧锁在象牙塔内。

还有一点更大的隐忧，不仅把学生们紧锁在象牙塔内，还局限在前人预设的路子上。中国的学术自汉儒以来特别讲究师承。本来承先必须能启后，能启后才算承先，可是过分强调师承，不但一成不变，而且路子越走越窄。汉儒的师承，最后就变成了迂儒。虽然宋明的新儒家不像汉儒那样讲师承，但仍然错解了"继绝学"的意义，只谨守先师的学说。无论是程朱还是陆王，他们直系的门人中几乎都没有超越先师的表现，所以程朱之学越走越支离，陆王之学也越走越空疏。他们的弟子们都是在传了三四代之后，才稍微有点转变，但不是由陆王转程朱，便是由程朱转陆王，始终在性、理的路子上打转。

今天中国哲学的出路，就是要训练新的一代，在精神上固然能直承中国古代哲学家们的抱负，要：

为天地立心，为生民立命，为往圣继绝学，为万世开太平。（张载语）

但在研究和发展上，必须有独立思考的能力、自发自主的人格。我们对前哲的思想学说，不只是接着去讲，而且要接着去走；不只是接着去走，而且要多走出几条新的路子来。

中国古代的哲人们（尤其唐宋以来）讲内圣的学问讲得太多了，讲妙了，也讲绝了，可是由内圣通向外王是一个瓶颈，始终讲不下去，讲不开来，于是内圣之学便阻塞在瓶口，形成了象牙塔，看起来很漂亮，实际上却变成了古董，只供玄学家们赏玩而已。这就是今天中国哲学发展史上最大的隐忧。

未来中国哲学是否有前途，就要看我们新生的一代能否打破这个瓶颈，打开外王的新天地，让内圣活在外王之中。

第四节　整体生命哲学论

```
           为天地立心
              △
      为往圣继绝学    为生民立命
                    为万世开太平
```

"为天地立心"的"心"就是"道"。天地本无心，无道，也无德，但中国圣哲为天地立"心"，就是为天地立道、立德，使天地不是没有生命精神的物，而仅聚合而已。这个"德"是《易经·系辞传》的"天地之大德曰生"，也正是"道"的使万物生生不已的功能。我们为天地立心，就是我们的"心"能体认天地的生生不已，而助成天地的化育。在中国哲学史上，我们真正需要努力的是如何"为往圣继绝学"。"绝学"，当然是指真正精妙绝伦的思想，如孔孟老庄和禅宗六祖等，但继承在于开展，能开展才能继承。

最近我个人有一个新的看法，曾两次在中国所举办的国际荣格心理学会议上发表过。我认为自鸦片战争以后，八国联军入侵中国，也整个摧毁了国人对中国固有文化、哲学的信心，以致盲目地崇洋和西化。就中国哲学来说，完全以西方哲学为模范，尽量地以西方哲学的概念、方法来治中国哲学，但近百年来西方哲学没落，变成概念的游戏，很多治中国哲学的学者反而沾沾自喜地乐于玩这种游戏。

今天中国哲学界，该如何既能"继"也能"开"呢？在这个三角形中，有两个走向，第一个是由"理论"直接入"用"，譬如很多学者引进西方的管理学、领导学、心理学等，写了很多如"易经管理学""老子领导学"等方面的书，也许能一新旧学的面貌，投合读者的喜爱，但如果只在技术层面上比较，也只限于知识的多元性而已。第二个是先由"理"入"道"，再入"用"，也就是说，先把握住这些旧学的生命精神，再用这种生命精神去指导人生日用。

"为生民立命"，就是除了"利用"（《尚书》）、"开物"（《易经·系辞传》），即利用物质、开辟资源外，还要"厚生"（《尚书》）、"成务（《易经·系辞传》），能充实生命、丰富精神。所以这里的"立命"，不只是物质的生命，更重精神的生命，尤其是在"道"的层次上讲"天道"，所以"立命"更能使生民都有"天命"的信念。

"为万世开太平"这是未来的理想，就整体生命哲学来说，未来不离"整体"，而"生命"更是连绵不断的，所以我们如果真正能做到"为天地立心""为往圣继绝学"和"为生民立命"，自然就能很稳定地走上"为万世开太平"的道路。